십자군 이야기
3

JYUJIGUN-MONOGATARI vol 3
by Nanami Shiono

Copyright ⓒ 2011 by Nanami Shiono
All rights reserved.
Original Japanese edition published by SHINCHOSHA Publishing Co., Ltd.
Korean translation rights arranged with SHINCHOSHA Publishing Co., Ltd.
through Eric Yang Agency Co., Seoul.
Korean translation rights ⓒ 2012 by MUNHAKDONGNE Publishing Corp.

이 책의 한국어판 저작권은 에릭양 에이전시와 SHINCHOSHA Publishing Co., Ltd를 통해 저
자와 독점 계약한 (주)문학동네에 있습니다.
저작권법에 의해 한국 내에서 보호를 받는 저작물이므로
무단 전재 및 무단 복제를 금합니다.

이 도서의 국립중앙도서관 출판예정도서목록(CIP)은
서지정보유통지원시스템 홈페이지(http://seoji.nl.go.kr)와
국가자료공동목록시스템(http://www.nl.go.kr/kolisnet)에서 이용하실 수 있습니다.
(CIP제어번호 : CIP2012002168)

Story
of the
Crusades

십자군 이야기
3

시오노 나나미

송태욱 옮김 | 차용구 감수

문학동네

차례

제1장 | 사자심왕 리처드와 제3차 십자군 _ 009
'성도'를 잃다 _ 011
영국 _ 014
프랑스 _ 017
리처드와 필리프 _ 020
황제 '붉은 수염' _ 024
티루스 공방 _ 032
몬페라토 후작 코라도 _ 035
아코 탈환전 _ 042
살라딘, 전장으로 _ 048
전방의 적과 후방의 적 _ 054
'붉은 수염'의 최후 _ 064
두 명의 젊은 왕 _ 076
키프로스 섬 _ 085
전장에 들어서다 _ 094
탈환하다 _ 104
프랑스 왕의 귀국 _ 110
'튜턴 기사단'의 탄생 _ 113
리처드 대 살라딘 _ 115
대결 제1전 '아르수프' _ 127
싸움이 끝나고 _ 136
야파 수복 _ 145
'성도'로 가는 길 _ 151
불리한 현실 _ 159
그래도 앞으로 _ 166
모국에서 온 나쁜 소식 _ 177

오른손에는 칼, 왼손에는…… _ 183
대결 제2전 '야파' _ 188
강화를 향하여 _ 193
살라딘의 리처드 평 _ 200
그후의 리처드 _ 207

제2장 | 베네치아 공화국과 제4차 십자군 _ 223
수재 교황의 등장 _ 225
도제 단돌로 _ 233
술탄 알 아딜 _ 239
프랑스의 젊은 제후들 _ 245
'바다의 도시' _ 251
베네치아의 참전 _ 257
프랑스에서는 _ 261
집결지 베네치아에서 _ 265
출진 _ 271
자라 공략 _ 274
비잔틴제국 황자 _ 277
행선지 변경 _ 281
콘스탄티노플 공략 _ 287
'라틴제국' _ 291
'지중해의 여왕' _ 294

제3장 | 로마 교황청과 제5차 십자군 _ 303
'성지'의 상황 _ 305
'소년 십자군' _ 310
왕들은 움직이지 않고 _ 312
'교황 대리' 펠라조 _ 315
다미에타 _ 318
아시시의 프란체스코 _ 323

강화 제안 (1) _ 326
강화 제안 (2) _ 330
제5차 십자군의 최후 _ 334

제4장 | 황제 프리드리히와 제6차 십자군 _ 337
남쪽 섬 시칠리아 _ 339
황제 즉위 _ 344
원정은 언제? _ 348
사라센 거류지 _ 349
나폴리 대학 _ 353
살레르노 의학교 _ 354
예루살렘 왕으로 _ 356
적과의 접촉 _ 359
교황 그레고리우스 _ 363
첫번째 '파문' _ 365
두번째 '파문' _ 366
출발 _ 370
아코 도착 _ 375
접촉 재개 _ 377
텔아비브와 가자 사이에서 _ 382
강화 체결 _ 387
반대의 소용돌이에서 _ 392
'성도' 방문 _ 399
교회와 모스크 _ 405
'그리스도의 적' _ 409
귀국 _ 412
'평화의 키스' _ 415

제5장 | 프랑스 왕 루이와 제7차 십자군 _ 419
이상적인 군주 _ 421

화려한 출진 _ 428
이집트 상륙 _ 433
강경한 진군 _ 437
만수라의 참극 _ 443
철수 _ 449
미증유의 패배 _ 451
제7차 십자군의 '성과' _ 459

제6장 | **최후의 반세기** _ 463
몽골의 위협 _ 465
몽골 대 맘루크 _ 469
성왕 루이와 제8차 십자군 _ 474
항구도시 아코 _ 484
'그리스도교도는 마지막 한 사람까지 지중해에 처넣어주겠다' _ 490
표적은 좁혀졌다 _ 498
아코 공방전 _ 505
최후의 날 _ 518

제7장 | **십자군 후유증** _ 531
'로도스 기사단'에서 '몰타 기사단'으로 _ 533
템플 기사단의 최후 _ 536
'아비뇽 유수' _ 548
이탈리아의 경제인들 _ 551
성지순례 _ 557
맺음말 _ 558

연표 _ 563
참고문헌 _ 573
도판 출처 _ 597

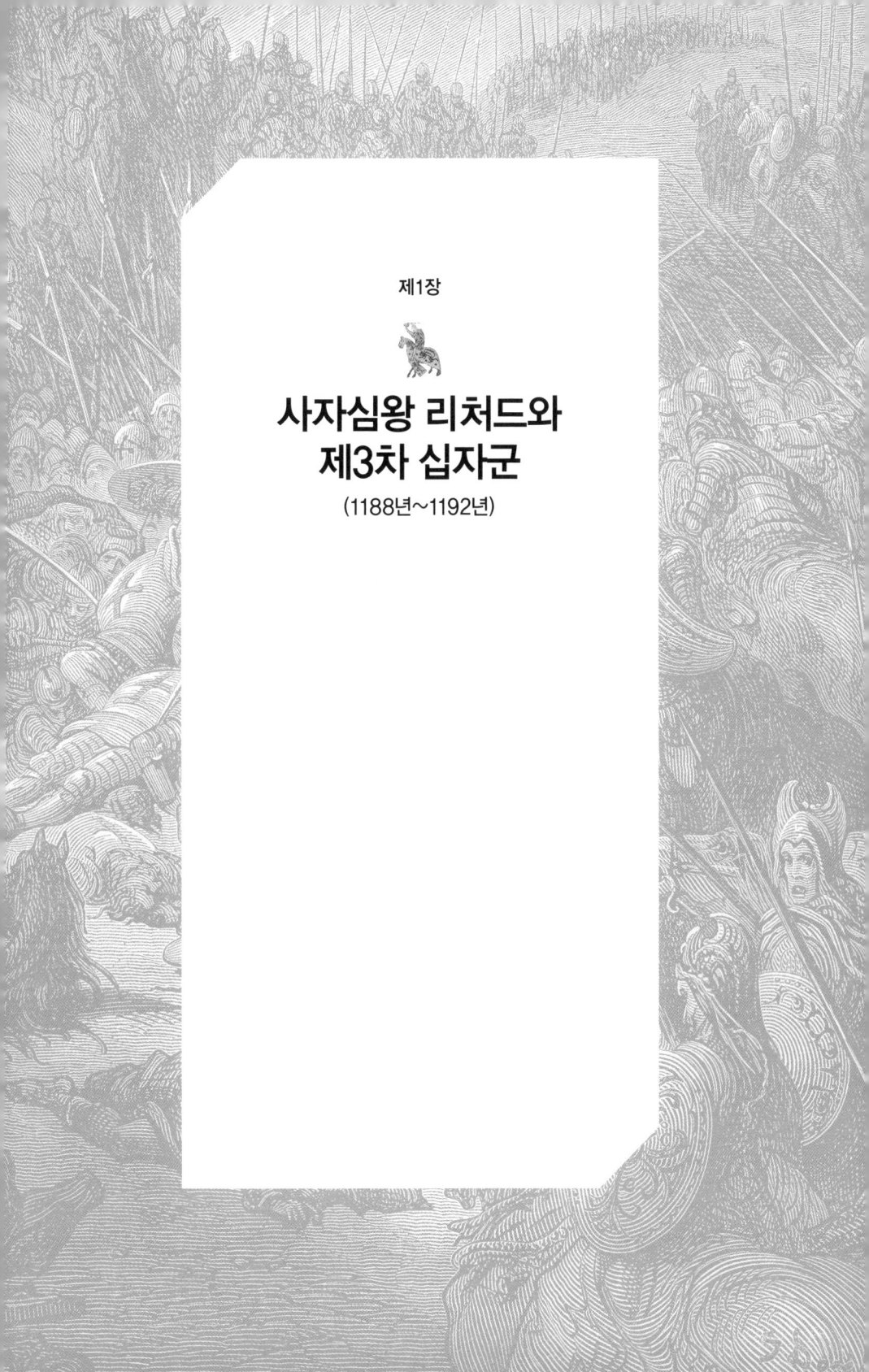

제1장

사자심왕 리처드와 제3차 십자군

(1188년~1192년)

'성도'를 잃다

1187년은 말 그대로 '살라딘의 해'였다.

오랜 세월 동안 분열되어 있던 수니파와 시아파를 통합함으로써 처음으로 이슬람 세계를 하나로 묶는 데 성공한 살라딘은, 이로써 운용할 수 있게 된 대군을 이끌고 1187년 7월 4일 하틴 평원 전투에서 십자군측에 결정적인 타격을 가했다. 그후에도 공세의 고삐를 늦추지 않고 십자군측 주요도시인 아코, 시돈, 베이루트, 야파를 숨 돌릴 새 없이 잇달아 손에 넣었다.

'하틴 전투'의 패전으로 이 도시들의 주민이 아무리 재기불능 상태였다 하더라도, 하틴에서 승리한 후 불과 한 달 만에 이룩한 성과라기엔 놀라운 것이었다. 이 도시들은 지중해 동쪽 해안을 따라 줄지어 늘어선 항구도시라는 데에 그 존재이유가 있었다.

살라딘은 예루살렘 탈환에 앞서, 설령 유럽에서 새로운 십자군이 원정을 온다 해도 군대가 상륙하지 못하도록 항구를 점령하려 한 것이다. 이 일을 끝내고서야 그는 비로소 예루살렘으로 군대를 돌렸다.

'하틴 전투'에서 방어력의 태반을 상실하고, 게다가 팔레스티나 지방의 항구도시 대부분을 잃어 원군마저 기대할 수 없게 된 예루살렘은, 1187년 10월 9일 승자 살라딘 앞에 성문을 열었다. 제1차 십자군에 의해 '해방'된 이래 줄곧 그리스도교도의 땅이었던 예루살렘이 88년 만에 다시 이슬람교도의 수중으로 넘어간 것이다.

21세기에 들어선 지금도 독실한 그리스도교도에게 어느 곳을 순례하고 싶으냐고 물으면, 로마나 스페인의 산티아고 데 콤포스텔라보다 '예루살렘'이라는 대답이 훨씬 많을 것이다. 지금으로부터 약 1천 년 전인 중세에는 예수 그리스도와 신자 사이의 거리가 훨씬 가까웠다. 제2차 십자군이 일어난 계기는 에데사를 빼앗겼기 때문이었지만, 탈환당했다는 사실은 같아도 예루살렘과 에데사는 그 중요도 면에서 비교가 되지 않는다. 그리스도교도에게 비할 바 없이 충격적인 일이었던 만큼, 이 소식은 당시로서는 놀랄 만큼 빠른 속도로 유럽에 전해졌다.

첫번째 소식은 제노바나 베네치아에서 활용하던 '속달편'으로 전해졌으리라 예상된다. 급보를 실은 배가 입항하면 곧바로 가장 빨리 출항하는 다른 배에 문서를 옮겨 실어 보내는 방식인데, 이렇게 릴레이로 전하면 중근동에서 일어난 일도 채 한 달이 안 되어 이탈리아에 전해질 수 있다. 이 시기에 로마 교황은 이탈리아 북부 페라라에 체재하고 있었다. 제노바에서든 베네치아에서든 로마보다 페라라가 더 가까웠다.

교황청의 기록에는, 교황 우르바누스 3세가 이 소식을 듣고 충격으로 죽었다고 쓰여 있다. 예루살렘이 그리스도교도의 수중에 들어온 것은 교황 우르바누스 2세의 제창으로 시작된 제1차 십자군에 의해서였다. 그 예루살렘이, 그 교황과 이름도 같은 자신이 교황 자리에 있는 지금 다시 이슬람의 수중으로 돌아간 것이다. 우르바누스 3세는 이로 인한 낙담을 견딜 수 없었는지도 모른다.

그를 이어 로마 교황에 선출된 이는 그레고리우스 8세인데, 이 교황도 1년이 못 되어 죽는다. 로마 교황에게 연이어 당도하는 것은 살라딘에게 하릴없이 내몰리기만 하는 중근동 십자군 세력의 열세를 전하는 소식이었다. 그중에 교황의 마음을 밝게 해주는 소식은 하나도 없었다.

살라딘은 십자군 원정의 사령탑이었던 로마 교황을 1년 사이에 두 명이나 죽음으로 몰아넣은 셈이다. 로마 교황청이 새로운 십자군 원정을 정식으로 제창한 것은, 잇달아 죽은 두 교황의 뒤를 이어 클레멘스 3세가 로마 교회의 수장으로 즉위하고 나서였다. 성도 예루살렘을 잃었다는 충격적인 소식이 들려온 뒤로 1년이 넘는 세월이 흘렀다.

로마 교황청의 이 늦은 대응은 곧 제3차 십자군의 성격을 결정하는 데 일조한다.

제1차 십자군은 교황 우르바누스 2세가 제창하고 직접 선도함으로써 시작되었다.

제2차 십자군은 로마 교황청의 행동대원 격이었던 수도사 베르나르두스가 유럽의 황제와 왕들을 정력적으로 설득하고 다닌 덕에 실현되었다. 십자군 원정의 사령탑은 로마 교황청이었고, 제1차나 제2차나 오리엔트로 향하는 십자군에는 반드시 로마 교황이 '교황 대리' 자격으로 임명한 고위 성직자가 동행했다.

그런데 제3차 십자군에는 이런 인물이 없다. 독일 황제도, 프랑스 왕도, 영국 왕도 '교황 대리'를 동행하지 않았다. 이 한 가지 사실만으로도 제3차 십자군은 '세속인들의 십자군'이라고 할 수 있을 것이다.

그 이유는, 성도 예루살렘이 이제 자신들의 것이 아니라는 사실이 서유럽 그리스도교 세계 전체를 충분히 경악시켰기 때문이었다. 로마 교황이라는 제창자도, 그 제창을 받들어 유럽 전역을 설득하러 다니는 설교사도 필요하지 않았을 만큼.

영국

가장 먼저 십자군 원정에 나선 이는 영국 왕 헨리 2세다. 영국은 지금까지 개인이 십자군에 참가한 적은 있어도 국가가 참가한 적은 없었다. 11세기 말부터 12세기 전반까지의 영국은 하나의 국가로 통합되어 있지도 않았기 때문이다. 그런데 12세기 중반 왕위에 오른 헨리 2세가 정력적으로 영토를 확장한 결과, 영국은 프랑스의 절반까지 영유하는 강국이 되었다. 십자군 원정에 나설 자격으로 따지자면 전통

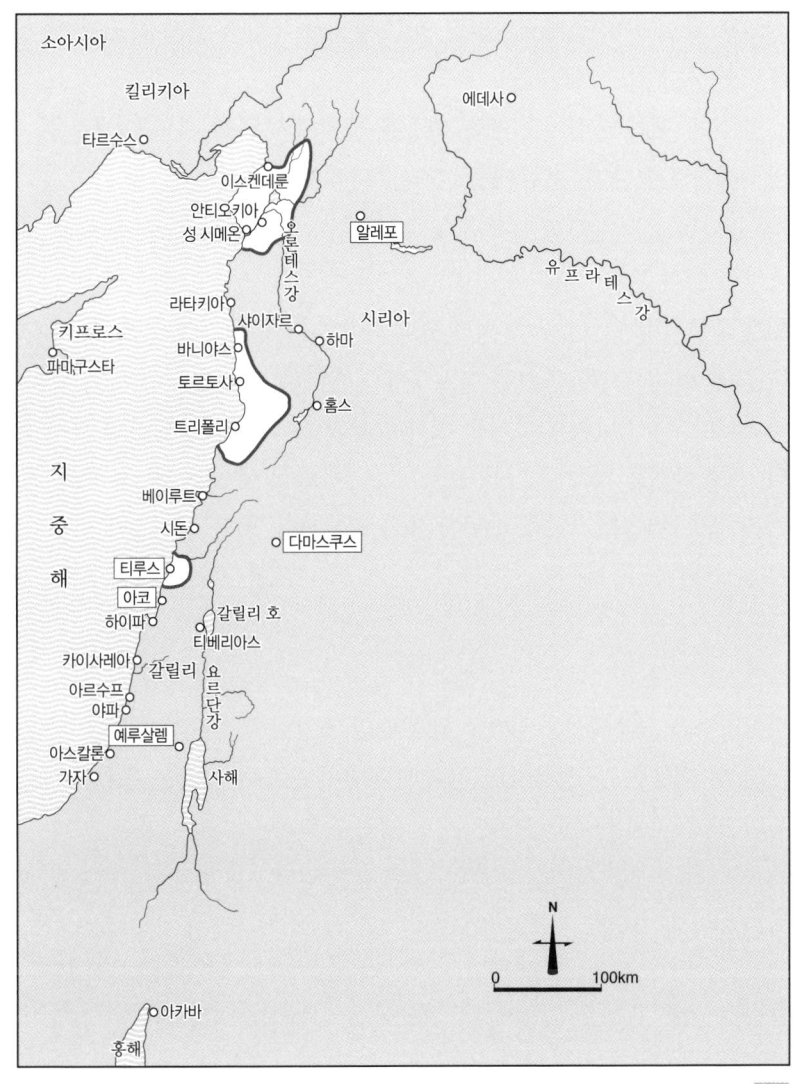

'하틴 전투' 후의 십자군 국가령(1187년)

적으로 유럽의 양대 유력자였던 독일 황제와 프랑스 왕에 견주어 조금도 손색이 없는 것이다.

영국 왕 헨리는 십자군 원정 비용을 조달하기 위해 새로운 세금을 징수하기로 했다. 이 세금에는 '살라딘세'라는 이름이 붙었다.

당시 헨리 2세는 50대 중반이었다. 아일랜드를 포함한 영국 왕국과, 원래 조부의 땅이었던 프랑스 북부 노르망디 지방, 여기에다 결혼으로 얻은 프랑스 서남부 아키텐 지방에서 모집한 군대까지 이끌 수 있는 위치였다. 다시 말해 자금이든 병사든 부족할 게 없는 상태였던 것이다. 예루살렘을 빼앗긴 이듬해인 1188년에도 당장 오리엔트로 향할 마음이 충분했다. 그런데 발등에 불이 떨어졌다. 아들 리처드가 반기를 든 것이다.

이리하여 영국에서는 십자군 원정에 앞서 왕위 다툼이 벌어졌다. 하지만 이 다툼은 두 당사자의 성격 때문인지 음모나 술책을 동원하여 깊이 잠행하는 유형이 아니라, 오랜 세월 군림해온 늙은 사자와 그 자리를 노리는 젊은 사자의 일대일 승부 같은 양상으로 전개된다. 그 결과는 양자가 정면으로 격돌한 1189년 7월 4일의 전투에서 결정되었다.

그러고서 이틀 후, 35년 동안 영국 왕을 지냈으며 플랜태저넷 왕조의 창시자였던 헨리 2세는 세상을 떠났다.

두 달 후, 서른두번째 생일을 닷새 남겨놓은 리처드의 대관식이 런던 웨스트민스터 대성당에서 거행되었다. 영국 왕 리처드 1세가 역사의 주인공으로 등장하는 순간이었다.

대관식이 끝나자 리처드는 1년 후 십자군 원정을 떠나겠다는 의지를 밝힌다. 그는 이미 '하틴 전투' 패배 사실을 알았을 때 십자군 참가를 서약한 바 있으므로, 왕위 다툼을 앞세우긴 했어도 자기 결심에는 충실했던 셈이다. 원정 준비는 의외로 순조롭게 진행되었다. 아버지 헨리가 남겨준 '살라딘세'가 도움이 되었음은 물론이다.

프랑스

프랑스는 이전부터 늘 십자군의 주력이었는데, 당시 프랑스 왕은 필리프 2세였다. 훗날 애국적인 프랑스인들이, 고대 로마제국의 초대 황제였던 아우구스투스의 프랑스식 발음인 '오귀스트(존엄왕)'라는 존칭을 붙여준 사람이다. 여덟 살 위인 리처드가 영국 왕이 된 해에 필리프는 아직 스물네 살이었다. 하지만 열다섯 살 때 프랑스 왕위에 올랐으므로 왕으로서의 경험은 리처드보다 많았다. 다만 그에게 '왕으로서의 경험'이란 다음과 같은 것이었다.

왕위에 오른 지 얼마 되지 않아 그는, 자신의 조카딸과 결혼해 우군이 된 플랑드르 백작과 함께 샹파뉴 백작을 무찔렀다. 1년 후에는 영국 왕 헨리의 도움을 받아 플랑드르 백작을 무찔렀다. 물론 프랑스 북동부의 강력한 봉건제후의 힘을 꺾는 것이 목적이었다. 그리고 6년 후, 이번에는 리처드와 동맹을 맺어 헨리 2세에게 도전했다. 그런데 이때 리처드가 거둔 성공은 필리프가 바랐던 정도를 훨씬 뛰어넘고 말았다.

프랑스 왕의 입장에서는, 왕자에게 여지없이 패해 낙심한 영국 왕이 노르망디 지방을 포기하고 영국으로 물러나는 것으로 족했다. 아키텐 지방의 영유권은 이미 리처드의 것이었고, 그 외에 헨리가 점유하고 있던 프랑스 영토는 노르망디 지방뿐이었으니까.

그러나 이런 필리프의 계산은 빗나가고 말았다. 리처드의 전투 능력이 그 정도일 줄은 미처 몰랐던 것이다. 아버지와 아들의 격돌은 아들의 완승으로 끝났다. 전투에 자신있고 능숙했던 헨리는 그것이 의미하는 바를 필리프보다 더 잘 알고 있었다. 낙심하여 영국으로 물러가는 정도가 아니라 죽고 만 것이다. 덕분에 영국 왕위에는 전투에 능한데다 나이도 젊은 리처드가 즉위했다. 그의 정식 지위는 이러했다.

'영국 왕, 노르망디 공작, 앙주 백작, 아키텐과 가스코뉴 공작, 푸아티에 백작'

프랑스 왕 필리프에게 이는 지난 9년간의 고생이 수포로 돌아간 것이나 마찬가지였다. 영국 왕과 프랑스 왕의 세력 분포는 필리프가 프랑스 왕위에 오른 때와 조금도 달라지지 않았고, 게다가 상대편 지도자는 한 세대 아래의 젊은 남자로 바뀌었다. 다시 말해 영국 왕에게서 프랑스 영토를 빼앗아올 가능성이 헨리 시대 때보다 훨씬 낮아진 것이다. 제3차 십자군 원정 이야기가 구체화된 것은 이때였다.

프랑스 왕 필리프의 인생 최대 목표, 아니, 유일한 목표는 영토 확장이었다. 이 목표를 달성하기 위해서라면 그는 어떤 사람이든 어떤 기

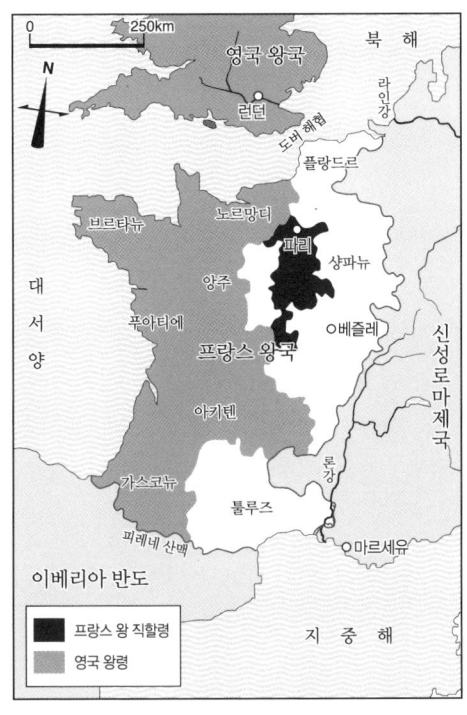

1180년 당시의 프랑스 세력도

회든 활용할 수 있었다.

사실 필리프는 굳이 제3차 십자군에 참가하고 싶지 않았을 것이다. 그런데 왜 마음을 바꾼 것일까.

첫번째 이유는, 필리프가 제2차 십자군을 이끌었던 두 지도자 중 하나인 루이 7세의 외아들이었다는 점이다. 특별히 독실한 신앙심의 소유자도 아니고, 특별히 명예를 중시하는 사람도 아니었던 필리프는, 비참한 실패로 끝난 제2차 십자군의 설욕을 하겠다는 생각 따위는 없었을지도 모른다. 하지만 유럽에서 내보내는 본격적인 십자군 원정에 프랑스 왕이 참가하지 않는다면, 누구보다도 프랑스에 사는 그리스도교도들이 가만있지 않을 것이다.

게다가 로마 교황의 노여움을 살 게 뻔하다. 필리프는 왕으로 살아온 지난 9년간, 자신의 유일하고 절대적인 목표를 달성하기 위해 온갖 권모술수를 동원해온 사람이었다. 군사적인 면에서의 능력에 자신이 없어서였겠지만, 그와 같은 심모원려형 인간은 되도록 적을 만들지 않으려 애쓰는 법이다. 필리프의 처지에서는 로마 교황청을 적으로 돌리는 일만큼 어리석은 술책도 없었을 것이다. 그가 정략결혼을 꾀할 때마다 그것을 승낙해준 이가 바로 교황이었으니까.

두번째 이유는, 십자군 원정이 라이벌들과의 휴전에 도움이 된다는 점이다. 영토 확장이라는 그의 큰 목표를 가로막고 있던 라이벌에는 영국 왕, 샹파뉴 백작, 플랑드르 백작, 부르고뉴 공작 등의 거물이 있었다. 이 네 명 모두 제3차 십자군에 참가할 뜻을 표명했다.

적어도 원정을 나가 있는 동안은 이 강력한 라이벌들과의 영토 분쟁이 동결된다. 또한 이슬람군과의 전투중에 이들 중 누군가, 잘하면 네 명 모두 '순교자'가 되어줄지도 모르는 일이었다.

리처드와 필리프

군사적인 능력에서 필리프가 도저히 당해낼 수 없었던 것 말고도, 리처드 역시 권모술수가 소용돌이치는 중세를 살아가는 남자였다. 필리프의 속마음까지 꿰뚫어보고 있었는지는 모르겠지만, 리처드는 필리프로부터 이듬해인 1190년 7월 프랑스의 베즐레에서 합류하여 함께 십자군 원정에 나서겠다는 동의를 얻어냈다.

두 사람이 함께 출발하고, 함께 돌아온다는 것이다. 또한 어느 한쪽의 귀국이 늦어질 경우에도 그사이 상대방 영토를 침범하지 않기로 서약했다. 이는 신사협정이라 해도 좋은데, 존엄왕 필리프에게 신사협정만큼 인연이 먼 것도 또 없었다.

1190년 7월 초 프랑스 동부의 작은 도시 베즐레는 여기저기서 모여든 병사들로 북적였다. 성벽 밖에 세워진 막사에는 파란색 바탕에 백합이 그려진 프랑스 왕의 깃발과 빨간색 바탕에 노란색 사자가 그려진 영국 왕의 깃발이 수풀처럼 나부꼈다. 그 사이를 오가는 기사와 병사는 이때만큼은 영국과 프랑스의 구별 없이, 모두 십자군 전사의 표시인 붉은 십자가 새겨진 옷을 걸치고 있었다.

영국과 프랑스 양군이 합류하는 장소로 베즐레를 택한 사람은 필리프였다. 아버지 루이 7세가 제2차 십자군을 이끌고 출발한 곳이 베즐레였기 때문이다. 멀리 로마에 있는 교황에게 보내는, 제3차 십자군이 제2차 십자군의 설욕을 하겠다는 의지의 메시지이기도 했다.

1190년 7월 4일, 영국 왕과 프랑스 왕은 거의 같은 시기에 베즐레를 뒤로했다. 로렌강을 따라 남하하여 지중해에 이르자, 리처드는 마르세유에서, 필리프는 제노바에서 바닷길을 택해 중근동으로 향했다. 두 사람은 시칠리아의 항구도시 메시나에서 다시 합류하기로 되어 있었다.

서른세 살의 리처드와 스물다섯 살의 필리프가 사이좋게 프랑스를 출발하여 오리엔트까지의 먼 길을 손을 맞잡고 가는 듯 보이지만, 사실은 서로를 견제하는 도정이었다.

 덧붙여서 한 가지 더. 왜 프랑스 왕은 출항지로 마르세유가 아니라 제노바를 택했고, 영국 왕이 마르세유를 택했을까. 여기에서 당시 필리프가 안고 있던 문제가 드러난다.
 프랑스 왕임에도 이 시기 필리프의 지배권은 프랑스 남부에까지 미치지 못했고, 당시 프랑스 남부는 아키텐과 가스코뉴 공작인 리처드의 지배권에 속해 있었기 때문이다. 따라서 리처드는 앞서 보내두었던, 영국에서 이베리아 반도를 돌아 지중해로 들어오는 수송선단과 마르세유에서 합류할 수 있었던 것이다.
 출항지로 제노바를 택할 수밖에 없었던 프랑스 왕에게도 나름의 이점이 있었다. 그는 배를 타고 긴 여정에 나서는 것이 처음이었는데, 지중해 항해에 관해 베테랑 중의 베테랑인 제노바의 배와 선원에게 이를 일임할 수 있었기 때문이다.

 한편 리처드는 북해와 도버 해협을 오가는 데 적합한 '스넥카스(sneckas)'라는 형태의 배로 선단을 꾸렸다. 스넥카스의 기원을 말하자면 한마디로 바이킹의 배다.
 북해의 거친 파도에 견딜 수 있도록 튼튼하게 만들어졌으므로 무거운 짐도 잔뜩 실을 수 있었다. 대신 배의 속도는 더뎠다. 또한 기본적으로 범선이므로 갤리선처럼 '모터' 역할을 하는 조수(漕手)도 없었다. 따라서 다른 배에 비해 움직임이 자유롭지 못하므로 해전용이라 할 수는 없지만, 리처드는 무거운 짐을 운반하는 데 적합한 배가 필요했던 것이다.

　리처드는 이 수송선단으로 조립식 투석기를 운반했다. 부품별로 해체하여 배나 수레에 싣는 것인데, 전쟁터에 도착해 병사들이 조립하면 거대한 투석기를 단시간에 완성할 수 있었다. 게다가 완성된 투석기에는 바퀴가 달려 있어 전장에서 이동할 때도 인력과 시간을 절약할 수 있었다.
　이 조립식 투석기는 아마도 리처드가 고안한 것인 듯, 이전에 사용된 흔적은 찾아볼 수 없다. 제3차 십자군에서 프랑스 왕을 위시한 제후들도 투석기를 사용했지만, 그것들은 모두 전쟁터에 도착한 후에 현지에서 제작한 것이다. 리처드의 투석기처럼 전쟁터에 도착해서 조립하고, 전투가 끝나면 다시 해체해 배나 수레에 실어 다음 전쟁터로 운반하는 방식의 것은 아니었다.

　또한 리처드의 선단에는 부품별로 해체한 투석기뿐만 아니라 돌포탄도 실려 있었다. 프랑스 왕과 제후들이 사용한 것처럼 바위를 깨뜨린 돌덩이가 아니라, 줄질을 하여 둥글게 다듬은 돌포탄이었다. 모양이 둥글면 공기의 저항이 적어져 멀리까지 날아갈 수 있다. 따라서 낙하하는 순간의 파괴력도 증가한다.
　울퉁불퉁한 돌덩이가 툭 떨어질 때의 파괴력과, 대기를 가르며 빠르게 멀리 날아간 돌포탄이 낙하할 때의 파괴력에는 큰 차이가 있다. 이 돌포탄은 리처드의 자랑이었던 듯, 이후에 이슬람과 전장에서 대결할 때 적장 살라딘에게 보내지기도 했다.
　훗날 '사자심왕'이라는 별명으로 유명해진 영국 왕 리처드는, '심장'과 함께 합리적이고 효율적으로 사고하는 '두뇌'도 가지고 있었던 것이다.

황제 '붉은 수염'

프랑스 왕과 영국 왕, 이에 더해 십자군 원정에 절대 빠질 수 없는 이가 독일 황제다. 이 시기 신성로마제국 황제는 '바르바로사(붉은 수염)'라는 별명으로 알려진 프리드리히 1세였는데, 살라딘이 예루살렘을 탈환한 1187년에 이미 예순다섯 살이었다.

그러나 백부 콘라트 황제를 따라 제2차 십자군에 참가했던 그는 제3차 십자군의 수뇌부 중 유일하게 십자군 원정 경험이 있는 이였다. 또 그에게는 장기간 자국을 떠나 오리엔트로 향하는 데 걸림돌이 될 만한 어떤 문제도 없었다. 또한 참혹한 실패로 끝난 제2차 십자군의 설욕을 하고 싶은 마음도 매우 컸을 것이다. 하물며 그때는 에데사였지만, 이번에는 예루살렘이 탈환당했으니까.

리처드처럼 왕위 다툼을 선행할 필요도 없고 필리프처럼 골똘히 머리를 굴릴 필요도 없었던 프리드리히는, 제3차 십자군 수뇌부 중 가장 먼저 원정을 떠났다.

1188년 3월, 마인츠 대성당에 황제와 제후 전원이 모인 가운데 '십자가 서약' 의식이 장엄하게 거행되었다. 출발은 이듬해 5월. 최소한 원정 첫해 1년간의 경비는 제후들이 직접 부담하는 것으로 결정되었다. 그리고 선언대로 1189년 5월, 전군을 거느린 황제 '붉은 수염'은 레겐스부르크를 뒤로하고 동쪽으로 떠났다. 영국에서는 아버지와 아들의 왕위 다툼 결과가 아직 나오지 않은 때였다. 영국이나 프랑스 따위는 기다릴 필요조차 없다는 듯 대군을 거느리고 당당하게 출진한 것이다.

지위와 권력 모두 안정된 사람이 이끄는 만큼 독일 황제의 군대는 규모부터 어마어마했다. 1년 2개월 후에 출정하는 프랑스 왕과 영국 왕의 군대 규모가 기병 수백 명에 보병 수천 명 정도인 것에 비해 독일 황제가 이끄는 군대는 단위부터 달랐다. 프리드리히 1세가 이끈 독일군의 규모는 기병이 수천 명에 보병이 수만 명이었다고 역사가들은 기록하고 있다. 개중에는 모두 합쳐 10만에 달했다고 주장하는 사람도 있다. 살라딘이 이 독일군의 동향에 가장 신경을 쓴 것도 당연했다.

프리드리히 1세의 문장
(노란색 바탕에 검은색 사자)

신성로마제국의 문장
(노란색 바탕에 검은색 독수리)

하지만 이 대군에게도 단점이 있었다. 병사 수가 너무 많아서, 이들 모두를 태우고 오리엔트로 향할 수 있는 배를 가진 나라를 찾을 수 없었던 것이다. 때문에 독일군은 육로를 택할 수밖에 없었다. 하지만 이것은 황제 '붉은 수염'에게 전혀 고민거리가 되지 못했을 것이다.

첫째로 이것은 영광스러운 제1차 십자군의 로렌 공작 고드프루아가 행군한 것과 같은 경로였으며, 둘째로 제2차 십자군에 참가한 프리드리히 자신이 아는 길이었기 때문이다. 하지만 아무리 제2차 십자군 원정 경험이 있다 하더라도 중근동으로 가는 육로에는 수많은 장애물이 기다리고 있을 게 분명했고, 가능한 한 군사력을 소모하지 않고 그것들을 극복할 필요가 있었다.

이에 대해 황제 '붉은 수염'이 사용한 수단은 "상대가 알아채기 전에 이쪽에서 먼저 알린다"는 것이었다. 같은 그리스도교도이지만 상황에 따라서는 행군에 방해가 될지도 모르는 헝가리 왕과 비잔틴제국 황제, 그리고 그들과 달리 이슬람교도이기에 방해가 될 것이 확실한 소아시아의 영주들 전원에게, 그는 다음과 같은 요지의 서한을 보냈다.

"지금 우리는 대군을 이끌고 가고 있다. 그러므로 그 어떤 저항도 소용없다. 또한 우리 군의 의도는 오직 이곳을 통과하는 것이므로, 우리에게 필요한 것(식량)을 흔쾌히 제공하고 행군로를 열어두도록 하라."

총 10만이라는 숫자는 이때 황제의 서한을 갖고 각자의 목적지로 떠났던 사절의 입에서 나온 것인 듯한데, 요청이라기보다 위협에 가까웠던 만큼 실제로는 그 숫자보다 더 많지는 않았을 것이다.

그런데 이 방법이 통했다. 선수를 치는 것은 물론, 처음부터 대담하게 나가는 것도 때에 따라 효과적인 것이다. 그 덕에 동유럽을 통과하고 소아시아에 들어선 뒤에도, 행군은 그 규모에 비해 놀랄 만큼 순조롭게 진행되었다.

 황제 프리드리히 1세는 살라딘에게도 서한을 보냈다. 신성로마제국 황제라는 지위는 기사도 정신을 지켜야 한다고 생각한 듯하다. 선전포고 없이 군대를 이끌고 가는 것은 황제 된 자가 할 만한 일이 아니라는 이유로, 공식적으로 선전포고를 한 것이다.
 이때의 서신과 이에 답한 살라딘의 서한을 소개하려 한다.
 당시 그리스도교 세계와 이슬람 세계의 최고 권력자 사이에 오간 서신이다. 하지만 역사적 가치를 차치하고 보면, 웃음이 나올 만큼 유쾌한 서신교환이라 할 수 있다.

 우선 예순일곱 살의 프리드리히의 서신.
 "신의 축복을 받은 신성로마제국의 황제이자 수많은 전투의 승자인 프리드리히가, 사라센인의 수장이자 조만간 예루살렘에서 도망치게 될 살라딘에게."

 오리엔트의 이슬람교도는 유럽의 그리스도교 전부를 뭉뚱그려 '프랑크인'이라 불렀는데, 중세 서유럽의 그리스도교도들 역시 아랍인이든 페르시아인이든 투르크인이든 상관없이 이슬람교도를 무조건 '사라센인'이라 불렀다. 그래서 프리드리히도 살라딘을 '사라센인의 수장'이라 칭한 것이다. 서신은 이어진다.
 "나는 귀하가 우리 그리스도교도의 성스러운 도시를 공략하고, 그곳에 있는 성스러운 유적과 교회를 모독했다는 소식을 들었다. 귀하의 이러한 행위에 그리스도교 세계를 보호할 책임이 있는 나는 지위에 걸맞은 행동에 나서지 않을 수 없었다.

그러므로 만약 귀하가 탈취한 땅을 돌려주지 않고 그곳에서 행한 수많은 모독의 흔적을 제거하지 않는다면, 나는 그래야 할 필요성을 군사를 통해 깨닫게 해줄 수밖에 없다. 따라서 지금 선언한다. 1190년 11월 1일, 우리 두 사람은 전장에서 맞서게 되리라."

이어서 프리드리히는 '튜턴의 분노'라는 말을 사용한다. "튜턴, 즉 독일의 분노를 축으로 결집한 우리 군대에는" 하며 당시 신성로마제국에 속해 있던 수많은 지방의 이름을 열거한다. 용맹함으로는 타의 추종을 불허하는 게르만 민족이 자신을 따라 행군하고 있다는 것이다. 그리고 마지막으로 베네치아와 제노바와 피사의 배, 그리고 선원 겸 해병들이 육상전력인 튜턴의 군대와 공동전선을 펼칠 해상전력이라고 덧붙이는 것도 잊지 않는다. 그리고 다음과 같은 말로 서신을 마무리한다.

"귀하는 가장 최근의 전투(하틴)에서 우리 그리스도교군의 오른팔을 잘라냈다고 생각하고 있을 것이다. 그러나 유럽에는 아직 강력한 오른팔이 건재하다. 귀하는 11월 1일, 그 오른팔로 칼과 창을 움켜쥔 우리 군대와 대면하게 될 것이다. 그리고 그날은 우리 예수 그리스도에게 가장 기쁜 날이 되리라."

이 서신에 쉰한 살의 살라딘도 답신을 보낸다.
"위대하고 고귀하며, 게다가 순수함에 친밀감까지 느끼게 하는 튜

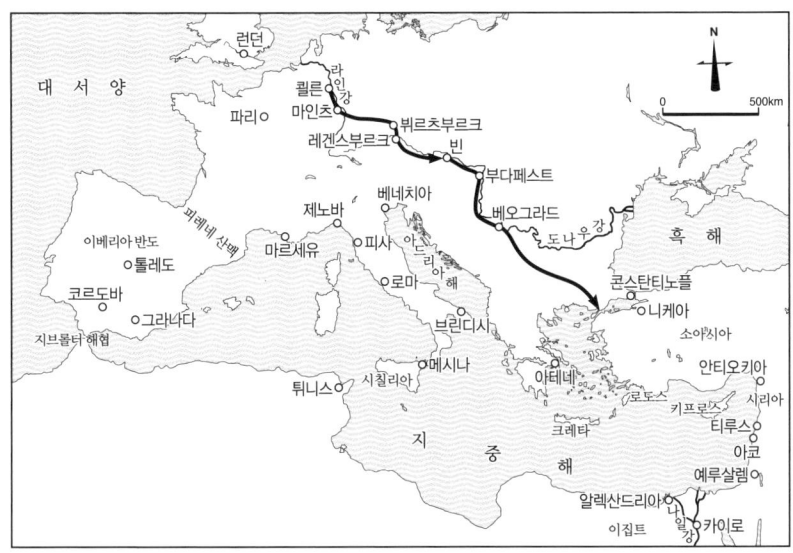

프리드리히의 진군로

튼의 황제 프리드리히에게.

　귀하의 서신은 하인리히라는 이름의 사자가 전해주었다. 그 사자에 따르면 서신은 틀림없이 귀하가 보낸 것이라고 한다. 그래서 결례가 되지 않도록 답신을 보낸다."

　이렇게 쓴 후 살라딘은, 우리 군대에는 튜턴의 분노에 동조한 많은 지방에서 온 병사가 참가했다며 그 지방들의 이름을 열거한 프리드리히를 흉내 내어 말한다. "우리 군대에는 아랍인이 있고 페르시아인이 있으며 투르크인과 베두인인도 가세하고 있다." 이 부분은 꼭 어린애들의 말다툼 같지만, 두 사람 모두 신의 도움으로 자신이 승리하리라고 단언하는 건 똑같았다.

하지만 이다음부터 살라딘의 서신은 달라진다.

살라딘은 "우리 땅을 먼저 침공한 것은 그리스도교도다"라고 분명히 말한다. 그리고 이제 그것을 "우리가 신의 도움으로 무찔러 다시 우리 땅으로 돌려놓을 수 있었다"고 쓴다. 예루살렘까지 이슬람의 수중으로 들어온 지금 그리스도교측에 남아 있는 땅은 티루스, 트리폴리, 안티오키아 세 도시뿐이며, "마음만 먹으면 그 세 도시와 주변 지역에서도 충분히 그리스도교도를 쫓아낼 수 있다"고 말을 잇는다.

그리고 "만약 이 서신을 읽은 후에도 전투로 결판을 내려는 당신의 생각에 변함이 없다면 우리는 감연히 맞서겠다"며, "대적의 날은 당신이 말한 날짜라도 상관없다"고 잘라 말한다.

다시 말해 군사충돌을 피하기 위한 프리드리히의 제안, "탈취한 땅을 돌려주고 그곳에서 행한 수많은 모독의 흔적을 제거"하는 것에 분명하게 거부 의사를 밝힌 것이다.

하지만 살라딘도 군사충돌을 피하기 위한 나름의 안을 프리드리히에게 제시한다.

"만약 당신이 우리와의 평화를 원한다면, 그럴 가능성은 충분하다.

우선 나는 수하의 부대장 세 명을 티루스, 트리폴리, 안티오키아에 파견하여 무조건 성문을 열게 할 것이다. 대신 당신에게는 하틴 전투 이후 우리 손에 들어온 '성십자가'와 포로 전원을 돌려보내겠다. 또 예루살렘 성묘교회의 유지와 관리를 위해 수도사를 상주시키는 것과 예루살렘 교외에 있던 수도원을 재건하는 것을 인정하며, 무엇보다 성지를 찾는 그리스도교도 순례자들의 안전을 보장할 것을 서약한다."

살라딘의 서신에는 이후 이슬람 신의 우위를 주장하는 내용이 이어지는데, 이는 이슬람교도 공식문서의 관례이므로 생략한다.

그러나 제3차 십자군은 살라딘이 탈환한 예루살렘을 되찾아오는 것을 목적으로 결성된 것이다. 그 제1진을 이끄는 황제 프리드리히로서는, 성십자가와 포로를 돌려주고 순례자들의 방문을 환영한다는 것에 그치는 이 조건을 도저히 받아들일 수 없었다. 행군 도상의 나라들에 유효했던 황제 '붉은 수염'의 전술이 살라딘에게는 먹히지 않았던 것이다.

1189년 5월 독일을 떠난, '튜턴의 분노'에 타오르는 독일 황제의 군대는, 이듬해인 1190년 5월 이미 소아시아의 중앙부 깊숙이 진군하고 있었다.

그토록 당당한 답신을 보냈지만 살라딘은 사실 '붉은 수염'이 이끄는 독일군을 가장 두려워하고 있었다. 이 독일군의 진로를 방해하려고 비잔틴제국의 황제와 은밀히 동맹까지 맺었던 것도 전혀 효과가 없었다는 게 분명해졌다.

황제 '붉은 수염'은 제2차 십자군에 참전했던 경험상 비잔틴제국 황제를 신뢰하지 않았다. 그래서 비잔틴제국 수도 콘스탄티노플에는 따로 들르지 않고 배를 제공하라는 말만 황제에게 전했으며, 소아시아로 건너갈 때도 콘스탄티노플이 아니라 헬레스폰토스(현재의 다르다넬스)를 이용했다. 이로써 콘스탄티노플의 화려한 생활을 미끼로 독일

촌놈들을 붙들어놓으려던 비잔틴제국 황제의 아이디어는 허사가 되고 말았다.

'튜턴의 분노' 앞을 가로막는 자는 그 어디에도 없다는 듯, 독일 황제의 군대는 거침없이 동쪽으로 나아갔다. 남쪽으로 행군 방향을 돌렸을 때는 이미 시리아에 들어와 있었다. 이렇게 되자 "11월 1일 전장에서 만나자"는 프리드리히의 말이 순식간에 현실로 다가왔다. 살라딘은 군대의 절반 정도를 시리아 북부로 보냈다. 적어도 시리아에 들어선 단계에서는 '붉은 수염'의 진군에 제동을 걸어야 했기 때문이다.

이 시기 살라딘은 서서히 다가오는 독일 대군 외에도 상당히 어려운 문제에 봉착해 있었다.

살라딘은 연이은 공세로 1187년을 보냈는데, 1188년으로 해가 바뀌자마자 그 기세가 꺾이고 만다. 그리스도교측에 남아 있던 세 도시 중 하나인 티루스가, 항복 권고 따위에 아랑곳하지 않고 강고한 저항을 계속하고 있었기 때문이다.

티루스 공방

현재 티루스는 레바논 영토에 속한 항구도시지만, 원래는 바다 가운데 우뚝 솟은 섬이란 특성 때문에 천연 요새지로 통했다. 이수스 회전에서 페르시아 왕을 상대로 대승을 거둔 직후의 알렉산드로스 대왕조차 이 티루스를 공략하는 데 수개월이 걸렸다. 그래도 역발상에 있어 유례를 찾아볼 수 없는 이가 바로 알렉산드로스다. 1킬로미터나 떨어져 있는 섬과 육지 사이에 거대한 제방을 쌓아 공략에 성공한 것이다.

또한 알렉산드로스는 함락시키는 것만으로 만족하는 남자가 아니었다. 완성되어가는 자기 제국의 한 도시로 활용할 생각이 당연히 있었기에, 그후로도 섬과 육지를 잇는 제방을 보강하고 확대했다. 그리하여 제방으로 연결된 육지 쪽은 성벽으로 방비되는 항구도시로 탈바꿈했다. 티루스는 이 상태로 헬레니즘 시대와 로마제국 시대를 거쳐 중세에 접어들었던 것이다.

그렇지만 공략의 성공 여부를 따지는 데 결정적인 기준이 되는 성벽도시 안의 성채, 일본 같으면 천수각에 해당하는 곳은 해상에 우뚝 솟은 섬에 있었다. 아무리 마을이 육지에 있어도 여전히 섬을 함락시키지 않고는 티루스를 공략했다고 할 수 없었다.

중근동 땅에 십자군 국가를 수립하는 데 성공한 제1차 십자군 시대에도, 가장 늦게 그리스도교의 지배하에 들어온 곳이 바로 이 티루스였다. 육지와 바다 양쪽에서 공격하지 않고는 티루스를 함락시킬 수 없었으므로, 베네치아 해군이 본격적으로 참가한 1124년에야 비로소 그리스도교도의 손에 들어왔던 것이다.

살라딘에게는 해군이 없었다. 아니, 있기는 했지만 베네치아나 제노바, 피사 해군의 적수가 되지 못했다. 그래서 육지에서 공격할 수밖에 없어 티루스 공략전에 애를 먹고 있었던 것이다.

게다가 이 시기 티루스가 완강하게 저항한 것은 천연 요새지라는 지리적 이점 때문만이 아니었다. 또한 이슬람측도 바다 쪽의 그리스도

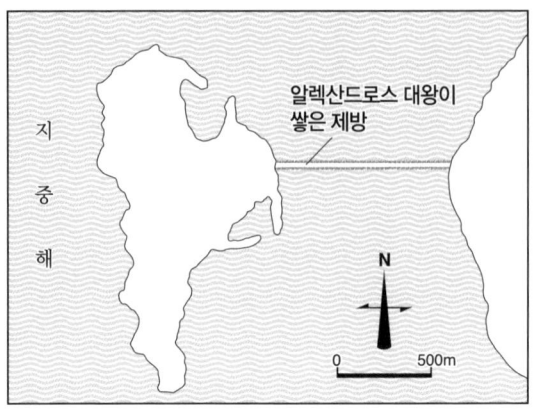

고대의 티루스

교 세력에 영 손쓸 엄두를 내지 못했다고 할 수는 없었다. 진정한 이유는 방어를 위해 일어선 그리스도교도측에, 끝까지 지켜내겠다는 기개와 실행력을 갖춘 남자들이 있었기 때문이다.

첫째, '하틴 전투'에서 살아남은 남자들이 이곳 티루스에 모여 있었다. 트리폴리 백작 레몽은 티루스로 퇴각했다가 곧바로 트리폴리로 돌아가 숨을 거두는 바람에 무대에서 퇴장했지만, 예루살렘 무혈입성을 놓고 살라딘과 직접 담판했던 발리앙 이벨린은 티루스 방어에 가세해 있었다. 중근동의 십자군 관련 제후들 중에서도 수위를 다투는 유력자인 이 사람이 여기 있다는 것은, 그의 수하에 있는 장병들도 참전하고 있다는 것을 의미한다.

둘째, 이 시기 티루스에는 템플 기사단과 병원 기사단의 기사들도 모여 있었다. '하틴 전투'에서 전사한 동료는 물론이고 포로가 된 이들까지 그 직후 모두 죽임을 당했다는 사실을 알고 있는 이 남자들이 살라딘에게 어떤 마음을 품고 있었을지는 뻔했다.

 셋째로, 방어로 들끓는 티루스로 달려온 남자들 중에 몬페라토 후작 코라도가 있었다. 이 인물이 아주 자연스럽게 티루스 방어의 총지휘를 맡게 된다.

몬페라토 후작 코라도

 1187년이 저물어갈 무렵 홀연히 티루스에 나타난 코라도는 이때 이미 사십대 후반이었는데, 그때까지 그의 생애는 좋게 말하면 파란만장, 나쁘게 말하면 종잡을 수 없는 것이었다.

 그는 이탈리아 북부의 제노바 서쪽에 영지를 가진 몬페라토 후작의 차남으로 태어났다. 중세 봉건영주가 으레 그랬듯 몬페라토 후작은 프랑스 왕과도, 독일 황제와도 인척관계였다. 그런 가문에서 태어났지만 코라도는 여기저기 싸움을 걸고 다닌 탓에 두 번이나 포로생활을 경험했다. 그후 새로운 일을 해볼 요량이었는지 비잔틴제국으로 옮겨갔다가, 그곳에서 '하틴 전투' 패배 사실을 알게 된 것이다.

 갑자기 십자군 정신에 눈뜬 그는 이제 무방비상태나 다름없어진 예루살렘을 방어하기 위해 콘스탄티노플을 떠났지만, 배가 역풍을 만나 지체되는 사이 예루살렘은 이미 성문을 열어버리고 말았다. 어쩔 수 없이 그는 살라딘에게 맞서고 있는 티루스로 행선지를 바꾸었다. 사실 아코와 야파까지 이슬람의 수중에 들어간 상황에서, 그리스도교도가 상륙할 수 있는 땅은 티루스밖에 없기도 했다.

 티루스에서 코라도는 자신의 재능을 충분히 발휘한다. 인격적으로

몬페라토 후작 코라도의 문장
(회색 바탕에 빨간색 띠)

칭송받을 만한 남자는 아니었지만 전장에서의 감각과 담력은 상당했던 것이다.

게다가 코라도는 다른 장수와 달리 패배의 경험이 없었다. 살라딘을 향한 씻을 수 없는 열등감이 없었던 것이다. 철저하게 패한 직후에는 누구든 자포자기 심정에서 벗어나기 어렵다. 그러나 코라도는 살라딘에게 주눅 들지 않았으므로 방어전에 전념할 수 있었다. 이 코라도 휘하로 '성지'에 남아 있던 그리스도교도 전원이 집결했다. 발리앙 이벨린, 그리고 템플 기사단과 병원 기사단의 기사들이.

티루스 공략에 나선 살라딘의 목적은 유럽에서 오는 십자군이 상륙할 항구를 없애기 위해서였다. 따라서 아코나 야파에서처럼 그리스도교도가 계속 살 수 있도록 해주겠다는 조건을 제시하여 최대한 빨리 수중에 넣으려 했다.

그런데 티루스 주민들은 거부의 답 한 마디만 보내왔다. 하는 수 없이 육지 쪽에서 공격을 시작했지만 티루스의 저항은 완강했다. 그렇다고 차분하게 티루스 공략에 전념할 생각과 여유는 살라딘에게 없었다. 황제 '붉은 수염'의 동향에 신경을 쓰지 않을 수 없었기 때문이다.

티루스 공략전을 빨리 마무리하고 싶었던 살라딘은 한 가지 방책을 생각해냈다. '하틴 전투'에서 포로로 잡은 그리스도교측 주요인물 중

한 사람, 코라도의 아버지를 이용하기로 한 것이다.

티루스 육지 쪽을 방어하는 성벽 앞에, 이미 노인이 된 몬페라토 후작 굴리엘모가 끌려나왔다. 성벽 위에 늘어선 사람들도 2년이 넘는 다마스쿠스에서의 포로생활 동안 수척해진 후작의 모습을 알아볼 수 있었다.

끌려나온 노기사 옆에 선 아랍인이 그리스도교측이 알아들을 수 있도록 프랑스어로 살라딘의 전언을 낭독했다. 그리스도교도 주민이 계속 이곳에 사는 것을 허락할 테니 성문을 열라, 그러지 않으면 몬페라토 후작을 죽이겠다는 내용이었다.

아들 코라도도 성벽 위에서 그 정경을 내려다보며 전언을 들었다. 그는 방어측의 총지휘관이었다. 살라딘에게 답하는 것은 그의 역할이다. 성벽이 10미터도 안 되는 높이여서 크게 소리지르면 들릴 만한 거리였다.

코라도가 우선 프랑스어로 크게 외치고, 이를 아랍어로 통역하는 자도 소리 높여 외쳤다.

"어떤 조건으로도 절대 티루스를 넘기지 않겠다. 아버지를 죽일 테면 죽여라. 우리 가문도 순교자를 갖게 될 것이다!"

그리고 말을 마치자마자 손에 들고 있던 석궁에 화살을 메겨 아버지 쪽을 겨냥해 쏘았다. 나중에 코라도는 이때 일부러 빗나가게 쏘았다고 말했는데, 그게 사실이라면 대단한 실력이라고 하지 않을 수 없다. 화살은 끌려나온 아버지 바로 옆에 있던, 살라딘 호위병의 가슴을 관통했으니까.

깜짝 놀란 것은 도리어 살라딘 쪽이었다. 늙은 몬페라토 후작은 곧바로 후방으로 옮겨졌고, 그날 밤 살라딘의 막사에 불려가 식사 대접을 받았다.

저녁을 먹으며 두 사람은 친근하게 이야기를 나누었다고 하는데, 무슨 이야기를 했는지까지는 알려져 있지 않다. 요즘 자식들은 부모를 존경하는 마음이 없다는 둥의 이야기를 했을지도 모른다. 살라딘도 젊었을 때는 아버지의 진언을 무시하고 누레딘에게 거역하지 않았던가 하는 생각에 웃음이 나오기도 하지만, 그도 이제 그때의 아버지 나이가 되어 있었다. 그리고 그가 누구보다 신뢰하던 사람은 성년이 된 친아들 두 명이 아니라, 아우 알 아딜과 조카 타키 앗딘이었다.

이튿날 살라딘은 아무런 조건도 달지 않고 늙은 몬페라토 후작을 석방했다. 티루스 성문 앞까지 수하 병사의 호위를 붙여 돌려보냈다고 하니 웃음이 나올 일이다. 무사히 돌아온 아버지에게 코라도가 어떻게 해명했는지는 알려져 있지 않다.

결국 살라딘은 티루스 공략을 단념했다. 진영을 물리고 철수한 것이다. 하지만 아무런 행동 없이 그대로 물러나지는 않았다. '하틴 전투' 당시 포로로 잡았던 예루살렘 왕 기 드 뤼지냥도 석방해준 것이다. 장점이라고는 잘생긴 외모밖에 없고 전투 지휘능력은 완전히 바닥인 이 남자를 풀어준 것은, 그가 돌아감으로써 그리스도교측의 단결에 금이 갈 것을 기대했기 때문이었다. 그리고 상황은 실제로 그렇게 돌아갔다.

그러나 1년 가까이 공격했음에도 결국 철수로 끝난 티루스 공방전은 살라딘의 화려한 공적에 첫 오점으로 남았다. 가는 곳마다 승승장구하며 달려온 살라딘이 공략을 포기하고 군대를 물렸으니 말이다.

살라딘은 병원 기사단이 지키고 있던 '크락 데 슈발리에'도 공략을 시도했다가 단념한 적이 있었다. 하지만 성채와 항구도시는 전략상의 의미가 다르다. 게다가 티루스는 유럽에서 본격적인 십자군이 도착하기를 기다리지 않고 현지의 잔존 병력만으로 방어에 성공한 것이다. 몬페라토 후작 코라도라는 전투에 능숙한 지휘자가 있었다 해도.

제3차 십자군은 프랑스 왕 필리프와 영국 왕 리처드가 이끄는 군대가 중근동에 도착한 1191년에 시작된 것이 아니다. '하틴'에서 대패하고 예루살렘마저 탈환당한 1187년의 나머지 반년이 채 지나기 전에 티루스를 놓고 벌어진 공방에서 시작된 것이다. 이 티루스 공방전이 제3차 십자군의 첫번째 전투인 셈이다.

그렇게 보는 이유는, 티루스 공방전의 승리가 그리스도교측에 힘을 불어넣었기 때문이다. 무적 살라딘이 더이상 무적이 아니게 된 것이다. '하틴' 이후 계속되던 패전의 여운도 일소된 듯했다. 티루스 공방전은 티루스라는 항구도시를 유지하는 이점에 더해 심리적으로도 그리스도교측에 매우 이롭게 작용했다.

그러나 살라딘이 간파했던 바와 같이, 석방되어 티루스로 돌아온 기드 뤼지냥을 맞이한 그리스도교측의 심정은 복잡했다.

일단 살라딘을 철수시켜 축제 분위기에 휩싸인 코라도와 티루스 주민들은 뤼지냥을 문전박대했다. 성문을 닫아걸고, 아예 티루스 시내로 들이는 것조차 거부한 것이다. 이미 적의 수중에 들어간 예루살렘의 이름뿐인 왕이라서가 아니었다. 패배한 '하틴 전투'의 책임자가 없어도 티루스는 자신들끼리 지킬 수 있다는 것이었다.

그러나 지금은 이름뿐일지라도 뤼지냥은 왕이다. 게다가 이 시기 그리스도교도는 예루살렘까지도 되찾을 수 있다고 생각하고 있었다. 탈환에 성공한다면 그 왕위에 오를 사람은 뤼지냥밖에 없다. 후대에서 보자면 '망명 왕' 같은 존재인 것이다. 그래서 티루스를 지켜낸 사람들 중 코라도와 티루스 주민을 제외한 이들은 뤼지냥을 그대로 내버려두는 것이 내심 마음에 걸렸다.

갈 곳이 없어진 뤼지냥에게, 내 생각에는 아마도 발리앙 이벨린이 아니었을까 싶은데, 묘안을 제시한 사람이 있었다. 티루스에서 50킬로미터쯤 남쪽에 있는 항구도시, 지금은 이슬람 수중에 있는 아코를 탈환할 생각이 있다면 협력을 아끼지 않겠다는 제안이었다.

이런 생각을 해낼 능력이 없었던 뤼지냥은 달리 갈 곳도 없었으므로 당장 그 일에 달려들었다. 티루스는 방어전이었지만 아코는 탈환전이다. 명백히 그리스도를 위해 싸우는 십자군이라 할 수 있는 것이다.

이런 결정이 내려지자, 전장에서는 무능할지라도 일단은 왕이니만큼 뤼지냥이 이끄는 전투에 참가하겠다는 사람들이 속속 나타났다.

먼저 발리앙 이벨린을 비롯한 옛 예루살렘 왕국의 봉건제후들이 협력을 자청하고 나섰다. 동시에 템플 기사단과 병원 기사단도 단장이

야파와 그 주변

직접 이끌고 참전하기로 했다. 이외에도 열정을 불사를 마음으로 중근동에 와서 우연히 티루스 방어전에 참가했던 병사들과, 순례를 왔다가 성지 전역이 전투상태에 들어가는 바람에 티루스에 발이 묶여 있던 사람들도 참전을 신청했다.

또한 항구도시 아코를 공격하기 위해서는 해상 보급과 바다 쪽에서의 공격도 빼놓을 수 없다. 이것은 피사와 제노바의 배와 선원, 그리고 '해병'을 겸하는 조수들이 담당하기로 했다.

이 총 인원은 기사 7백 명과 보병 9천 명에 달했다고 한다. 예루살렘을 빼앗겨 실권을 잃었어도 왕의 이름이 주는 효과는 아직 있었던 셈이다.

아코 탈환전

뤼지냥이 전군을 이끌고 아코 성벽 앞에 당도한 것은 1189년 8월 28일이었다. 사흘 후 공격이 시작되었다. 이후로 2년 가까이 이어지는 아코 공방전의 시작이었다.

티루스에서는 방어전이었지만 아코에서는 탈환을 위한 전쟁이다. 티루스가 제3차 십자군의 첫번째 전투라면 아코 공방전은 두번째 전투다. 아코 육지 쪽을 에워싸듯이 반원형으로 포진한 그리스도교군은 모두 십자를 크게 새겨넣은 옷을 입고 있었다. 그리스도를 위해 싸우는 십자군 전사라는 의지의 표시다.

자기가 풀어준 기 드 뤼지냥이 아코를 공격하러 나서리라곤 살라딘도 예상하지 못했을 것이다. 또한 처음 한동안은 현재 이슬람의 지배하에 있는 아코가 자력으로 방어할 수 있을 거라고 생각했다. 뤼지냥이 총지휘를 한다면 그 휘하의 지휘관들이 조만간 뿔뿔이 흩어질 게 분명하므로, 아코를 포위한 군대는 곧 와해될 것이었다. 따라서 자신이 직접 군대를 이끌고, 아코를 방어하는 이슬람군을 도우러 갈 것까지는 없다고 판단했다.

아코 공방전에 대해 살라딘이 간과한 부분은 그 밖에도 더 있었다.

첫째, 십자군임을 자각한 그리스도교도 한 사람 한 사람의 가슴에 끓어오르는 열기와, 그로 인한 행동의 변화다.

이슬람교도를 한 사람이라도 죽이면 그것은 곧 주 예수를 위한 공헌이 된다. 설사 죽임을 당한다 해도 순교자가 될 따름이다. 신앙심이 두터운 중세의 그리스도교도에게 천국의 자리가 예약되는 것만큼 기쁜 일은 없었다.

둘째, 총사령관인 예루살렘 왕 뤼지냥의 능력 부족이 그리스도교측에 오히려 긍정적으로 작용했다는 것이다.

기 드 뤼지냥의 무능함은 아코 탈환전에 참전 의사를 표명한 지휘관급 모두 알고 있었다. 뤼지냥의 동생은 전투에 꽤 능했는데, 그 역시 형의 능력을 전혀 인정하지 않았다.

그렇다면 그 결과는 어떻게 되었을까. 다시 말해 이 두 가지 요인을 합쳐놓고 보니, 아코 탈환전에 참가한 지휘관 중 총사령관인 뤼지냥의 명령을 받드는 자는 한 사람도 없었고, 각 군대가 독자적으로, 죽음을 두려워하지 않고 용감하게 싸웠던 것이다.

아코를 공격하는 그리스도교군에게서는 지휘계통의 일원화라는 것을 약에 쓰려 해도 찾아볼 수 없었다. 하지만 무능한 총사령관 아래로 지휘계통이 일원화된 것은 '하틴 전투'의 패인이기도 했다. 총사령관이 당시와 동일인물인 만큼, 장수들은 지휘계통을 일원화하지 않는 편이 낫다고 생각했는지도 모른다.

템플 기사단과 병원 기사단도 각자 적절하다고 판단한 지점에 독자적으로 진을 쳤다. 형식뿐인 총사령관일지라도 뤼지냥 역시 진영을 구축했는데, 동생조차 그와 떨어져서 아코 성벽에 좀더 가까운 지점에다 진을 쳤다. 또한 예루살렘 왕의 진영에 참가한 왕국 내 제후들도 종종 뤼지냥이 아닌 그의 동생의 군대에 합류해서 싸웠다.

물론 그리스도교측이 종종 총공격을 감행할 때는 전원이 함께 싸웠다. 하지만 그럴 때도 총사령관이 명하는 전술에 따라 전군이 일사불란하게 공격한 것은 아니었다.

그런데 흥미롭게도 공격에 실로 부적합하기 그지없는 이런 상태가 오히려 이슬람군측을 곤혹스럽게 만들었다. 총사령관이 없다는 것은 본진이 없다는 뜻인데, 적의 입장에서는 대체 누구를 집중적으로 공격해야 할지 알 수 없었기 때문이다.

어쨌거나 기 드 뤼지냥은 예루살렘 왕국의 공주와 결혼하여 왕이 된 사람이다. 미남이라는 것만이 장점이고 지도자로서는 무능한 남자일지언정 지위는 예루살렘 왕이다. 그런 사람이 아코를 탈환하겠다며 나서자, 전 유럽의 눈이 아코에 집중된다. 예루살렘을 살라딘에게 빼앗겨 들고일어난 유럽의 모든 군대가 이제 아코를 목표로 하게 되었다.

성도 예루살렘을 이슬람측에 빼앗겼다는 사실은 유럽의 그리스도교도에게 비할 바 없이 심각한 충격을 안겨주었다. 성도를 되찾기 위해 싸우겠다고 서약한 사람이 너무 많아서 독일 황제와 프랑스 왕, 영국 왕의 군대가 다 수용할 수 없었다. 이런 사람들을 각 지방의 영주나 주교가 조직해서 황제와 왕들의 군대와는 별도로 오리엔트로 향하고 있었는데, 아코 탈환전 소식이 귀에 들어오자마자 이들이 일제히 아코를 목표로 진군하게 된 것이다.

원군의 제1진은 현대의 덴마크, 네덜란드, 스코틀랜드, 벨기에에 해당하는 지방의 남자들로 구성되었다. 북해에서 대서양으로 나가 이베리아 반도를 따라 남하하여 지브롤터 해협을 통해 지중해로 들어간 후, 다시 지중해를 서쪽에서 동쪽으로 횡단하는 긴 여행도 마다하지 않은 사람들이다. 다만 도중에 스페인에 상륙해 그 지역의 이슬람교도인 무어인과 일전을 벌이며 한 도시를 공략한 후에 다시 배를 타고 오리엔트로 향했으므로, 출발할 때 1만 명을 넘었던 인원이 아코에 도착했을 때는 절반 이하로 줄어 있었다고 한다. 그래도 죽음을 두려워하지 않는 북방의 남자들이었던 건 분명하다. 그들은 상륙한 후 뤼지냥의 군대에 편입되었다.

원군의 제2진은 아벤 백작이 이끄는, 현대로 치면 벨기에와의 국경 근처의 프랑스 북동부에서 온 병사들로 구성된 일군이다. 병사 수까지는 알려져 있지 않다. 아벤 백작 자크의 나이는 그해 서른일곱 살이었다고 한다. 그는 이미 뤼지냥에 관한 소문을 들어 알고 있었던 듯, 아코에 들어간 후에도 예루살렘 왕의 권유에 귀를 기울이지 않고 육지 쪽을 둘러싸고 있는 성벽의 요체로 여겨지던 '말레데타 문(저주받은 문)' 앞에 독자적으로 진을 쳤다.

참고로 중세의 그리스도교도는 이상한 취미가 있어서 병원에도 '인큐러블(incurable, 불치의)' 같은 명칭을 붙이곤 했다. 그래서 아벤 백작도 '저주받은 문'이라는 이름에 개의치 않고 그 앞에 진을 쳤을 것이다. 그리고 이 아벤 백작이 이후 1년에 걸쳐 벌어지는 아코 공격전에서 사실상의 총사령관이 된다.

아코에 상륙한 원군의 제3진은 프랑스, 영국, 플랑드르, 독일의 기사들로 구성된 군대였다. 이들을 이끌고 온 이는 어쩌다가 성직자가 된 걸까 싶을 만큼 전장에 있을 때 더 생기가 넘쳐 보이는 보베 주교다. 이 군대에는 주교의 동생 로베르를 비롯한 유럽 북동부의 기사들도 가세해 있었다. 기병이 주력인 그들은 역시 기병이 많은 템플 기사단 가까이에 진영을 구축했다. 머지않아 이 일대는 가장 치열한 전장이 된다.

이처럼 속속 아코에 상륙한 유럽 원군의 물결을 보면, 제3차 십자군은 독일 황제와 프랑스 왕, 영국 왕 등 당시 서유럽의 고위 유력자만이 일으킨 것이 아님을 알 수 있다. 유럽 전체가 일어선 것이었다. 역시 살라딘에게 성도를 탈환당한 일은 그들에게 비할 바 없는 충격이었던 것이다.

이렇게 유럽에서 온 원군이 아코 탈환전에 속속 참가하는 것을 보고 티루스에 있는 코라도도 참전할 마음을 먹은 모양이었다. 그 역시 12세기를 살아가는 그리스도교도였다. 이제 그에게 완전히 심취한 티루스 주민으로 구성된 군대를 이끌고, 아코 탈환전이 시작된 지 한 달째인 9월 말, 아코 성벽 앞에 포진해 있는 그리스도교군에 가세한다. 그리고 한 달 전에 문전박대했던 뤼지냥과 어떻게 대면했는지는 몰라도, 뤼지냥의 진영 바로 옆에 포진했다.

몬페라토 후작 코라도의 참전이 지니는 의미는 전투에 숙달된 무장 하나가 전선에 가세한 것만이 아니었다. 당시 코라도는 사실상 티루스의 영주로 자리잡은 뒤였다. 몬페라토 후작의 참전은 곧 티루스에

아코와 주변 주요도시

서의 보급 확보를 의미했다.

전쟁을 수행하는 데 병참(logistics)만큼 중요한 과제도 없다. 특히 장기간 이어질 가능성이 높은 공방전에서는 사활이 걸린 문제가 되기도 한다. 따라서 뛰어난 무장은 병참과 보급로의 확보에 큰 관심을 기울인다.

아코 탈환전은 뤼지냥이 티루스에서 문전박대를 당한 것을 계기로 시작되었으므로, 개전 후의 보급로 확보까지는 미처 고려하지 못했다. 그래서 개전 후 한 달 동안은 아직 그리스도교도 수중에 남아 있던 트리폴리와 안티오키아에 의지할 수밖에 없었다.

그러나 트리폴리와 안티오키아는 물리적으로 너무 멀다. 아무리 피사와 제노바, 베네치아의 배를 이용한다 해도 해상의 적은 이슬람 해군만이 아니다. 느닷없이 덮쳐오는 강풍이나 폭풍우도 큰 적이었다. 그리고 항해하는 거리가 멀면 멀수록 이런 위험성도 높아진다. 하지만 지금은 베이루트와 야파까지 살라딘에게 빼앗긴 상태이고, 키프로스 섬의 그리스인은 비협조적이었기에, 강풍이나 폭풍의 위험을 무릅쓰고 트리폴리와 안티오키아에 의지할 수밖에 없었던 것이다.

그런데 코라도가 참전함으로써, 아코까지의 거리가 트리폴리의 5분의 1밖에 안 되는 티루스에서 물자를 보급받을 수 있게 된 것이다. 이 사실은 아코를 앞에 둔 그리스도교군에게 큰 힘이 되었고, 동시에 병참의 중요성을 잘 알고 있던 살라딘의 주목을 끌게 되었다.

살라딘, 전장으로

살라딘이 아코를 방어하는 이슬람군을 직접 지원하러 나서기로 한 것은 몬페라토 후작 코라도의 참전 사실을 안 뒤였다. 1189년도 이미 가을로 접어들고 있었다.

'붉은 수염'이 이끄는 대군은 독일을 떠난 이후 착실히 동쪽으로 나아가는 중이었고, 이듬해 1190년 봄에 소아시아를 전부 답파하고 여름에는 시리아 북부에 모습을 드러낼 것이 확실했다.

또한 영국에서는 왕위에 오른 리처드가 1190년 봄에 십자군 원정을 떠나겠다고 공표했다. 프랑스 왕 필리프도 리처드와 행동을 함께한다는 소식이 들려왔다. 이 두 사람은 바닷길로 오게 되므로, 이르면 그해 가을 아코에 모습을 드러낼지도 몰랐다.

쉰한 살의 살라딘은 이들 모두와 맞서 싸워야 하는 상황이었다. 지금까지 잇따른 공세로 성과를 거둬온 것과 달리, 앞으로는 어찌 보면 공세보다 훨씬 어려운 방어에 매달려야 하는 것이다.

아코 방어를 아코 성내의 방어력에 맡길 생각이었던 살라딘이 가을이 되자 직접 참전하기로 마음을 바꾼 것은, 아코 공방전을 조기에 해결하는 것이 이슬람측에 매우 중요하다는 사실을 깨달았기 때문이리라.

무엇보다 독일 황제와 대결하기 전에 아코 문제를 해결해둘 필요가 있었다. 적어도 프랑스 왕이나 영국 왕이 이끄는 군대가 도착하기 전에는 반드시 해결해야 했다. 아마도 이 시기 살라딘은 엄청난 압박감에 시달렸을 것이다.

21세기 현재는 그저 이스라엘 북부의 지중해에 면한 조그만 항구도시에 지나지 않지만, 1189년부터 2년 동안 아코는 제3차 십자군과 그에 맞선 살라딘의 이슬람군이 정면으로 격돌한 전장이었다.

아코는 지중해를 따라 줄지어 있는 시리아와 팔레스티나의 항구도시 중 특별히 좋은 항구라고는 할 수 없었다. 바다로 튀어나온 갑을 중심으로 건설된 도시인데, 지중해의 항구도시 대다수와 마찬가지로 동절기의 거센 북풍과 북서풍을 막는 것을 가장 중시하여 만들어졌다. 따라서 항구는 남쪽으로 열려 있다.

그런데 아코는 바다 쪽으로도 북서쪽과 서쪽에 높고 험한 해벽이 줄지어 있어, 자칫 배를 잘못 조종했다가는 절벽에 부딪혀 산산조각이 날 위험이 컸다. 여름철 지중해에 부는 서풍(zephyros)의 시원함과 상쾌함을 만끽하다가 순식간에 바다에 휩쓸리는 일이 일어나지 않으리란 법도 없었다.

그래서 지중해를 잘 아는 피사와 제노바, 베네치아의 선원들은, 설사 여름일지라도 아코가 보인다고 해서 쉽게 안심하지 않았다. 남쪽으로 열린 항구 가까이 다가가서야 비로소 안도했다. 게다가 1189년부터 시작된 공방전에서 아코를 지키는 쪽은 이슬람측이었다. 따라서 아코의 현관에 해당하는 항구도 이슬람의 수중에 있었다.

그러나 배를 조종하는 기술로는 타의 추종을 불허했던 이탈리아 해양 도시국가의 남자들은, 도저히 충분하다고는 말할 수 없어도, 아코 성벽과 이를 에워싼 그리스도교군 진영 사이에 끼어 있는 북쪽 해변에 사람과 물자를 내리는 데 성공했다. 그러나 아코를 해상에서 봉쇄하는 것까지는 역부족이었다.

해상 봉쇄는 이를 수행하는 중에 때때로 닻을 내릴 만한 기지로 이용할 항구를 가까이에 확보하고 있지 않으면 불가능하다. '하틴 전투'에서 대패한 뒤로 중근동의 십자군 세력은 해상 봉쇄에 필요한 아코의 북쪽이나 남쪽 항구를 잃고 말았다. 가장 가까이에 있는 항구가 북쪽으로 50킬로미터 떨어진 티루스였던 것이다. 일찌감치 이런 상황을 내다보고 '하틴 전투' 직후 항구도시를 차례로 공략했던 살라딘의 전략적 승리라고 볼 수밖에 없었다.

물론 피사와 제노바의 선단도 종종 아코 항에 침공을 시도했다. 하지만 항구 입구에 굵은 쇠사슬이 쳐져 있을 뿐 아니라, 안에 정박해 있는 이집트 선단의 반격도 필사적이었다. 항구가 뚫리면 아코 방어는 끝장이라는 것을 이슬람측도 잘 알고 있었던 것이다.

불과 2년 전까지 70년이나 되는 세월 동안 아코는 그리스도교도의 항구였다. '하틴 전투' 때 그리스도교군이 출진한 곳도 아코였다. 이곳이 유럽에서 중근동으로 찾아오는 이들이 상륙하는 주요 항구가 된 것도, 그 70년 사이에 항구가 완벽하게 정비되어 바람만이 아니라 적으로부터 지키는 방어력에도 만전을 기한 일대 항구도시로 변모했기 때문이다. 그리스도교군은 자신들이 건설한 그 아코를 공격하는 셈이었다.

이러한 사정 때문에 아코의 해상 봉쇄는 도저히 완벽하다고 말할 수 없는 상황이었다. 하지만 살라딘이 보낸 이슬람측 보급선이 아코에 입항하는 것을 저지하려는 노력은 성공률이 상당히 높았다.

앞권에서도 말했듯이, 오랜 세월에 걸쳐 이슬람 해적과 해전을 벌여온 경험은 피사와 제노바, 베네치아 선원의 기술적 능력과 '해병'들의 전투력을 향상시켜왔다. 반대로 종교가 같은 이슬람 해적과 싸울 필요가 없었던 이집트 선원의 조종 능력과 전투력은 전혀 향상되지 않았던 것이다.

그리스도교측의 해군은 해상 봉쇄를 완벽하게 실현하지는 못했지만, 이슬람측 배가 눈에 보이면 곧바로 추적하고 공격해 포획할 수 있었다. 가까이에 기지로 사용할 수 있는 항구가 없어도, 팔레스티나 근해의 제해권은 이 일대 항구도시가 그리스도교측의 것이던 시대와 변함없이 이탈리아 해양 도시국가의 배와 남자들이 계속해서 장악하고 있었던 것이다.

이러한 상황은 살라딘에게 도저히 방치할 수 없는 과제를 안겨준다. 아코를 방어하는 이슬람군에게 원조물자와 병력을 보내려 해도, 그리스도교측이 반원형으로 진을 치고 있는 육지 쪽으로는 접근이 불가능하다는 걸 이미 알고 있었다. 그런데 항구가 자기 수중에 있음에도 바다에서 물자를 보급하기도 어려워진 것이다. 북쪽에 있는 베이루트에서 보내든, 이집트에서 아스칼론을 경유하여 보내든, 아코 근처의 해상에서 기다리고 있는 이탈리아 배에 발각되면 그뒤의 운명은 뻔했다. 가득 실린 대량의 식량도, 무기도, 군사장비도, 그리고 디나르 금화로 가득 찬 수많은 자루도, 해상 봉쇄라기보다 해적 행위라는 표현이 더 적절했던 그리스도교측 해군의 먹잇감이 될 뿐이었으니까.

어려워진 것은 포위된 아코 성내로 원조물자를 보급하는 일만이 아니었다. 통신까지 곤란해진 것이다.
이슬람교도가 활용한 전서구(傳書鳩)는, 산이나 들 위로는 먼 거리를 날아갈 수 있었지만 적과 아군의 병사들로 가득한 전장 위를 나는 데는 능숙하지 못했던 듯하다. 그래서 사람이 바다를 헤엄쳐 건너는 수밖에 없었다. 바다를 감시하고 있는 이탈리아 선박에 발각되지 않

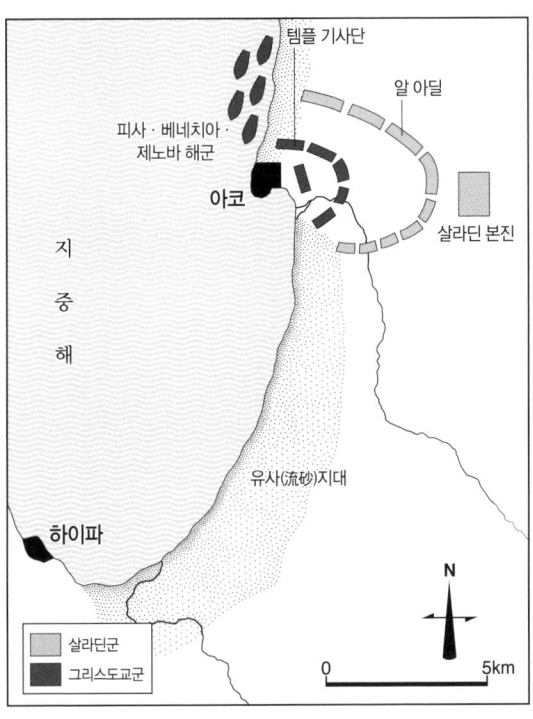

아코 공방전에서 양군의 포진

도록 작은 배로 아코 항에 접근하고, 거기서부터는 헤엄을 쳐서 항구 안으로 잠입했다가, 다시 헤엄쳐서 빠져나오는 것이다. 물론 매번 성공한다는 보장은 없었다. 그리고 바다에서 물자를 보급할 수 있는 확률은 이보다 훨씬 낮았다.

결국 아코 공방전의 주요 전장은 육상이 되었다. 반원형으로 아코를 에워싼 그리스도교군의 바깥쪽을, 살라딘이 이끄는 이슬람군이 다시 반원형으로 에워쌌다.

제1장 사자심왕 리처드와 제3차 십자군 053

전선의 가장 북쪽에는 그리스도교측의 템플 기사단이 진영을 구축하고 있었다. 용맹함으로는 누구에게도 뒤지지 않는 이 템플 기사단을 상대로, 살라딘은 열혈하며 전투에 능숙한, 마치 제1차 십자군의 탄크레디와 비슷한 성격의 장수가 이끄는 군대를 배치했다. 그는 바로 타키 앗딘으로, 살라딘의 조카이자 날카로운 검의 칼날을 연상시키는 젊은 장수였다.

그리고 이슬람 전선의 중앙에는, 항상 후방에서 지휘하던 '감독' 살라딘 휘하에서 '주장' 역할을 맡아온 친동생 알 아딜을 배치했다. 그 외 대부분의 이슬람 전선에는, 그리스도교측이 각자 개별적으로 진영을 구축한 것과 비슷하게, 지방 영주인 태수들의 천막을 중심으로 시리아나 메소포타미아 각지에서 온 군대의 진영이 죽 늘어섰다.

전선 북쪽으로는 양군 모두 바다 가까이까지 진을 펼쳤지만, 남쪽 진영은 적과 아군 할 것 없이 바다 쪽으로 다가가지 않았다. 아코 남쪽으로 펼쳐진 해변은 이른바 유사(流砂)지대로, 발을 들여놓으면 사람이든 말이든 모두 모래 속으로 빨려들어가는 곳이었기 때문이다. 당연히 이 일대에는 적도 아군도 배를 댈 수 없었다. 따라서 아코 남쪽의 해안 일대는 전장이 되지 않았다. 이러한 상황에서 1189년이 저물고 1190년이 시작되었다.

전방의 적과 후방의 적

그리스도교측보다 병력이 부족했던 것은 아니었다. 살라딘이 직접 군대를 이끌고 도착한 후에는 이슬람측이 수적인 면에서 우세했던 것이 분명하다. 게다가 아코 성내에 있는 방어 병력까지 합하면 단연 이슬람측이 우세했다.

그러나 이 시기 그리스도교 세계는 전 유럽이 들고일어난 분위기였다. 1190년으로 해가 바뀐 뒤에도 소규모일지라도 유럽에서 여러 차례 원군이 속속 도착했다. 독일과 프랑스, 영국뿐만이 아니라 북유럽이나 헝가리, 이탈리아에서도 군대를 보냈다.

그렇지만 살라딘이 이끄는 이슬람의 주력군이 도착하자 이제 그리스도교측은 전방만이 아니라 후방에도 적을 두게 되었다. 게다가 그리스도교측에는 총사령관이 없었다. 어느 누구도 뤼지냥에게는 그런 역할을 기대하지 않았다. 그리고 자연스럽게 그를 대신하게 된 아벤 백작은 용감하면서도 침착하고 냉정한 남자이기는 했지만, 참전한 장수 모두가 그의 명령에 무조건 복종할 만한 최고사령관은 아니었다.

아벤 백작 자크는 서른일곱 살로 한창때인 장년기였지만 지위는 프랑스 일개 지방의 영주에 지나지 않았고, 독일 황제와 프랑스 왕, 영국 왕과 인척관계도 아니었다. 몬페라토 후작 코라도만 해도 독일 황제와 친족관계다. 중세 유럽 사회에서는 이런 유의 커넥션이 중시되었다. 실제로 아벤 백작은 1년 후 리처드가 앞서 보낸 샹파뉴 백작 앙리가 아코에 들어오자 곧바로 그에게 총사령관 자리를 넘겨준다. 나이는 그보다 어려도 샹파뉴 백작은 프랑스 왕 필리프, 그리고 영국 왕 리처드와도 백부와 조카관계였기 때문이다.

아벤 백작 자크는 자신이 가진 모든 것을 쏟아부어 전방과 후방의 적을 상대로 분투했지만, 그는 전체를 조망하며 전략을 세우고 그에 따라 차례로 대담한 전술을 구사하는 유형의 지도자는 아니었다. 또한 일이 벌어지기 전에 앞서 예상하고 미리 대책을 강구하는 데 필요한 상상력도 갖추지 못했다. 아벤 백작 자크는 '중세의 꽃'이라 불리던 기사의 전형이었을 것이다.

전방과 후방 모두에 적이 있는 상태에서 싸운 사례로는 율리우스 카이사르가 지휘한 알레시아 전투를 들 수 있다. 그때 카이사르는 제일 먼저 앞뒤로 깊은 참호를 파고 목책을 둘러쳐 휘하의 병사들이 적에 대한 공포를 느끼지 않고 싸울 수 있도록 했다. 그런데 이 아코 공방전에서 그리스도교군이 참호를 파서 후방에 있는 살라딘군과의 간격을 확보하는 것의 이점을 깨달은 것은, 공방전이 시작되고도 1년이 지났을 때였다.

게다가 상대인 이슬람측에는 전략 능력과 상상력을 갖춘 최고사령관이 있었다. 그런데도 왜 아코 공방전의 결판이 나기까지 2년이나 걸린 것일까. 살라딘에게도 이슬람 세계 특유의 사정이 있었던 것이다.

가장 먼저 지금까지 살라딘이 쌓아온 빛나는 전과는 그가 처음으로 이슬람 세계의 통합을 실현한 덕분에 얻은 것임을 상기해야 한다. 시아파와 수니파로 나뉘진 이슬람교도의 역사적 대립관계를 일시적으로나마 잊게 하는 데 성공했던 것만이 아니다. 십자군의 침공으로 빼앗긴 자신들의 땅을 되찾겠다는, 종교와 상관없이 인간으로서 당연한 열망에 불타고 있던 각 지방의 영주인 태수(아미르)들의 통합에도 성공했기 때문이다.

이를 위해 살라딘은 '성전(지하드)'이란 기치를 내걸었으며, 이슬람교도는 이 기치 아래 "알라는 위대하다"고 외치며 그리스도교도를 향해 돌진했다. 그것은 그리스도교 세계가 성도 예루살렘의 해방을 목표로 삼고서 "신이 그것을 바라신다"는 슬로건과 함께 이슬람 세계로 쳐들어간 것과 마찬가지였다.

그러나 그리스도교도든 이슬람교도든 그들이 제창한 '성전' 사상 자체는 오래가지 않는다. 그것을 지탱하는 열기는 쉽게 달아오르고 쉽게 식어버리는 성질을 갖고 있기 때문이다.

이슬람 세계가 '지하드'로 들끓고 "알라 아크발!"이라는 한 마디에 일치단결한 것은, '하틴 전투'와 그에 이은 예루살렘 탈환까지의 반년 동안에 지나지 않았다. 하틴에서는 그리스도교군을 상대로 대승을 거두었고, 이슬람교도에게 있어 메카와 메디나 버금가는 성지이던 예루살렘도 탈환했으니, 그들의 열광은 이때 정점에 달했을 것이다. 다만 살라딘이 너무 압도적인 승리를 거두었다는 점이 정점에 달한 이 열광을 오히려 빨리 식게 하고 말았다.

살라딘은 신성로마제국 황제 '붉은 수염'에게 보낸 답신에 이렇게 썼다. "우리 땅을 침공한 그리스도교도들을 우리 신의 도움으로 격파하는 데 성공해서, 이제 이슬람교도는 자신들의 땅을 되찾게 되었다"고.

이것이 실현된 것은 신의 도움은 차치하고 사실 살라딘의 힘에 의한 것이었는데, 자신들의 땅을 되찾게 된 태수들은 그것만으로도 만족하고 만 것이다. 예루살렘도 탈환했으니 '지하드'는 이제 그만 됐다는 식으로.

이것이 1188년 이후 살라딘이 직면한 문제였다. 요컨대 '이슬람의 영웅'이 되었음에도 병사를 모으는 것은 '영웅'이 되기 전보다 더 어려워졌다. 병사들은 그들이 사는 땅을 다스리는 태수가 이끌어야 살라딘 아래로 모여들 수 있었다. 살라딘은 '아미르'보다 지위와 권력이 위인 '술탄'이지만, 술탄과 태수들은 결속이 그다지 굳건하지 않았다. 이런 면에서는 황제나 왕이 수하의 제후들과 항상 긴장관계에 있었던 동시대 유럽과 유사했다.

바그다드에 있는 종교상의 최고위자 칼리프를 제외하고 살라딘은 이 시기 이슬람 세계의 최고권력자 술탄이었지만, 그가 마음대로 움직일 수 있는 병력은 본거지인 시리아의 다마스쿠스와 이집트의 병력뿐이었다. 그 밖의 지역에서는 먼저 태수들부터 움직여야 했다. 그런 수고를 할 필요가 없는 이집트의 통치는, 살라딘이 누구보다 신뢰하는 동생 알 아딜이 맡고 있었다.

태수들은 내심, 일개 항구도시에 불과한 아코를 방어하는 데 왜 자신들이 도우러 가야 하는가, 왜 소중한 내 병사들을 희생해야 하는가, 하는 생각을 갖고 있었다.

아랍 민족이나 투르크 민족이나 기본적으로 현실적인 성향이었다. 그래서 전투에 적합하지 않은 동절기에는 살라딘의 허락을 얻어 귀향했고, 봄이 되어도 돌아오지 않았다. 돌아온다 해도 아주 늦게, 봄이 다 지나간 후에 왔다. 그전까지 살라딘은 바그다드에 있는 칼리프를 존중하면서도 어느 정도 거리를 두고 대해왔는데, 이제 그런 태도도 허락되지 않았다. '지하드'를 선언해달라고 칼리프에게 부탁해야 할 정도였던 것이다. 독일 황제 '붉은 수염'과 그의 대군은 이미 소아시아 깊숙이 진군하고 있었다. 소아시아를 전부 답파하면 시리아 북쪽에 모습을 드러낼 것이다. 아무리 이슬람의 영웅일지라도 조바심이 나지 않을 수 없었다.

그리스도교측에는 최고사령관이라는 두뇌가 없었다. 반면 이슬람측은 수족을 확보하는 데 애를 먹고 있었다. 이런 상황에서 그리스도교군과 이슬람군이 정면으로 부딪친 아코 공방전은 제각기 멋대로 격돌하는 전투의 연속이었다. 그리스도교군과 이슬람군 모두 기록상으로는 격렬한 전투의 연속으로 표현했지만, 양쪽 다 그 전투들을 인과적으로 정리할 수는 없었던 것이 2년 동안이나 결판이 나지 않았던 아코 공방전의 실상이었다.

그러나 상대의 종교를 인정하지 않음으로써 성립하는 일신교끼리 격돌한 싸움이다. 양쪽 다 이교도를 죽이는 것은 신을 기쁘게 하는 행위이고, 설령 죽임을 당한다 해도 순교자가 되어 승천할 따름이라고 믿었다. 특히 예루살렘을 잃은 그리스도교측에는 한층 그런 마음이 강했다. 기록에 남아 있는 격렬한 전투 중 두 가지만 소개한다.

서로 기병을 투입해 정면 충돌하기를 반복한 것은 템플 기사단이 담당한 북쪽 전선이었다. 그날도 기사단장 제라르는 휘하 기사 전원을 이끌고 살라딘의 조카 타키 앗딘이 이끄는 군대 한가운데로 쳐들어갔다. 하지만 적들 역시 이슬람군에서 으뜸가는 기병 전력이다. 용맹함으로는 타의 추종을 불허하는 템플 기사단도 밀리는 양상이었다. 그때 단원 몇 명이 기사단장에게, 우리가 방패막이가 되어 버틸 테니 빠져나가라고 권한다. 그러나 단장 제라르는 끝까지 우긴다.

"절대 안 된다. 동지들을 죽게 내버려두고 나만 살겠다는 건 템플 기사단의 기사로서 수치다!"

이렇게 외치고 제라르는 적진 속으로 뛰어들어 적병을 여러 명 베어 쓰러뜨린 뒤 포로가 되고 말았다. 끌려온 기사단장에게 살라딘은 이슬람교로 개종한다면 목숨만은 살려주겠다고 말한다. 물론 살라딘도 그때까지의 경험을 통해 템플 기사단의 기사가 이런 권유에 응하지 않으리라는 건 알고 있었다. 제라르의 대답 역시 예상한 대로였다. 살라딘은 고통스럽게 죽이지 말고 단칼에 죽이라고 명령한다.

'하틴 전투'가 끝난 후 살라딘은 포로들 중에서도 특히 템플 기사단 단원에 대해서만은 말살을 고집했다. 이때 템플 기사단은 대부분의 전력을 잃고 거의 괴멸상태였다.

그런데 '하틴 전투'로부터 2년밖에 지나지 않은 아코 공방전에서 템플 기사단은 독립 진영을 구축할 만한 세력으로 회복되어 있었다. 그들의 용맹함은 광적일 정도였지만, 그런 만큼 일반 그리스도교도 사이에서 인기가 높아서, 입단 지원서와 기부금이 점점 늘어났기 때문이다.

두번째 예는, 아코 항을 공격하는 피사 해군과 그에 맞서는 아코 방어군 사이에서 벌어진 전투다.

거듭 말하지만 항구도시 아코의 출입구는 항구밖에 없다. 방파제로 방비된 이 항구가 침범당하는 것은 곧 아코라는 도시가 함락됨을 뜻한다. 당연히 항구 입구의 요새는 밤낮으로 이슬람 병사가 지키고 있었다.

공격하려면 바람과 파도가 잔잔한 날을 골라야 한다. 숙달된 선원이라면 사흘 후의 날씨까지는 확실히 예측할 수 있다. 결행의 날, 동트기 전에 티루스를 떠난 피사 해군은 아코 항에 다가가자 일제히 돛을 내린다. 돛만 사용하는 범선과 달리 돛과 노를 모두 사용할 수 있는 갤리선이 군선으로 더 적합한 것은 노를 젓는 조수, 즉 '모터'를 갖추고 있기 때문이다. 적진 가까이 접근하면 돛을 내리고 '모터'를 가동하기 시작한다. 적에게 들키지 않도록 아코 서쪽에 솟은 벼랑 밑으로 남하했다고 하니, 그들의 조종 기술은 가히 일급이었다.

습격의 성공률은 적의 허를 찌를 때가 가장 높다. 소리없이 노로 물을 가르며 항구 입구에 접근하는 데까지는 성공했지만, 입구를 가로막고 있는 굵은 쇠사슬을 끊어내는 건 노 젓는 것으로는 역부족이었다. 이런 경우에는 돛을 완전히 올리고, 한 척이 아니라 두세 척이 동시에 돛에 가득 바람을 안고 돌진해야만 쇠사슬을 끊을 수 있다. 그래서 피사 해군은 선두에 선 세 척의 배에 다시 돛을 올렸는데, 그 바람에 방파제 끝에 위치한 요새의 감시병에게 발각되고 만다.

경보가 요새를 벗어나 항구 전체로 퍼지는 데는 많은 시간이 걸리지 않았다. 항구 안의 모든 군대가 반격에 나섰다. 정박해 있던 이슬람 배들도 쇠사슬 바로 앞까지 나와 반격에 가세했다. 게다가 요새 위에서 던지는 수류탄들이 피사의 선단 위로 빗발치듯 쏟아지기까지 했다. '그리스의 불'이라 불리던 당시의 수류탄에는 폭약 대신 기름이 채워져 있었는데, 불이 붙은 상태에서 날아오기 때문에 직격당하면 돛이 순식간에 타오른다. 피사는 교역입국이기도 했기 때문에, 상륙하면 해병으로 일변하는 피사의 선원과 조수는 용감하기는 했지만 광적이지는 않았다. 그래서 붙잡히기 전에 재빨리 철수하고 말았다.

제노바 해군도 같은 시도를 결행했지만 마찬가지로 철수했으므로, 아코의 현관인 항구는 여전히 이슬람측에 있었다.

그렇다면 제노바와 피사가 함께 싸우면 좋지 않았을까 싶지만, 이 두 나라뿐 아니라 같은 이탈리아 해양 도시국가였던 베네치아와 아말피도 제해권과 통상권 면에서 라이벌 의식이 무척 강했다.
현대 이탈리아 해군의 해군기는 이 네 곳 해양 도시국가의 국기를 합친 것인데, 네 국가가 서로 반발하며 다투던 중세에는 이탈리아인이 지중해를 제패했으면서 오히려 통일된 후에는 그러지 못했다. 그것이 지금도 이탈리아의 해군 관계자들 사이에서 우스갯소리로 오르내리고 있다. 그들은 아주 간혹 연합전선을 구축했어도 대부분의 경우에는 독자적으로 적과 상대했다. 같은 그리스도교도이고, 똑같이 십자군에 참가했으면서도.

아코 공방전이 길어짐에 따라 군량 부족의 고통은 그리스도교측을 한층 무겁게 짓눌렀다.
살라딘이 이끄는 이슬람군은 교대로나마 동절기에 귀향할 수 있었다. 또한 배후가 모두 아군의 땅이었기에 군량 부족에 시달릴 일도 없었다.

문제는 전방과 후방이 적으로 둘러싸인 그리스도교측이었다. 겨울이 되어도 돌아가 휴식을 취할 땅이 없다. 후방에도 적이 있으므로 아코 성벽 앞에서 옴짝달싹할 수 없었던 것이다. 게다가 보급을 담당하는 피사와 제노바, 베네치아의 선단이 싣고 온 물자를 부릴 장소도 제한되어 있었다. 적의 습격이 없을 때를 틈타 적과 아군 진영의 중간에 있는 좁은 해변에 짐을 부릴 수밖에 없었는데, 당연히 충분한 양을 보급하는 건 무리였다.

그리스도교군에서는 식량 부족이 날로 심각해졌다. 돌격하다 전사하는 자보다 허기진 상태에서 비틀거리다 화살에 맞거나, 같은 이유로 동작이 둔해지는 바람에 칼에 찔려 죽는 자가 더 많아져갔다.

아코 공방전에서 그리스도교측 전사자는 다섯 명에 한 명꼴이었다고 하는데, 지위가 있는 장수나 일개 병졸이나 그 비율은 전혀 다르지 않았다. 고위인사의 경우에는 말 그대로 '전사'가 많긴 했어도.

한편 아코 성내에서 방어중인 이슬람군의 식량 부족도 날로 심각해지고 있었다. 항구는 수중에 있지만, 그 항구로 보급선이 들어올 수가 없는 것이다. 공방을 시작한 지도 1년이 경과해가는 1190년 봄, 아코의 수비대장은 살라딘에게 밀사를 보내 항복을 허락해달라고 청했다. 그러나 살라딘의 대답은 '불가'였다. 이집트에서 보급 선단이 오고 있다는 것이 그 이유였는데, 그 선단은 또다시 아코 근처 해상에서 기다리고 있던 이탈리아 선단의 제물이 되고 말았다. 게다가 두 번이나 거듭해서.

이리하여 일진일퇴라기보다 전체적으로 교착상태에 빠진 채 1190년 여름을 맞았다. 그런데 이때, 그 누구도 상상하지 못한 뉴스가 날아든다.

'붉은 수염'의 최후

그리스도교측의 기록을 믿는다면, 살라딘이 가장 경계했던 것은 중근동으로 행군해오는 신성로마제국 황제 프리드리히 1세가 이끄는 기병 3천 명과 보병 8만 명의 군대였다. 이 군대의 동향을 알기 위해 살라딘은 열 명이 넘는 밀정을 파견했다. 그중 한 명이 말을 몇 차례나 갈아타며, 아무도 예상하지 못했던 소식을 가져왔다.

소식을 들은 살라딘은 반신반의하며 좀처럼 믿지 못했다. 곧이어 몇 명의 밀정이 확인을 위해 북쪽으로 떠났다. 그때 급파된 자들에는 단순한 밀정뿐 아니라 사정을 정확하게 파악할 능력을 가진 장수도 한 명 포함되어 있었다. 살라딘은 무엇보다 가장 정확하고 상세한 정보를 원했던 것이다.

1년 전인 1189년 5월 11일, 레겐스부르크에 집결한 대군을 이끌고 출정한 황제 '붉은 수염'은 라인강을 따라 빈, 부다페스트, 베오그라드로 행군한 후, 내륙으로 들어가 불가리아, 마케도니아까지 순조롭게 행군했다. 그해의 그리스도 성탄절은 고대 로마시대의 아드리아노플, 현대의 터키식 발음으로 에디르네라 불리는 도시에서 맞았다. 그리고 이듬해인 1190년 봄에 행군을 재개하여 별 탈 없이 비잔틴제국령을 통과한 후 소아시아로 들어갔다.

　이 모든 행군로를 이렇다 할 장애 없이 통과할 수 있었던 것은, 출발에 앞서 황제 '붉은 수염'이 그냥 통과만 할 테니 방해하지 말라는 요지의 서신을 보내둔 것이 효과를 발휘했기 때문이었다.

　그리스도교측인지 이슬람측인지 여전히 태도를 분명히 하지 않고 있던 비잔틴제국 황제도, 적군임에 분명한 소아시아의 투르크인 영주들도, '붉은 수염'이 이끄는 독일 대군이 통과하는 것을 숨죽이고 지켜보기만 했다. 따라서 종종 잡다한 이들이 끼어 있던 보병은 차치하더라도, 황제 직속과 제후가 이끄는 총 3천 명의 기병은 거의 손실 없이 소아시아 답파를 끝내가고 있었다. 5월에 들어서서 코니아의 투르크군이 유일하게 결의를 보이며 이들 앞을 막아섰지만, 이때도 독일군이 대승을 거두었다.
　코니아에서 행군을 재개한 황제와 그의 군대가 시리아로 들어가기 위해 남은 여정은 소아시아 남동부에 위치한 킬리키아 지방을 통과하는 것뿐이었다.

　킬리키아 지방을 통과해 시리아로 들어가려면 우선 코니아에서 지중해 쪽으로 나가야 한다. 지중해를 오른쪽에 두고 시리아로 들어가는 것이 고대부터 사용되었던 간선로였다.
　그래서 코니아를 뒤로하고 행군을 재개한 독일군 역시 지중해를 향해 나아갔는데, 그곳에 이르기 전에 괴크수(Göksu)라는 이름의 강을 맞닥뜨렸다. 다리는 없었다. 기병과 보병은 물론이고, 필요한 물자를

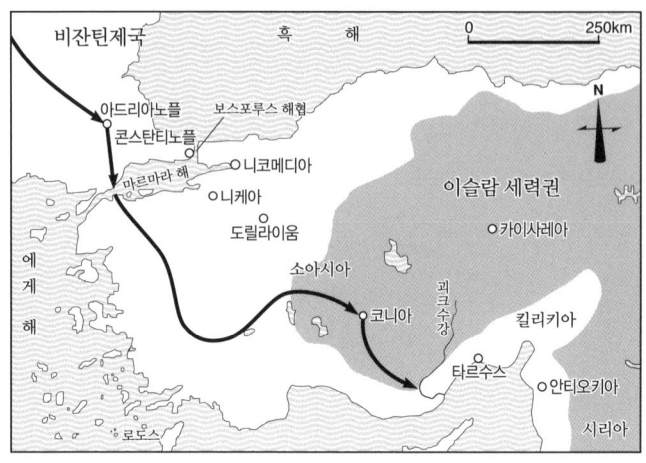

프리드리히의 소아시아 진군로

가득 실은 우마차도 물보라를 조금 일으키며 무리 없이 건널 수 있을 만한 강이었다. 그런데 황제 '붉은 수염'이 그 강을 건너다 익사하고 만다.

공식적으로 발표된 사인은, 강을 건너다 말에서 떨어졌는데 입고 있던 강철 갑옷의 무게 때문에 그대로 물속에 가라앉아버렸다는 것이다. 수하들이 서둘러 끌어올렸을 때는 이미 죽은 뒤였다.

나는 30년 전쯤에 직접 이 강을 보았다. 소아시아를 여행하던 중이었는데, 그 무렵에는 내가 십자군에 대한 글을 쓰리라고는 꿈에도 생각지 못했다. 다만 소아시아 남동부에 있는 이 강이 '붉은 수염'이라는 이름으로 유명했던 황제가 죽은 장소로 알려져 있다기에 찾은 것이었다. 한동안 강변에 서서 눈앞에 흐르는 강물을 바라보았다. 그리고 별 생각 없이 신발을 벗고 맨발을 강물에 담가보았다. 물은 찼다.

그때 내 머리에는 '늙은이의 냉수*'라는 말밖에 떠오르지 않았다.

 당시 독일군은 코니아에서 대승을 거둔 뒤였으므로 이제 행군중에 투르크군의 기습을 당할 염려는 없었다. 게다가 계절은 6월에 접어들었다. 일대는 이미 여름이었다. 장수와 병사 할 것 없이 모두 숨 막힐 듯 더운 갑옷과 투구를 짐마차에 맡기고 가벼운 복장으로 행군하고 있었을 것이다.
 이 남자들의 눈앞에, 여름철임에도 수량이 허리께 정도밖에 되지 않는데다 바다가 가까워 흐름이 잔잔한 강이 나타난 것이다. 이를 본 남자들은 건너기에 앞서 옷과 신발을 벗어던지고 강물로 뛰어들지 않았을까. 가벼운 복장이라도 한여름의 행군이라 땀과 먼지투성이가 되었을 테니까.
 그런 부하들을 본 황제 '붉은 수염'은 자기도 질 수 없다 생각하고 뛰어든 게 아닐까. 황제 프리드리히 1세는 예순여덟 살이었다. 그리고 그때까지 병이라는 걸 모르고 살아온 사람이었다. 그가 병상에 드러누웠다는 기록은 전혀 없다. 그런 만큼 체력에 자신이 있었을 테고, 그 탓에 나이도 잊어버렸을 것이다. 그래서 부하들과 함께 반나체로 뛰어든 것까지는 좋았는데 그대로 가라앉아버렸고, 끌어냈을 때는 이미 죽어 있었던 것이 아닐까 하는 것이다.
 현대의 연구자들도 대부분 심장마비로 인한 익사라는 데 의견이 일

─────────────
* 노인이 나이에 어울리지 않게 위험한 짓이나 지나친 행동을 하는 것을 일컫는 일본어 관용구. (옮긴이 주)

치하는 듯하다. 익사한 날은 1190년 6월 10일, 독일을 떠나온 지 1년 1개월이 지나 있었다.

황제가 죽었다는 것을 재차 확인한 살라딘은 안도했지만, 진심으로 안도한 것은 뒤이어 독일군의 상황에 관한 보고를 받고 난 뒤였을 것이다. 그리스도교측과 이슬람측 양쪽의 기록에 따르면 이와 같다.

기사 3천 명에 보병 8만 명에 달했던 독일 황제의 군대는, 킬리키아까지 와서 해체되고 말았다.
지도자를 잃었을 뿐인데 왜 해체되기에 이르렀을까. 이를 설명하기 위해서는 신성로마제국 황제와 그 수하에 있는 봉건제후의, 지극히 중세적인 관계를 설명해야 한다.

유럽 그리스도교 세계에서 세속적인 최고위자인 신성로마제국 황제가 될 자격은 황제의 아들이라는 것만으로는 부족하다. 설사 장남이라 해도 자동적으로 황제가 될 수 있는 것은 아니다. 먼저 제후들의 인정을 받고, 그후에 로마에 가서 로마 교황의 손으로 대관(戴冠)을 해야 비로소 신성로마제국 황제라는 지위가 공인되는 것이다.
로마 교황과 그 뜻을 받은 주교가 직접 황제나 왕에게 관을 하사하는 것을 '성별(聖別)'이라 하는데, 이는 신이 관을 받는 사람에게 신도들의 통치를 맡긴다는 의미이다.

그러나 황제나 왕과 달리 제후들은 이 '성별'이 필요하지 않았다. 봉건제후는 선조 또는 자신의 힘과 재능으로 획득한 땅을 다스리는 사람이지, 그 땅을 지배할 권리를 신에게서 위탁받은 것이 아니기 때문이다. 따라서 제후는 자신이 죽은 후 아들에게 지위를 물려줄 수 있었다.

황제 프리드리히 1세의 장남 하인리히는 독일에 남았고, 이 제3차 십자군에 동행한 것은 그와 이름이 같은 차남 프리드리히였다.

당시 유럽 사회에서는, 설령 황제가 죽어도 그의 아들이 바로 황제가 될 수 없었다. 즉 '붉은 수염'을 따라 행군해온 독일 제후들에게 황제의 아들은 자신들이 충성을 서약한 상대가 아닌 것이다. 이들이 십자군에 참가한 것도 황제의 명령 때문인데, 그 황제가 죽고 난 후에도 원정을 계속할지 말지는 마인츠의 성당에서 황제와 함께 십자가에 서약한 것을 어떻게 생각하느냐에 달려 있었다. 그들 입장에서 황제에 대한 충성 서약이 그의 죽음으로 해소된 지금 남은 것은, 그리스도교 전사로서 십자군에 참가할 것이냐 말 것이냐 하는 문제였다.

게다가 십자군 원정을 서약할 당시 '붉은 수염'은 그를 따라 오리엔트로 가는 제후들에게 적어도 원정 후 1년 동안은 제후들 스스로 비용을 부담한다는 조건을 요구했는데, 그 1년도 이미 한 달 전에 지난 후였다. 다시 말해 이대로 계속 십자군에 참가하면 누가 비용을 부담할 것인가 하는 문제도 황제의 죽음으로 불분명해진 것이다.

이것이 제3차 십자군의 독일군이 '붉은 수염'의 죽음을 계기로 해산하게 된 요인이었다.

황제가 이끄는 십자군에 참가한 대부분의 독일 제후들은, 정통 신성로마제국 황제가 이끄는 군대이기에 참가했던 것이었다. 그런 것과 상관없이 성도 예루살렘을 빼앗긴 분노만으로 일어선 독일 제후들은 같은 생각으로 나선 프랑스인이나 영국인들과 함께 독자적으로 오리엔트로 출발해 이미 아코에 도착해 있었다. 아코 공방전 초기에 도착한 사람들 중 변경백이라는 직함을 가진 기사가 여러 명 있었는데, 이 '변경백'이란 영주를 뜻하는 신성로마제국 특유의 명칭이었다.

이렇게 황제 '붉은 수염'을 따라온 제후들 대부분이 독일로 돌아가 버렸다. 원정을 계속하기로 한 이들은 '붉은 수염'의 차남과 그 밖의 봉건제후 몇 명뿐이었다. 이들이 이끄는 총병력은 기사 7백 명과 보병 6천 명에 불과했다. 황제 '붉은 수염'이 죽기 전에는 기병 3천 명에 보병 8만 명에 달해서, 살라딘이 가장 신경 썼던 독일 군대가 말이다.

이에 대한 정확하고 상세한 보고를 살라딘이 언제 접했는지는 알려져 있지 않다. 하지만 이 아이유브 왕조의 술탄은 이전의 술탄과 달리 정보 수집에 열성적이었다. 게다가 황제의 죽음은 소아시아 남동부에서 일어난 일이었으니 며칠 후에 살라딘의 귀에 전해졌을 것이고, 일주일 후에는 그에 대한 확인과 정확하고 상세한 사정까지 보고받을 수 있었을 것이다. 그렇다면 살라딘은 6월 20일에는 확실히, 진심으로 안도할 수 있는 소식을 접했다고 볼 수 있다.

이로 인한 기쁨으로 들끓는 이슬람 진영과 대조적으로, 아코 앞에 포진해 있던 그리스도교군은 슬픔과 실망에 잠겼다. 살라딘이 확실한 소식을 접하고 며칠 지나 그리스도교군에도 황제가 익사하고 군대가 해체되었다는 보고가 도착했다. 원정을 속행하기로 한 황제의 차남 일행이 안티오키아에 도착하자, 그들의 실상을 베네치아의 쾌속선(돛과 노를 함께 사용하는)이 급히 전해왔다.

아코를 둘러싸고 있던 그리스도교군에게 이것은 충격적인 뉴스였다. 독일에서 온 대군이 킬리키아 지방까지 왔다는 것까지 알고 있었으므로, 그들이 결국 오지 못하게 된 데서 오는 타격은 더더욱 컸다. 말단 병졸에 이르기까지 얼마나 절망하고 낙담했는지는 그들의 움직임에도 나타났다.

6월 10일 황제가 익사했다는 소식이 프랑스에 전해지려면 아무리 빨라도 한 달은 걸린다. 그렇다면 7월 4일 프랑스 동부의 베즐레에서 출발한 프랑스 왕 필리프와 영국 왕 리처드는 이 중대한 사건을 알지 못한 채 출발했다는 뜻이다. 게다가 아코에서 전투중이던 그리스도교 세력이 이제껏 품고 있던 희망이 깨졌다는 낙담에 빠져 있던 것은 프랑스 왕도 영국 왕도 아직 출발하기 전이었으므로, 그들이 기대를 걸 만한 사람과 군대가 전혀 없었던 시기였다.

물론 필리프와 리처드 둘 다 1년 전 십자군 원정을 공표했다. 따라서 언젠가 올 것임은 분명했다. 하지만 유럽에서 중근동까지는 먼 거리다. 왕들이 올 때까지는 현재 보유한 병력만으로 전투를 계속할 각오를 해야 했다.

아코를 공격하는 그리스도교군이 이처럼 가장 어려운 상황에 놓였을 때, 의욕을 잃은 동료들에게 힘을 준 이가 서른여덟 살의 아벤 백작 자크였다.

그는 이 전투가 장기전이 될 거라 예상하고, 공격으로 적에게 손실을 입히는 것보다 아군의 손실을 최대한 줄이는 쪽을 택했다. 그리스도교측 진영은 이슬람 병사들이 지키는 아코를 둘러싸는 형태로 구축되어 있고, 살라딘이 이끄는 이슬람의 본진은 또다시 그 바깥쪽을 둘러싸는 형태로 포진해 있었다. 그는 그리스도교군과 살라딘의 군대가 마주 보는 쪽에 참호를 둘러치기로 한 것이다.

깊고 넓게 판 참호를 둘러치면, 적의 공격을 저지하는 것까지는 힘들어도 적의 공격속도를 늦출 수는 있다. 이 장애물을 넘으려면 우선 참호로 내려가 밑바닥에서 다시 위로 기어올라야 한다. 하지만 그러면 또 참호 위에서 기다리고 있는 궁병의 표적이 되고 만다. 그래서 공격해오는 적은 먼저 참호를 메우는 작업부터 해야 한다. 후방에서 흙이나 돌을 날라와 메워야 하기 때문에 이 작업에만도 상당한 시간이 필요하다. 또한 매립작업중에는 무방비 상태가 되므로 이 역시 상대측 궁병의 표적이 되기 십상이다.

따라서 우뚝 솟은 성채 주위에 해자를 파는 것과 마찬가지로, 그리스도교측은 아코 공격을 시작한 지 몇 달 안 되어 참호를 파기 시작했다. 하지만 그리스도교군에는 진정한 의미의 최고사령관이 없었다. 각자 적당한 곳을 골라 진영을 구축한 이들은 결국, 자기 진영 바깥쪽에만이라도 참호를 파는 이들과 참호를 팔 생각 같은 건 아예 하지 않는 이들로 나뉘었다. 참호를 판 것은 병원 기사단 진영과 예루살렘 왕 뤼지냥의 동생이 지휘하는 진영뿐이었다. 원래부터 적과의 정면격돌을 선호하는 경향이 강한 템플 기사단은 그 필요성조차 인정하지 않았던 듯하다.

그러나 참호든 해자든 길게 이어져 있어야 비로소 그 효과를 기대할 수 있다. 아벤 백작은 모든 진영이 참호를 파야 한다고 주장했다. 바로 코앞까지 진군해오던 아군이 허무하게 해체된 것에 대한 낙담이 생각보다 심각했던 듯, 수뇌부 전원이 이에 찬성했다.

하지만 적이 나타나기 전이라면 손실 없이 할 수 있었겠지만 이제는 그러려면 큰 희생이 불가피했다. '붉은 수염'이 죽었다는 사실을 알고 사기가 충천한 이슬람측의 방해는 실로 무시무시해서, 참호를 파는 작업을 하는 병사 외에도 이들을 적의 공격으로부터 보호하는 병사까지 배치해야 했다. 이렇게 후방에 병력이 집중되는 바람에 전방에서 아코 성벽을 공격하는 것이 잠시 중단되었을 정도였다.

그러나 그렇게까지 했어도, 그리스도교측을 살라딘군의 공격으로부터 보호해줄 만큼 넓고 깊게 이어지는 참호를 완성하지는 못했다. 손을 쓰긴 했으나 적이 나타난 후인지라 아무래도 늦었던 것이다. 그래도 아예 하지 않은 것보다는 나았다. 새롭게 대규모의 원군이 오는 것을 한동안 기대할 수 없는 상황에서, 그것도 전방과 후방의 적을 동시에 상대하며 1년을 더 버텼으니까.

'늙은이의 냉수' 때문에 대폭 줄어든 상태이긴 하지만, '붉은 수염'의 차남이 이끈 독일군은 8월에 아코 전선에 도착했다. 이 기병 7백 명과 보병 6천 명은 프랑스 왕과 영국 왕에 못지않은 전력이었다. 또한 1년 넘게 싸워온 동지들에 비해 피로도가 낮았다. 그럼에도 불구하고 독일군은 전장의 주역이 되지 못했다. '붉은 수염'의 차남은 이 전력을 운용할 능력이 없었던 것이다. 게다가 병치레가 잦아서 곧 티루스로 돌아가버렸고, 그곳에서 이듬해에 병사했다. 이 독일군은 새로이

사령관으로 임명된 오스트리아 공작 레오폴트가 유럽에서 도착한 이듬해 1191년 늦은 봄이 되어서야 제대로 기능할 수 있었다.

결국 아코를 앞에 둔 그리스도교군은 공방전 첫해인 1189년 당시의 전력으로 1190년, 그리고 1191년까지 계속 싸워야 했다. 그것도 끊임없는 적의 습격과 보급 곤란에 따른 식량 부족으로 다섯 명에 한 명꼴로 사망자가 잇따르는 가운데. 게다가 살라딘군은 동절기 귀향이 인정되었던 것에 비해 그리스도교측이 아코 앞을 벗어나는 것은 꿈도 못 꿀 상황이었다.

제3차 십자군의 특색 가운데 하나는 대주교나 주교 등 고위성직자 중 다수가 직접 진두에 서서 지휘하며 싸웠다는 점이다. 아코 전장에서 이들은 화려한 주교복과 호화로운 주교관을 벗어던졌다. 세속의 기사들과 마찬가지로 강철 갑옷과 투구로 단단히 무장하고, 허리에는 장검, 손에는 장창을 들고 말을 달려 전장으로 나아갔다. 그리고 그날의 전투가 끝나고 나서야 갑옷과 투구를 벗고 목에 스톨라를 늘어뜨리고는 본업으로 돌아갔다. 전사자들의 장례가 기다리고 있었기 때문이다. 캔터베리 대주교도, 루앙 대주교도 이런 나날을 보내다 세상을 떠났다.

이들 성직자가 이끌고 온 영국과 프랑스의 병사들은 황제나 왕들이 이끄는 무리와 달랐다. 떠돌이 기사나 일반 서민이 대다수였다. 황제 '붉은 수염'은 살라딘에게 보낸 서신에서 '튜턴의 분노'라고 말했다. 하지만 성도 예루살렘을 빼앗기고 '분노'에 불타오른 그리스도교도들은 딱히 튜턴, 독일 사람들만이 아니었다.

말이 나온 김에 덧붙이자면, 제3차 십자군의 또 한 가지 특색은 그리스도교측에든 이슬람측에든 기적이나 은총에 대한 기록이 전무하다는 점이다. 제1차 십자군 때는 왕왕 등장했던, 기적이 일어난다거나 신이나 성인이 도움을 준다거나 하는 현상이 일어나지 않은 것이다. 물론 양쪽 수뇌부 사이에 오간 서신에서는 '신에게 감사한다'든가 '신의 도움으로'라는 문구를 찾아볼 수 있었지만, 이는 당사자의 독실한 신앙심을 담은 것이라기보다는 그 시대의 관용구에 가까웠다. 지위가 높지 않은 이가 남긴 기록도 반드시 이러한 문구로 시작한다는 것이 그 증거다.

한마디로 정리하면, 제3차 십자군은 세속의 인간들이 일으킨 전쟁이었다. 신도, 신의 도움도 끼어들 여지가 없는, 오직 인간들 사이에서 벌어진 전쟁이었던 것이다. 설사 한쪽이 십자를 새겨넣은 옷을 걸치고, 다른 한쪽이 코란의 글귀를 흰색으로 써넣은 녹색 군기를 휘날리고 있었다 해도.

이러한 특색은 제3차 십자군의 주역인 살라딘과 사자심왕 리처드의 기질 때문이 아닐까 싶기도 한데, 두 사람은 신을 제쳐놓고 남자 대 남자의 대결을 하고 싶어하는 성향의 소유자라는 점에서 유사했다. 십자군의 역사는 이 제3차 십자군 때부터, 여전히 십자군이라 불리기는 해도, 그 양상이 바뀌기 시작한 것이다.

두 명의 젊은 왕

1190년 7월 4일 프랑스 동부에서 출발한 영국 왕 리처드 1세와 프랑스 왕 필리프 2세가 독일 황제의 죽음을 알게 된 것은 아마도 중간 집결지로 정한 시칠리아의 메시나에 도착해서였을 것이다. 동시에 그들은 아코에서 자신들이 도착하기를 애타게 기다리고 있다는 것도 알았을 것이다. 그런데도 이 두 사람이 아코에 도착한 것은 그로부터 1년이 지나서였다. 이는 두 왕의 행동이 느려서가 아니었다. 우연히 일어난 사건이 그들의 발목을 잡아서, 이를 처리하는 사이에 항해에 적합한 계절을 놓쳐버렸기 때문이었다. 둘 중에서도 리처드가 더 늦게 출발했는데, 이는 문제에 대처하는 두 왕의 방법이 달랐기 때문이다.

스물다섯 살의 필리프는 완고하다고 해도 좋을 정도로 자기중심적인 인물로, 자신의 이익과 관계없는 일에는 관심이 희박했다. 따라서 문제가 생기면 적당히 처리하고 넘겨버리는 경향이 강했다.
한편 서른세 살의 리처드는 전략적인 사고를 하는 사람이었으므로 문제 처리에도 철저했다. 그러므로 장기적인 시야에서 보면 아군에 득을 가져오는 경우가 많았다.

두 사람은 같은 날 같은 장소에서 출발했는데, 한 나라의 왕이 거느리는 군대이니만큼 중간 집결지인 메시나까지는 각기 다른 노선을 택했다. 필리프는 제노바에서 배를 타고 곧장 메시나로 향했지만, 리처드는 영국에서 지브롤터 해협을 빙 돌아오는 수송선단과 마르세유에서 만나, 그후로 제노바, 피사, 로마의 외항 오스티아, 그리고 나폴리

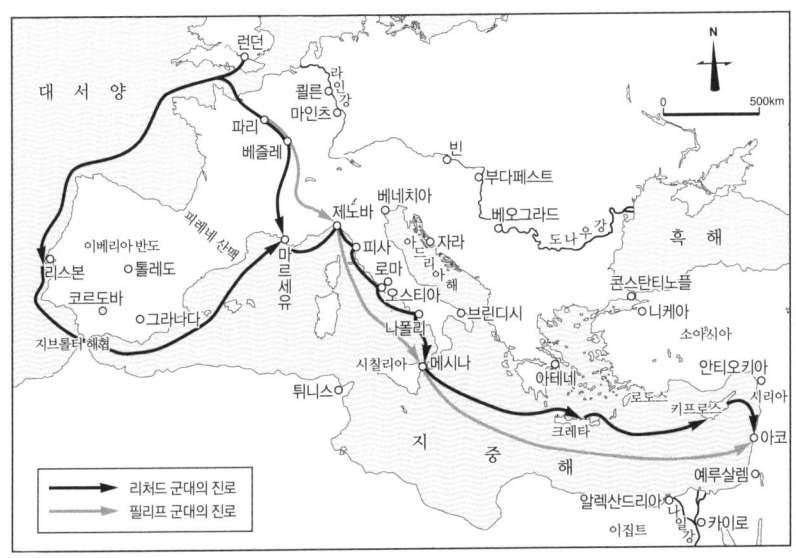

리처드와 필리프의 진군로

순으로 기항하면서 메시나로 향했다.

그렇게 한 첫번째 이유는 아마도 필리프가 수하의 제후와 장병만 인솔하고 수송은 항해의 베테랑인 제노바에 일임한 데 반해, 리처드는 영국에서 출발한, 속도는 느려도 튼튼하게 만들어진 북해용 선단과 동행했기 때문일 것이다. 그 배들에는 조립식 투석기며 매끈하게 줄질한 돌포탄이 실려 있었으니 속도가 느려지는 건 어쩔 수 없었다.

또한 수송선단과 별도로 리처드가 직접 승선하는 '기함(旗艦)'으로는 돛과 노를 모두 쓸 수 있는 갤리선을 택했는데, 속도가 느린 수송선단과 적당한 거리를 유지하려 했음을 감안하더라도 기항지가 너무 많다. 이 의문에 대한 답은 두 가지다.

첫번째 이유는, '사자심왕' 리처드가 뱃멀미를 했던 듯하다는 것이다.

하지만 이것이 정답이라면, 후대의 해양제국 영국 국민에게 지금까지 가장 인기 있는 역사적 인물 중 하나인 리처드로서는 적잖이 창피한 일이다. 그래서 또다른 설을 주장하는 이들이 있는데, 리처드가 행동에 제약을 받는 선상생활을 무료해했다는 것이다. 어쨌거나 육지만 밟으면 힘이 넘치는 남자였다는 사실은 분명하지만.

시칠리아 섬 북동쪽에 위치하며 고대부터 항구도시로 알려진 메시나에는 필리프가 먼저 도착했다. 그는 9월에 이미 메시나에 들어와 있었고, 리처드가 도착한 것은 그로부터 한 달 뒤였다. 만약 서둘러 아코로 향하고 싶다면 날을 헛되이 보내는 것은 허락되지 않았다. 11월에 접어들면 동절기가 되어 늘 온화한 지중해에도 바람과 파도가 거세지기 때문이다. 그런데 메시나에 체재하던 중에 한 가지 말썽이 생기고 말았다.

당시 시칠리아를 통치하고 있던 이는 탄크레디라는 이름의 남자였는데, 제1차 십자군에서 이름을 날린 예의 그 탄크레디와는 이름만 같고 모든 면에서 딴판인 사람이었다. 그는 선왕 굴리엘모가 아이를 남기지 않고 세상을 떠나자 곧바로 시칠리아의 왕위를 가로챘다. 게다가 왕위만 가로챈 것이 아니라, 굴리엘모의 미망인 조안나(영국 왕실 출신으로 리처드의 누이)가 결혼할 때 가져온 지참금을 돌려주기 싫어서 그녀를 유폐시켜버렸다.

리처드는 도저히 이런 행위를 참을 수 없었다. 상대가 누이여서만은 아니었다. 탄크레디의 행동이 아버지 헨리가 어머니인 엘레오노르에게 했던 것과 유사했기 때문이다.

엘레오노르가 '아키텐의 엘레오노르'라는 이름으로 통했던 것은 푸아티에를 중심으로 한 프랑스 서남부 아키텐 지방의 상속인이었기 때문인데, 그녀는 스무 살도 안 된 어린 나이에 동년배인 프랑스 왕 루이 7세와 결혼했고, 남편이 이끈 제2차 십자군에도 동행했다. 하지만 제대로 싸워보지도 못하고 철수한 제2차 십자군의 결과가 보여주듯이 루이는 사람 됨됨이는 훌륭했어도 강단이 있는 남자는 아니었다. 그런 남편에게 실망한 것인지, 프랑스 왕비는 얼마 후 열한 살이나 어린 노르망디 공작 헨리를 사랑하게 된다. 가톨릭교회는 이혼을 인정하지 않지만 지위가 높은 이에게는 항상 빠져나갈 길이 마련되어 있었다. 로마 교황이 결혼을 무효로 인정해주면 되는 것이다. 이리하여 서른 살이 된 '아키텐의 엘레오노르'는 프랑스 왕과 이혼하고, 열한 살 연하인 헨리와 결혼했다.

그리고 2년 후, 아버지의 죽음으로 헨리는 영국 왕위에 오른다. 엘레오노르는 영국 왕비가 되었다. 프랑스 왕비에 이어 영국 왕비가 되었으니 이것만으로도 역사에 남을 가치가 있는데, 엘레오노르는 광대한 아키텐 지방의 영주이기도 했다. 프랑스 왕의 직할령보다 훨씬 넓은 아키텐 지방이 고스란히 프랑스 왕에게서 영국 왕의 손으로 넘어간 것이다.

정략이 아니라 연애로 시작한 엘레오노르와 헨리의 결혼생활은, 종종 불화가 있긴 했지만 20년 넘게 이어졌다. 그리고 남자아이 다섯과 여자아이 셋을 낳았다. 리처드는 삼남이고, 조안나는 딸들 중 셋째였다.

이 상태가 급변한 것은 아들들이 아버지에게 반기를 든 때부터다. 아직 한창때의 장년인 영국 왕 헨리는 그 움직임을 군사력으로 눌러버렸다. 그리고 앞으로 고분고분 명령에 따르겠다는 아들들의 서약을 받아낸 것에 만족하지 않고, 그들의 어머니인 엘레오노르를 인적 드문 성에 유폐해버렸다. 남편의 마음이 젊은 여자에게 기우는 것을 질투한 엘레오노르가 아들들을 부추겼다고 생각한 것이다.

유폐는 15년 동안이나 계속되었다. 그동안 아들들은 내내 어머니와 헤어져 자랐고, 매년 크리스마스 때만 허락을 받고 어머니를 만날 수 있었다.

영국 왕 헨리는 프랑스 왕 루이 7세의 전철을 밟을 생각이 전혀 없었다. 당시 사랑하던 여자와 결혼하기 위해 로마 교황에게 손을 써서 엘레오노르와의 결혼을 무효로 할 수도 있었지만 그러면 아키텐 지방을 잃게 된다. 아내와 계속 같이 살고 싶지는 않고 그렇다고 아내의 영지를 놓치고 싶은 마음도 없었던 그는 명목상으로만 결혼을 유지하면서 그녀를 유폐시키는 수단을 쓴 것이다.

아버지에 대한 아들들의 반란은 20년 후 다시 일어난다. 장남은 이미 죽은 뒤였고, 차남도 반란이 시작될 무렵 죽었다. 때문에 이때 오십대 중반의 아버지에게 정면으로 도전한 이는 리처드였다. 두 사람 모두 전투에 능하다는 점은 마찬가지였지만, 이 결과 젊은 사자가 늙은 사자를 대체하게 된다. 정정당당한 전투에서 패한 헨리 2세는 타격을 견뎌내지 못했고 그후 곧 병으로 쓰러져 며칠 후 숨을 거두었다.

　영국 왕위에 오른 리처드가 제일 먼저 한 일은 어머니 엘레오노르를 유폐생활에서 해방시키는 것이었다. '아키텐의 엘레오노르'는 예순일곱 살의 나이에도 심지가 굳건하고 체력도 좋았던 듯하다. 헨리가 죽었다는 사실을 알자마자 유폐된 성에서 탈출해 런던을 향해 말을 달렸다. 리처드가 보낸 부대가 한 일은, 도중에서 만난 엘레오노르와 시녀들을 런던까지 호위한 것뿐이었다.
　엘레오노르는 아들들 중에서도 리처드를 각별히 사랑했다고 한다. 그래서인지 성년이 되지도 않은 리처드에게 아키텐 지방의 핵심이라고 할 수 있는 푸아티에 백작령을 주었다. 훗날 사자심왕으로 불리는 리처드의 경력은 푸아티에 백작에서 시작한 것이다. 웨스트민스터 대성당에서 거행된 영국 왕의 대관식에는 여전히 늘씬하고 자세가 꼿꼿한 '아키텐의 엘레오노르'가 여봐란 듯이 앉아 있었고, 열석한 이들의 눈은 그녀에게 집중되었다.

　리처드가 아버지 헨리에게 반기를 든 것은 영국 왕위가 탐났기 때문이 아니었다. 아직 소년이었던 첫번째 반란 때는 큰형과 둘째형이 건재했기 때문에, 반란이 성공한다 해도 삼남인 그가 왕위에 오를 가능성은 현저히 낮았다. 두번째 반란 때도 한동안 둘째형이 살아 있었으니 그때도 성공 후 왕위에 오르는 것은 둘째형이지 리처드가 아니었을 것이다. 반란 도중에 둘째형이 죽은 지금에야 비로소 리처드에게 왕위가 돌아온 것이다.

다시 말해 리처드는 영국 왕이 되고 싶어 아버지를 거스른 것이 아니다. 어머니에 대한 아버지의 교활하고 지저분한 처사를 혐오했기 때문이었다. 차라리 이혼했다면 혐오까지는 느끼지 않았을 것이다. 그러나 영지를 놓치기 싫다는 일념으로 15년 동안이나 아내를 유폐하고도 부끄러운 줄 모르는 아버지를 증오했던 것이다.

그런 리처드의 눈에 시칠리아 왕위를 가로챈 탄크레디는 아버지 헨리의 축소형으로 보였을 것이다. 그의 교활하고 지저분한 행동의 이유는 아키텐 같은 광대한 영토가 아니라 '돈'에 있었다. 하지만 지저분한 방식이라는 점은 다르지 않았다. 또한 현재 '시칠리아 왕비'라는 이름만 있고 자신의 영지가 없는, 즉 수입이 없는 조안나에게 지참금의 반환은 꼭 필요한 것이었다.

메시나에 도착한 리처드는 탄크레디에게, 왕비 조안나를 유폐에서 해방하고 그녀가 결혼할 때 가져온 지참금 전액을 반환하라고 요구했다. 그러나 교활한 탄크레디는 이랬다 저랬다 말을 바꾸며 시간을 끌려 했다. 리처드가 곧 십자군을 이끌고 중근동으로 향할 것을 알고 있었던 그는, 말을 돌리며 시간을 때우다보면 리처드가 하는 수 없이 그대로 출항하리라고 생각했던 것이다.

이것이 리처드의 분노를 폭발시켰다. 휘하의 군대를 투입하여 실력행사에 나선 것이다. 영국군과 시칠리아군은 메시나 근처에서 충돌했고, 이 문제는 11월에 접어든 후에야 겨우 해결되었다. 탄크레디는 항복했다. 유폐지에서 해방된 조안나는 자신을 돌봐줄 리처드에게 돌아왔다. 지참금 반환도 이루어졌다.

이외에도 리처드는 탄크레디에게, 항구도시 메시나를 유럽에서 중근동으로 가는 순례자들의 중계항으로 삼고 그에 필요한 시설을 정비하도록 했다. 성지순례를 가는 자에게는 안심하고 기항할 수 있는 항구의 확보가 무척 중요했던 것이다.

그러나 이러한 문제로 인해 필리프와 리처드는 출항 시기를 놓치고 만다. 1190년 성탄절은 메시나에서 맞아야 했다. 이듬해 1191년이 되어 날씨가 풀리면 곧바로 출항하기로 둘이서 의견일치를 보긴 했지만.

그런데 날씨가 풀리나 싶더니, 이번에는 리처드의 어머니가 찾아왔다.

그냥 어머니가 아니라, 프랑스 왕비에 이어 영국 왕비가 되었고 지금은 영국 왕의 어머니인 '아키텐의 엘레오노르'다. 그녀는 리처드가 있는 메시나로 직접 찾아오지 않고 자신을 데리러 오라고 요청했다. 리처드는 출항 준비를 수하의 장수들에게 맡기고, 메시나에서 조금 떨어진 항구까지 마중을 나갔다.

아무리 어머니라지만 엘레오노르는 처음으로 오리엔트로 원정을 떠나는 아들이 염려되어 온 것이 아니었다. 그녀의 성격 같아서는 스무 살만 젊었어도 아들과 함께 오리엔트로 가고 싶었겠지만 예순여덟 살인 지금은 무리다. 보통 어머니들처럼 아들의 출발을 배웅하고 싶은 마음도 없진 않았겠지만, 엘레오노르가 찾아온 목적은 따로 있었다. 자신이 데려온 아라곤 왕의 딸 베렝가리아를 원정에 데려가 어디 적당한 곳에서 결혼하라고 이르기 위해서였다. 리처드는 이제 곧 서른네 살이고, 게다가 영국 왕이다. 그러니 어서 결혼하는 게 좋겠다는 것이 어머니의 생각이었다.

리처드는 예전부터 약혼녀가 있었다. 프랑스 왕 필리프의 누이인 이 여인은 리처드와의 혼약이 결정되자 영국 왕 헨리의 궁정으로 보내졌다. 그런데 이 여인에게 거의 노경에 이른 헨리의 마음이 움직였고, 둘의 관계가 바람직한 정도를 넘어섰다는 소문이 왕궁 내에 파다했다.

그 사실을 안 리처드는 파혼을 요구했다. 헨리에 의해 유폐생활을 하고 있던 엘레오노르도 그에 찬성했다. 그래서 자기 마음에 든 여인을 시칠리아로 데려온 것이다.

어머니를 끔찍이 생각했던 리처드는 어머니의 뜻을 받아들였다. 그도 아버지와 이러저러한 소문이 있는 여인을 아내로 맞이할 생각은 없었다. 그러나 이 일로 프랑스 왕 필리프와의 사이가 껄끄러워지고 만다. 필리프는 결혼이라면 정략결혼밖에 생각하지 못하는 성격이고, 또 파혼당한 누이의 입장을 생각하면 불쾌해지는 것도 당연했다. 하지만 필리프라는 남자는 불쾌한 심정을 드러내지 않는 성격이었기에, 리처드는 상황을 그다지 심각하게 생각하지 않았다.

이리하여 리처드의 십자군 원정에는, 어머니는 따라가지 않았지만 여자 두 명이 동행하게 되었다. 결혼 상대인 아라곤의 공주 베렝가리아의 이야기 상대로 삼을 생각이었는지, 유폐생활에서 해방된 누이까지 동행시켰기 때문이다.

덧붙여 말하자면 리처드가 오리엔트에 가 있는 동안 어머니와 아들은 빈번히 편지를 주고받았다. 하지만 그 내용은 어머니와 아들 사이의 편지라기보다 공무를 수행하는 사람들 사이에 오가는 상황보고 같은 것이었다. 아들이 어머니를, 자신이 자리를 비운 사이에 영국과 프랑스 내의 영토를 통치할 세 명 중 한 명으로 임명했기 때문이다. 엘레오노르는 그 임무를 상당히 잘 수행했다. 12세기 후반의 유럽사를 뒤흔들었다 해도 좋은 인물인 '아키텐의 엘레오노르'는 통치의 재능을 타고났던 건지도 모른다.

이런 이유로 리처드의 출항은 계속 늦어졌다. 그런 리처드에게 질렸는지, 아니면 리처드와 거리를 두고 싶었는지, 3월 30일 프랑스 왕 필리프는 단독으로 먼저 출발했다. 그리고 리처드는 필리프보다 2주일 늦은 4월 14일 드디어 메시나를 뒤로했다. 결국 이래저래 메시나에 반년이나 머물렀던 셈이다.

키프로스 섬

1191년 4월 20일, 프랑스 왕과 그의 군대가 아코에 도착했다. 메시나에서 곧장 아코로 향한 듯 여정에는 20일이 걸렸다. 영국 왕은 6월 8일 아코에 도착했다. 메시나에서 2주 늦게 출발하기도 했지만, 키프로스 앞의 먼 바다를 항해하던 중에 또 한 가지 말썽이 생겼기 때문이다.

이 시기 키프로스 섬은 명목상으로는 분명히 비잔틴제국의 영토였지만, 섬의 통치를 맡고 있던 남자가 쿠데타를 일으켜 영주 자리를 차지하고 있었다. 하나 이 두카스라는 남자는 스스로 황제라 칭한 데서 알 수 있듯이 벼락출세한 그리스인에 지나지 않았다.

리처드가 이끄는 선단은 앞에서도 말한 것처럼 속도가 느린 수송용 범선과, 돛과 노를 함께 사용해서 속도를 낼 수 있는 갤리선으로 구성된 혼합 선단이었다. 따라서 종종 속도 조절을 위해 기항할 필요가 있어서, 메시나를 출발한 뒤에도 크레타, 로도스에 기항한 후 키프로스 앞 먼 바다에 이르렀는데, 이때 속도 차이로 범선단과 갤리선이 서로 멀어지게 되었던 모양이다. 리처드는 갤리선에 타고 있었지만 누이와 약혼자는 수송선에 타고 있었다.

두 여인을 태운 배가 조종을 잘못했는지 키프로스 섬에 표착하고 말았다. 신분이 높은 여인이 두 명이나 타고 있는 배다. 시녀들도 많았다. 이 화려한 일행을 태운 배는 순식간에 섬사람들의 시선을 끌었고, 소식은 곧 자칭 황제의 귀에도 들어갔다. '황제'가 내린 명령은 배와 사람들을 모두 체포하라는 것이었다. 몸값으로 한몫 잡으려 한 것인데, 이런 행위야말로 리처드가 가장 혐오하는 것이었다.

리처드는 키프로스에 상륙해 이 섬을 정복하기로 마음먹었다. 그러나 여기까지 오자 아무래도 이틀 거리에 있는 아코가 걱정되었는지, 군대의 일부를 솔즈베리 주교에게 인솔하게 해서 먼저 보내는 것을 잊지 않았다.

리처드보다 세 살 어린 솔즈베리 주교는 성직자보다 무장이라고 하는 편이 더 어울리는 남자로, 리처드의 두터운 신뢰를 받는 측근 중 하나였다. 리처드는 이 주교에게 자신은 일을 끝내고 뒤따라갈 테니 먼저 출발하라고 명한 듯하다. 계절은 5월에 접어들었다. 프랑스 왕은 이미 4월 20일에 아코에 도착했다. 키프로스까지 와서 또 미적거렸다가는 아코에서 싸우고 있는 그리스도교군에 변명할 길이 없었다.

솔즈베리 주교가 이끄는 부대를 먼저 보낸 후 리처드는 남은 병력 전원에게 상륙을 명했다. 육지를 밟는 것은 20일 만이었다. 리처드는 물론이고, 부하 전원이 오랜만에 전사의 모습을 갖추었을 것이다.

리처드와 그의 군대는 잇따라 기습공격을 감행했다. 자칭 황제는 계속 수세에 몰렸고, 그때까지 그의 지배를 받던 섬사람들도 이 남자를 돕지 않았다. 저항하지 않는 사람의 목숨과 재산에는 손을 대지 않겠다고 리처드가 사전에 포고해두었기 때문이기도 했다.

키프로스는 지중해에서 시칠리아, 사르데냐, 크레타 다음으로 큰 섬이다. 그러나 당시의 전략적 경제적인 가치에서 보면 시칠리아 다음으로 중요한 섬이었다. 리처드는 불과 닷새 만에 이 키프로스 섬을 정복했다. 리처드와 궁지에 몰린 자칭 황제 두카스의 강화를 중개한 이는 병원 기사단 단장이었다. 두카스의 항복은 원만하게 정리되었다. 자칭 황제는 섬 중앙에 있는 니코시아 성으로 물러났고, 키프로스 섬의 영유권과 통치권은 영국 왕에게 귀속되었다. 또한 이후 키프로스는 배상으로 배 50척과 금화 3천5백 닢을, 중근동에서 이슬람 세력과 싸우고 있는 그리스도교군에게 제공하기로 했다.

그러나 이때 리처드가 그리스도교군을 위해 획득한 것은 배 50척과 금화 3천5백 닢 정도가 아니었다.

지금껏 비잔틴제국령이었던 키프로스는 중근동의 십자군 국가에 항상 비협조적이었다. 시리아와 팔레스타나 지역에 그 어느 곳보다 가까이 있으면서, 게다가 제해권을 견지하고 있는 그리스도교측에 가장 가까운 보급지가 될 수 있는 위치이면서도, 도저히 그리스도교측 편이라고 할 수 없는 태도로 일관했던 것이다.

그런데 리처드에 의해, 키프로스는 이제까지처럼 그리스정교파 그리스도교도가 아니라 가톨릭파 그리스도교도측으로 확실히 들어오게 된 것이다. 유럽의 그리스도교 사회에 이 사실의 중요성은 이루 헤아릴 수 없는 것이었다. 이는 훗날 섬의 통치자가 뤼지냥 왕가에 이어 베네치아 공화국으로 바뀐 뒤에도, 1570년까지 380년 동안 줄곧 키프로스가 가톨릭측이었다는 것을 보아도 알 수 있다.

그런 중요성 때문에 프랑스계인 뤼지냥 왕가도, 이탈리아인인 베네치아도 키프로스를 견지하는 데 집착했던 것이다. 게다가 중근동에 면한 지중해 동쪽의 제해권은 그리스도교측에 있다. '섬'은 제해권을 유지하고 있을 때 더욱 큰 가치를 지니고, 이는 육상 전력이 강대한 이슬람측에 대항책이 될 강력한 '기지'를 손에 넣었다는 것을 의미한다. 이슬람측에서 이집트가 해온 역할을, 그리스도교측에서는 키프로스가 맡게 되는 것이다.

이리하여 키프로스는 전략상으로, 그리고 교역면에서도 중요해졌고, 순례자들에게도 매우 중요한 중계항이 되었다. 여러 차례 반복하지만 이슬람교도에게 예루살렘은 메카, 메디나에 이은 세번째 성도다. 따라서 이슬람교도가 평생에 한 번 메카를 순례하는 것이 의무화되어 있는 것에 반해, 예루살렘 순례는 의무로 여겨지지 않았다.

반대로 그리스도교도에서는 순례가 신도의 의무까지는 아니었지만, 예루살렘은 이들이 로마나 스페인의 산티아고 데 콤포스텔라와는

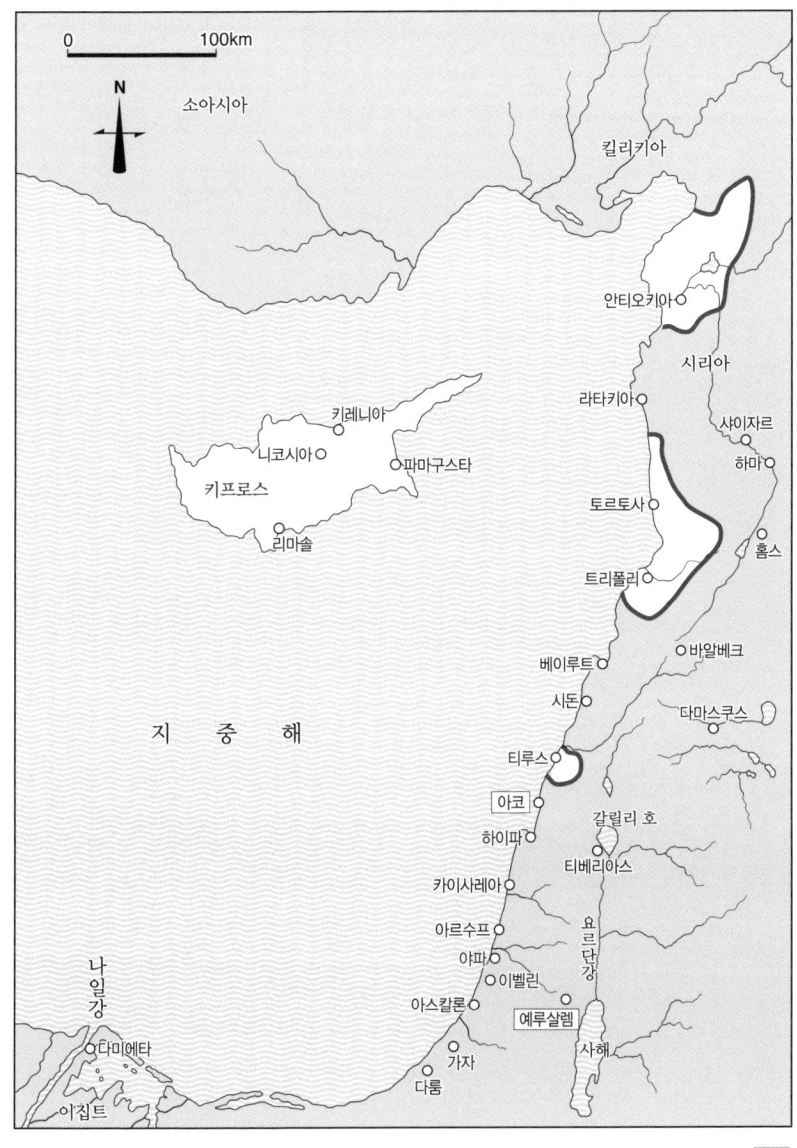

리처드가 키프로스를 제압한 후의 그리스도교 세력

비교가 안 될 만큼 간절히 순례를 원하는 성도였다. 당연히 그리스도교 수중에 있을 때든 이슬람 지배 아래 있을 때든 성도 예루살렘과 그 일대의 성지를 순례하는 이들 중에는 그리스도교도가 압도적으로 많았다. 그들이 시칠리아와 키프로스에 안심하고 들를 수 있게 된 것은 단순한 편의를 넘어선 기쁨이었을 것이다.

리처드의 행동은 종종 아무 계획 없이 이루어지는 듯 보인다. 실제로 그는 그렇게 무슨 일을 시작하기도 했지만, 그 결과는 어쩐 일인지 장기적인 이익으로 이어지곤 한다. 왜인지는 알 수 없다. 하지만 한 가지 확실한 것은, 리처드는 명예를 걸고 돌진하는 한편 적당한 지점에서 타협할 줄도 아는 남자였다는 사실이다.

키프로스의 리처드 이야기로 돌아가자. 원래라면 두카스와의 강화가 성립된 뒤 곧바로 아코를 향해 떠났겠지만 실은 그러지 못했다. 리처드가 왔다는 사실을 안 중근동 그리스도교 국가의 수뇌들이 속속 키프로스로 찾아왔기 때문이다.

이름뿐이기는 해도 예루살렘 왕인 뤼지냥과 트리폴리 백작, 안티오키아 공작이 그들이었는데, 그중 아코 탈환전에 참가하고 있는 이는 뤼지냥뿐이었다. 그가 찾아온 것은 리처드에게 좀더 빨리 참전해달라고 요청하기 위해서였다. 하지만 나머지 둘은 살라딘과 불가침조약을 맺고 있어 아코 탈환전에 참전하지 않았고, 처음으로 원정에 나선 영국 왕 리처드에게 경의를 표하기 위해 찾아온 것에 지나지 않았다.

하지만 이 방문객의 면면을 보고 리처드는 결심한다. 이곳에서 결혼식을 올려야겠다고.

키프로스는 예로부터 사랑의 여신 비너스의 탄생지라는 전설이 내려오는 섬인데, 리처드가 그런 이유로 결혼을 결심한 것으로는 보이지 않는다. 그는 지성은 갖추었으나 교양은 별로 없었다. 그보다도 제3차 십자군의 총대장을 자부하고 있는 자신의 결혼식은 십자군 국가의 수뇌들이 참석한 가운데 거행하는 것이 어울린다고 생각했는지도 모른다. 이리하여 5월 12일, 키프로스 남쪽 해안의 항구도시 리마솔에서 결혼식이 거행되었다. 그후 리처드는 아코로 출발하는 것을 또다시 미루고 2주간이나 신혼여행을 떠나버렸다.

이 신혼여행은 한 곳에 머무는 것이 아니라 키프로스 섬을 죽 돌아보는 여정이었다고 한다. 이것이 사실이라면 신혼여행을 겸해 키프로스의 방어체제가 얼마나 충실한가를 점검했다고도 볼 수 있다. 키프로스 섬에 여타의 십자군 국가들 못지않은 성채가 차례로 건설되는 것은 바로 이때부터였다.

리처드가 키프로스를 뒤로한 것은 6월 5일이다. 그러기 며칠 전 아내 베렝가리아와 누이 조안나를 시녀들과 함께, 안전을 보장해준 트리폴리로 보냈다. 전장에 여자를 데려갈 수는 없기 때문이었다.

5일에 떠났으니 늦어도 이틀 후인 7일에는 아코에 도착해야 했다. 그런데 아코에 도착한 것은 하루 늦은 8일이었다. 또다시 도중에, 이대로 지나치기에는 그의 명예가 용납하지 않는 어떤 일을 맞닥뜨렸기 때문이다.

그들은 키프로스 동쪽에 있는 파마구스타에서 출발했는데, 리처드는 곧장 아코가 있는 남쪽으로 향하지 않고 일단 동남쪽 방향으로 뱃

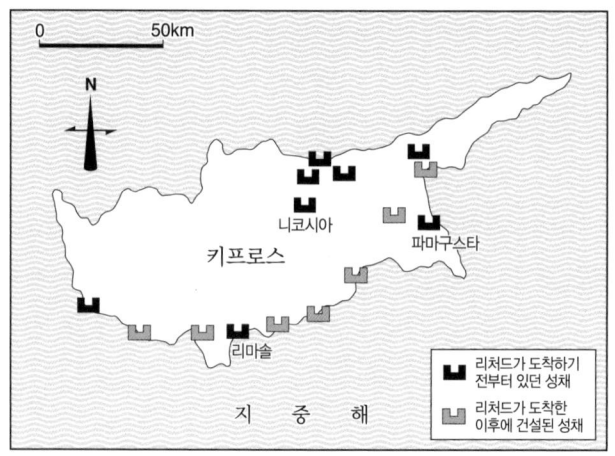

키프로스의 방어체제

머리를 돌리라고 명했다. 아코에 도착하기 전에 북쪽으로 이어져 있는 항구도시를 해상에서 시찰하려는 생각이었다. 항구도시는 바다를 향해 열려 있으므로, 관찰력이 있는 자라면 해상에서만 바라보아도 대체적인 상황을 파악할 수 있다. 뱃머리에 선 리처드의 시야에 베이루트, 시돈, 티루스 등이 하나씩 스쳐갔다. 베이루트와 시돈 역시 백 년 가까이 그리스도교도의 땅이었다가 '하틴 전투' 이후로 이슬람이 지배하고 있는 도시였다.

이렇게 아코로 향하던 중, 리처드가 이끄는 영국 선단은 멀리 오른쪽 해상에서 대형 범선 한 척이 남쪽으로 항해하고 있는 것을 발견했다.

포획된 후에야 밝혀졌지만, 이 대형 범선은 살라딘의 명령으로 대량의 보급물자를 싣고서 베이루트에서 아코 근처의 하이파 항을 향해 남하하던 배였다. 돛대가 세 개, 높이는 올려다봐야 할 정도의 대형 선박으로, 이 또한 나중에 밝혀진 것인데 백 마리가 넘는 낙타에 대량의 무기와 식량을 가득 실은 상태에다 7명의 태수와 8백 명의 병사가 승선해 있었다.

이 대형 범선이 하이파로 가면서 직선 거리에 해당하는 연안 항해가 아니라 육지에서 멀리 떨어진 해상으로 돌아간 것은, 아코 근해에서 눈을 번뜩이고 있는 제노바와 피사의 배를 피하기 위해서였다. 그런데 도중에 리처드가 이끄는 영국 선단에 발각되고 만 것이다. 물론 이 슬람측 배라는 것을 감추기 위해 살라딘이 세운 아이유브 왕조의 노란색 군기는 내걸지 않았다.

그래도 리처드는 정찰을 위해 소형 갤리선을 보냈다. 소형선에 탄 리처드의 부하가 대형 선박 가까이 다가가 "어디 배인가?" 하고 큰 소리로 물었다. 대형 범선에서는 "프랑스 배다"라는 대답이 돌아왔다. 하지만 그 부하는 프랑스 푸아티에 출신이었다. 그래서 프랑스어로 다시 물었는데, 답이 돌아오지 않았다. 그런데 잠시 후 "아니다, 제노바 배다"라며 다른 대답이 돌아왔다. 더이상 물어볼 필요가 없었다.

돌아온 부하의 보고를 받는 리처드에게 다가온 한 선원도 "저건 틀림없이 사라센의 배입니다"라고 말했다. 당시 유럽인은 모든 이슬람교도를 사라센인이라고 불렀다.

리처드는 재빨리 결단을 내렸다. 일제공격을 명하는 영국 왕의 목소리가 바다 위에 울려퍼졌다.

리처드가 탄 배를 선두로 수송선단까지 모조리 공격에 가세했다. 하지만 사라센의 배는 간단히 손을 들지 않았다. 이슬람의 대형 범선에 비해 영국 배는 높이가 낮아서, 오히려 적이 높은 곳에서 화살을 쏘기에 유리한 형세였다. 리처드는 작전을 바꿨다. 적의 배는 대형 범선이지만 한 척뿐이고, 이쪽은 그보다 소형이지만 수는 많다. 그래서 여러 척의 배로 적의 배를 에워싸 꼼짝 못하게 한 다음 사방에서 공격하는 전법을 쓴 것이다.

거대한 물소의 주위를 포위하고 습격하는 사자 떼와 유사했는데, 이것이 효과를 발휘했다. 살라딘이 이끄는 이슬람 본진에 전달할 보급물자와 병력은 대형 선박과 함께 고스란히 리처드의 수중에 들어왔다.

이 사건은 이슬람교도와의 전투에서 얻은 첫 승리였으므로, 리처드와 부하들의 사기를 진작시키는 데에도 큰 도움이 되었다. 동시에 살라딘은 대량의 보급물자와 병사와 배를 빼앗겼다는 보고와 함께 영국 왕 리처드가 도착했다는 사실을 알게 되었다.

리처드는 1191년 6월 8일, 이 대형 선박과 함께 아코에 도착한다. 그가 프랑스 땅을 뒤로한 지 1년이 지나 있었다.

전장에 들어서다

프랑스 왕 필리프는 4월 20일에 이미 아코에 들어와 있었다. 하지만 스물여섯 살의 프랑스 왕은 화려한 퍼포먼스를 좋아하지 않는 성격이었는지 떠들썩한 도착 의식을 생략했다. 체구도 워낙 작았기 때문에, 아코를 포위하고 있는 그리스도교측 병사들도 파란색 바탕에 노란색 백합이 그려진 프랑스 왕의 깃발이 전장에 휘날리는 것을 보고서야 비로소 그의 도착 사실을 알았을 정도였다.

그런데 그로부터 50일 후 아코에 들어온 리처드는 달랐다. 서른네 살의 영국 왕은 화려한 퍼포먼스를 싫어하지 않았을 뿐만 아니라, 그 효용도 알고 있었다.

아코를 눈앞에 둔 그리스도교측 장병들이 애타게 기다리던 영국 왕의 도착은 리처드가 탄 기함의 등장으로 시작되었다. 다른 선단은 해안에 배를 대어 병사와 짐을 내리는 작업에 착수하도록 하고, 리처드의 기함만 조금 더 남쪽으로 향한 것이다.

돛대 높이 펄럭이는 흰색 바탕에 붉은 십자를 새겨넣은 십자군기. 뱃머리에는 빨간색 바탕에 노란색 사자 세 마리가 그려진 영국 왕기를 곁에 둔 리처드가 서 있었다.

그 리처드의 육체를 당시의 기록은 이렇게 전한다.

"키가 크고 외모가 우아하다. 머리칼과 수염은 붉은 기가 도는 금발이고, 눈은 깊은 푸른색. 두 다리가 길게 뻗었고 몸의 움직임이 민첩하고 힘차다. 그중에서도 두 팔은 늠름하고 길어서, 허리에서 무거운 장검을 뽑거나 장창을 휘두르며 돌격하기에 적합하다. 완벽하게 균형 잡힌 육체에 큰 키, 사람들은 이 육체만 보고도 한결같이 그가 사람들 위에 설 운명을 타고났다고 생각했다."

미남이라는 표현은 없다. 하지만 "외모가 우아하다"고 말한 것으로 미루어 흔히 말하는 호남형 축에는 들었을 것이다. 여하튼 동시대인의 이런 기록을 통해 중세 유럽인이 자신들의 지도자에게 요구하는 '육체'가 어떤 것이었는지를 알 수 있다.

영국 왕가의 문장
(빨간색 바탕에 노란색 사자)

그날 리처드는 낭떠러지 같은 해벽이 줄지어 있는 아코 서쪽을 지나, 남쪽으로 입을 벌리고 있는 아코 항까지 배를 타고 나아갔다. 해상을 봉쇄하고 있는 이탈리아 선원들의 환호성을 받은 것은 물론, 동시에 아코를 바다 쪽에서 충분히 시찰할 수 있었다. 그뒤 그는 유턴해서 아코의 전장으로 돌아왔다.

아코 탈환전에 참가하고 있던 그리스도교측 수뇌들 전원이 리처드를 맞으러 나왔다.

현지 세력은 예루살렘 왕 뤼지냥과 그의 동생, 발리앙 이벨린을 비롯한 중근동 십자군 국가 내의 유력한 봉건영주들, 템플 기사단과 병원 기사단의 단장들, 그들에게 만일의 사태가 발생하면 곧바로 직무를 대신하게 되어 있는 두 기사단의 대장(隊長)들.

유럽에서 온 참전자는 아벤 백작 자크. 필리프와 리처드의 조카이기도 한 샹파뉴 백작 앙리. 리처드가 앞서 보낸 솔즈베리 주교 휴버트 월터. 또한 '붉은 수염'의 차남이 죽은 후 독일에서 사령관으로 파견한 오스트리아 공작 레오폴트. 그리고 먼저 도착한 프랑스 왕 필리프도 모습을 보였다. 제3차 십자군의 수뇌들 중 유일하게 이 자리에 빠진 사람은, 아코와 티루스를 수시로 오가던 몬페라토 후작 코라도였다.

수뇌진 모두 그를 환영했지만, 리처드의 도착을 큰 환성으로 맞이한 것은 일반 기사와 보병들이었다. 그들은 리처드가 키프로스를 정복하고 적의 대형 선박을 포획했다는 사실을 알고 있었다. 전장에 있는 병사의 감은 예리하다. 그들은 본능적으로 자신들의 총대장이 도착했음을 감지했던 것이다.

프랑스 왕가의 문장
(파란색 바탕에 노란색 백합)

처음으로 유럽인들의 '성지'를 밟은 리처드도 그들의 기대에 부응하는 것을 잊지 않았다. 전신을 뒤덮은 그물 모양의 호버크 위에 강철 갑옷을 입었고, 가슴에 있는 흰색 바탕의 붉은 십자가 눈길을 끌었다. 그런 차림으로 말을 타고 병사들 사이를 나아갔다. 옆에서 따르는 기사가 들고 있는 것은 빨간색 바탕에 노란색 사자 세 마리가 그려진 영국 왕의 깃발. 병사들은 리처드를, 환성뿐 아니라 소리 나는 것이라면 죄다 두드리며 열렬히 맞이했다.

그리스도교측 진영 전역을 휩쓴 이 소동은 성벽 너머 아코 시내에까지 들릴 정도로 컸고, 참호를 사이에 두고 대치하고 있는 살라딘의 진영에도 가 닿았다.

장병들이 환성을 올리는 가운데 리처드는 그에 답하면서 유유히 말을 타고 나아갔다. 그러는 중에도 육지 쪽 전선을 시찰하는 것을 잊지 않았다. 이렇게 리처드는 도착 첫날 벌써 아코 전투의 문제점을, 바다와 육지 양쪽에서 파악했던 것이다.

후방의 본진을 벗어나 전방에 있는 동생 알 아딜의 진영에 와 있던 살라딘도 그날 적진에서 일어난 대소동을 지켜본 사람 중 하나였다.

살라딘을 비롯한 이슬람교도는 그전까지 '영국인'이라는 말조차 알지 못했다. 지금껏 십자군에 영국이 국가로서 참전한 적이 없었기 때문이다. 이후에도 변함없이 이슬람교도는 영국인을 '유럽에서 온 그리스도교도'라는 뜻의 '프랑크인'으로 불렀으며, 리처드를 맞이하는 이 대소동을 보고서도 또다른 프랑크인이 도착했구나 하는 정도로만 생각했다.

"리처드의 도착은 아군을 환희에 들뜨게 하고 적을 절망케 했다"는 그리스도교측의 기록은 지나치게 과장된 것이다. 아직 실력이 확인되지 않은 자에게 절망할 까닭은 없다. 머지않아 이슬람측은 리처드의 실력을 알게 되지만.

화려한 퍼포먼스를 끝낸 후 리처드는 기사들에게 일일이 보너스를 지급했다. 프랑스 왕이 도착한 후에 그렇게 했다는 이야기를 들었기 때문인데, 남을 따라하는 것을 싫어했던 리처드는 필리프가 기사 한 명에게 금화 세 닢을 주었다면 자기는 네 닢을 주었다. 또 금화만 준 필리프와 달리 영국 왕 리처드는 선물을 주면서 이런 말도 덧붙였다.

"내 명령에 따라 싸워준다면 출생지도 민족도 과거도 일절 묻지 않겠다."

이 한 마디가 봉건제 사회에 익숙해 있던 그들에게 어떤 느낌을 안겨주었을지는 알 수 없다. 하지만 리처드는 과거에 아버지 헨리 쪽에 붙어 자신과 싸웠던 이들을 부하로 받아들이는 걸 전혀 주저하지 않은 사람이었다. 이런 리처드의 측근에는 한때 적이었던 이가 적지 않았다.

또한 기사들에게만 급료를 주고 보병들은 외면했나 싶겠지만, 당시의 기사에게는 다섯 명 내외의 보병이 따르는 게 보통이었다. 금화 네 닢은 이들 전원의 필요경비를 의미했다.

그런데 이튿날부터 리처드는 천막 안의 잠자리에서 벗어나지 못했다. 그의 경우에는 병으로 드러누웠다기보다, 다소 저속한 표현이지만 '뻗어버렸다'고 하는 게 더 적합할 것이다. 리처드는 전투든 뭐든 온 힘을 다한 다음 날 완전히 뻗어버리는 습관이 있었던 것이다.

하지만 이 이야기가 퍼지자 전날 환성을 지르며 대소동을 벌였던 장병들도 말을 잃었다. 이래서야 여기까지 온 보람이 없다며, 리처드는 자기가 누워 있는 침대를 아코의 성벽을 둘러싼 해자 끄트머리로 옮기게 했다.

하지만 그의 목적은 병으로 쓰러진 왕이 최전선에 나타난 것을 보여주어 장병들에게 비장함을 안겨주기 위함이 아니었다. 즐겨 쓰는 석궁을 가져오게 한 그는 침대 위에서 상반신만 일으킨 채 성벽 위에 있는 적병을 노리고 힘껏 화살을 당겼다. 화살이 대기를 가르며 날아가는 소리가 들리는가 싶더니 적병이 성벽 아래로 공중제비를 하며 떨어졌다. 다음 순간 병사들이 내지르는 커다란 환호성이 그리스도교측 전선을 가득 메웠다. 그리고 다들 안도했다. 우리의 대장은 문제없다고.

병으로 드러누운 게 아니라 그저 일사병으로 쓰러진 듯하다는 것이 연구자의 추측인데, 며칠 지나지 않아 리처드는 전선에 복귀했다. 그리고 이후로 아코를 마주한 안쪽과 살라딘군에 둘러싸인 바깥쪽 모두 전선의 양상이 일변했다. 십자군 원정 경험이 전혀 없는 영국 왕이 극히 자연스럽게 최고사령관 자리에 올랐기 때문이다.

그리스도교측에 드디어 지휘계통의 일원화가 실현된 것이다. 수뇌들은 리처드가 명하는 작전에 순순히 따랐다. 프랑스 왕 필리프도 말참견조차 하지 않았다. 만약 이의를 제기했다면 웃음거리가 되었을 것이다. 필리프는 리처드보다 50일이나 더 일찍 전장에 들어왔지만, 그 50일이 교착상태를 타개하는 데 아무런 도움을 주지 못했다는 사실을 병사들도 알고 있었다.

그렇지만 리처드도 지금까지의 전투방식을 근본적으로 바꾸지는 않았다. 각 요소에서 조금씩 방식을 바꿨을 뿐이다. 두 가지만 예로 들어보겠다.

첫번째는 중세시대의 대포인 투석기의 사용법인데, 지금까지 아코에서는 육지 쪽을 지키는 성벽 주위에 파놓은 참호 너머에서 투석기를 사용했다. 아직 화약을 넣은 포탄이 없었던 이 시대에 포탄이라고 해봐야 그저 돌덩이지만, 여하튼 투석기를 이용해 그것을 쏘아댔던 것이다. 게다가 리처드의 포탄과 달리 둥글게 다듬지 않은 상태의 돌덩이라 공기의 저항이 커서 사거리가 짧았다. 그러므로 파괴력도 낮았다. 지난 2년간 그리스도교측은 질리지도 않고 이 방식을 고수해왔다.

효과가 없다 싶으면 프랑스 왕의 해결법은 곧바로 장소를 바꿔 다른 곳을 공략하는 데 그쳤다.

이 방식으로도 2년간 아주 효과가 없었던 건 아니다. 아코를 둘러싸고 있는 성벽은 군데군데 무너져 있었다. 하지만 그곳을 통해 시내로 공격해 들어갈 수 있을 정도는 아니었다.

리처드는 이를 바꾸었다. 성벽을 향해 쏘는 것이 아니라 각처에 뚫려 있는 성문을 겨냥하도록 한 것이다. 성벽은 돌로 축조되어 있다. 하지만 드나드는 성문은 보강이 되어 있을지라도 기본이 목재였다.

게다가 오랫동안 십자군 영토 내의 해항 역할을 해온 아코는 주위가 적의 땅으로 고립된 성채가 아니었다. 성문도 사람들의 통행을 우선시해 만들었고 방어는 둘째 문제였다. 튼튼하기는 했지만 돌을 쌓아 만든 성벽만큼 강하지는 않았다. 그래서 리처드는 아코의 육지 쪽 성벽에 뚫려 있는 일곱 개 넘는 성문에 공격을 집중시킨 것이다.

리처드는 영국에서 배에 싣고 수송해온 조립식 투석기를 성벽과 정면으로 마주 보는 곳에 설치해 포탄을 쏘게 했다. 둥글게 다듬은 돌포탄은 성벽을 넘어 시내까지 날아갔다. 게다가 날아가는 거리가 먼 만큼 적중했을 때의 파괴력도 컸다. 아코를 지키는 이슬람 병사뿐 아니라 시민들까지도, 하늘에서 떨어지는 돌포탄의 공포에 벌벌 떨었다.

리처드는 자신의 도착을 적장에게 알릴 필요가 있다며 살라딘의 진영으로 이 돌포탄을 보냈다. 희대의 전략가인 살라딘도 리처드가 보내온 동그란 돌포탄의 효용까지는 이해하지 못했던 것 같다. 흉내 내려고 마음만 먹었으면 원재료든 인력이든 시간이든 부족하지 않았을 텐데 말이다. 그러나 그리스도교측에서든 이슬람측에서든, 투석기로 쏘는 돌포탄이 기록에 등장할 만큼 널리 보급된 것은 2백 년이 지난 후였다.

아코에 도착한 후 리처드가 바꾼 또다른 전술은 장병 각자에게 명확한 임무를 내린 일이었다.

그때까지는 수뇌들이 각자 정한 지점에 멋대로 구축한 진영이 줄지어 있는 것이 곧 아코를 에워싼 그리스도교측의 전선이었다. 그러므로 각 진영은 바깥쪽을 둘러싸고 있는 살라딘군과 공격을 주고받으면서 전방의 아코를 공격하는 상태를 이어오고 있었다. 즉 항상 배후를 염려하면서 싸워온 것이다.

이에 리처드는 그리스도교측 병력을 바깥쪽에서 공격해오는 살라딘군에 대한 '방패'와, 전방의 아코를 공격하는 '창'으로 명쾌하게 양분했다.

하지만 '창'보다 '방패' 임무를 수행하는 것이 훨씬 어렵다. 용감함에다 냉철함과 인내심까지 요구되기 때문이다. 리처드는 그 임무를, 형과 달리 능력이 있는 뤼지냥의 동생, 저돌적으로 돌진하지 않는 것이 특색인 병원 기사단, 그리고 적어도 지난 2년간은 무리 없이 그리스도교군을 이끌어온 아벤 백작에게 맡겼다.

한편 '창'에는 맹공으로 유명한 템플 기사단을 비롯한 나머지 전군을 투입했다. 그리고 '방패'와 '창' 중 어느 쪽을 맡았든 다른 것은 잊고 오로지 자기 임무에만 전념하라는 명령을 내렸다. 일개 병졸일지라도 확실한 목표가 주어지고 뒤를 걱정할 필요가 없다는 게 보장되면, 나름의 힘을 마음껏 발휘하는 법이다.

아코의 전장에 도착한 뒤 한동안 리처드는 선두에 서서 적진 깊숙이 쳐들어가는 식의 전투를 펼치지 않았다. 대신 지휘계통을 일원화하고 그것을 기능하도록 했다. 따라서 표면적으로는 화려하지 않았다. 그래서 현대의 저널리스트와 마찬가지로 눈에 띄는 뉴스를 쫓는 성향이 강한 중세 연대기 작가의 글에는 그다지 많은 내용이 남아 있지 않지만, 다른 누구보다 늦게 전장에 도착한 리처드가 실시한 것은 다름 아닌 이런 일들이었다. 그리고 2주일이 지나 플랑드르 백작이 전사할 만큼 격렬한 전투를 거친 후, 그 효과는 분명해졌다.

바다에서 오는 보급이 거의 끊기고, 육지 쪽에서는 마치 바위처럼 굳건해진 그리스도교군의 맹공을 받자, 아코를 방어하고 있던 이슬람측은 손을 들었다. 그리스도교군 진영으로 대표를 보내와, 항복 허가를 받기 위해 살라딘에게 사자를 보낼 테니 그동안 휴전해달라고 요청한 것이다.

이에 프랑스 왕과 예루살렘 왕 뤼지냥은 찬성했다. 하지만 리처드는 반대했다. 이 시점에 전투를 중단하는 것은 좋은 생각이 아니라는 것이 이유였다.

그래도 아코 쪽에서는 살라딘에게 연락을 취하는 데 성공했고, 살라딘도 이번에는 이 요청을 거절할 수 없었던 듯하다. 이슬람측 사료에는 살라딘의 이런 말이 남아 있다.

"자기 수하에 있는 자들이 더이상 방어할 수 없는 상태에 놓인 경우, 그들의 항복을 허락하는 것도 술탄의 책무 중 하나다."

그리하여 항복에 관한 교섭이 시작되었는데, 아코측이 제시한 항복 조건은 지난 2년간의 전투중 이슬람측 포로가 되어 아코 시내의 감옥에 갇혀 있는 포로 250명을 반환하겠다는 것이 전부였다.

여기에 단호히 거부의사를 표한 이는 리처드만이 아니었다. 다른 수뇌들도 받아들일 수 없었다. 2년이나 이어진 전투의 항복 조건치고는 너무나도 약소했던 것이다. 전투는 이전보다 한층 격렬하게 전개되었고, 리처드도 이제는 말을 달리며 진두지휘하는 데 전념했다.

탈환하다

7월 첫 주가 다 지나갈 무렵, 드디어 아코측에서 전면항복의 뜻을 밝혀왔다. 그에 대해 리처드는 다음과 같은 조건을 내걸었다.

하나, 아코에 잡혀 있는 그리스도교측 포로 전원을 아무 조건 없이 돌려보낼 것. 즉, 몸값 없이 돌려보내라는 것이다.

둘, 그리스도교군 바깥쪽을 에워싸고 있는 살라딘군에서도 지난 2년간의 전투중 2천 명의 기사와 5백 명의 보병을 포로로 잡았는데, 이들 역시 아무 대가 없이 그리스도교측으로 돌려보낼 것.

셋, 뿐만 아니라 술탄 살라딘 휘하의 이슬람 태수들이 붙잡아 각자의 영내에 '억류'하고 있는 그리스도교도 포로 역시, 한 사람도 빠짐없이 그리스도교측으로 돌려보낼 것.

넷, 아코에 있는 모든 이슬람교도는 무기를 두고 꼭 필요한 것만 챙겨 아코에서 나갈 것.

다섯, 술탄 살라딘은 이들의 몸값으로 이슬람 통화 2만 달란트에 해당하는 금화를 그리스도교측에 지불할 것.

여섯, 지불이 완료될 때까지 아코에 사는 2천5백 명의 이슬람교도는 인질로 아코 성내에 억류한다.

일곱, 이 모든 것을 완료하는 데 한 달의 말미를 준다.

그리스도교측 수뇌들은 모두 이에 찬성했다. 그리고 어떤 심정이었는지는 몰라도, 살라딘도 이 조건으로 아코를 넘겨주는 것에 동의했다.

살라딘에게 이것은 제대로 공략하지도 못하고 철수한 티루스에 이은 두번째 실패였다. 게다가 티루스는 공략에 실패했을 뿐이지만 아코는 탈환당한 것이다. '하틴 전투' 직후 살라딘은 가장 먼저 아코부터 수중에 넣었다. 그리스도교측에 항구도시 아코가 얼마나 중요한지를 그 누구보다 잘 알고 있었기 때문이었는데, 그것을 탈환당했으니 기분이 좋을 리 없었다.

1191년 7월 12일은 아코를 살라딘에게 빼앗긴 지 5년 만에, 그리고 탈환을 위한 전투를 시작한 지 2년 만에 그리스도교도의 손으로 되찾아온 기념비적인 날이었다.

안쪽에서 열린 성문으로 나오는 이슬람교도들을, 곧이어 안으로 들어갈 그리스도교도들이 길 양쪽에 서서 지켜보았다. 리처드와 필리프는 절대 적대적인 행위를 하지 말라는 엄명을 내렸다. 하지만 그러한 배려는 필요하지 않았다.

나가는 이들이나 그것을 지켜보는 이들이나, 2년 동안 극단적인 식량 부족 상태에서, 게다가 원군도 오지 않는 상황에서 계속 싸웠다는 점은 마찬가지였던 것이다. 물론 고생했다고 격려하며 보내지는 않았을 것이다. 하지만 그리스도교측 병사 개개인의 가슴에는 찬탄과 공감의 마음이 가득했고, 시선도 부드러워져 있었다. 이리하여 그리스도교측과 이슬람측 모두가 막대한 희생을 치른 끝에, 2년에 걸친 아코 공방전은 끝이 났다. 리처드가 아코에 도착한 지 한 달하고도 닷새 만의 일이었다.

아코에 살던 이슬람교도들이 떠나는 것을 지켜본 후 그리스도교군의 장수와 병사 들은 서둘러 아코 성내로 들어갔다. 아코 성 안에 있던 이슬람교도들은 떠났지만, 살라딘군은 총사령관 살라딘의 본진만 후방으로 옮기고 본대가 여전히 자리를 지키고 있었기 때문이다.

살라딘과 리처드는 일단 아코의 성문을 여는 데 합의를 본 것이지, 이슬람측과 그리스도교측 사이에 강화가 성립된 것은 아니었다. 따라서 그리스도교측으로서는 한시라도 빨리 아코 성내로 들어가 방어체제를 확립하는 것이 급선무였다.

그날이 가기 전에 영국 왕 리처드, 프랑스 왕 필리프를 비롯한 수뇌부 전원이 아코 성내로 들어갔다. 그러고 나서 가장 먼저 실행한 것은, 아코를 멀리서 조망할 수 있는 곳에 꼼짝 않고 버티고 있는 이슬람측에게, 아코가 그리스도교측의 수중에 들어왔다는 것을 분명히 보여주는 일이었다.

육지 쪽을 둘러싸고 있는 성벽 요소요소에 탑을 세워 방비를 강화하는 것이 성벽 건축의 상례인데, 이것은 아코도 예외는 아니었다. 그리스도교군은 그 모든 탑 위에 영국 왕의 깃발과 프랑스 왕의 깃발을 나란히 세움으로써 아코가 그리스도교 수중에 들어왔다는 것을 명시했는데, 그러던 중에 한 가지 말썽이 일어났다.

황제 '붉은 수염'이 익사한 후 남은 독일 병사들을 이끌고 아코까지 온 황제의 차남이 병사하자, 그를 대신하여 독일에서 파견된 오스트리아 공작 레오폴트가 아코 공방전에 참가한 독일군을 지휘하고 있었다. 이 레오폴트가 자기도 영국 왕과 프랑스 왕 못지않은 자격이 있다고 생각해, 부하를 시켜 오스트리아 공작의 깃발을 함께 내걸도록 한 것이다.

그것을 본 리처드는 오스트리아 공작의 기를 내리도록 명했고, 명령은 곧바로 실행되었다. 왕과 공작은 지위가 다르다는 것이 이유였다.

아닌 게 아니라 신에 의해 '성별(聖別)'된 '왕'과, 당시의 봉건영주 중 한 명에 불과했던 공작은 그리스도교 세계에서의 지위가 달랐다. 하지만 오스트리아 공작 레오폴트는 비록 황제 대리로 정식 임명된 입장은 아니더라도 자기가 제3차 십자군에 참가한 독일군을 이끌고 있다는 자부심을 갖고 있었다. 그는 이런 자신이 거부당한 사건을 결코 잊지 않았다.

리처드는 감수성이 풍부했지만 누구에게나 호의적으로 대하는 남자는 아니었다. 또한 스스로가 앙심을 품는 성격이 아니었으니만큼 원한에 불타는 이의 심리도 몰랐다. 게다가 아코 탈환에 성공한 직후의 리처드에게는 그런 걱정을 하기에 앞서 해야 할 일이 산더미처럼 쌓여 있었다.

우선 살라딘이 언제 공격해와도 방어할 수 있도록, 2년에 걸친 공방전으로 약해진 성벽을 보강하는 공사를 해야 했다. 이 작업에는 공방전을 치러낸 장병들뿐 아니라 지금껏 이슬람측에 포로로 억류되어 있다가 돌아온 이들도 가세했다. 살라딘은 포로 전원을 돌려보내겠다는 약속을 지켰던 것이다.

그러나 성벽을 강화하는 걸 제외하면 탈환한 아코의 정비는 그다지 어려운 일이 아니었다. 아코를 5년간 지배해온 이슬람교도는 고작해야 교회를 모스크로 개조한 정도였고, 그 외에는 이 도시를 거의 손대지 않고 사용해왔기 때문이었다.

아코는 팔레스티나 지방에 있지만 제1차 십자군에 의해 그리스도교화된 이래 서유럽풍 도시 구조를 띠게 되었다. 즉, 당시 유럽의 대표적 항구도시였던 제노바나 마르세유, 메시나와 거의 같은 구조였다. 그리고 한 세기가 흐르도록 그런 모습을 유지해왔다. 이슬람 치하로 들어간 것은 불과 5년 전, 그것도 마지막 2년은 공방전 때문에 도시를 정비할 상황이 못 되었으므로, 아코의 서유럽풍 도시 구조는 거의 그대로 남아 있었다.

또한 건물 내부도 크게 손볼 필요가 없었다. 십자군이 침공해온 지 이미 한 세기가 지났다. 그사이 그리스도교도와 교류해온 이슬람교도는 서유럽풍 집에 익숙해졌다. 전면에 융단을 깔고 그 위에 쿠션을 두는 정도로 바꾸기는 했어도, 아치와 원기둥을 주로 사용한 가옥을 토대부터 뜯어고칠 생각까지는 하지 않았던 것이다.

그리고 5년 만에 돌아온 그리스도교도들도 융단이나 쿠션에 익숙해져 있었다. 그들도 전투 상황이 아닐 때에는 종종 이슬람교도의 집을 방문하곤 했던 것이다. 그런 이유로 아코는 거주하는 주민만 이슬람교도에서 그리스도교도로 바뀌었다 할 수 있었다. 아니, 이슬람교도가 도시에서 완전히 사라진 것도 아니었다. 바다 쪽에서 아코 탈환전에 협력한 피사와 제노바의 배가 활발히 입항하자, 그들과의 교역을 위해 이전처럼 이슬람 상인들이 출입하게 되었기 때문이다.

아코는 다시 서양과 동양의 산물이 거래되는 항구도시로 돌아갔다. 따라서 주요 건축물은 그대로 남겨둔 상태에서, 필리프는 5년 전까지 템플 기사단의 본부였던 건물을 거처로 삼고, 리처드는 유럽에서 찾아오는 고위인사를 위해 지어진 영빈관으로 들어갔다.

리처드는 통칭 '왕궁'으로 불리던 이 저택으로, 트리폴리에 있던 누이 조안나와 아내 베렝가리아를 불러들인다. 이는 딱히 갓 결혼한 아내가 그리워서가 아니었다. 리처드의 누이와 아내가 아코로 옮겨온다는 것은, 탈환한 아코를 굳게 지키겠다는 리처드의 의지를 적인 살라딘과 아군 장병들에게 보여주는 일이었기 때문이다. 또한 신분이 높은 두 여인과 시녀들까지 생활이 가능하다는 것은 앞으로 아코를 매우 안전한 도시로 만들겠다는 의사 표현이기도 했다.

살라딘은 이 시기 아코 성내에 많은 스파이를 잠입시켰다. 물론 그의 입장에서는 리처드가 앞으로 어떻게 나올지 탐색하기 위한 것이었지만, 리처드는 이를 자신의 의지를 전달하는 데 이용했다. 스파이를 이런 식으로 이용할 수도 있는 것이다.

프랑스 왕의 귀국

그런데 탈환 직후의 아코에서 분주한 나날을 보내는 리처드의 귀에 정보 하나가 흘러든다. 프랑스 왕이 귀국 준비를 시작했다는 것이다. 이 정보는 눈 깜짝할 사이에 아코 전역으로 퍼져나가 십자군측 수뇌들을 아연실색케 했다.

왜냐하면 십자군 총대장 중 한 명인 필리프가 중근동에 있었던 기간은 석 달 남짓에 불과했기 때문이다. 다행히 그사이 아코 탈환에는 성공했지만 그 전투에서 프랑스 왕이 특별한 활약을 보여준 것은 아니었다. 또 왕인 동시에 전사이자 순례자이기도 한 그가, 십자군에 참가한 병사들의 궁극적인 소망인 성도 예루살렘의 순례를 마친 것도 아니었다. 다시 말해 사령관으로서도, 순례자로서도 자신의 소임을 다했다고 할 수 없었던 것이다.

프랑스 왕 필리프의 갑작스러운 귀국에 대해 본인은 아무 말도 하지 않았으므로, 연대기 작가들도 추측하는 수밖에 없다.

프랑스인 기록자는 성지 팔레스티나에 도착한 뒤로 필리프가 병치레가 잦았다고 했다.

독일측 기록에는 리처드의 오만함을 참을 수 없어서, 라고 쓰여 있다.

영국인이 남긴 기록에는, 플랑드르 백작이 전사했으므로 플랑드르 백작령을 침략할 좋은 기회라고 여겨 귀국을 서둘렀다고 쓰여 있다.
 어느 것이나 정보, 즉 역사상의 사실(史實)은 이 정도에 불과하다는 걸 보여주는 예인데, 이러한 사실에 휘둘리지 않기 위해서는 상상력에 기대는 수밖에 없겠다.

 앞에서 말했듯이 필리프에게 최대 관심사는 프랑스 왕의 직할령을 확장하는 일이었다. 그러나 이런 생각은 예전부터 몇 가지 장애물에 가로막혀 있었다. 프랑스 내의 봉건영주지만 왕보다 넓은 영지를 소유하고 있던 플랑드르 백작, 샹파뉴 백작, 부르고뉴 공작이 그들이었다. 그리고 이 세 명보다 더 강대한 장애물은, 노르망디 지방에서 아키텐 지방까지, 프랑스의 절반 이상을 영유하고 있던 영국 왕이었다.

 플랑드르 백작은 아코 공방전중에 전사했다.
 샹파뉴 백작 앙리는 리처드에 심취해 있었으므로, 리처드가 남아 있는 한 아코를 떠날 리가 없었다.
 그리고 영국 왕 리처드는, 살라딘에게 빼앗긴 성도 예루살렘을 탈환한다는 일념으로 결성된 제3차 십자군의 최대 목표에 강한 집착을 갖고 있었다. 그러므로 필리프는 자신이 귀국한다 해도 리처드는 귀국하지 않을 것이라 본 것이다.
 나머지 한 사람은 부르고뉴 공작 위그인데, 필리프는 자신이 남겨두는 프랑스 병사들의 지휘를 이 부르고뉴 공작에게 맡겼다. 그렇게 되면 부르고뉴 공작도 귀국할 수 없게 되기 때문이다.

리처드는 일단 붙잡기는 한 듯하다. 프랑스 베즐레에서 출발할 때, 십자군으로 둘이 함께 출발하고 둘이 함께 돌아가자고 서약하지 않았느냐고.

필리프가 이에 어떻게 답했는지는 알 수 없다. 본심을 말할 수는 없었을 테니, 중근동의 기후와 풍토가 잘 맞지 않고, 그래서 병치레가 잦다고 했을지도 모른다. 또 자기는 귀국하지만 부르고뉴 공작에게 지휘를 맡긴 프랑스군은 두고 가겠다고 말했을 것이다. 어쨌든 귀국하겠다는 프랑스 왕의 뜻은 바뀌지 않았다.

그러자 리처드는 필리프에게 또다른 서약을 요구한다. 영국 왕이 귀국할 때까지 프랑스 왕은 그의 영토를 절대 침략하지 않는다는 서약이었다. 필리프는 이에 서명하고 그 밑에 그의 초상이 새겨진 왕의 인장을 찍음으로써, 프랑스 왕 필리프 2세에게 다른 마음이 없음을 맹세했다.

리처드는 이를 믿었을까. 약육강식이 지배하는 중세시대 지도자 중 한 사람인 그가 진심으로 믿지는 않았을 것이다. 하지만 그때는 믿기로 했을 게 틀림없다. 의심하기 시작하면 아무것도 할 수 없는 법이니까.

이리하여 1191년 8월 1일 프랑스 왕 필리프는 아코를 떠났다. 살라딘이 몸값을 지불하기로 한 기한, 즉 일종의 휴전기간인 한 달이 지나기까지는 아직 열흘 넘게 남아 있었다.

필리프는 어느 정도 마음이 맞는 사이였던 듯한 몬페라토 후작 코라도가 사실상 영주로 있는 티루스에 들렀고, 거기서부터 제노바 배를 이용해 유럽으로 돌아갔다.

스물여섯 살의 젊은이치고는 감탄스러울 만큼 필리프의 움직임은 교묘했다.

프랑스 왕은 자신이 제3차 십자군을 버려두고 귀국한 것이 아니라는 것을 보여주기 위해 측근 장수들만 데려가고 나머지 전군은 잔류시켰다. 기병 수백 명과 보병 수천 명 정도의 병력에 불과했지만, 프랑스에서 데려온 병사 대부분을 남겨두고 간 셈이니 전선을 포기했다고 볼 수는 없었다.

게다가 유럽으로 돌아갈 때에도 제노바에서 배를 내린 후 곧바로 파리로 돌아간 게 아니었다. 로마에 들러 교황을 만나 채 석 달도 안 되어 십자군 원정에서 돌아온 이유를 해명했다.

교황과의 대화가 어떻게 이루어졌는지는 알려져 있지 않다. 어쨌든 프랑스 왕 필리프는 로마 교황을 적으로 돌리는 일만은 피하고 싶었던 것이다. 제1차 십자군 시대부터 로마 교황청은 십자군 원정 도중에 전선에서 이탈하는 자를 파문에 처하기로 한 바 있다. 이런 상황에서 파문당한다면 제아무리 필리프라도 모든 것이 물거품이 될 것이었다. 그해 가을이 깊어갈 무렵, 필리프는 이미 파리에 있었다.

'튜턴 기사단'의 탄생

프랑스 왕 외에도 또 한 사람 제3차 십자군에서 이탈한 자가 있었다. 오스트리아 공작 레오폴트다. 리처드의 지휘 아래서 싸우는 것이 싫어 귀국한 것인데, 그도 자신이 이끌던 병력을 남겨두고 귀국했다.

이때 남겨진 독일 기사들이 '튜턴 기사단'의 핵심이 된다. 템플 기사단과 병원 기사단에 이어 중근동의 3대 종교 기사단 중 마지막 하나가 탄생한 것이다.

기사단 이름에 독일을 의미하는 '튜턴'이라는 말이 붙긴 했지만, 왜 독일인인 이 남자들은 독일군이 아니라 종교 기사단이 되었을까. 그것은 그들을 남겨놓고 귀국한 레오폴트가 '사람'은 남겼지만 '돈'은 남기지 않았기 때문이다. 즉 남겨진 독일인 기사들이 중근동에서 이슬람을 상대로 전투를 벌이는 데 필요한 경비를 지불해줄 이가 없어진 것이다.

그래서 이들은 성지순례를 위해 찾아오는 그리스도교도를 보호한다는, 당시로서는 아무도 반대할 수 없는 목표를 내세운 종교 기사단을 결성했다. 이 형태를 취하면 템플 기사단이나 병원 기사단의 전례가 보여주듯이 유럽에서 인력과 자금을 원조받을 수 있었다.

정식 발족은 로마 교황의 인가가 도착한 후이므로 좀더 나중의 일이지만, 이리하여 흰색 바탕에 붉은색 십자의 템플 기사단, 빨간색 바탕에 흰색 십자의 병원 기사단에 이어, 흰색 바탕에 검은색 십자를 문장으로 삼은 '튜턴 기사단'이 탄생한다.

덧붙여 말하자면 프랑스인이 주체인 템플 기사단에 비해 병원 기사단은 유럽 각지에서 모인 기사로 구성되어 있었는데, '튜턴 기사단'은 주체를 따질 것도 없이 오로지 독일인만으로 구성된 기사단이었다. 구성원에 따라 성격이 바뀐다는 점은 종교 기사단도 세속의 조직과 다르지 않았다.

'사람'은 남겼지만 '돈'은 남기지 않은 것은 프랑스 왕 필리프도 비슷했다. 군대 유지에 필요한 경비를 어느 정도 남기긴 했지만 충분하진 않았다. 그래서 프랑스 왕의 병력들을 도맡게 된 부르고뉴 공작은 얼마 후 리처드에게 금전상의 원조를 청하게 된다. 리처드에게는 프랑스군의 비용을 걱정할 의무가 더해진 것이다.

사령관급에서는 이 두 사람, 몬페라토 후작 코라도까지 더하면 세 명의 수뇌가, 아코 탈환 후 제3차 십자군에서 이탈했다. 그러나 한편으로는 이 덕분에 영국 왕 리처드의 존재가 전술적인 면에서만이 아니라 전략적인 면에서도 점점 커지게 되었다. 자신이 단독으로 결정한 일을 선두에 서서 실행할 수 있게 되었으니 리처드로서는 기분 좋은 상황이었을 것이다. 그리고 그처럼 기분이 좋지는 않았을지 몰라도, 적측에도 여전히 살라딘이라는 최고사령관이 있었다. 따라서 이후의 제3차 십자군은 쉰세 살의 살라딘과 서른네 살의 리처드의 일대일 승부라고 해도 좋을 양상으로 바뀌어간다.

리처드 대 살라딘

살라딘은 티루스 공략에 실패했을 때는 곧바로 군사를 물렸지만 아코를 탈환당한 후에는 그러지 않았다. 리처드가 어떻게 나올지 지켜보려 했기 때문이다.

아코를 탈환한 리처드의 다음 목표가 예루살렘이라는 것은 살라딘도 당연히 알고 있었다. 하지만 리처드가 이끄는 그리스도교군이 어느 길을 통해 예루살렘으로 갈지는 알 수 없었다. 그것을 알아내려고 아코에 스파이를 잠입시켰지만 결국 허사로 끝났다. 결정하는 사람이 적을수록 정보가 샐 확률은 낮아진다. 리처드는 이제 모든 것을 혼자 결정할 수 있는 위치였으며, 어느 길로 예루살렘에 갈지 아무에게도 밝히지 않았다. 아마도 현지 지리를 잘 아는 이들의 정보를 참고하며 혼자 숙고하는 중이었을 것이다.

살라딘은 리처드에 대한 대응책을 바꾼다. 아코 성문을 열었을 때 그리스도교측에 약속했던, 아코에 거주하는 이슬람교도들이 무사히 퇴거하는 대가로 2만 달란트를 지불하기로 한 것을 뒤로 미룬 것이다.
한 달 후로 정한 기한이 끝나는 날은 8월 12일이었다. 일단 이를 연기하는 데 성공하면, 계절은 겨울에 가까워진다. 중근동에서도 겨울은 혹독하다. 추위뿐 아니라 비도 자주 내린다. 따라서 중근동에서 전투에 적합한 계절은 봄부터 가을까지였고, 이슬람군은 동절기에 접어들면 병사들에게 귀향을 허락했다. 살라딘은 겨울이 다가오면 리처드의 발이 묶일 거라고 본 것이다.
살라딘은 돈에 인색한 남자가 아니었다. 하지만 그때까지의 경험으로 보아, '프랑크인'들이 2만 달란트나 되는 거금을 쉽사리 포기할 거라고는 생각하지 않았다.

처음에 리처드는 살라딘의 이러한 의중을 알아채지 못했다. 하지만 리처드를 찾아온 술탄의 사자가 거금을 준비하는 데 시간이 걸린다는 말을 반복하자 점차 살라딘의 진의에 의심을 품게 되었다. 그리고 곧 알아챘다. 단지 지연전술일 뿐이라는 것을.

이러저러하는 사이에 기한인 8월 12일이 찾아왔다. 리처드는 일주일을 더 기다렸다. 그러나 그 일주일도 그대로 지나갔다.

리처드는 2만 달란트에 대한 담보로 아코 성내에 억류해온 2천5백 명의 이슬람교도를 어떻게 처리할지, 그 해답을 찾아야 했다.

그 2천5백 명을 아코에 남겨둔 채 그리스도교군을 이끌고 아코를 떠나는 것은 위험했다.

그렇다고 그들을 받아줄 도시도 없다. 티루스의 몬페라토 후작도 위험하다는 이유로 거절했다.

또 예루살렘으로 향하는 행군에 데려가는 것도 고려할 사안이 못 되었다. 리처드는 그 군대를 순수 전투요원으로만 구성하려고 마음먹고 있었기 때문이다.

8월 20일, 2천5백 명의 이슬람교도들은 살라딘군의 병사들이 볼 수 있는 아코 교외의 언덕 위로 끌려나왔다. 그리고 거기서 전원이 살해되었다. 창이나 칼로 단번에. 2천5백 명이나 되었으므로, 천천히 죽이면 더 잔혹해 보일지는 몰라도 시간을 너무 많이 허비하기 때문이었다.

그날 밤 리처드는 행군에 참가할 장수 전원을 불러 명했다.

내일 당장 행군을 시작하겠다고. 이리하여 제3차 십자군은 이후 1년 간에 걸쳐 펼쳐지는 후반전에 돌입한다.

아코를 떠나 행군을 시작한 그리스도교군의 병력이 어느 정도였는지는 적과 아군 양쪽에서 남긴 기록을 참고해 추측할 수밖에 없다.

그에 따르면 이렇다.

리처드 직속이랄 수 있는 영국, 프랑스 노르망디 지방, 그리고 아키텐 지방에서 온 병사가 기병과 보병을 합쳐 8천 명.

프랑스 왕이 남기고 간 병력이 기병과 보병을 합쳐 약 1천여 명.

예루살렘 왕 뤼지냥의 깃발 아래 모인, 이른바 현지 십자군 세력과 제후들의 병사가 총 5천 명.

템플 기사단과 병원 기사단에 속한 병력이, 주 전력인 기병에 보조 병력인 보병을 합쳐 1천5백에서 2천 명.

여기에 오스트리아 공작이 남긴, 기병이 주체인 독일 병사들이 가세했다.

이 모든 병력을 합쳐도 2만 명이 안 되었을 것이다. 한편 그리스도교군을 뒤쫓는 형국이 된 이슬람군은 족히 그 두 배가 넘는 병력을 보유하고 있었다.

게다가 '홈'에서 싸우는 살라딘에 비해 리처드는 '어웨이'에서 싸우는 셈이다. 살라딘은 식량, 무기, 병사, 기마, 보급 등의 면에서 걱정이 없었지만 리처드는 달랐다. 특히 신규 병력의 보충은 '없다'고 생각하는 게 현실적이었다.

지휘계통의 일원화라는 면에서는 양쪽이 대등할뿐더러 매우 완벽한 상태였다.

살라딘에게는 눈빛만 봐도 형의 생각을 알아차리는 동생 알 아딜이 있었다. 그리고 자신의 명령을 과감하게 실행에 옮기는 태수들도 부족하지 않았다.

리처드도 아코에 도착한 이래로 군대를 이끄는 장수들의 마음을 완전히 장악하고 있었다.

프랑스 왕이 군대를 맡긴 부르고뉴 공작은 리처드보다 열 살이 많았지만 그의 명령에 잘 따랐다.

예루살렘 왕 뤼지냥도 리처드의 명령을 정확히 실행했으며, 자기 병사들을 이끌고 나갔을 때는 선두에서 싸웠다. 최고사령관으로서의 재능은 없었지만 한 군대의 장수로서는 충분한 인물이었다.

게다가 이 뤼지냥의 군대에는 베테랑 중의 베테랑 무장, 발리앙 이벨린과 아벤 백작 자크도 가세해 있었다.

또한 템플 기사단과 병원 기사단, 즉 이슬람군과의 전투에 경험이 풍부한 기사들도 리처드의 명령에 순순히 따랐다. 전문적인 집단이었던 만큼 또다른 전문가의 능력을 인정하는 것도 빨랐을 것이다.

따라서 리처드가 이끄는 제3차 십자군의 병력은 수로는 열세일지라도 집합체로서는 실로 강고한, 완벽하게 일체화된 군대였다.

게다가 모든 면에서 우위인 것으로 보이는 살라딘에게도 약점이 있었다.

살라딘이 취할 모든 생각과 행동이, 리처드가 어떻게 나오느냐 한 가지에 달려 있다는 사실이었다. '하틴 전투'에서는 살라딘이 처음부터 끝까지 주도권을 쥐고 있었지만 아코 탈환전 이후에는 리처드가 주도권을 쥐게 되었다. 전투에서는 주도권을 장악한 쪽이 이긴다. 살라딘 입장에서는 적의 동태를 살피면서, 그 주도권을 단숨에 되찾을 기회가 찾아오기를 기다리는 수밖에 없었다.

행군을 시작하면서 리처드는 전군에 다음과 같은 엄명을 내렸다.

하나, "행군은 남자, 그중에서도 전투원만 한다. 따라서 여자의 동행은 엄금한다. 동행을 허락하는 것은 세탁을 담당할 여자뿐인데, 그것도 중년여인들로 제한한다. 성직자인 주교와 사제, 수도사도 무기를 들고 스스로 전투에 참가하는 자만 종군을 허락한다."

이 시대의 행군에서는 그리스도교측과 이슬람측 모두 창부 격인 여인들이 뒤따르는 것이 익숙한 풍경이었다. 또한 십자군이라는 특성상 성직자들도 많이 동행했다. 리처드는 이를 엄금한 것이다.

둘, "아무리 더운 날씨일지라도 기병과 보병 모두 완전무장하고 행군한다."

이슬람군의 공격은 화살을 빗발처럼 퍼붓는 것으로 시작하는 것이 보통이었다.

셋, "행군을 서둘러서는 안 된다. 천천히, 단 일정한 속도를 유지할 것. 따라서 기병과 보병 구별 없이 모두 다함께 대오를 갖춰 행군한다."

무거운 완전무장을 하고 행군하면 걷는 것만으로도 지친다. 게다가 8월 말의 중근동이다. 항시 적의 공격이 예상되는 상황에서 병사들의 피로를 되도록 경감시켜야 했던 것이다.

넷, "행군중 각 군대의 순서와 세 줄로 서는 정렬방식을 날마다 변경한다. 따라서 각 군대의 병사 모두 그에 익숙해질 것."

리처드는 지중해를 오른쪽에 두고 남하해 예루살렘으로 가는 길을 택했다. 이렇게 되면 살라딘이 이끄는 이슬람군의 공격 방향이 왼쪽과 후방일 것이라 예상할 수 있다. 따라서 병사의 교대를 명시한 이 네 번째 항목은, 설령 자기 위치에서 한번 적의 공격을 당해도 계속 그러

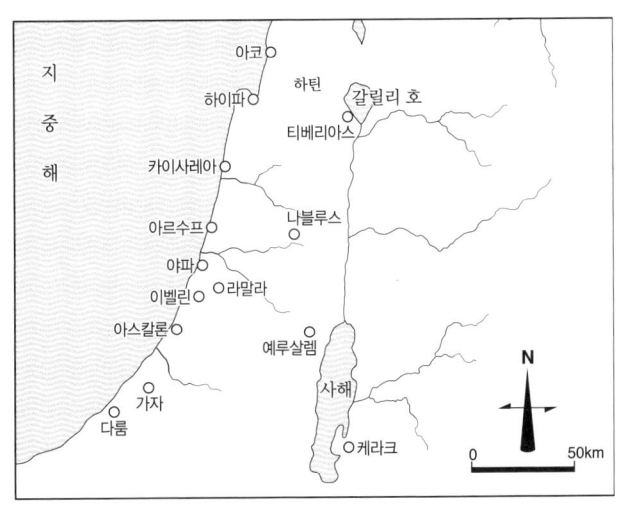

아코와 그 주변

지는 않으리란 사실을 각 병사들에게 알려주려는 의도이기도 했다.

다섯, "절대 적의 도발에 넘어가서는 안 된다. 각 군대의 병사들은 모두 한데 모여 행군해야 하고, 절대 대열을 흐트러뜨려서는 안 된다. 그리고 전위, 중앙, 후위 사이에도 공간을 두지 않도록 주의하며 견고한 진형을 유지해 행진할 것."

'하틴 전투'의 첫번째 패인은 살라딘의 전술에 농락당해 전위, 중앙, 후위가 모두 단절되어버린 탓이었다. 중근동에 도착한 리처드가 그 전투의 패인까지 살펴보았는지는 알 수 없지만, 이때 남쪽을 향해 행군을 시작한 제3차 십자군에는 하틴에서 '중앙'을 이끌었던 예루살렘 왕 뤼지냥과 '후위'를 담당했던 발리앙 이벨린이 동행하고 있었다.

여섯, "육상 행군에서는 가능한 한 바다와 가까운 길을 택할 것. 지상군과 병행해 선단도 남하하기 때문인데, 이 선단은 군량 보급의 임무와 부상병을 아코로 실어나르는 임무를 맡는다."

이는 리처드가 병참을 중시하는 사령관이었다는 것을 보여준다. 또한 병사들에게 설사 부상을 당하더라도 내버려두고 가지 않겠다고 확언한 것도 그에 못지않은 중요성을 가졌다.

십자군 전사가 되어 중근동까지 와서 싸우는 그리스도교도에게 가장 큰 악몽은, 부상을 당해 그대로 적에게 붙잡혀, 비록 죽임을 당하지 않더라도 노예로 팔려가는 것이었다. 이슬람교도의 노예가 되면 목과 발목에 쇠사슬을 차고 광산 노동이나 갤리선 조수로 혹사당하는 여생이 기다리고 있었기 때문이다.

적에게 죽임을 당하면 순교자가 될 수 있다. 하지만 노예는 순교자가 아니기 때문에 천국의 자리도 예약하지 못한다. 신심 두터운 중세 그리스도교도에게 이교도 이슬람 사회에서 노예로 죽는 것만큼 끔찍한 불행은 없었다. 리처드는 그런 공포를 없애주었던 것이다. 굶주림과 죽음에 대한 공포가 사라지면, 평범한 사람도 응분의 성과를 보이는 법이다.

한편 지상군과 병행해 남하하는 선단은 절벽에 부딪히거나 해변에 좌초되지 않도록 주의하면서, 천천히 나아가는 지상군과 같은 속도로 남하해야 했다. 그만한 실력을 지닌 선원은 이탈리아 해양국가에서밖에 구할 수 없었으므로 리처드도 이번만은 영국 배를 포기해야 했다. 튼튼하게 만들어진 영국 배로만 운반할 수 있는 조립식 투석기도 가져갈 필요가 없었다. 행군 도중에 있는 도시의 주민들은 그리스도교군이 접근한다는 것을 알고 모두 도망가버렸기 때문이다.

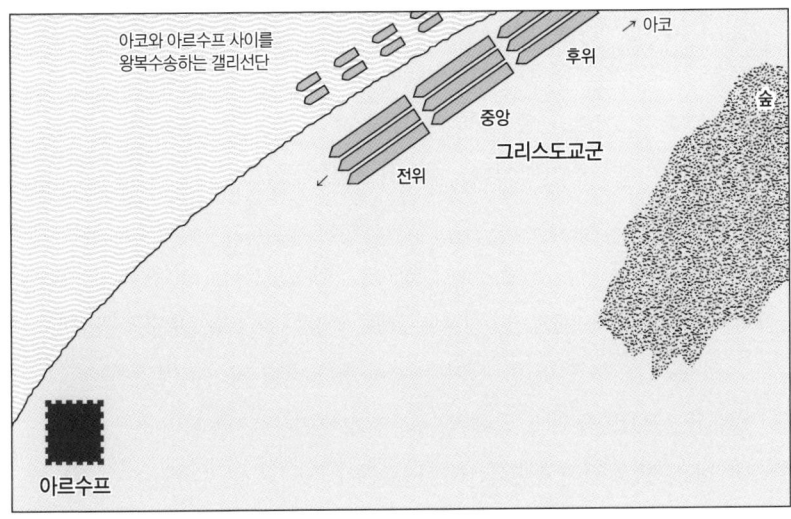

아르수프로 가는 행군

　선단은 군량 보급과 부상자와 병자 수송에 사용되었다. 항구가 없는 지역에서는 해안 가까이에 배를 대야 했는데, 이때에도 이탈리아 선원을 능가하는 자는 없었다.

　이렇듯 제노바와 피사의 선원들은 리처드의 군대를 뒷받침하는 데 일조했다. 신기하게도 늘 대결의식에 불타던 해양국가들도 리처드의 지휘 아래에서는 서로 협력했던 것이다.

　지금까지 말한 것을 아주 간략하게 도해한 것이 위의 그림이다.

　1191년 8월 말, 리처드가 움직이기 시작했다는 것을 알고 살라딘도 움직였다. 필요한 거리를 두고는 있었지만, 행군을 시작한 리처드의 2만 군대를 살라딘의 5만 군대가 뒤쫓는 형태였다.

제1장 사자심왕 리처드와 제3차 십자군　123

살라딘은 탐색전 삼아 여느 때와 같은 방식으로 그리스도교군을 공격했다. 경무장으로 움직임이 빠른 베두인 기병을 투입해 정신 못 차리게 공격을 퍼붓고, 공포심에 사로잡힌 적이 대열을 흐트러뜨리는 순간 포위해 무찌르는 전법이다. 따라서 이런 유의 공격은 적군의 후위를 노리는 것이 상례였다.

리처드가 후위에 배치한 건 부르고뉴 공작이 이끄는 프랑스군이었다. 유럽에서 온 지 얼마 안 되어 아코 공방전밖에 겪어보지 못한 프랑스 병사들은 이런 유의 전법에 익숙하지 않았다.
그러나 프랑스 남자들에게는 제1차 십자군 이래로 자신들이 십자군의 중심이 되어왔다는 자부심이 있었다. 그들은 그 자부심으로 빗발치는 화살도, 잇따라 습격해오는 베두인 기병의 맹공도 버텨냈다. 그러면서도 도발에 넘어가지 마라, 대열을 흐트러뜨리지 말고 다함께 나아가라, 고 한 리처드의 말을 따라야 했다. 적이 아주 가까이에 육박해왔을 때만 창과 검으로 필사적으로 응전하고, 그러는 중에도 전진을 멈추지 않은 프랑스군은 마치 고슴도치 떼 같았다.

그날 밤 리처드는 직접 그들의 숙영지까지 찾아가, 아군의 지원을 요청하지 않고도 잘해냈다고 치하했다. 프랑스 병사들도 자신들의 왕과 리처드의 사이가 좋지 않다는 걸 알고 있었다. 그래서 리처드가 이끄는 군대에 참가한 자신들의 입장에 확신을 갖지 못했고, 행군 첫날부터 가장 위험도가 높은 후위에 배치된 것도 냉대의 증거라고 생각하고 있었다. 그런데 리처드가 직접 찾아와 치하해준 것이다. 그동안 리처드가 이끄는 군대에서 찬밥 신세라고 생각해온 것도 눈 녹듯이 사라졌다.

리처드가 이끄는 그리스도교군은 아코와 넓은 만을 사이에 두고 마주 보는 하이파에서 행군 첫날 밤을 보낸다. 그리고 다음 날부터는 드디어 지중해를 오른쪽에 두고 남하하기 시작했다. 한동안 절벽 위를 통과하기 때문에 적의 기병이 습격해올 염려는 줄었다. 그래서 이틀째에도 리처드는 행군 순서를 바꾸지 않았다.

일단 리처드를 선두로 하는, 영국과 노르망디 지방에서 온 군대가 전위에 섰다. 바로 뒤를 잇는 중앙은 뤼지냥과 종교 기사단 등의 현지 세력에 푸아티에의 리처드군이 혼성된 군대, 후위를 맡은 것은 전날과 마찬가지로 프랑스군이었다.
전위, 중앙, 후위에 어느 군을 배치하는지는 전날과 그대로였지만, 리처드는 보병을 가운데 두고 양쪽에서 행군하는 기병은 날마다 좌측과 우측을 바꾸었다. 그리고 사흘째부터는 템플 기사단을 후위에 배치했다.

이슬람교도 주민이 도망간 마을을 숙영지로 삼으며 그렇게 나흘이 지났다.
이 나흘 동안에도 이슬람군이 가만히 내버려둔 것은 아니었다. 행군중에 쉴새없이, 후위뿐만 아니라 중앙에 있는 군대에도 수천 명 규모의 적군이 습격을 거듭해왔다. 그때마다 그리스도교군은 대열을 흐트러뜨리지 않고 적군을 격퇴하는 데 성공했다. 맞서 싸우되 반격에 나서는 것은 금지되었다. 오늘 하루만 참자고 생각하며 적의 화살을 튕겨내고 적의 창을 막아가면서 나아갈 뿐이었다.

특히 이 지방에서 '와디(Wadi)'라 불리는 마른 계곡을 가로지를 때가 위험했다. 와디는 비가 내리면 순식간에 하천으로 변하는데, 중근동에서는 비 내리는 날이 별로 없다. 그래서 계곡은 늘 강바닥까지 말라붙어 있다. 이런 곳을 지나는 게 위험한 이유는 베두인이 강 위쪽에서 바람처럼 말을 달려 덮쳐오는 데 아주 유리한 지형이기 때문이다.
그러나 말라붙기는 했어도 하천인 이상 하구는 바다로 이어져 있다. 입항할 수 있는 항구가 없는 상황에서 해상 보급을 해야 하는 이탈리아 갤리선은 조금 떨어진 바다에 닻을 내리고, 준비해온 소형 배에 보급물자를 실어 해변까지 옮길 수밖에 없었다. '와디'의 하구는 그런 작업을 하기에 적합했다.

그런 이유로 '와디'를 재빨리 통과할 수도 없었다. 적은 이를 간파한 듯 그리스도교군이 마른 계곡으로 들어갈 때마다 습격해왔다.

밤이 되면 그리스도교군 병사의 걱정거리는 독거미로 옮겨갔다. 타란툴라라는 이름의 이 독거미는 남유럽에는 많았지만 북유럽에는 서식하지 않았다. 이것에게 물리면 죽지는 않아도 몸을 일으키기조차 힘들어진다. 피사와 제노바 배의 임무는 물자를 실어오고 돌아가는 길에 병자를 아코로 실어나르는 것이었는데, 이 배로 이송되는 병자 중에는 적의 습격을 받아 부상당한 병사들 외에 타란툴라에게 물린 자들도 적지 않았다. 십자군 원정은 이제껏 살아온 익숙한 지역과 기후와는 전혀 다른 환경에서 전쟁을 하는 일이었던 것이다.

그래도 해상의 왕복수송 시스템은 훌륭하게 기능했다. 리처드가 이끄는 그리스도교군은 남하하는 중에 물과 식량 부족에 시달리는 일은 없었다.

한편 살라딘은 파상공격을 계속하면서 호시탐탐 기회를 노리고 있었다. 리처드의 군대보다 두 배 이상 되는 병력을 보유하고 있던 살라딘이 그 '머릿수'를 활용하려면 드넓은 평원이 필요했다.

대결 제1전 '아르수프'

9월이 되고 나서야 마침내 살라딘에게 '기회'가 찾아왔다. 그때까지 12일 동안 리처드는 살라딘에게 비집고 들어올 틈을 주지 않은 셈인데, 이는 리처드가 이끄는 그리스도교군을 보급로인 바다와 멀리 떨어진 지점으로 끌어내 전투를 벌이려는 살라딘의 전략이 결실을 맺지 못했다는 뜻이기도 했다.

그러나 카이사레아를 뒤로하고 멀리 아르수프가 내다보이는 곳까지 왔을 때, 이때까지 순조롭게 진행된 리처드의 전략은 중대한 시련을 맞게 된다. 절대 바다에서 멀어지려 하지 않았던 리처드 앞에, 드디어 살라딘이 자기 군대를 투입할 수 있을 만한 넓은 평원이 나타난 것이다.

살라딘은 정찰대를 보내 리처드의 동정을 살펴왔고, 리처드 역시 정찰대를 활용하고 있었다. 하지만 리처드가 알고자 했던 것은 살라딘 군의 움직임뿐만 아니라 자신들이 앞으로 가게 될 지방의 지세에 대한 것이었다. 정찰대가 가져온 정보를 통해 리처드는 다음과 같은 사정을 알게 된다.

하나, 지금까지 통과해온 하이파나 카이사레아 같은 도시와 달리 아르수프의 이슬람교도 주민들은 도망가지 않았을 뿐만 아니라, 이미 살라딘이 보낸 원군과 협력해 방어태세를 취하고 있다는 것.
둘, 아르수프로 가는 바닷길은 절반이 절벽으로 이루어져 있어 아군 선단이 배를 대기에 적당한 해안이 없고, 선단이 정박하려면 아르수프 근처까지 가야 한다는 것.
셋, 만약 적군이 바다를 오른쪽에 두고 남하하는 그리스도교군을 공격해온다면 왼쪽 육지 쪽에서일 텐데, 그곳에 펼쳐진 평원 너머에 삼림이 있다는 것.
삼림이라고 해도 북유럽이 아니니 '숲'이라 보는 편이 더 적합할 것이다. 중근동의 삼림은 고작해야 수목이 한데 모여 있는 정도였다. 하지만 그 안으로 들어서면 말을 타고 가든 걸어서 가든 속도가 떨어질 것이 분명했다.

쉰세 살이 된 살라딘은 이튿날인 9월 7일을 결전의 날로 정했다. 리처드도 적군의 움직임을 보고 이를 예상하고 있었다. 살라딘이 결전을 청한다면 바로 다음 날일 것이 분명했다.
서른네 살의 리처드는 이를 염두에 두고 전략을 세워, 그날 밤 장수 전원을 모아놓고 명했다.

하나, 적이 공격해와도 격퇴하면서 행군을 속행한다.

둘, 단 내일은 임전태세를 갖추고 행군한다.

아무리 틈을 주지 않고 다함께 전진한다 해도, 2만 명에 가까운 병사의 행렬은 2킬로미터 정도는 되었다. 리처드는 이 행렬을 다음과 같이 나누었다.

먼저 샹파뉴 백작 앙리가 이끄는 보병부대가 앞장선다. 필요불가결한 물자를 실은 짐마차의 호위가 가장 중요한 임무이고, 아르수프에 도착한다고 바로 성내로 들어갈 수 있는 상황이 아니므로 성 바깥에 숙영지를 구축하는 임무도 함께 주어졌다. 만약의 사태를 대비해 도망칠 수 있는 장소를 확보해두는 것은 병사의 심정을 생각했을 때 중요한 사전조치였다.

그 뒤에는, 맞서 싸워야 하는 경우를 생각해 회전(會戰) 진형에서 우익을 담당하는 제1군이 선다.

리처드는 이 제1군에 템플 기사단을 4개 중대로 나누어 배치한다. 앙주 지방에서 온 프랑스 병사까지 가세한 이 부대의 총지휘는 템플 기사단 단장이 맡았다.

이를 잇는 제2군은 예루살렘 왕 뤼지냥과 그의 동생이 이끄는 현지 그리스도교 세력이다. 이 부대 바로 뒤로는 푸아티에 지방 출신으로 리처드 수하 격인 기병부대가 이어졌다. 물론 이 부대의 지휘는 리처드가 직접 맡았다.

그 뒤를 행군하는 것은 회전 진형에서 좌익에 속하는 군대인데, 프랑스군과 플랑드르군, 그리고 독일에서 온 기병과 보병으로 구성되었다.

그리고 행군의 가장 후미를 담당한 것은 4개 중대로 구성된 병원 기사단의 기사들로, 지휘는 단장 가르니에가 맡았다.

그날 행군 진형의 특징은 대대 규모의 부대로 나눈 뒤 이를 어느 한 사람이 이끄는 형태가 아니었다는 점이다. 대신 리처드는 1백 명 전후의 기사로 구성된 다수의 중대를 만들었다. 전투가 벌어졌을 경우 행동의 자유를 더 중시했기 때문일 것이다. 적을 격퇴하면서 행군을 속행한다고 했지만, 전투를 염두에 둔 이 진형은 방어보다 공격 진형에 가까웠다.

게다가 이들 중대는 리처드 자신처럼 이름 있는 무장들이 이끌었다. 평소라면 적어도 대대 지휘를 맡을 만한 이들에게 중대 지휘를 맡긴 것이다. 몇 배는 더 많을 것으로 예상되는 적의 대군에 맞서려면, 1천 명 전후의 병사로 구성한 대대보다, 병력은 10분의 1밖에 안 되어도 더 많은 수의 중대로 각기 전력을 다해 싸우는 수밖에 없다고 생각했는지도 모른다.

반대로 살라딘은 1천 명 정도가 아니라 1만 명 규모의 군대를, 그것도 여럿 투입했다. 그 살라딘군은 숲속을 지나 리처드의 군대를 향해 서서히 접근하고 있었다.

그리고 그날 희한하게도 살라딘은 원래 숲의 초입에 두었던 본진의 위치를 숲이 끝나는 반대쪽 지점으로 옮겼다. 아코 공방전 때도 살라딘은 전선에서 훨씬 떨어진 후방에 본진을 두었으니, 전선 근처에 본진을 둔 것은 '하틴 전투' 이래로 처음 있는 일이었다.

살라딘이 염두에 두었던 것은, 육지 쪽 세 방향을 포위하고 그 포위망을 좁혀가며 적을 괴멸시키는 작전이었을 것이다. 나머지 한 방향은 바다이므로 세 방향에서 동시에 몰아붙이면 도망칠 수 없다.

살라딘이 이때 투입한 병력은 4만 명이 넘었다고 한다. 한편 리처드의 군대는 2만 명도 채 안 되었다. 그런데 실제로 살라딘군은 병력의 절반밖에 쓰지 못했다.

실제 전장에서 이슬람군은 살라딘의 생각대로 움직이지 않았다. 아니, 처음에는 그렇게 움직였지만 어느 단계에서부터 불가능해졌다고 해야 할 것이다. 리처드가 살라딘이 예상한 대로 행동하지 않았기 때문이다.

1191년 9월 7일, '아르수프 전투'라는 이름으로 역사에 남은 이 전투는, 해가 중천에 뜬 오전 9시에 이슬람측에서 울리는 북소리로 시작되었다.

먼저 살라딘이 늘 쓰는 전법대로 궁병들이 일제히 빗발처럼 화살을 쏘아댔다.

튼튼한 갑옷과 투구, 방패로 무장한 그리스도교측 장병들에게 이를 막는 것은 그리 어려운 일이 아니었다. 하지만 이날 이슬람의 궁병들은 전진하면서 화살 비를 퍼붓기를 집요하게 반복했다. 이어서 보병부대의 뒤에서 천천히 다가온 기병부대가 숲을 빠져나오자마자 일제히 말에 채찍을 가했다. 그리고 순식간에 보병부대를 통과하고는 둘로 갈라져, 행군하는 리처드군의 전위와 후위를 공격했다.

이때 두 이슬람 기병부대의 속도는, 살라딘의 의도였는지 아닌지는 알 수 없으나(나는 아니라고 생각하지만), 그리스도교군의 후위를 공격하러 간 쪽이 더 빨랐다.

그 결과 그리스도교군 중 제일 먼저 적의 공격에 노출된 것은 가장 후미에서 행군하던 병원 기사단이었다. 게다가 전력질주에 따른 힘을 그대로 받았으므로 공격의 강도도 가장 강력했다.

병원 기사단의 기사들은 리처드의 명령대로 방어에만 전념하려 했다. 하지만 이날은 적의 기병부대의 맹공을 버텨내는 사이에 앞서 기병에 추월당했던 적의 보병부대까지 전투에 가세했다.

이슬람 보병은 접근전이 되자 우선 화살을 쏘는 각도를 바꾸었다. 위를 향해 쏘는 것이 아니라 그리스도교측 기병의 말을 겨냥한 것이다. 그리고 말을 잃고 보병이 된 기병을 향해, 활과 화살을 등뒤로 메고 이번에는 못 박힌 곤봉을 휘두르며 돌격해왔다.

이 곤봉의 위력은 원시적인 형태만 봐서는 상상할 수 없을 만큼 강력했다. 힘껏 휘두르면 강철 갑옷이나 투구도 찌부러졌다. 뿐만 아니라 부서진 갑옷의 파편이 몸에 파고들기도 했다.

눈 깜짝할 사이에 희생자가 속출하는 것을 본 병원 기사단의 단장은 부하 한 명을 리처드에게 보냈다. 반격을 허락받기 위해서였다. 하지만 리처드는 허락하지 않았다.

할 수 없이 끝까지 방어로 일관하며 행군을 계속했지만, 병원 기사단 기사들에게 퍼붓는 살라딘군의 공격은 갈수록 심해져 마치 도망치는 양의 엉덩이 살을 뒤에서 물어뜯는 늑대 떼와 흡사했다.

이번에는 단장이 직접 말을 달려 리처드를 찾아가 반격을 허락해달라고 청했다. 하지만 이번에도 리처드는 허락하지 않았다. 자기 부대로 돌아온 기사단장이 목격한 것은, 이대로 계속 당하기만 한다면 명예가 더럽혀진다고 외치는, 피투성이가 된 동지들의 모습이었다. 이런 그들에게 두 번에 걸친 리처드의 거절은 잔혹함 그 이상으로 생각되었을 것이다.

결국 기사단장 가르니에는 리처드의 명령을 거스르더라도 반격에 나서기로 마음먹었다. 단장의 명령이 떨어지자마자 내내 참아온 기사들의 분노가 폭발했다. 병원 기사단 전원이 한 덩어리가 되어 반격을 시작했다.

이를 본 리처드는 곧바로 전술을 변경했다.

뛰어난 무장은 미리 생각한 전술대로 상황이 진행되지 않더라도, 적당한 파도가 다가오면 주저하지 않고 올라탈 줄 안다.

자기 중대를 이끌고 격전이 벌어지는 후위로 달려간 리처드는 선두에 서서 적진 깊숙이 쳐들어갔다. 그러자 리처드가 움직인 것을 안 다른 장수들도 각 중대를 이끌고 뒤를 따랐다. 이리하여 행군의 후위는 가장 심한 전투의 장이 되었다.

어디 출신이고 어느 부대 소속인지는 더이상 아무도 따지지 않았다. 하기로 마음먹었으면 그만이다. 이때 이들의 마음속에는 적을 쓰러뜨리겠다는 생각뿐. 이런 마음은 리처드든 일개 병졸이든 전혀 다르지 않았다. 그리고 전투의 대세는 일찌감치 그날 이른 오후에 결정되었다.

먼저 도망치기 시작한 것은 살라딘군이었다. 전장을 가득 메운 단말마의 비명과, 순식간에 늘어가는 아군 사망자. 끊이지 않고 울리는 이슬람군의 북소리마저 고무보다 애도의 소리로 들렸다.
그때까지 용감하게 싸우던 이슬람군의 병사뿐만 아니라 그들을 이끌던 태수들까지 도망치기 시작했다. 특히 베두인 기병은 공격해오던 속도만큼이나 도망치는 것도 빨랐다. 기병 보병 할 것 없이 모두 숲속으로 도망쳤다. 숲만 빠져나가면 그 바깥에 전투에 투입되지 않은 1만 명의 병사들이 대기하고 있었던 것이다.

추격으로 전환한 휘하 병사들이 숲속으로까지 쳐들어가려는 것을 본 리처드는, 절대 숲으로 들어가지 말라는 엄명을 내렸다. 우선 숲속에서의 전투는 기병에 불리한 접근전이 될 게 분명하고, 게다가 도주의 희망을 잃은 적병을 상대하면 쓸데없는 희생을 피할 수 없기 때문이다.
리처드는 살라딘 정도 되는 무장이 전장에 전군을 투입했을 거라고는 생각하지 않았다. 반드시 대기 병력이 있을 것이고, 만약 그렇다면 숲 건너편에 있을 확률이 높다고 생각했을 것이다.
무엇보다 지금은 행군을 재개하는 게 가장 중요하다. 되도록 빠른 시간 내에 안전한 숙영지에 들어가는 것이 기세를 몰아 추격하는 것보다 우선이었다.

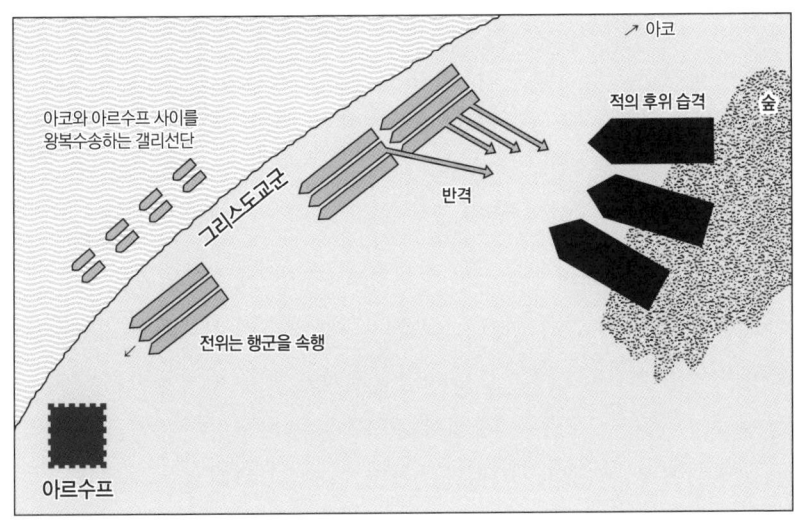

아르수프 공방전

이리하여 살라딘의 마지막 계획마저 허사로 돌아갔다.

'하틴 전투'는 처음부터 끝까지 살라딘의 생각대로 시작되고 끝났다. 당시 그리스도교군을 이끌었던 예루살렘 왕 뤼지냥이 살라딘의 교묘한 유도작전에 속아넘어갔기 때문이다.

하지만 이것은 살라딘의 '성공체험'이었다. 이쪽의 생각에 속지 않은 자가 상대편에 나타났을 때는 살라딘 같은 전략의 천재가 세운 작전도 수포로 돌아가는 것이다.

후위는 죽게 내버려둘 것으로 예상했는데, 리처드는 못 본 체하지 않았다.

숲속으로 추격해올 것이라 생각했는데, 그마저도 빗나갔다.
그제야 비로소 살라딘은 리처드의 역량을 인정하지 않았을까.

싸움이 끝나고

앞서 보낸 보병부대가 완성한 숙영지에 도착한 장병들은 서로 얼싸안고 그날의 승리를 축하했다. 실려온 부상병들은 기사에서 의사로 돌아간 병원 기사단 단원으로부터 응급처치를 받았다. 중상자는 해안에 댄 작은 배를 타고 먼 해상에서 기다리는 갤리선으로 옮겨져 아코로 이송되었다. 아코에는 이슬람 지배하에서도 무사히 존속해온 병원 기사단의 전문적인 병원이 있었다.

여기에 또 낭보가 전해졌다. 아르수프 성내의 방위대가 평원에서의 전투 결과를 알고는 도망쳤다는 것이다. 다음 날 밤은 지붕 아래에서 잘 수 있었다.

그러나 해가 떨어진 후에도 이름 있는 무장 중 한 사람의 얼굴이 보이지 않았다. 아벤 백작 자크였다. 부상을 입고 낙오한 것인가 싶어 손이 빈 템플 기사단 기사들이 찾으러 갔지만, 전장에 다가가지도 못한 채 돌아와야 했다.

이슬람측에서도 살라딘의 지시로 부상자를 옮겨가기 위해 병사들이 전장에 와 있었던 것이다. 그들이 손에 들고 있는 횃불이 너무 많아서, 용맹함으로는 남에게 뒤지지 않는 템플 기사단 기사들도 그냥 되돌아올 수밖에 없었다.

이튿날 아침 템플 기사단뿐만 아니라 아벤 수하의 병사들까지 가세해 수색이 재개되었다. 해가 쨍쨍 내리쬐는 전장의 정경은 처참하기 그지없었지만, 그곳을 수색하는 것도 곤란하기 짝이 없었다. 주검이 모두 피투성이어서 쉽게 식별할 수 없었기 때문이다.

마침내 찾아낸 주검은 아벤 백작의 마지막 모습을 말해주고 있었다. 말을 잃고 나서 보병으로 싸

아벤 백작 자크의 문장

웠던 듯 백작은 애마 옆에 죽어 있었는데, 그 주위는 온통 적병의 주검들로 가득했다. 헤아려보니 열여섯 명이나 되었다. 그리고 들고 있는 무기로 보아 그 열여섯 명 모두 기병이었다. 말이 쓰러지자 아벤 백작은 자신을 포위하며 다가오는 적의 기병 열여섯 명을 차례로 쓰러뜨린 뒤 죽음을 맞은 것이다. 그해 자크 드 아벤은 서른아홉 살이었다.

병사들은 백작의 시신을 곧 아르수프 성내로 옮겨 피투성이 몸을 말끔히 씻기었다. 그리고 눈물을 그칠 줄 모르는 시종들이 백작에게 정장을 입혔다. 시신은 장수 여섯 명의 어깨에 실려 아르수프에 남아 있던 교회로 옮겨졌고, 그곳 바닥에 매장되었다.

장례미사는 무장을 벗고 주교의 모습으로 돌아간 솔즈베리 주교가 집전했다. 리처드와 뤼지냥을 비롯한 모든 장수들이 참례했다. 이것은 단지 프랑스 북동부의 한 영주의 장례식이 아니었다. 책임감이 남

달랐던 아벤 백작은 병사들로부터 신망이 두터웠고, 모든 장수들이 경의를 표하던 존재였다.

그러나 장례란 세상을 떠난 이를 애도함과 동시에 남은 사람들이 앞으로 계속 살아가기 위해 치르는 의식이기도 하다. 그날 밤 리처드의 명령이 떨어지자마자 아르수프 시내는 일대 바비큐 파티장으로 변했다.

'아르수프 전투'에서 승리했지만 십자군측은 많은 말을 잃었다. 살라딘이 궁병들에게 기병보다 말을 노리라고 명령했기 때문인데, 그 탓에 말을 잃어버린 기사가 많았다.

죽은 말은 해체되어 식육으로 쓰였다. 다만 말은 기사의 사유물이므로 그것을 먹을 수 있는 이는 보병 중에서도 기사의 종병(從兵)에 한정되었다. 보병으로 십자군에 참가한 병사들은 돈을 내고 사먹는 수밖에 없었다.

리처드는 전군에 포고를 냈다. 말을 잃은 기사에게는 무료로 새 말을 지급한다. 따라서 고기는 누구에게나 공평하게 공짜로 나눠줄 것.

이렇게 아르수프 시내의 광장마다 바비큐 연기가 피어올랐다. 왕복 수송에 의한 보급 덕에 리처드군에는 물과 음식이 부족하지 않았다. 하지만 계절은 아직 여름이다. 보급된 식량은 잘 부패하지 않는 빵과 치즈뿐이었고, 고기는 지휘관급도 먹지 못했다. 또한 남유럽 사람들은 생선도 많이 먹었지만 북유럽 남자들은 고기를 먹지 못하면 힘이 나지 않는다고 믿었다. 평소에는 사슴이나 멧돼지도 가리지 않고 먹었으니 말고기라고 문제될 건 없었다.

그날 밤 살라딘은 본진에 장수들을 모아놓고 꾸짖었다. "전장에서 탈주하다니, 너희는 술탄의 명예를 더럽혔다"고 비난한 것이다. 각 지방에서 모여든 태수로 구성된 장수들은 한 마디 말도 없이 고개를 숙이고만 있었는데, 그중 알레포 태수가 유일하게 살라딘에게 반박했다.

"술탄의 비난은 타당하지 않습니다. 그리스도교측 장병들의 갑옷과 투구는 너무도 단단하여 화살과 검, 창조차 튕겨냈습니다.

하지만 그보다 만만치 않았던 것이 한 기사의 감투(敢鬪)였습니다. 그 기사는 항상 최전선에서 말을 타고 우리 기병을 닥치는 대로 베었을 뿐 아니라, 오른손에 검을 들고 왼손으로 말을 몰면서 전투가 시작될 때부터 끝날 때까지 연신 자기 군사들을 질타하고 독려했습니다.

그 한 사람이 우리 병사를 얼마나 많이 쓰러뜨렸는가만 봐도 정말 대단한 남자라 할 수 있지만, 검을 들고 최전선을 종횡무진하던 그 기사가 곧 전투의 향방을 결정했다고 해도 좋을 것입니다. 사자의 화신이 아닐까 싶을 정도로 용맹한 그 기사를 병사들은 '멜렉* 리처드'라 불렀습니다."

리처드가 '사자심왕'이라 불리게 된 것은 이때부터였다고 한다.

살라딘은 이 반박에 아무 대답도 하지 않았다. 대신 한 가지 명령을 내렸다. 십자군이 건설한 아코 남쪽의 성채를, 예루살렘을 제외하고

---

* Melek, 히브리어로 '왕'이라는 뜻. (옮긴이 주)

모두 파괴하라는 것이었다.

그러나 이것들은 유럽의 성을 참고하여 지은 견고한 성채였다. 토대부터 부수는 것은 불가능했고, 결국 부분적으로 파괴하는 게 고작이었다.

살라딘은 리처드의 발길을 멈출 수 없음을 깨달았는지도 모른다. 그래서 전진을 계속하는 리처드가 거처로 삼을 만한 장소를 아예 없애버릴 생각을 한 것이다. 성채뿐 아니라 그 주변도 다 태워버리라고 했으니 거의 초토화 작전에 가까웠다. 이 명령에 따라 파괴된 것은 도시 안에 성채가 있던 항구도시도 마찬가지였다. 그중 하나인 야파는 다음 목적지로 리처드가 주목하고 있던 도시였다.

오랜 세월 긴장하며 살아온 탓인지 살라딘은 쉰세 살이라는 나이보다 더 늙어 보였다고 한다. 그때 그는 마음속으로 무슨 생각을 하고 있었을까.

티루스 공략전이 실패로 끝난 것에 대해서는, 이슬람측이 바다에 면한 티루스를 공격하기 위해 불가결한 해군력을 갖고 있지 않았기 때문이라는 해명이 성립한다.

또한 아코 탈환을 허용해버린 것도, 이슬람측의 오랜 약점인 해군력의 부족에 더해 장기간에 걸친 전투에 서툴렀다는 특징을 이유로 들어 변명할 수 있다.

그러나 '아르수프 전투'에서는 해군력의 부족도, 이슬람군의 인내력 부족도 이유로 들 수 없었다. 육상에서 싸운데다 전투를 개시한 지

다섯 시간 만에 승부가 결정되었으니까.

 적의 중앙은 보병이 밀어붙이고 좌익과 우익을 기병이 돌아 들어가는 전법도 결국 제대로 실행되지 못했다. 왼쪽에서 공격한 기병부대는 템플 기사단을 중심으로 한 전위에서부터 강력한 반격을 받아, 돌아 들어가기는커녕 오히려 후퇴하고 말았다. 그 틈에 리처드의 명령을 충실히 이행한 제1군은 행군을 속행할 수 있었다.

 또한 후위의 병원 기사단에 퍼부은 맹공도, 리처드가 예기치 않게 즉시 전술을 변경하는 바람에 후위뿐만 아니라 중앙까지 가세한 십자군측의 반격을 정면으로 받았다. 이쪽에서도 적진 안쪽으로 돌아 들어가는 것은 꿈같은 이야기가 되어버렸다.

 게다가 리처드는 승리의 여세를 몰아 숲속 깊숙이 추격해 들어오는, 살라딘으로서는 패배를 승리로 바꿀 유일한 가능성이었던 계책에도 넘어오지 않았다.

 아르수프 근교에서 벌어진 이 전투에서 살라딘은, 그가 가장 자신 있어했던 방식, 즉 육상에서 단숨에 승부를 결정짓는 진정한 의미의 전투에서 처음으로 패한 것이다.

 게다가 리처드의 본래 목적이었던 행군 속행까지 허용하고 말았다. 아르수프에서 살라딘이 리처드를 공격한 것은 리처드가 계속 남하하는 것을 막기 위해서였는데, 그조차 실패한 것이다.

 육상에서 단숨에 승부를 결정지으려 했던 살라딘은 5만 명 중 4만 명을 투입했다. 그에 비해 리처드는 사실상 1만 명으로 맞섰다. 앞서 보낸 보병단과 템플 기사단이 주체인 제1군은 행군을 속행했으므로, 채 2만 명이 안 되는 리처드군의 절반, 많아야 1만 3천 명 정도가 '아르수프 전투' 당시 리처드군의 전력이었다.

그런데도 전장에 남겨진 이슬람군 주검은 7천. 응급처치를 받지 못해 전투가 끝난 후 숨을 거둔 부상자 수가 3천에 이르렀다고 한다. 대충 헤아려도 합해서 1만 명이다. 4만 명 중 1만, 투입한 병사 네 명 가운데 한 명이 전사한 셈이다. 영주이자 한 부대를 이끌고 싸우는 장수인 태수 중에서도 사망자가 32명에 이르렀다.

이에 비해 십자군측 전사자는 7백 명을 넘지 않았다. '태수'급 전사자는 아벤 백작 자크가 유일했다.

십자군은 그 역사의 중간쯤에 이르러서야 비로소, 한 명의 최고사령관의 생각으로 조직되어 그 휘하에서 군율을 엄수하고, 하나의 유기체로서 충분히 기능할 수 있는 군사력을 갖게 된 것이다. 살라딘은 장수와 병사가 충분해도 물 부족으로 힘을 발휘하지 못했던 '하틴 전투' 때와 완전히 달라진 적을 상대하게 된 것이다. 살라딘이 아르수프 전투 직후 받은 가장 큰 충격은 아마도 바로 이 사실이 아니었을까.

이슬람 세계에서 태수는 동시대 그리스도교 세계의 봉건영주에 해당한다. 하지만 당시 이슬람 세계에서는 의미하는 바가 약간 달랐다. 한 지방의 영주일 뿐만 아니라, 수니파와 시아파로 나뉜 종교상의 대립관계가 얽혀 있기 때문이었다.

소수민족인 쿠르드족 출신이었던 살라딘은 그 덕분에 '성전'이라는 이름 아래에서나마 수니파와 시아파를 통합하는 데 성공했다. 그것이 가능했던 또 한 가지 이유는 그가 확실한 승리자였기 때문이다.

그런데 아르수프에서는 패했다. 그것도 32명이나 되는 태수가 전사한 끝에.

'아르수프 전투'는 절대 패하지 않을 것으로 보이던 살라딘이 결코 '불패'가 아니라는 것을 실증한 전투였다. 이는 십자군측에는 자신감과 용기를 주었고, 이슬람측에는 한 전투에 패한 것 이상의 심각한 영향을 끼쳤다.

지금까지는 무적이고 불패라서 따랐지만 이제는 꼭 '무적'이 아니다, 그래도 따라간다면 기다리는 건 자멸뿐이라는 생각이 퍼져나갈지도 모른다. 그러면 살라딘이 갖고 있는 힘의 기반이 무너지고 만다. '홈'에서 싸우는 살라딘에게 병력을 보충하는 일은 어렵지 않았다. 따라서 1만 명의 전사자보다도 태수 32명의 전사가 더 심각한 문제였다.

이제는 초토화 작전이라는 소극적인 저항만으로는 충분하지 않다. 뭔가 다른 작전을 생각할 필요가 있었다. 잠정적이긴 해도 살라딘은 일단 군대를 물린다. 다만 아르수프에서 야파로 향할 것이 분명한 리처드군에 대한 방해는 계속하게 했다. 그리고 자신은 예루살렘으로 향했다.

예루살렘은 중요도에서는 메카, 메디나에 이어 세번째이지만 엄연히 이슬람교도의 성도다. 태수 중 누군가가 전선에서 이탈할 생각을 품는다 해도, 살라딘이 예루살렘으로 돌아와 이 성도를 사수하겠다는 의지를 분명히 보여주면 이탈하기 힘들어질 것이었다.

리처드가 이끄는 십자군은 전투 사흘 후에 아르수프를 출발했다. 지붕 아래서 잔 것은 사실상 하룻밤뿐이었지만 리처드는 갈 길이 급했다. 9월 10일, 행군이 재개된다.

리처드는 다음 목적지 야파로 향하는 군대의 후위에 템플 기사단을 배치했다. 이들은 '아르수프 전투' 초반에만 싸웠기 때문에 전투 의지와 체력이 충분했다. 살라딘이 아무런 방해도 하지 않고 야파까지 길을 열어줄 것이라고는 생각하지 않았다.

아니나 다를까, 아르수프에서 템플 기사단의 반격을 받자 가장 먼저 도망쳤던 태수가, 그때의 치욕을 씻겠다며 스스로 지원해서 1만 5천 명의 군대를 이끌고 습격해왔다.

템플 기사단은 즉각 맞서 싸웠다. 아르수프에서는 전투에 참가하지 않았던 샹파뉴 백작의 보병부대도 가세했다. 1만 5천 명의 적은 이런 적극적인 반격을 감당하지 못하고 또다시 퇴각하고 말았다. 리처드가 몸소 말을 타고 나갈 것까지도 없이, 아군이 싸우는 모습을 곁눈질하면서 본대를 이끌고 그대로 전진할 수 있었다.

리처드는 템플 기사단에게 적의 추격을 금했으므로 적을 격퇴한 기사들은 바로 본대에 따라붙었다. 견고한 대오를 유지하며 행군을 속행한다는 리처드의 작전은 그대로 수행되었다. 돌격하는 것을 누구보다 좋아하는 템플 기사단 기사들조차, 이때쯤에는 리처드의 명령에 절대복종하고 있었다.

야파 수복

야파에는 15일에야 들어갈 수 있었다. 선행부대가 이틀 전에 도착했지만, 역시나 살라딘의 명령대로 심하게 파괴되어 있어 성벽 밖에 펼쳐진 올리브 밭에서 이틀이나 야영해야 했기 때문이다.

하지만 야파도 아코와 마찬가지로 백 년에 가까운 세월 동안 그리스도교도의 항구도시여서, 오래전에 서유럽식의 석조 건축이 자리잡았다. 살라딘에 의해 이슬람 도시가 된 4년 동안 도시 조성까지 바꿀 수는 없었다. 그러므로 파괴되었다 해도 약한 지진이 덮친 정도에 지나지 않아서, 재건은 그다지 어려운 일이 아니었다.

무엇보다 항구가 무사하다는 것이 다행이었다. 항구를 사용할 수 없게 하려면 항구 안쪽이나 입구에 배를 침몰시켜놓는 것이 가장 손쉬운 방법이다. 그러나 리처드군이 나타나기 전에 시가지를 파괴해야 했던 이슬람 병사들에게는 그럴 만한 시간적 여유가 없었을 것이다.

야파 항을 사용할 수 있게 되자 십자군의 보급은 훨씬 용이해졌다. 행군하는 리처드군과 나란히 전진하다 해변이 보이면 작은 배로 다가가 보급해야 하는 어려움과 고생은 이제 옛일이 되었기 때문이다.

야파를 수복한 이후 제3차 십자군의 보급로는 키프로스 - 티루스 - 아코 - 야파로 연장되었다. 보다 많은 사람과 물자를 보다 안전하게 실어나를 수 있게 된 것이다. 제해권은 여전히 피사와 제노바의 그리스도교 세력이 견지하고 있었다.

아코를 뒤로한 후 리처드의 머릿속은 어떻게든 야파까지 가고 보자는 생각으로 가득했을 것이다. 하지만 야파 입성을 달성하고 나자 리

수복된 야파와 그 주변

처드는 두 가지 선택지 가운데 하나를 택해야 한다는 것을 깨닫는다. 먼저 야파의 방어를 강화할 것인가, 아니면 내친김에 야파 남쪽에 있는 항구도시 아스칼론을 공략할 것인가 하는 것이었다.

야파는 현대국가 이스라엘이 수립된 이후로 이름이 바뀌어 지금은 텔아비브로 불린다. 현재 이스라엘의 수도 기능은 이 텔아비브에 집중되어 있고, 예루살렘은 이들에게 마음의 수도인 셈이다.

한편 아스칼론은 현재 가자 지구로 불리는 팔레스타인 자치구에서 북쪽으로 채 30킬로미터도 떨어져 있지 않은 이스라엘의 항구도시인데, 야파만큼 중요시되진 않았는지 이름을 바꾸지 않고 발음만 달리해 아슈켈론으로 불린다.

텔아비브와 아슈켈론, 예루살렘은 각각 삼각형의 꼭짓점에 위치해 있다.

야파는 고대 말기부터 항공기가 등장할 때까지 기나긴 세월 동안, 유럽에서 찾아온 그리스도교도 순례자들이 상륙하는 전통적인 항구였다. 이슬람이 예루살렘을 지배하던 시절 예루살렘 서쪽으로 뚫린 문을 '야파 문'이라 불렀는데, 이는 야파로 통하는 문이라는 뜻이었다. 야파에 상륙한 그리스도교도 순례자들이 예루살렘으로 들어갈 때 이슬람측에 지불해야 하는 '입장료'를 징수하는 관리도 '야파 문' 앞에 있었다.

즉, 야파의 방어를 강화한다는 것은 십자군의 보급로를 강화할 뿐 아니라, 유럽에서 오는 순례자들이 상륙할 항구를 확보하는 일이기도 했던 것이다.

아스칼론 공략에는 그만한 의미는 없었다. 하지만 아스칼론은 전통적으로 이집트에서 팔레스티나로 가는 보급로의 도착항이다. 그러므로 아스칼론을 수중에 넣으면 예루살렘을 지키겠다는 의지를 분명히 하고 있는 살라딘측의 보급로를 차단할 수 있다. 이집트에서 팔레스티나까지 육로를 이용할 수도 있지만, 바닷길로 수송하는 쪽이 훨씬 시간과 노력을 절약할 수 있었다.

이 두 가지 선택지 가운데 하나를 선택해야 하는 상황에서, 리처드의 생각은 일단 아스칼론 쪽으로 기울었던 듯하다. 그래서 부하 기사 두 명에게 갤리선을 타고 해상에서 정찰하라고 명했다. 돌아온 두 사람은, 아스칼론이 도시뿐 아니라 항구까지 사용할 수 없을 정도로 파괴되었다고 보고했다.

살라딘은 리처드의 손에 넘길 바에야 자기들도 사용할 수 없는 상태로 만들려 했는지도 모른다. 어쨌거나 이런 정보를 접하자 리처드도 마음을 정할 수밖에 없었다. 야파 재건작업을 본격적으로 시작한 것이다.

계절은 가을. 팔레스티나 지방에서 가장 쾌적한 시기이다. 야파는 온 도시가 재건공사로 여념이 없었다. 그런 와중에 시간이 남아 무료해진 리처드는 말을 타고 산책을 나섰다. 사냥을 간다고 하고, 동행 몇 명만 데리고 야파 교외까지 발걸음을 한 것이다.

그러다 상록수를 발견하고 말에서 내려 나무 밑에서 잠깐 쉴 생각으로 앉았던 것이, 그만 혼곤한 잠에 빠져들고 말았다.

3주일 동안이나 팽팽했던 긴장이 풀려 마음이 해이해졌는지도 모른다. 수행한 자들도 잠에 빠진 리처드를 그대로 두고 말에서 내려 잠깐 쉬기로 했다.

얼마나 시간이 흘렀을까. 수행자 한 사람이 수상한 소리를 듣고 리처드를 깨웠을 때는 이미 늦었다. 한 이슬람군 부대가 주위를 포위한 것이다.

산책할 마음으로 나선 길이었지만 무기는 갖고 있었다. 수행한 자들이 리처드를 에워싸고서 맞서 싸울 태세를 갖추었지만 적병의 수가 너무 많았다. 이대로 칼부림을 해보았자 좋은 결과를 예상할 수 없었다.

바로 그때, 그날 산책에 동행했던 윌리엄 데 프레오가 혼자 적병들 앞으로 말을 달려, 배운 지 얼마 안 된 아랍어로 외쳤다.

"내가 바로 리처드 왕이다."

텔레비전도 무엇도 없던 시대다. '사자심왕'이란 별명까지 얻은 리처드에 대해서는 살라딘군의 말단 병졸까지 모두가 알고 있었지만 얼굴은 알지 못했다. 이슬람 병사들은 생각지도 못한 노획물에 미친 듯이 기뻐하며 일제히 윌리엄에게 몰려들었다.

그 틈을 타 리처드를 비롯한 다른 이들은 말에 채찍을 가하며 쏜살같이 도망쳤다. 숨을 헐떡이며 야파 성문으로 들어가자마자, 리처드는 곧바로 부대를 급파해 끌려간 윌리엄을 구해오라고 명했다. 하지만 생각지 못한 포로에 들뜬 이슬람 병사들은 서둘러 살라딘에게 돌아간 후였다. 수색대는 자취도 찾지 못하고 빈손으로 돌아와야 했다.

야파로 돌아온 리처드를 맞이한 사람들은 하나같이 가슴을 쓸어내렸다. 사냥을 간다고 나가서 도무지 돌아올 줄 모르는 리처드를 모두 걱정하고 있었던 것이다.

그날 밤 리처드는 측근으로부터 야단을 맞았다.

"이 얼마나 경솔한 짓이란 말입니까! 당신은 십자군의 지도자요, 아무도 대신할 수 없는 존재란 말입니다. 당신 행동에는 우리 모두의 목숨이 달려 있어요.

앞으로는 반드시 많은 병사들을 대동하고 다닐 것이며, 또 우리 없이는 절대 도시 밖으로 나가지 않겠다고 여기서 확실히 서약해주십시오."

리처드에게는 심복이라 할 만한 기사가 몇 명 있었다. 모두 서른네 살의 리처드와 비슷한 나이로, 솔즈베리 주교 휴버트, 레스터 백작 로버트, 쇼비니 백작 앤드루, 더비 백작 워클린, 그리고 리처드 대신 붙잡힌 윌리엄과 그의 형 피터로 대표되는 면면들이다. 더비 백작은 아코 공방전중에 전사했지만, 다른 이들은 리처드를 따라 야파로 와 있었다. 이 측근의 절반은 리처드가 아버지 헨리와 전투를 벌였을 때 헨리측에서 리처드와 대적했던 남자들이었다.

그런 그들이, 예전의 적이었던 자라도 능력만 있으면 과거를 문제 삼지 않는 리처드의 성격 덕분에 수하 장수로 가세한 것이다. 그들 역시 3년 전까지 적이었다는 것을 완전히 잊고, 리처드가 푸아티에 백작이었던 시절부터 그의 부하였던 양 지금은 충신을 자임하고 있었다. 그래서 별다른 거리낌 없이 그의 경솔한 행동에 불만을 토로한 것이다.

리처드도 지당하다고 생각했는지 앞으로는 신중하게 행동하겠다고 약속했다. 그러나 그 이후에도 딱히 이 충신들 없이는 전장에 나가지 않거나 했던 것은 아니다.

리처드에게 심취한 이 남자들은 원래부터 날뛰는 야생마와 같은 기질이 강했는데, 레스터 백작만 해도 전장에서 리처드가 왼쪽을 상대하면 자신은 오른쪽을 상대하는 식으로 리처드를 주위에서 호위하는 의무 같은 것과는 거리가 멀었다. 그러나 이 충신들은, 그렇게 자기 마음대로 전투에 임하는 와중에도 리처드를 시야에서 절대로 놓치려 하지 않았다.

이 남자들이 원정을 온 건 십자군 때문이 아니었다. 리처드가 간다고 하니까 오리엔트에까지 따라온 것이었다.

리처드 대신 붙잡힌 윌리엄의 신분은 살라딘 앞으로 끌려가자 곧바로 드러난다. 윌리엄이 스스로 자기 이름을 말하며 왕의 대역이라고 밝혔던 것이다. 아코 성문을 열 때 몸값을 협상하기 위해 리처드를 만난 적이 있는 자를 불러 사실 여부를 확인하자 역시 리처드가 아니라고 했다.

살라딘은 화를 내지도 않았고, 목을 치라고 명하지도 않았다. 도리어 윌리엄을 다른 포로들과 달리 매우 쾌적한 장소에 '억류'해두라고 명했다. 이러한 상황은 전쟁중에도 이슬람측과의 접촉을 끊지 않은 베네치아 상인을 통해 은밀히 리처드에게 전해졌다.

'성도'로 가는 길

그날 이후로 리처드는 더는 산책을 나가지 않았지만, 주변 일대에 대한 군사행동에는 빈번하게 나섰다. 그 이유는 세 가지였다.

첫째, 주변 일대를 제패해야 비로소 야파라는 도시의 안전을 보장할 수 있기 때문이고,

둘째, 야파에서 예루살렘으로 향하는 내륙부로, 조금씩이나마 장기

판의 말을 전진시켜야 했기 때문이다.

아르수프 전투 직후 살라딘이 명한 초토화 작전 때문에, 야파에서 예루살렘으로 가는 길에 세워진 성채와 요새는 대부분 파괴되어 있었다. 하지만 앞에서도 말했듯이 만듦새가 견고했기 때문에 형체도 남지 않을 만큼 파괴된 건 아니었다. 이슬람 병사가 모두 떠난 도시들을 탈환하는 일은 쉬웠고, 재건도 어려운 일이 아니었다.

리처드는 성채와 요새의 재건을 템플 기사단과 병원 기사단에 일임했다. 리처드가 무슨 일이 있을 때마다 이 두 종교 기사단에 의지한 이유는, 첫째로 그들의 상황파악 능력, 둘째로 조직적인 실행력, 셋째로 이들 종교 기사단의 자금력에 있었다. 두 기사단 역시 리처드가 의뢰한 일은 충실히 실행했다.
야파 주변으로 군사행동을 나간 세번째 이유는, 병사들의 불만을 해소하기 위해서였다.

야파의 재건이 진행됨에 따라 병사들, 특히 기사들 사이에서 "우리가 이깟 토목공사나 하려고 성지에 온 게 아니다"라는 목소리가 나오기 시작했던 것이다.
이런 사람들에게 이유를 설명하는 건 별 소용이 없다. 그렇다면 이슬람교도를 상대로 전투를 벌이게 해주는 방법밖에 없었다. 하지만 이로써 첫번째 이유를 달성하고 두번째 이유의 실현도 앞당길 수 있었으니, 불만도 이용하기 나름이었다.

그러나 야파 밖으로 나가 이슬람군을 무찌르고 돌아오는 날이 계속되는 와중에 리처드는 한 가지 사실을 깨달았다. 아무래도 병사의 수가 줄어드는 것 같았던 것이다. 점호를 해보니 야파에 도착했을 무렵에 비해 병사 수가 대폭 줄었다는 사실을 알 수 있었다.

야파를 탈환한 후에도 피사와 제노바 선단의 왕복수송은 계속되었는데, 이제는 이들이 돌아갈 때 태우고 갈 부상자가 없다. 그러자 병사들이 부상자로 가장하고 빈 배에 몸을 실어 아코로 탈출했던 것이다.

격노한 리처드는 예루살렘 왕 뤼지냥에게 아코로 가서 그들을 데려오라고 명했다. 그러나 장수뿐 아니라 병사들에게도 인망이 없었던 뤼지냥이 데리고 돌아온 것은 소수의 병사들뿐이었다. 하는 수 없이 리처드가 직접 아코로 갔다. 그리고 꾀병을 부린 병사들을 아코의 광장에 모아놓고 연설했다.

"부끄러운 줄 알라! 너희들은 십자가에, 즉 신에게 서약하고 십자군에 참가했다는 것이 무슨 뜻인지 다시금 가슴에 손을 얹고 생각해야 한다."

다른 사람도 아닌 리처드가 이런 요지의 연설을 하며 직접 질책하고 설득한 것이다. 열심히 듣고 있던 병사들은 감동하여 꾀병을 부린 것을 부끄러워했다.

이리하여 병사들은 야파로 돌아왔고, 리처드도 아코에 두고 온 누이 조안나와 아내 베렝가리아를 데리고서 야파로 돌아왔다.

이유는 두 여인과 시녀 일행을 티루스에서 아코로 데려왔을 때와 같았다. 다시 말해 왕 리처드는 야파가 안전한 곳이며 이곳을 예루살렘으로 향하는 확고한 전초기지로 만들 것임을 아군과 적군 모두에게 분명히 알리고자 했던 것이다.

그러나 꾀병을 부려서라도 아코로 가고 싶어하는 병사들의 마음을 리처드도 모르는 바 아니었다. 그래서 키프로스를 제패한 후 방어를 위해 섬에 남겨둔 수하 장수에게, 키프로스 섬의 여자 3백 명을 야파로 보내라고 명했다.

3백 명의 그리스 여자들의 입항을 병사들이 환호성으로 맞이한 것은 말할 것도 없다. 다른 때 같으면 이런 사태를 두고 '성지'에 어울리지 않는다며 비난할 성직자도 리처드 휘하의 이 '성지'에는 없었다. 고위 성직자가 아예 없었던 것은 아니다. 그러나 솔즈베리 주교를 비롯한 이들은 리처드가 이끄는 제3차 십자군에서 아군 병사들의 사생활에 간섭하기보다 이교도 이슬람을 상대로 한 전투에 전념했다. 덕분에 병사들은 그 누구도, 즉 예수 그리스도도 신경 쓰지 않고, 고대 여신이 이럴까 싶은 그리스 창부들과의 놀이에 열중했다.

이것이 효과를 발휘했는지, 전투를 끝내고 돌아오는 야파에 여자의 기색이 돌게 된 이후로 병사들의 낮 전투 성과까지 올라갔다. 리처드가 이끄는 십자군은 이슬람군을 상대로 연승을 거두었고, 무적에 가까운 이런 상태는 야파 주변지역을 크게 넘어서서 예루살렘으로 가는 길을 착실히 줄여나가고 있었다.

그런데 여기까지 군대를 전진시킨 단계에서 리처드는 살라딘과 강화협상을 시작한다.

　협상 사절로는 자기의 부하 장수가 아니라 중근동 십자군 국가의 유력한 영주인 토론을 보냈다. 토론은 제1차 십자군이 침공해온 후 이 땅에 정주한 봉건영주 중 한 명이며, 나고 자란 곳도 팔레스티나였다. 같은 입장인 발리앙 이벨린처럼 토론도 고급 아랍어를 구사했다.

　리처드가 살라딘에게 보낸 조건을 정리하면 다음과 같다.
　"살라딘은 그리스도교측에 예루살렘을 중심으로 한 예루살렘 왕국령을 반환하고, 그 외에 보두앵 4세(젊은 나이에 죽은 문둥이 왕)가 예루살렘 왕이었던 시절 그리스도교도의 영지였던 시리아의 땅도 모두 반환한다."
　다시 말해 '하틴 전투' 이전의 상태로 되돌리라는 것이었으니 살라딘의 입장에서는 받아들일 수 없는 조건이었다. 한마디 말로 거부한다 해도 이상할 게 없었다.
　그런데 살라딘은 그러는 대신, 리처드와의 협상 담당자로 동생 알 아딜을 보내왔다.

　살라딘은 자신보다 다섯 살 아래의 용감하면서도 냉정하고 침착한 알 아딜(Al-Ādil)을 다른 누구보다, 친아들들보다 더 신뢰하고 있었다. 술탄이 된 이후로 시리아의 다마스쿠스를 본거지로 삼고 있었지만 살라딘의 권력 기반은 이집트였는데, 그 이집트의 통치를 알 아딜에게 일임했을 정도였다. 즉, 살라딘은 리처드와의 협상에 손에 든 것 중 최상의 카드를 내민 것이다.

하지만 그건 이 단계에서 강화를 성립시키고 싶어서가 아니었다. 리처드가 내놓은 조건이 살라딘으로서는 도저히 받아들일 수 없는 것이었기 때문이다.

그런데도 신뢰하는 동생을 보낸 진정한 이유는, 알 아딜이 리처드를 관찰하게 하기 위해서가 아니었을까. 적장, 그것도 지금까지 회전에서 한 번도 패하지 않았던 자신을 일패도지시킨 적장의 됨됨이를 알아두는 것은, 앞으로 그와의 대전에 도움이 될 테니까.

야파 교외의 어딘가로 추측되는 장소에서, 1191년 11월 8일 리처드와 알 아딜의 회담이 실현되었다.

알 아딜은 이슬람교도의 관례에 충실하게 '선물'을 가져왔다. 훌륭한 낙타 일곱 마리와, 전장에서 술탄이 쓰는 호화롭고 화려한 진막(陣幕) 한 세트였다.

알 아딜과 만난 리처드가 놀란 것은 호화로운 선물 탓이 아니었다. 살라딘의 동생이 보인 품격 있는 태도와 이야기하는 모습 때문이었다. 정상회담에서 통역을 이용할 때, 두 정상은 귀로는 통역의 말을 들으면서도 눈은 항상 상대를 향하고 있어야 한다. 통역에게는 눈길도 주지 않아야 협상 상대의 됨됨이를 관찰할 수 있다. 인간이란 이야기할 때의 시선이나 손짓에서도 마음속 생각이 드러나는 법인데, 통역의 목소리에 정신이 팔리면 가장 중요한 이런 관찰을 소홀히 하게 된다.

서른네 살의 리처드도 상대가 마음에 들었지만, 마흔여덟 살의 알 아딜 역시 리처드에게 호감을 가졌다. 서로 마음이 맞았던 셈인데, 지금 식으로 말하자면 느낌이 통했다고 할 수 있을 것이다.

 리처드는 진실을 말하고 거짓말은 하지 않았다. 알 아딜은 진실을 모두 말하지는 않았지만, 거짓말은 절대 하지 않았다.

 이때 살라딘이 동생을 통해 리처드에게 전한 강화조건은, 요르단강 서쪽의 예루살렘 왕국령은 반환하겠지만 아스칼론은 절대 안 된다는 것이었다. 다만 예루살렘 성내에 대해서는 언급하지 않았으니 예루살렘은 여전히 이슬람 치하에 두려는 생각이었을 것이다.

 이는 성도 탈환을 기치로 내건 제3차 십자군의 총사령관인 리처드가 받아들일 수 없는 조건이었다. 따라서 회담은 결렬되었지만, 어쨌든 두 사람은 그리스도교도와 이슬람교도이면서도 이미 느낌이 통한 사이였다. 그래서 회담은 어느 한쪽이 자리를 박차고 일어서는 과격한 방식이 아니라, 서로가 희망하는 바에 대해 우호적으로 이야기를 나누는 분위기로 끝났다.

 다만 다음 회담의 성사 여부에 관해서는 정하지 않았다. 그리고 회담 결과를 형에게 보고하기 위해 예루살렘으로 향하는 알 아딜에게 리처드는 경호부대를 붙여주었다. 야파 주변에는 그리스도교군 병사들이 제 세상인 양 활개를 치고 다녔기 때문이다.

 이 회담이 끝나고 2주일쯤 지났을 때, 리처드는 예루살렘으로 가는 길을 조금이라도 유리하게 만들기 위한 군사행동을 재개했다. 유럽에서도 동절기의 군사행동은 병사의 봉기를 불러올 만큼 가혹했는데, 중근동의 겨울 역시 비가 세차게 내리고 찬바람이 불어댔다. 그런 상황에서 행군을 강요한 리처드에게, 병사들은 푸념을 할지언정 행군을 거부하지는 않았다. 단순한 행군도 아니고 적과의 전투가 빈발하는 행군임에도.

11월 22일, 리처드군은 라말라(Ramla)를 점령한다. 이로써 야파에서 예루살렘으로 가는 길의 3분의 1 지점에 도달했다.
12월 25일, 라말라의 점령을 확고히 하는 데 꼭 필요한 주변 일대의 제압도 마친다. 리처드와 병사들은 크리스마스에도 쉬지 않았던 셈이다.
1192년으로 해가 바뀐 직후인 1월 3일, 리처드가 이끄는 십자군 세력은 바이트누바(Bayt-Nuba)에 도착했다. 야파에서 예루살렘까지의 3분의 2 지점에 다다른 것이다.

예루살렘까지 채 30킬로미터도 남지 않은 곳이었다. 30킬로미터 너머에는 성도 예루살렘이 있고, 그곳에는 살라딘이 기다리고 있었다.

그러나 이 지점에서 리처드는 전진을 속행하지 않았다. 바이트누바에 닷새간 머물렀고, 1월 8일에는 군대를 라말라로 철수시켰다. 그리고 자신은 야파로 돌아갔다.
알 아딜과의 협상이 재개된 것은 아니었다. 1192년의 전선을 어떻게 이어나갈지 십자군 수뇌들과 협의하기 위해서였다.

불리한 현실

리처드는 일을 신중하게 진행할 필요를 느끼고 있었다. 야파에서 열린 회의에는 유럽에서 온 제3차 십자군 수뇌들 외에 현지 세력인 십자군 국가의 제후들과 템플 기사단과 병원 기사단의 단장도 참석했다. 중근동에 온 이후 리처드는 이들 현지 세력의 의견에 귀를 많이 기울였다.

현재의 전황과 병력으로 보아 예루살렘을 포위하는 건 불가능하지 않았다. 병력이 충분하다고는 할 수 없지만 제1차 십자군 때를 생각하면 못할 것도 없다.

하지만 현실은 제1차 십자군 때와 크게 달랐다.

첫째로, 지금의 이슬람측은 완전히 통일되어 최고사령관 살라딘 아래 뭉쳐 있다는 점이다.

게다가 예루살렘 성내에 잠입시켜둔 스파이, 즉 이탈리아 상인들이 가져오는 정보에 따르면, 예루살렘 성내에서 알 아딜의 모습이 사라졌다는 것이다. 혹시 알 아딜이 형의 명령으로 이집트로 돌아갔다면, 이집트에서 대규모 원군을 편성해 머지않아 살라딘이 지키고 있는 예루살렘으로 오리라는 것을 충분히 예상할 수 있었다.

이렇게 되면 설사 예루살렘을 포위한다 해도 아코 공방전의 전철을 밟게 된다. 다시 말해 앞뒤로 적을 두게 될지 모르는 일이다.

더욱이 아코에서 전후방에 적을 두고도 2년이나 공격을 계속할 수 있었던 것은 바다 쪽에서의 보급이 있었기 때문인데, 바다에서 떨어져 있는 예루살렘에서는 그런 기대도 할 수 없다. 야파로부터의 보급로는 육로를 택할 수밖에 없는데, 병력 보강에 문제될 것이 없는 이슬람 측을 적으로 두고서는 육상 보급로의 확보가 아주 어려워지리라는 건 확실했다.

실질적으로 2년간 아코 공방전을 전개한 현지 그리스도교 세력에게, 그때와 같은 일을 반복한다는 건 악몽이나 다름없었다.

결국 제3차 십자군의 다음 목표는 아스칼론을 완전히 수중에 넣는 것으로 정해졌다. 이것만 실현되면 그리스도교측이 중근동의 제해권을 견지할 수 있으므로, 바다에서 예루살렘의 살라딘에게로 가는 보급을 완전히 끊을 수 있다. 뿐만 아니라 육로를 통한 보급은 이집트에서 시나이 반도의 지중해 쪽을 통과해 이루어졌는데, 아스칼론을 수중에 넣으면 그 보급로도 방해할 수 있게 되는 것이다.

그런데 여기서 예상하지 못한 사태가 발생한다. 아스칼론을 완전공략하는 데 없어서는 안 될 그리스도교측 해군, 즉 피사인과 제노바인이 아코 성내에서 무력충돌을 일으켰다는 소식이었다. 이 일은 리처드가 직접 가서 해결하는 수밖에 없었다. 야파에서 아코를 향해, 그는 겨울바다를 항해했다.

같은 이탈리아 해양국가 중에서도 베네치아 공화국은 국가의 통제력이 강했다.

반면에 피사와 제노바는 역시 공화제를 시행하고 있었지만 정치가 불안한 탓에 불안정한 정부에 휘둘리고 싶지 않다는 의식이 팽배해 개개인들의 힘이 강했다.

바꿔 말해, 피사와 제노바는 해외에서 교역에 종사하는 사람들에 대한 모국의 영향력이 베네치아에 비해 훨씬 약했던 것이다.

개인주의에는 자유로운 능력 발휘라는 긍정적인 면이 있지만 부정적인 면도 있다. 장기적인 것보다 단기적인 관점이 득세하기 쉽고, 그러다보니 눈앞의 이권이 가장 중요한 일이 되어, 그것을 놓고 대결의식이 폭발하기 쉽다는 점이다.

제3차 십자군에서 해상전력을 담당해 리처드와 함께 싸운 것은 베네치아가 아니라 피사와 제노바였다. 원래 라이벌 관계였던 그들 사이에, 서로 자기 쪽이 더 큰 희생을 치렀다는 생각이 더해졌다. 육상의 리처드군과 나란히 해상을 나아가던 무렵에는 라이벌 의식을 잊어버릴 정도의 공동 목표가 있어 협력할 수 있었지만, 당면한 목표가 달성되자 곧 원래의 대결의식이 표면화된 것이다.

또한 아코에서 발생한 이 아군 사이의 충돌은 피사인과 제노바인의 관계에 그치는 것이 아니라, 그 배후에 제3차 십자군의 주요인물들이 관련되어 있다는 점 때문에 문제가 더 복잡했다.

피사인들은 예루살렘 왕 뤼지냥과 밀접하고, 제노바인들은 티루스의 지배자인 몬페라토 후작 코라도와 연대하고 있었다. 게다가 코라도의 배후에는 프랑스 왕 필리프가 프랑스로 돌아갈 당시 군대를 맡겼던 부르고뉴 공작 위그도 있었다.

사실 프랑스군은, 야파를 출발해 이슬람군과 싸우면서 예루살렘으로 향하는 이 시기의 리처드군에는 참가하지 않았다.

왕 필리프는 '병사'는 남겼지만 '돈'은 남기지 않았으므로, 그 왕에게서 프랑스군을 떠맡은 부르고뉴 공작은 돈이 궁할 때마다 리처드에게 손을 벌렸다. 하지만 그런 일이 거듭되자 리처드는 더이상 돈을 융통해줄 수 없다고 잘라 말했고, 그후 부르고뉴 공작은 프랑스군을 이끌고 아코로 돌아갔던 것이다.

다시 말해 1192년으로 해가 바뀌자마자 아코에서 일어난 이 소동은 제3차 십자군의 내부사정과 깊이 연관되어 있었던 것이다. 상황이 이렇게 되자 리처드가 직접 아코로 갈 수밖에 없었다.

리처드는 이 어려운 문제를 하나씩 정리해가는 식으로 해결하려 했던 듯하다.

그가 아코에 입항한 것은 2월 18일이었다. '재의 수요일'이라 불리는 이날부터 그리스도교도들은 부활절을 향한 참회의 기간인 사순절에 들어간다. 신도들이 머리에 재를 뿌리고 과거에 저지른 죄를 참회함으로써 마음을 새롭게 하는 풍습이 있었다.

리처드는 입항한 날 바로 아코의 중앙광장에 피사와 제노바의 남자들을 모두 모이게 했다. 그리고 그들을 향해 말했다.

"서로 협력하여 뭔가를 이루겠다고 결심한 사람들 사이에서 우정만큼 귀한 것도 없고, 단결만큼 명예로운 것도 없으며, 융화와 조화만큼 감미로운 것도 없다.

반대로 적대의식만큼 파괴적으로 작용하는 것도 없다. 적대의식은 단결을 무너뜨리고 자기편 사이의 존경심을 잊게 하여 모두를 위험에 빠뜨리는 싹을 틔우기 때문이다.

그러므로 동지애로 묶이고 서로에 대한 존경심으로 강화된 조직도,

시기와 질투라는 감정적 충동만으로 와해될지 모르는 일이다."

평소 개인주의적이고 이기적인 교역상인의 면을 지닌 피사인과 제노바인도 이에 감동했다. 리처드의 연설이 끝나자마자 피사인 제노바인 할 것 없이 서로 얼싸안고 우정의 부활을 확인했다.

리처드가 다음으로 대결한 것은 부르고뉴 공작 위그였다. 이 회담에는 두 사람만 참석했던 듯 내용이 기록으로 남아 있지 않다. 이야기가 어떻게 진행되었는지 모르지만, 적어도 리처드는 부르고뉴 공작으로부터 부활절 전까지 프랑스군을 전선에 복귀시키겠다는 약속을 얻어냈을 것으로 보인다. 복귀라고 해도 공백 기간은 한 달 반에 지나지 않았지만.

예루살렘 왕 뤼지냥과 몬페라토 후작 코라도 사이의 문제는, 전자는 '명분', 후자는 '실리'라는 차이가 있음을 감안해도 둘 다 현지 그리스도교 세력의 유력자들인지라 중재하기가 힘들었다. 게다가 나이도 뤼지냥이 마흔둘, 코라도는 쉰들이었다. 두 사람 다 이제 뒤로 물러설 수 없는 나이였던 것이다. 그런 만큼 이제 곧 서른다섯 살이 되는 리처드에게 실패는 용납되지 않았다.

뤼지냥은 예루살렘 왕의 피를 이어받은 시빌라와 결혼해 예루살렘 왕위에 오른 남자인데, 그 아내는 1년 전에 이미 세상을 떠났다. 당연히 왕으로서 그의 입지도 약해졌다. 왜냐하면 모계로 이어져내려온 예루살렘의 왕위에 자기보다 더 가까운 여인, 이자벨이 있었기 때문이다. 그녀는 리처드와 알 아딜의 회담에서 통역을 맡았던 토론과 결혼한 사이였다. 이렇게 되면 뤼지냥보다 토론이 예루살렘 왕위에 오를 자격이 더 우세해진 셈이다.

　이를 간파한 몬페라토 후작 코라도는, 무슨 수를 썼는지 몰라도 이자벨과 토론을 이혼하게 만들고 곧이어 이자벨과 결혼했다. 그리고 왕위에서 물러나라고 뤼지냥을 압박했다.
　이 모든 것이 혈통을 중시하는 중세였기에 일어난 불화였는데, 예루살렘 탈환을 목표로 하는 리처드로서는 탈환 후 누가 왕이 되는가 하는 것과 연관되는 이 문제를 그대로 방치할 수도 없는 노릇이었다.

　리처드는 이 지역에서 나고 자란 봉건제후들, 템플 기사단, 병원 기사단 등으로 구성된 현지 세력의 수뇌들을 모아놓고, 자신들의 수장으로 뤼지냥과 코라도 중 누구를 선택할지를 물었다.
　리처드의 예상과 달리 현지 세력의 수뇌들은 모두 몬페라토 후작 코라도를 선택했다.
　기 드 뤼지냥은 신사이기는 했지만 최고사령관으로서의 능력은 전혀 없었다.
　몬페라토 후작 코라도는 결코 신사는 아니었지만, 티루스에서 보여준 것처럼, 또 그후 아코에서도 보여준 것처럼 전투에 유능한 남자였다.
　이교도로 둘러싸여 있는 중근동에서 살아가기 위해서는 신사보다 유능한 무장이 더 필요했던 것이다.

　리처드는 이 결과를 존중하지 않을 수 없었지만, 선택받지 못한 뤼지냥을 동정하는 마음도 있었다. 게다가 뤼지냥은 스스로 생각해서 움직이는 능력은 없어도 리처드가 지시한 일은 반드시 해내는 장수였다. 그래서 리처드는 뤼지냥을 자신이 정복한 키프로스 섬의 왕으로 즉위시켰다. 기 드 뤼지냥으로 시작된 이 키프로스의 뤼지냥 왕조는, 이후 이 섬이 베네치아 공화국의 영토가 될 때까지 3백 년 동안 이어진다.

하지만 아코까지 온 이상 리처드가 해결해야 할 문제가 하나 더 남아 있었다. 몬페라토 후작 코라도를 참전시키는 일이다. 코라도는 아코 탈환에 성공한 이후로 십자군에 참가하지 않았다. 이 코라도를 대하는 방법에서도 리처드는 정공법을 택한다.
이제 예루살렘의 왕이 되었으니 십자군에 참가하는 것이 권리이자 의무다, 라고 압박한 것이다. 예루살렘 왕은 예루살렘만의 왕이 아니다. 제1차 십자군 이후 중근동에 수립한 십자군 국가의 전체 책임자로 간주되어왔다. 그러므로 예루살렘 탈환을 목표로 하는 십자군에 참가하는 것이 당연하다는 논리였다.

그런데 코라도는 애매한 핑계를 대며 이를 피했다. 자신이 자리를 비우면 티루스의 안전이 위태로워질 것을 걱정하는 주민들을 무시할 수 없다는 것이었다.
그러나 사실 이 시기 코라도는 은밀히 살라딘에게 접근하고 있었다. 예루살렘 왕의 지위를 유지하며 티루스에서 베이루트에 이르는 지대를 영유하는 것을 인정해준다면 리처드가 이끄는 십자군에 참가하지 않겠다는 것을 조건으로 살라딘에게 우호조약을 요청한 것이다.
리처드는 비밀리에 추진된 이 교섭에 대해 모르고 있었다. 어쩌면 끝까지 몰랐을지도 모른다. 이후에 다시 접촉하게 되는 알 아딜도 이에 관해서는 입도 뻥끗하지 않았기 때문이다.

그러나 인간, 특히 다른 사람 위에 서는 자에게는 품격과도 비슷한 무언가가 요구된다. 다른 건 몰라도 그것만은 해서는 안 된다는 선 같은 것으로, 이 선을 넘어서면 곧바로 인망을 잃게 된다.

몬페라토 후작 코라도는 난세의 중세 지도자에게 필요한 자질을 대부분 갖추고 있었다. 하지만 그 '무언가'가 결여되어 있었다.

살라딘은 리처드와 협상할 때와 달리 코라도와의 협상에는 알 아딜을 보내지 않았다. 아마도 살라딘이 적장으로 의식했던 이는 코라도보다는 리처드였기 때문일 것이다. 만약 코라도가 요구하는 조건으로 강화가 성립된다면 자신의 입장이 훨씬 유리해질 것임에도 불구하고.

어쨌든 살라딘과의 강화가 성립되었다고 생각한 코라도는 예루살렘 왕이 된 후에도 리처드가 이끄는 십자군에 끝내 참가하지 않았다. 리처드는 피사와 제노바의 선단, 그리고 정해놓은 기간 내에서만 참전을 수락한 프랑스군을 데리고 돌아오는 것으로 만족해야 했다. 3월 말까지 아코에 머물면서 얻은 수확은 이뿐이었다.

그래도 앞으로

야파로 돌아온 리처드는 한곳에 머물러 있을 수 없을 정도로 다시 바빠졌다.

공격을 개시하기에 앞서 아스칼론을 수중에 넣어 예루살렘에 있는 살라딘으로 통하는 물자 보급로를 차단하겠다는 것이 리처드의 생각이었다. 이제 비로소 그 일에 본격적으로 착수할 수 있는 상황이 마련되었다. 리처드는 이 일에 전력을 투입했다.

아스칼론은 이미 살라딘의 명령으로 시가지뿐만 아니라 항구까지 파괴된 상태였다. 이 항구도시를 지키던 이슬람 병사들은 이미 떠나고 없었고, 이슬람교도 주민들도 도망가버린 상황이었다. 따라서 공략을 위한 전투는 필요 없었지만 대신 재건공사에 투입할 인력이 필요했고, 그에 더해 이들이 안전하게 일할 수 있는 상황을 확보해야 했다.

아스칼론 재건공사에 투입된 병사들은 야파에서 육로로 남하했다. 바닷길로는 건축자재, 공사용 도구와 기계, 식량 등을 가득 실은 피사와 제노바의 선단이 남하했다. 이들 이탈리아의 선원과 조수의 임무는 해상수송만이 아니었다. 파괴된 아스칼론의 항구를 다시 사용할 수 있게 만드는 공사 역시, 리처드는 해항(海港)에 대해 잘 아는 그들에게 일임했다.

아스칼론 재건공사가 진행되는 동안 리처드가 할 일은, 사람들이 안심하고 공사에 임할 수 있는 상황을 확보하는 것이었다. 바꿔 말하면 아스칼론 남쪽으로 군사행동을 나가는 것이다. 살라딘도 아스칼론이 재건되는 모습을 팔짱 끼고 보고만 있을 생각은 추호도 없었으므로, 그 일대에 이슬람군의 공격을 집중시켰다.

야파에서 아스칼론까지는 이미 안전이 확보되어 있었으므로 리처드의 군사행동은 아스칼론 남쪽으로 진행되었다. 가자를 제압하는 것부터 시작해, 리처드는 군사행동의 범위를 점차 남쪽과 동쪽으로 확장

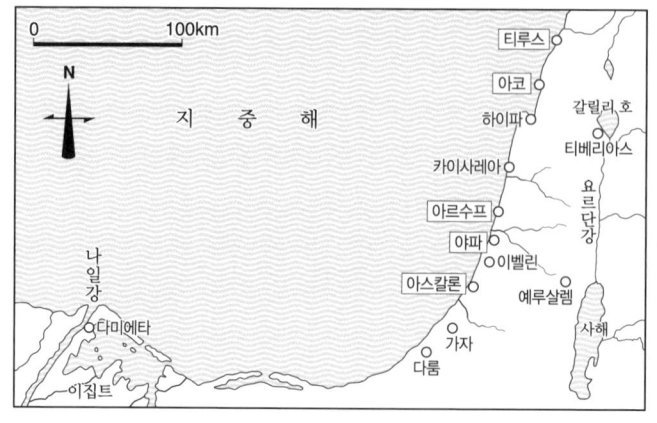
리처드가 제패한 주요 항구도시

시켰다.

　이슬람군과 전투를 벌일 뿐 아니라 육로를 통해 예루살렘의 살라딘에게 가는 보급대를 습격하기도 했다. 그때마다 리처드는 노획한 대량의 물자와 말들을 갖고서 귀환했고, 또 그때마다 아군 병사들의 환호를 받았다. 이 양동작전에는 템플 기사단과 병원 기사단의 기사들이 동원될 때가 많았다. 이들 현지 세력이야말로, 팔레스티나의 지세부터 이슬람 병사의 기질까지 모든 것을 누구보다 잘 알고 있는 조직이었기 때문이다.

　이 시기 리처드는 자신이 이끄는 군대의 행동목표를 명확히 정했다. 가자(Gaza)를 제압한 후에도 계속 남하하여, 아래쪽에 위치한 다룸(Darum)에까지 발을 뻗쳤다.

　현재 데이르 엘 발라(Deir el Balah)라는 이름으로 바뀐 다룸은 지금도 '가자 자치구' 안에 있는 도시인데, 예나 지금이나 변함없이 팔레스티나와 이집트의 경계에 위치해 있다. 즉 리처드는 이집트에까지 제패의 발길을 뻗쳤던 것이다.

리처드의 이 전략은 티루스에서 아코로, 아코에서 다시 야파로, 그리고 아스칼론까지 뻗어나간 제패권을 이집트까지 확대하는 것이었다.
게다가 이 도시들은 모두 항구도시. 이곳들을 손에 넣으면 항구라는 거점이 있어야 충분히 기능할 수 있는 제해권이 미치는 해역도 함께 넓힐 수 있었다.
현대의 시리아, 레바논, 이스라엘에 속하는 지중해 동쪽 연안 전체가 그리스도교측의 제해권역이 된 것이다. 그리고 이 제해권을 견지하는 임무를 맡은 것은, 이집트 해군보다 현격히 뛰어난 해상 전투력을 자랑하는 이탈리아 해양 도시국가의 해군이었다.

한 도시를 제압한다는 것은 그 주변 일대도 감시하에 둔다는 뜻이다. 다룸까지 수중에 넣은 그리스도교측이 차단한 것은 이집트에서 바닷길을 통해 나가는 보급로만이 아니었다. 카이로에서 나일강 하구로 나간 뒤 해안을 따라 시나이 반도 북쪽을 거쳐 팔레스티나 지방으로 들어오는 육상 보급로까지 위협하는 효과가 있었다. 이 길이 아니면, 이집트에서 살라딘에게 가는 보급로는 거리가 늘어날뿐더러 사막을 거쳐야 하는 험로밖에 남지 않기 때문이다.
1192년 봄인 이때 리처드는 사실상 예루살렘의 살라딘에게 가는 보급로의 절반을 차단했다. 나머지 절반은 시리아와 메소포타미아 지방에서 살라딘에게 가는 길인데, 이쪽 보급의 열쇠를 쥐고 있는 각지의 태수들은 티루스, 아코, 아르수프를 차례로 잃고 야파까지 적에게 넘겨준 살라딘의 힘에 의심을 품기 시작했다. 아직 반발에 이르지는 않았어도 협력이 소극적으로 바뀌어 있었다. 따라서 살라딘에게 이집트의 중요성은 갈수록 커져갔던 것이다.

다룸을 공략하고 이집트와의 경계 부근까지 나아간 그리스도교 세력의 공세는 다음과 같은 사실에서도 확인할 수 있다. 살라딘의 명령으로 이집트로 호송중이던 1천5백 명이 넘는 그리스도교도 포로가, 다룸 공략 후 해방되어 그리스도교측으로 돌아온 것이다.

리처드는 이집트에서 예루살렘으로 가는 길뿐만 아니라 예루살렘에서 이집트로 가는 연락로마저 눈에 보이지 않는 '바리케이드'로 차단해버린 것이다. 그리고 마침내 예루살렘을 공격할 준비가 끝났다.

부활절은 매년 날짜가 바뀌는데, 1192년의 부활절은 4월 5일이었다. 리처드는 그날 하루를 휴일로 선언했을 뿐 아니라 아스칼론 시내에서 재건공사를 하던 병사들과 아스칼론 밖에서 이슬람군과 싸우던 병사들을 모두 불러들여 성벽 밖에 천막을 치고 큰 잔치판을 벌였다. 부활절을 기리는 의미에다 아스칼론 재건이 거의 마무리된 것에 대한 축하를 겸해 왕의 이름으로 성대한 잔치를 베풀었던 것이다.

하지만 그 이튿날, 부르고뉴 공작이 이끄는 프랑스 군대가 기한이 되었으니 이제 약속을 지켰다며 떠나버렸다. 게다가 야파나 아코에 머물지 않고 더 북쪽에 있는 티루스까지 가버렸다. 티루스에 프랑스 왕과 친밀한 코라도가 있기 때문이었는데, 리처드는 그런 그들을 그저 바라보고 있을 수밖에 없었다.

부르고뉴 공작이 이끄는 프랑스군의 전선 이탈은 이제 단순한 돈 문제 때문이 아니었다. 나중에 작성된 영국측의 기록에 따르면 리처드의 귀국을 되도록 늦추려는, 즉 리처드를 '성지'에 못박아두기 위한 프랑스 왕 필리프의 심모원려였다는 것이다. 어쨌든 프랑스군이 빠지면 그만큼 리처드가 이끄는 군의 병력도 줄어든다.

그런데 티루스에서 아무도 예상하지 못한 변란이 일어났다.

4월 21일 대관식을 갖고 정식으로 예루살렘 왕에 즉위한 몬페라토 후작 코라도가, 그로부터 불과 일주일 후인 28일에 두 명의 자객에게 살해당한 것이다.

티루스 주민들은 티루스가 살라딘의 공격을 물리친 것이 코라도 덕분이라 여겼다. 그래서 코라도는 티루스 시내에서 신변 경호에 별로 신경 쓰지 않았다. 그날 주교의 저택에서 점심식사를 하고 자기 집으로 돌아갈 때도 코라도는 소수의 호위병만 거느리고 있었다.

봄날의 햇볕이 내리쬐는 대낮, 시내에서 테러가 일어났다. 중근동 어느 도시에서나 볼 수 있는 하인 복장의 아랍인 두 명이 코라도를 노리고 돌진해 칼로 힘껏 찔렀다. 코라도는 그대로 쓰러졌고, 거의 즉사나 다름없이 숨을 거두었다. 이탈리아 북서부에서 태어나 파란만장한 52년의 생애를 살아온 남자의 죽음이었다.

두 자객 중 한 명은 그 자리에서 호위병에게 살해당했다. 다른 한 명은 중상을 입었는데, 누구의 명령을 받았는지를 자백하고 숨을 거두었다.

코라도를 살해한 것은 '산의 노인'이라 불리는 남자가 이끄는 암살단 '하슈샤신(hashshashin, 해시시를 피우는 남자들)'으로 밝혀졌다.

프로 암살자들은 돈을 받고 살인을 청부한다. 그러므로 당연히 돈을 주고 살인을 의뢰한 자가 있을 것이었다. 바로 얼마 전 티루스에 도착한 프랑스 군대 쪽에서 먼저 소문이 퍼지기 시작했다.

코라도가 왕이 되기보다 뤼지냥이 그대로 왕위에 있기를 바랐던 리처드가 이들에게 돈을 주고 살해를 의뢰했다는 것이 다름아닌 프랑스 측의 주장이었다.

리처드는 그런 소리에 귀도 기울이지 않았다. 그리고 '산의 노인' 배후에 누가 있는지를 추궁하는 데 관심을 보이지 않은 이가, 리처드 외에도 또 한 명이 있었다.

침공하여 정복한 '식민지'에 정착하는 쪽을 택하고, 자식들도 이 '식민지'에서 낳고 키운 이들을 뭐라고 부를까. 십자군 시대의 이슬람교도는 그들 역시 유럽에서 새로 원정 오는 그리스도교도와 마찬가지로 '프랑크인'이라 불렀다.

그러나 이들은 제3차 십자군 당시인 이때 이미 백 년이 넘는 세월 동안 중근동에서 살아온 사람들이다. 핏줄을 거슬러올라가면 이탈리아 남부의 노르만인에 속하는 발리앙 이벨린도 그중 하나였다. 텔아비브 남쪽 일대는 현재 바트얌(Bat Yam)으로 불리지만, 텔아비브가 야파로 불리던 시대에는 내내 이벨린(Ibelin)이라 불렸다.

이와 같이 십자군 국가 내의 유력한 봉건영주였던 이벨린은, 5년 전 예루살렘 왕 뤼지냥의 지휘 아래 살라딘에게 대패를 맛본 '하틴 전투'에서 후위를 담당했다가 비참한 전장에서 겨우 탈출한 사람이다. 그리고 그후 예루살렘 공방전의 총지휘를 맡았을 때는 패색이 짙은 현실을 직시하고서, 2권 마지막 부분에서 설명했듯이 살라딘과의 직접 회담에 승부를 건다. 그때 살라딘으로부터, 예루살렘에 무혈입성하는 대신 예루살렘 성내에 있는 '프랑크인' 전원을 무사히 퇴거시키겠다는 약속을 얻어낸 남자이기도 하다.

이벨린은 그후로도 몇 차례 살라딘과 대적한다. 티루스 방어전에서 코라도와 협력하여 싸웠고, 그후에 벌어진 아코 탈환전에도 참전했다. 다만 예루살렘 왕 뤼지냥의 무능에는 질릴 대로 질린 듯, 이 시기 이벨린은 코라도파의 중진으로 간주되고 있었다.

예루살렘 왕의 정통 계승자인 시빌라가 죽은 1190년, 이 이벨린이 움직이기 시작했다. 시빌라의 죽음으로 그녀의 남편 뤼지냥의 왕위가 흔들리는 것을 본 이벨린은 수면 아래에서 코라도를 왕으로 만들기 위한 준비를 시작했다. 시빌라 다음의 예루살렘 왕위 계승권은 선왕 아모리의 딸 이자벨에게 있었다. 그는 그 이자벨을 코라도와 결혼시킨다. 이렇게 하면 왕위 계승권 제1위인 시빌라가 죽은 상황에서, 이자벨의 남편인 코라도가 뤼지냥보다 우위가 되기 때문이었다.

이벨린이 이렇게 코라도의 편을 들었던 이유는 매우 단순했다. 코라도의 전투능력을 인정했기 때문이다. '하틴 전투'에서 뤼지냥의 무능함을 목격한 뒤로, 그는 신사보다 전투에 유능한 이가 이슬람교도로 둘러싸인 십자군 국가의 운명을 맡아야 한다는 것을 통감했을 것이다.

이 계획은 성공한다. 몬페라토 후작 코라도는 정식으로 예루살렘 왕국의 왕이 되었다. 그런데 그 일주일 후에 살해당하고 말았다.

여기서 다시 발리앙 이벨린이 움직인다. 순식간에 미망인이 된 이자벨을 이번에는 샹파뉴 백작 앙리와 결혼시키기로 한 것이다. 코라도와의 왕위 쟁탈전에서 패한 후 키프로스 왕위를 받아 그곳으로 간 뤼지냥이 아직 살아 있을뿐더러, 나이도 겨우 마흔둘밖에 되지 않았다. 이 남자의 복귀를 저지하기 위해 또다른 카드를 꺼내든 것이다. 되도록 서둘러 일을 기정사실로 만들 필요가 있었다.

그런데 발리앙 이벨린은 어떻게 이자벨이라는 장기판의 말을 자유자재로 움직일 수 있었을까. 사실 이자벨은 다섯 살 때부터 이벨린이 키워온 그의 의붓딸이었다.

아직 예루살렘이 그리스도교도의 수중에 있던 시절, 보두앵 4세는 나병을 앓는 자신이 앞으로 살 날이 얼마 남지 않았다는 걸 알고, 자신이 죽고 난 예루살렘 왕국의 안전을 당시 서른일곱 살이었던 발리앙 이벨린에게 맡겼다. 그러나 이벨린 지방을 영유하는 영주 일가의 차남에 지나지 않았던 당시의 발리앙은 지위도 낮았고 자기 영지도 없었다. 그래서 왕은 그를 죽은 자신의 아버지 아모리의 아내이자 지금은 미망인이 된 여인과 결혼시키고 나블루스 근처의 영지까지 하사하는 파격적인 대접을 해주었다. 이자벨은 이때 아내가 데리고 온 아이였던 것이다. 이 결혼은 행복했고, 이자벨도 이벨린을 친아버지처럼 잘 따랐다.

이자벨의 다음 남편, 즉 예루살렘의 다음 왕으로 지목된 이는 샹파뉴 백작 앙리였는데, 이벨린이 스물여섯 살의 이 남자에게 주목한 데는 몇 가지 이유가 있었다.

첫번째는 아직 젊은 나이에 비해 전투감각이 꽤 좋다는 것. 그것은 지금까지 리처드 옆에서 용감하게 싸워온 샹파뉴 백작의 실적이 보여주는 바였다.

두번째 이유는 그가 영국 왕 리처드의 조카이자 프랑스 왕 필리프와도 친척관계라는 것이었다. 살라딘을 상대하는 이 어려운 시기의 중근동 십자군 세력에게, 유럽의 두 강국과 혈연으로 이어진 인물을 왕으로 맞는 것은 무시할 수 없는 이점이었다.

이벨린의 요청을 받은 샹파뉴 백작은 당시 아코에 있었는데, 그는 아스칼론에 있는 백부 리처드의 의견을 듣고 나서 결정하겠다고 대답한다. 꼭 백부여서가 아니라 젊은 앙리는 열 살 위의 리처드를 진심으로 존경하고 따랐던 것이다. 앙리의 서신에 리처드는 아스칼론에서 다음과 같은 답신을 보내왔다.

"무척 좋은 이야기다. 나도 만족한다. 예루살렘 왕이 될 너에게 티루스와 아코뿐 아니라 야파와 아스칼론까지, 내가 제패한 팔레스티나의 땅 전부를 주겠다."

의붓아버지 이벨린의 뜻을 잘 따르던 이자벨은 이 결혼 이야기에도 곧바로 승낙했다. 우락부락한 쉰두 살의 코라도보다 세련된 스물여섯 살의 앙리에게 시집가는 것이 스무 살의 이자벨에게도 '흡족한 이야기'였을 것이다. 결혼식은 코라도가 살해된 지 불과 일주일 뒤에 거행되었다.

그저 리처드를 따라나설 생각으로 십자군 원정을 시작한 샹파뉴 백작 앙리는, 지금은 실체가 없는 자리일지라도 어쨌든 예루살렘 왕국의 왕으로 즉위했다. 그리고 지위에 걸맞은 의무를 충실히 따라, 예루살렘 왕의 이름으로 모을 수 있는 최대한의 병사들로 살라딘과의 전투에 참가하겠다고 리처드에게 전했다. 리처드 입장에서 보면 코라도가 왕이던 때에는 기대할 수 없었던 일이 샹파뉴 백작이 왕이 되자마자 실현된 것이다. 단적으로 말해 그것은 살라딘을 상대할 전력의 증강이었다.

이 일련의 일에 관한 발리앙 이벨린의 공적은 리처드도 알고 있었을 것이다. 이벨린과 리처드 사이는 이후로 급속히 가까워져, 리처드는 살라딘의 동생 알 아딜과의 회담 때 이벨린을 통역으로 삼기도 했다.
하지만 이벨린이 맡은 임무는 단순한 통역이 아니었다. 리처드에게 이벨린은 현지 사정을 설명해주는 사람이자, 살라딘과의 교섭을 진행하는 데 있어 최적의 상담자였다.
게다가 이 '통역'은 리처드의 신뢰만 받았던 게 아니다. 적인 살라딘도, 또 그의 동생 알 아딜도 이벨린의 역량을 인정하고 존중했다. 예루살렘 무혈입성을 놓고 대립했던 5년 전의 인상이 상당히 강렬했는지도 모른다.

모국에서 온 나쁜 소식

이렇게 여러 사정들이 호전된 덕분에 리처드는 팔레스타인에 온 지 2년째인 1192년의 봄, 예루살렘을 향해 결정적인 발걸음을 시작하려 했다.

그런데 그때 영국에서 리처드의 마음을 어지럽히는 소식이 날아들었다.

리처드가 원정을 떠나오며 재상으로 임명했던 윌리엄 롱샹의 친필 서신을 지참한 헬퍼드의 수도원장이 찾아온 것이다.

재상 윌리엄은 리처드에게 하루빨리 귀국할 것을 요청했다. 서신에는 리처드의 막내동생 존을 전면에 내세운 프랑스 왕의 군대가 노르망디 지방을 넘어 영국까지 침공하고 있으며, 유럽에 남아 있는 리처드파의 군대는 고전에 고전을 거듭하며 리처드의 귀국에만 희망을 걸고 있다고 쓰여 있었다.

제1차 십자군 당초부터 유럽의 모든 황제와 왕, 제후들은 로마 교황이 제창한 '신 앞에서의 평화'를 지키는 데 동의했다. 십자군 원정중에는 누구든 원정에 나선 이의 영토를 결코 침략해서는 안 된다는 것이었다.

남겨놓고 가는 영토를 걱정하지 말고 안심하고 원정을 떠나라는 의도로 맺어진 이 '신 앞에서의 평화'를 깬 이는 지금껏 한 명도 없었다.

그런데 프랑스 왕 필리프 2세가 그것을 처음으로 깨버렸다. 게다가 필리프는 이 '신 앞에서의 평화'를 깨버렸을 뿐만 아니라, 아코 탈환

후 귀국할 때 리처드에게 서약한, 리처드가 귀국하기 전에는 영국 왕의 영토에 손을 대지 않겠다는 약속까지 깨버린 것이었다.

중근동에서 출발한 필리프가 파리로 돌아간 것은 1191년 가을이었다. 그후 곧바로 필리프는 아코 공방전에서 전사한 플랑드르 백작의 영토를 침략하기 시작했다. 리처드의 영토인 노르망디 지방에도 손을 뻗었지만, 이 프랑스 왕은 모략에는 능해도 전투에는 능숙하지 못했다. 그래서 1191년 말부터 1192년 초에 걸친 동절기를 이용해 존에게 접근한다. 리처드를 내쫓고 존이 영국 왕에 즉위하는 데 프랑스 왕인 자기가 전면적으로 협력하겠다는 것이 미끼였다.

원래부터 기가 약한 편이던 스물네 살의 존을 구워삶는 것은 필리프에게 그리 어려운 일이 아니었다. 그리고 존을 전면에 내세움으로써 얻는 이점은 전투에 영 자질이 없는 필리프의 단점을 채워주고도 남을 만큼 컸다.

여러 차례 반복하지만, 중세는 '역량'보다 '혈통'이 중요시되는 시대였다. 그랬기에 혈통보다 역량을 중시하는 르네상스 시대가 되자 사람들은 마치 어둠 속에서 빠져나온 듯한 해방감을 느꼈던 것이다.
하지만 십자군 시대는 아직 중세의 한복판이었다. 게다가 '역량'은 실적을 보여주어야만 사람들의 눈에 드러나지만, '혈통'은 말만 들어도 누구나 알 수 있다는 이점이 있다.

단순히 프랑스 왕이 침략해오는 것이라면 이는 어디까지나 외국군을 상대하는 일이고, 그 외국의 왕에 가담해 아군을 공격하는 자는 자국 왕의 반역자 그 이상도 이하도 아니다.

하지만 그 외국측에 자국의 왕자가 가담해 있다면 이야기는 달라진다. 이러한 상황에 대한 영국인들의 심정을, 과거에 필리프와 연대해 아버지 헨리에게 대적한 바 있는 리처드는 누가 따로 말해주지 않아도 잘 알 수 있었다. 당시 영국인은 왕 헨리 편인가, 왕자 리처드 편인가로 완전히 갈라졌던 것이다.

그런데 지금 그것이 재현되고 있었다. 플랜태저넷 왕조의 창시자인 헨리 2세의 아들 중 하나인 리처드가 오리엔트에 가 있는 사이, 또 한 명의 아들 존이 프랑스 왕과 손잡고 영국을 공격하는 구도가 되어버린 것이다.

역량을 따지자면 확실히 리처드가 우위였다. 그러나 선왕 헨리의 피를 이어받았다는 점에서는 존도 리처드와 동등하다. 형과 동생 사이에서 좀처럼 태도를 정하기 어려운 것은 영국 왕의 신하부터 영지의 백성까지 모두 마찬가지였다. 그리고 이것이 바로 프랑스 왕 필리프가 노린 것이었다.

리처드는 생각이 깊어질수록 말수가 적어지는 버릇이 있었다. 재상 윌리엄이 보내온 서신을 읽고 그는 그대로 입을 다물고 말았다. 리처드의 심복임을 자부하던 측근들도, 어떤 생각이든 숨김없이 털어놓던 솔즈베리 주교 휴버트조차도 이런 리처드에게 말을 붙이기를 망설였다. 왕의 마음을 어지럽히는 것은 이대로 예루살렘으로 향해야 할지 아니면 귀국해야 할지 하는 문제이고, 이대로 중근동에 머문다면 리처드는 왕국 없는 왕이 되어버린다는 고뇌를 그들도 잘 알고 있었기 때문이다.

리처드와 그의 심복, 그리고 일개 병사까지 모두 살라딘에게 빼앗긴 성도 예루살렘을 탈환할 목적으로 원정을 온 제3차 십자군의 전사들이다. 예루살렘을 공격할 준비는 이미 완료되었다. 남은 건 예루살렘을 향해 출발하는 것뿐이다. 그런데 하필 이때, 예루살렘 탈환전을 수행할 최적임자에게, 왕에게는 사형선고나 마찬가지인 왕국의 상실이라는 위험이 닥쳐온 것이다.

전우나 다름없는 측근들은 리처드를 가만히 내버려두는 쪽을 택했다. 하지만 리처드의 소년시절부터 곁에서 모셔온 한 늙은 사제는 그럴 수 없었다. 그렇다고 입을 다물어버린 리처드에게 무슨 말을 해야 좋을지도 몰랐다. 연로한 사제는 리처드가 숙소로 쓰고 있는 수도원의 회랑 기둥 뒤에서 하염없이 눈물을 흘렸다.

그곳을 지나가던 리처드가 이를 보고 자기 방으로 데려가, 무엇 때문에 그렇게 계집애처럼 울고 있었느냐고 다그치듯 물었다. 늙은 사제는 말을 시작했다.

"전하, 전하가 아직 푸아티에 백작이던 시절을 기억하십니까? 그 시절 전하는 아직 소년에 가까운 나이였지만, 이미 그때부터 어머니로부터 물려받은 푸아티에 영지를 지키기 위해 전장에 나갔습니다. 그리고 어린 나이에도 불구하고 모든 전투에서 늘 이겨왔습니다.

그런 전하께서 성장하시어 가스코뉴, 앙주, 노르망디로 영지를 확장하셨지요. 아무것도 하지 않고 그저 얻은 것이 아니었습니다. 전하는 그 모든 것을 전투를 통해 손에 넣으신 것입니다. 아버님께서 전하에게 왕태자와 같은 의미인 노르망디 공작 작위를 주신 것도 그때까지 전하가 이룬 실적을 인정하셨기 때문이었습니다.

그후에도 전하는 계속 이겨왔습니다. 메시나의 시리아 왕도 전하에게 굴복했고, 그 넓은 키프로스 섬도 단 닷새 만에 정복하셨습니다. 키프로스에서 아코로 갈 때도 도중에 맞닥뜨린 사라센인의 배와 8백 명의 병사들을 포획하지 않으셨습니까?

그후 아코에서의 공방전. 2년 동안의 공격에도 꿈쩍 않던 아코 역시 전하가 도착한 지 한 달 만에 탈환했습니다.

그리고 아르수프 전투에서의 승리. 야파와 아스칼론 공략. 이어서 다룸은 나흘 만에 손에 넣으셨지요.

이 많은 승리는 적군이 잠을 자고 있어서 거둔 것이 아닙니다. 전하가 용감히 싸웠기 때문이고, 또한 신께서 그런 전하를 계속 지켜주셨기 때문이기도 합니다.

신은 바라시는 바를 전하께 맡기셨고, 그 때문에 전하의 소망이 실현되도록 도우신 것입니다.

그 신이 가장 바라시는 일을 전하는 지금 할 수 있는 상황입니다. 지금까지 계속 이기게 해주신 신에게 비로소 보답할 수 있게 되었는데 왜 주저하십니까? 신이 가장 기뻐하시는 일을 할 수 있는 때가 왔는데, 왜 고뇌해야 합니까?

술탄이든 이슬람 병사든 이집트든 전하의 이름만 들어도 모두 벌벌 떤다고 합니다. 그런데 만약 전하가 이 모든 것을 버리고 귀국한다면, 지금까지 획득한 것을 죄다 이교도에게 넘겨주는 셈이 됩니다."

어린 시절 리처드는 기도시간을 알리는 사제의 목소리를 무시하고 놀러다니기 일쑤였고, 그 감시역을 맡은 사제는 종종 두 손을 벌리고 신에게 한탄하곤 했다. 그 사제가 심정을 토로하는 것을 리처드는 묵묵히 듣고만 있었다. 그리고 말을 마친 사제를 내보낸 뒤에도 혼자 방에 남아 생각에 잠겼다. 그는 저녁식사에도, 다음 날 아침식사에도 손을 대지 않았다.

다음 날 정오가 지나서야 밖으로 나온 리처드는 걱정하며 기다리고 있던 십자군 수뇌들 앞에서 단호한 어조로 말했다.

"내일 아침 일찍 예루살렘을 향해 떠난다."

리처드의 결심을 들은 병사들은 모두 환호성을 올렸다. 십자군 원정에 참가한 자는 전사인 동시에 순례자였다. 예루살렘이라는 말을 듣는 것만으로 가슴이 뭉클해지는 사람들이었던 것이다.

일단 야파로 돌아갈 필요가 있었다. 야파에서 예루살렘으로 가는 도정은 지난해 가을부터 올해 초에 걸쳐 3분의 2에 해당하는 거리를 이미 확보한 상태였다. 또한 야파에서는 군대를 앞으로 나아가게 하는 동시에 보급물자를 조달하기 용이하고, 보급로도 상당히 안전했다.

그리고 야파에서 드디어 예루살렘을 향해 출발하면서, 리처드는 군사행동과 병행해 외교교섭을 시작했다.

오른손에는 칼, 왼손에는……

리처드는 하루라도 빨리 영국으로 돌아가고 싶었다. 군사적으로는 이집트에서의 보급로를 차단함으로써 살라딘을 궁지에 몰아넣은 상황이었다. 이 기회를 이용해, 즉 십자군측에 유리한 현 상황에서 살라딘과 강화를 맺을 생각이었다. 그렇게 해야만 리처드의 귀국이 가능하기 때문이다.

그는 발리앙 이벨린에게 이 교섭을 맡겼다. 고급 아랍어를 구사할 뿐 아니라, 예루살렘 무혈입성 협상에서 이미 살라딘과 그의 동생 알 아딜과도 얼굴을 익혔으며, 그 둘로부터 호의적인 평가를 받은 유일한 그리스도교도였기 때문이다.

예루살렘으로 살라딘을 찾아간 이벨린은 교섭을 재개하고자 하는 리처드의 뜻을 알렸다. 살라딘은 교섭 재개에 동의했다. 하지만 그 조건으로 아스칼론의 양도를 요구했다.

리처드의 대답은 '절대불가'였다. 그리고 그는 군대를 라말라까지 전진시켰다.

단순히 군대를 예루살렘까지 가는 도정의 3분의 1까지 나아가게 한 것이 아니었다. 나아가면서 보이는 족족 살라딘의 보급부대를 격파하고 포획했던 것이다. 그때마다 대량의 전리품을 획득했는데, 그중 그리스도교도 병사가 잘 다루지 못하는 낙타가 너무 많아졌다. 그래서 잡아먹었더니 의외로 맛있었다는 것이 병사들의 평가였다.

그 사이에도 리처드는 예루살렘까지의 거리를 더 좁혀나갔다. 계절은 아직 초여름이었다. 바이트누바까지 군대를 전진시킨 것이 6월 11일. 그후에도 진군을 계속해 예루살렘까지 15킬로미터밖에 남지 않은 지점에 이르렀다. 쾌청한 날이면 멀리서나마 예루살렘을 볼 수 있는 곳이었다.

그러는 중에도 살라딘과의 교섭은 계속되었다. 리처드가 15킬로미터 지점까지 접근해오자 예루살렘은 임전태세에 돌입해 이벨린도 들어갈 수 없었다. 그런데 형의 명령으로 태수들의 전선 복귀를 촉구하러 시리아에 다녀오는 길이던 알 아딜을 우연히 만날 수 있었다.
알 아딜과 협의가 이루어졌는지, 이벨린이 리처드에게 가져온 살라딘측의 조건은 지난번보다 상당히 나아졌다. 즉 리처드와 살라딘은 서로 조금씩 양보하기 시작했던 것이다. 아스칼론 '양도'가 조건이었던 것이, 이번에는 아스칼론의 '파괴'로 바뀌어 있었으니까.

교섭의 전망이 밝다고 보았는지, 7월 5일 리처드는 예루살렘에 15킬로미터까지 접근했던 군대를 50킬로미터 넘게 떨어진 라말라로 철수시켰다.
교섭의 방식도 이벨린이 리처드의 생각을 예루살렘에 있는 살라딘에게 전하는 것이 아니라, 전권대사 격인 알 아딜이 리처드를 직접 찾아오는 것으로 바뀌었다. 두 사람은 예전 회담에서 서로 '느낌이 통하는' 사이라는 것을 확인한 바 있었다. 재개된 강화교섭은 현실적인 접근 덕분에 순조롭게 진행되는 듯했지만, 결론에 이르기까지는 아직 시간이 필요했다.

쉰네 살이 된 살라딘은 이슬람 세계에서 이론의 여지가 없는 최고 권력자이자 술탄이다. 그런 살라딘 입장에서는 서른다섯 살의 리처드에게 궁지에 몰린 끝에 강화를 맺는 모양새를 원하지 않았다. 살라딘 개인의 고집 문제를 떠나서, 이런 인상이 굳어지면 그에게 군대를 제공하는 태수들이 떨어져나갈 것이기 때문이었다.

십자군 시대의 이슬람 세계에도 요즘 말하는 '원리주의자'들이 있었다. 이슬람교 성직자에 속하는 이들은 '이맘'으로 불렸는데, 세속의 최고권력자인 술탄 곁에서 항상 코란의 교리를 들먹이며 충고할 권리가 있다고 믿는 사람들이었다.

칼리프를 정점으로 한 이들이 신자들로부터 이맘으로 불리며 존경받는 것이 당연하게 여겨졌던 것은 코란의 해석이 그들 손에 달려 있었기 때문이다. 성서의 해석이 로마 교황을 정점으로 한 주교들에게 맡겨져 있던 것과 같았다.

따라서 이맘들의 영향력은 실로 컸다. 게다가 일신교인 이슬람교에 평생을 바치는 몸인 만큼 타협을 모르고, 예루살렘에 입성할 당시 그곳에 살고 있던 그리스도교도의 무사 퇴거를 허락해준 살라딘에게 강경하게 반대했던 것도 이들이었다. 제1차 십자군이 예루살렘을 정복했을 때 그곳에 살고 있던 이슬람교도를 말살했던 것처럼 자신들도 똑같이 해줘야 한다는 것이 그들의 생각이었다.

이맘들의 비난을 받을 만한 조건으로 강화를 맺는 것은 살라딘도 불가능했다. 리처드 주위에는 이교도에 대한 적대의식에 불타는 주교나 수도사가 없었는데, 이것이 두 사람의 큰 차이였다.

그런 살라딘에게 리처드가 강력하게 요구하는 예루살렘 반환 따위는 애초에 받아들여질 수 없었다. 설령 중요도는 메카와 메디나에 이어 세번째라 해도 예루살렘은 이슬람교도에게도 성도인데, 이 성도를 반환한다면 성도 탈환을 내세운 '성전'의 의미를 잃게 되기 때문이다.

어쨌거나 두 사람은 '느낌이 통하는 사이'였다. 리처드와 알 아딜의 회담은 몇 번이고 반복되면서도 결코 험악한 분위기를 풍기지 않았고, 서른다섯 살과 마흔아홉 살 두 남자 사이의 우호적인 대화로 진행되었다. 이벨린의 통역도 그런 분위기에 보탬이 되었을 것이다.

어느 날 리처드는 알 아딜에게 말했다.

"당신이 믿는 종교에서는 남자가 여러 명의 아내를 둘 수 있다 들었소."

알 아딜은 무슨 말을 하고 싶은 건가 싶어 리처드의 다음 말을 기다렸다.

"나에게 조안나라는 누이가 있는데, 시칠리아 왕에게 시집갔다가 지금은 미망인이 되어 이곳 야파에 있소. 그 아이를 아내로 맞이하는 게 어떻겠소? 그렇게 되면 당신이 예루살렘 왕위에 앉을 수 있소.

하지만 이슬람교도가 예루살렘 왕이 되는 건 그리스도교 세계가 동의하지 않을 테니, 당신이 그리스도교로 개종하는 게 어떻겠소. 그러면 우리 사이를 가로막고 있는 모든 문제가 한꺼번에 해결되는 거요."

알 아딜은 유쾌한 듯 웃었다. 그리고 동생에게서 이 이야기를 전해 들은 살라딘도 크게 웃었다고 한다.

하지만 웃지 않은 이가 하나 있었다. 조안나가 오빠에게 맹렬히 항의하며, 이슬람교도한테 시집가라고 하면 로마 교황에게 알리겠다고 말한 것이다. 그래서 다음번에 알 아딜을 만났을 때 리처드는 노선을 변경하지 않을 수 없었다.

"누이가 시칠리아의 왕비였기 때문에 재혼하는 데 로마 교황의 허가가 필요하오. 나한테 조카가 하나 있는데, 그녀는 아직 결혼하지 않은 몸이라 그런 염려가 없소. 그 조카와 결혼하는 건 어떻겠소?"

이 말에는 알 아딜도 어이가 없었다. 그런데 돌아가 형에게 얘기하자 살라딘은 이번에도 유쾌하게 웃었다고 한다.

교섭의 '핵심'은 어디까지나 예루살렘이었고, 교섭의 실질적인 내용은 시종 돌려달라, 못 돌려주겠다 하는 것의 반복이었다.

리처드는 이에 곧 질리고 말았다. 교섭은 중단되었다. 그뒤 리처드는 예루살렘 왕이 된 샤파뉴 백작 앙리가 병사를 모으고 있는 아코로 간다. 앙리와 함께 병사들을 데리고 야파로 돌아올 생각이었다. 일시적이긴 하지만 야파를 비운 것이다. 누이와 아내 모두 야파에 남겨둔 채로.

그 사실을 안 살라딘은 기회는 이때다, 하고 생각했는지 모른다. 아무래도 살라딘답지 않은 행동이지만 그만큼 그도 초조했던 것이다. 리처드를 이길 방법이 도무지 없었으니까.

야파 공격에는 살라딘이 직접 출진하기로 했다. 술탄이 직접 출진하면 군대의 규모도 커진다.

한 군대의 장수 격인 태수만 해도 1백 명이 넘고, 베두인과 투르크인 기병이 2천 명을 웃도는 대군을 이끌고 예루살렘을 떠나 야파로 출발한 것이다. 7월 27일의 일이었다.

리처드는 아코에서 그 소식을 들었다. 곧바로 예루살렘 왕 앙리에게 병사를 이끌고 육로를 통해 야파로 올 것을 명하고, 자신은 배를 타고 서둘러 떠나기로 했다.

야파 성내에는 리처드가 두고 온 방위대가 있었다. 그러나 적은 대군이다. 배를 이용해서는 많은 수의 병사를 수송할 수 없다. 하지만 리처드는 허를 찔렸다고 해서 멀뚱히 지켜보고만 있을 생각은 없었다. 야파를 결코 살라딘에게 넘겨줄 수 없었던 것이다.

대결 제2전 '야파'

리처드가 없는 야파를 총 2만 명이 넘는 살라딘군으로부터 방어할 수 있으리라고는 아무도 생각하지 않았다. 그래서 이 시기 야파에 있던 베들레헴 주교는 면식이 있는 알 아딜을 통해 살라딘에게 7월 말일까지 나흘간의 휴전을 요청했다.

살라딘은 요청을 받아들인다. 살라딘 역시 야파 공략을 앞두고 군대의 진지를 구축할 시간이 필요했기 때문이었는데, 리처드가 불과 사흘 만에 돌아오리라고는 생각하지 않았던 것이다.

그런데 리처드는 제때에 돌아왔다. 육로로 남하하던 앙리군은 카이사레아까지 와서 발이 묶인 상태였다. 이런 상황을 예측한 살라딘이 손을 쓰지 않았을 리 없었던 것이다. 앙리가 이끄는 현지 세력은 야파로 가려면 우선 앞을 가로막고 있는 이슬람군과 일전을 벌여야 했다.

한편 바닷길로 남하중이던 리처드와 장병들은 하이파까지 와서 맹렬한 역풍에 가로막히고 만다.

지중해에서는 대부분 삼각돛을 사용했는데, 그것은 역풍을 맞았을 때 사각돛은 뒤로 떠밀려버리는 데 반해 삼각돛은 지그재그로 전진할 수 있기 때문이었다.

리처드를 태우고 야파로 향한 것은 피사와 제노바의 배였다. 하지만 그들의 갤리선도 강력한 역풍 앞에서는 삼각돛의 이점을 살릴 수 없었다. 뒤로 떠밀리지는 않았지만 앞으로 나아가지도 못했다. 모터 역할을 하는 조수들이 열심히 노를 저어도 별 효과가 없었다.

바다 위에서 발이 묶인 지 사흘째, 결국 리처드는 폭발한다. 뱃머리에 선 사자심왕은 두 팔을 크게 벌리고 하늘을 향해 외쳤다.

"신이시여, 왜 여기서 꼼짝 못하게 만드십니까? 생각해보십시오. 지금은 한시가 급한 위기상황입니다. 제가 하려는 일은 다 당신을 위한 것입니다. 바람 정도는 바로잡아줘도 되지 않습니까!"

그리스도교에서 신을 향해 왜 이런 시련을 주십니까, 하고 호소하는 건 허락된다. 일종의 기도로 간주되므로 신을 시험해서는 안 된다는 그리스도교의 가르침에 반하지 않기 때문이다.

하지만 나도 노력하고 있으니 당신도 순풍을 불게 해주면 안 되겠느냐는 것은 그리스도교 사회에서 신을 비난하는 불경이다. 이탈리아어로 '베스템미아(bestemmia)', 영어로는 '블래스퍼미(blasphemy)', 즉 신성모독이 되는 것이다.

아무튼 그리스도교도라면 입에 담아서는 안 되는 말이었다.

그런데 어찌 된 일인지 강한 역풍이 순풍으로 바뀌었다. 덕분에 순조롭게 항해해서 마치 슬라이딩 세이프 같은 느낌으로 휴전기간이 끝나기 전에 가까스로 야파에 들어갈 수 있었다. 물론 육지에 내려선 리처드는 더는 시간을 허비하지 않았다.

리처드가 야파에 입항한 것은 7월 31일 저녁이었다. 살라딘이 이끄는 이슬람군은 다음 날 아침 휴전기간이 끝나기를 기다리며 바다를 제외한 세 방향을 에워싸고 있었다. 앙리가 이끄는 본대는 아직 카이사레아 근처에서 발이 묶인 상태였다. 리처드는 그들을 기다릴 시간이 없다고 보았다. 살라딘은 그사이에도 야파의 포위망을 조금씩 좁혀오고 있었다.

살라딘에 비해 리처드가 운용할 수 있는 병력은 54명의 기사, 4백 명의 궁병, 피사와 제노바의 선원과 조수 1천 명 등, 다 합쳐도 1454명에 지나지 않았다. 게다가 갤리선으로는 말을 운송할 수 없었으므로, 말을 타고 싸울 수 있는 자는 기사 54명 중 17명에 불과했다. 리처드도 이 17명 중 한 명이었다. 이런 전력으로 열 배도 넘는 적에 맞서야 하는 것이다. 리처드군의 기사 17명에 비해 적군은 기병만 2천 명이었으니, 절체절명이라고밖에 할 수 없는 상황이었다.

훗날 '야파 전투'로 불리게 되는 이 전투에서 리처드는 병사들을 다음과 같이 배치했다.

아파 성벽을 등지고 적을 요격하는 진용에, 리처드는 말을 탈 수 없는 37명의 기사들을 보병으로 사용했다. 이 베테랑들은 최전선과 양옆의 요소에 배치되었다. 그리고 궁병 4백 명을 포함한 나머지 1천4백여 명 전원에게 기병과 같은 강철 갑옷과 투구를 착용하게 하고 전열을 정비했다. 또한 단순히 일렬로 서는 것이 아니라, 두 보병 사이에 궁병 한 명이 서는 형태를 갖추게 했다.

그리고 궁병을 제외한 보병 전원에게 창을 두 자루씩 주었다. 양손에 하나씩 쥐라는 것이다. 리처드가 알고 있었는지 모르겠지만, 이는 율리우스 카이사르가 파르살루스 회전에서 사용한 전법이다. 적의 기병이 압도적으로 우세한 경우에 대항하는 전법인 것이다.

궁병에게는 이슬람식으로 하늘을 향해 쏘는 것이 아니라 적이 접근하기를 기다렸다가 수평으로 쏘아 적의 기병이 타고 있는 말을 노리라고 명령했다. 영국의 궁병은 저격수로 번역하는 것이 적절할 정도로 정확하고 예리했으므로, 리처드의 부하들에게 이는 매우 익숙한 전투방식이었다.

이렇게 만들어진 거대한 '바늘꽂이' 뒤에, 리처드를 포함한 17명의 기병이 말머리를 맞추고 일렬횡대로 섰다.

전투는 8월 1일 햇볕이 내리쬐는 시간대에 치러졌다. 그날은 살라딘도 아군 바로 뒤에 본진을 두었다. 살라딘이 그곳에서 지켜보는 가운데, 이슬람군이 여느 때처럼 화살을 쏘아대며 전투는 시작되었다. 하지만 빗발처럼 쏟아지는 화살은 이날 보병들까지 모두 착용하고 있던 강철 갑옷과 투구에 맞고 튕겨져나올 뿐이었다. 강철 갑옷과 투구는 양손에 창을 하나씩 들고 있어 몸을 보호할 수단이 없는 보병의 '방패' 역할을 해주었다.

살라딘은 곧이어 기병 전원에게 돌격 명령을 내렸다.

그러나 파르살루스 전장에서도 그랬던 것처럼, 말이라는 동물은 눈앞에 장애물이 있으면 멈춰 서는 습성이 있다. 게다가 수많은 창 앞에서는 아무리 채찍을 휘둘러도 꿈쩍하지 않는다. 그 기마 무리에 뒤따라온 다른 기마 무리가 차례로 부딪치면서, 이들은 리처드측 저격수들의 좋은 표적이 되었다.

한편 리처드측에서는 각 요소에 배치한 말 없는 기사들이 베테랑의 진가를 발휘하고 있었다. 창을 들고서 적의 기병 앞을 가로막은 것이다. 이 임무를 맡은 전사에게 가장 중요한 것은 무슨 일이 있어도 맡은 자리에서 움직이지 않아야 한다는 것이다. 기병으로 싸울 수 없게 된 기사들도 이날 전사로서의 책무를 충분히 다하고 있었다.

그리고 리처드를 비롯한 17명의 기사 중에는 리처드의 심복을 자부하는 다섯 명이 속해 있었는데, 그들은 리처드를 보호하기 위해 한데 모여 싸우지 않았다. 그건 솔즈베리 주교나 레스터 백작도 마찬가지였다. 리처드를 포함한 그들 모두는 각자가 한 명의 기병으로서, 끈질기게 적의 공격을 막아내고 있는 보병들을 질타하고 격려하며 돌아 다녔다. 그에 그치지 않고 레스터 백작 같은 경우는 적의 기병들 속으로 돌격해 들어가는 바람에, 솔즈베리 주교가 말리러 가야 했을 정도였다.

살라딘이 이끄는 이슬람군은 리처드의 이 '바늘꽂이'를 도저히 무너뜨릴 수 없었다. 돌격할 때마다 늘어나는 것은 아군의 시체였고, '바늘꽂이'는 꿈쩍도 하지 않았다.

살라딘은 돌격을 명할 때마다 속도가 점점 느려지는 것을 알아차렸다. 이는 바로 병사들의 전투의욕이 사라지고 있다는 뜻이었다. 이슬람 병사는 공격하는 기세도 좋았지만 포기도 빨랐다.

결국 살라딘은 전군에 퇴각 명령을 내렸다. 태양이 아직 머리 위에 있을 때였다. 군대를 물리면서 살라딘은 리처드에게 선물을 보냈다. 화려한 옷을 걸친 근사한 말 두 필이었는데, 무거운 강철 갑옷과 투구를 착용한 기사가 타도 견딜 수 있을 만큼 커다란 아랍산 준마였다.

리처드에게 말이 없었던 건 아니다. 단지 그날의 전투에서 말이 쓰러지기라도 하면 대신할 말이 없었을 뿐이다.

선물에는 경의를 표한다는 의미도 있다. 이슬람측 기록에 따르면, 야파 앞에서 이슬람군이 철수한 것은 리처드가 만든 이 진용에 살라딘이 감탄했기 때문이라고 한다.

강화를 향하여

어쨌든 힘겹게 분투한 것은 리처드측이었고, 군대를 물린 것은 살라딘이었다. 그리고 예루살렘 왕 앙리가 이끄는 본대가 야파에 도착한 것은 그로부터 이틀 후였다.

그런 상황에서 리처드는 전투 다음 날 이벨린을 통해 살라딘에게 다음과 같은 서신을 보냈다.

이 책에서 종종 참고한 살라딘의 비서관 이마드 아딜레의 기록에 따르면, 아랍어로 번역되고 리처드의 왕인이 찍힌 그 서신은 다음과 같은 내용이었다.

"배를 타고 서쪽으로 갈 수 있는 계절이 하루하루 줄어들고 있다. 이 계절을 넘기면 바람이 강해지고 파도가 높아져 뱃길을 가기가 점점 어려워진다.
 당신이 나와 강화조약을 체결하면, 나의 바람인 귀국도 실현된다. 반대로 당신이 또다시 전쟁을 계속하려 한다면, 나는 이 땅에 진막을 치고 이곳을 영구 거주지로 삼을 수밖에 없다.
 그러나 양쪽 병사들 모두 완전히 지쳤고, 우리 두 사람도 전투에 넌덜머리가 난다.
 나는 예루살렘을 포기하겠다. 아스칼론도 포기한다.
 그렇다고 당신이 기뻐하기에는 이르다. 우리 쪽에는 한심하게도 비겁한 내분이 끊이지 않고 있지만, 당신 역시 이런 고민과 무관하지 않은 것으로 알고 있다. 그러니 내 생각에 동의하는 게 당신에게도 이익이다. 내 권유를 받아들인다면 당신은 나의 경애를 받게 될 것이다.
 우리끼리 하루빨리 강화를 체결하는 것이 어떻겠는가. 그렇게 되면 나는 떠날 수 있다. 당신에게 진정한 이별을 고하며."

솔직하다고밖에 평할 수 없는 문면인데, 비서관 이마드에 따르면 리처드가 보낸 이 서신을 읽은 살라딘은 곧바로 태수들을 소집하라고 명했다. 그리고 그들 앞에서 리처드와 강화를 체결하기로 했음을 알렸다.

태수들 중에서도 적지 않은 이들이 술탄에게 강력히 반대했다. 급한 것은 프랑크의 왕이고, 시간은 자기들 편이라고 주장한 것이다. 또 어떤 이는 리처드가 떠나는 것은 좋지만 그 때문에 강화까지 맺을 필요는 없다, 휴전으로 충분하다고 말하기도 했다.

살라딘은 그들을 손으로 제지하며 말했다.

"내가 죽기라도 하면, 누가 이 이슬람군을 통합해나갈 것인가?"

이해 살라딘은 쉰네 살, 리처드는 서른다섯 살이었다. 관점을 달리해 보면 '시간'이 꼭 살라딘 편이라고는 할 수 없었던 것이다. 살라딘은 쉽게 깰 수 있는 휴전보다 양쪽 모두에 구속력이 높은 강화를 맺는 게 더 이익이라고 설파했다. 흥분했던 태수들도 지금껏 전장에서 리처드가 보여준 모습을 떠올리지 않을 수 없었다. 결국 그들 역시 휴전이 아닌 강화에 동의했다. 지난번과 마찬가지로, 살라딘은 리처드와의 교섭에 알 아딜을 보내기로 했다.

살라딘과 그의 동생 알 아딜은 리처드를 동정이라도 하듯 곧바로 교섭을 재개한다. 8월 4일에 벌써 알 아딜은 야파를 방문했다. 리처드도 이번에는 이유를 막론하고 전투행위를 금했다. 그래서인지 교섭을 위해 리처드를 찾아온 알 아딜은 열두 살 된 큰아들도 데리고 왔다.

리처드는 이 소년이 마음에 들었다. 예의를 알면서도 활발하고 힘차며 호기심이 왕성한, 어찌 보면 너무도 소년다운 아이에 지나지 않았지만, 오히려 그런 면이 리처드의 호감을 산 듯하다.

교섭이 계속되던 어느 날, 리처드는 소년에게 무릎을 꿇으라고 명했다. 소년은 순순히 따랐다. 그 앞에 선 리처드는 허리에서 칼을 뺐다.

소년은 순간 눈을 감았지만 곧 눈을 뜨고는 겁먹은 기색 없이 리처드를 올려다보았다. 리처드는 그대로 칼을 소년의 어깨 위에 올리며 말했다.
"너를 기사에 봉하노라."
이 말을 이벨린이 곧바로 아랍어로 통역했다. 소년의 얼굴에 기뻐하는 웃음이 번졌다.
소년을 더욱 기쁘게 한 것은 서임 축하선물로 리처드가 소년에게 준 서유럽식 장검 한 자루였다. 소년은 그날 하루 종일 그 칼을 손에서 놓지 않았다. 아버지 알 아딜은 그런 아들을 쓴웃음인지 미소인지 알 수 없는 표정으로 바라볼 뿐이었다.

적인 이슬람교도조차 '사자의 심장을 가진 왕'이라 인정한 리처드였지만, 그리스도교와 이슬람교로 갈라진 일신교 시대인 중세에 종교적으로 확실한 태도를 보이지 않았다는 면에서는 다소 허술한 구석도 있던 남자였다. 누이에게 이슬람교도에게 시집가라고 말하고, 이슬람교도 소년을 당시 그리스도교도 남자들의 명예로 여겨지던 기사로 서임했을 정도니까.
이 소년이 바로 37년 후에 시작되는 제6차 십자군에서 신성로마제국 황제 프리드리히 2세와 강화를 성립시키는 알 카밀이다.
제6차 십자군은 시종 군사가 아닌 외교로만 이루어져 '무혈의 십자군'으로도 불리는데, 그때의 이슬람측 술탄이 알 카밀이었던 것이다.

그건 37년 후의 이야기이고, 어쨌거나 리처드와 살라딘 모두 마음을 정하고 나선 덕에 강화 체결을 향한 교섭은 급속도로 진행되었다.

먼저 예루살렘이 이슬람측에 속한다는 것은 양쪽 모두 인정한다.

단 이슬람측은 예루살렘을 방문하는 그리스도교도 순례자들의 안전과 자유를 완벽하게 보장한다.

또한 그리스도교도에게 예루살렘 다음가는 성지, 즉 예수가 태어난 베들레헴과 자란 땅 나사렛, 성 요한의 세례를 받은 요르단강 등의 유적을 순례하는 자들의 안전과 자유를 보장하는 것 역시 이슬람측의 의무로 한다.

살라딘이 이를 인정한 데에는 종교적인 관용뿐 아니라 경제적인 고려도 포함되었으리란 것이 나의 생각이다. 이렇다 할 산업도 없고 교역상의 중심지도 아닌 예루살렘이 가진 것은 오직 종교상의 사적뿐이다. 그곳을 방문하는 순례자들이 쓰고 가는 돈이 주된 수입원이었던 것이다. 순례란 일종의 관광산업이었으니까.

강화조약 제2조에서는 티루스에서 야파까지, 그리고 그 주변 일대가 십자군측에 속한다는 것을 인정했다.

북쪽에서 남쪽으로 티루스, 아코, 하이파, 카이사레아, 아르수프, 야파로 이어지는 이 지역의 주요도시들은 모두 지중해에 면한 항구도시이다. 더 북쪽으로 가서 몬페라토 후작 코라도가 공략한 베이루트와 시돈도 이제 십자군의 것이 되었으니, 안티오키아 공작령, 트리폴리 백작령까지 더하면 시리아와 팔레스티나 지방의 바다 쪽은 대부분 그리스도교도 땅으로 남게 된 셈이다.

여기에 리처드가 일찍이 제패하여 뤼지냥을 왕으로 앉힌 키프로스가 더해진다. 키프로스 섬의 통치자가 그리스정교도에서 가톨릭교도로 바뀌었기 때문이다.

또한 살라딘은 팔레스티나 지방의 육지 쪽을 가득 메울 기세로 세워져 있는 템플 기사단과 병원 기사단의 성채를 유지하는 것도 인정했다. 이 두 종교 기사단은 이후에도 계속 그리스도교도의 '성지'에 계속 머무르게 되었다.

그리고 제3조에서는 십자군 국가의 영토로 인정된 이들 지역 어디에서든, 군사교류가 아닌 경제교류에 한해 이슬람교도의 자유로운 왕래를 인정한다고 명시했다. 물론 그리스도교도가 경제교류를 목적으로 이슬람 영내를 왕래하며 활동하는 것도 완전히 자유로워졌다.

강화의 내용은 육지만이 아니라 해상에도 미쳤다. 해양 도시국가 상인들은 팔레스티나의 항구도시 어느 곳이나 기지로 삼을 수 있게 되었고, 그들에게 강화란 곧 시장의 확대를 의미했다.

리처드와 살라딘의 쟁점 가운데 하나는 아스칼론이었다. 이 항구도시는 양쪽의 감시하에 완전히 파괴하고, 적어도 3년간은 어느 쪽에서도 재건하지 않기로 결정하였다. 살라딘은 이집트와 연결되는 이 편리한 보급항을 포기한 것이다.

또한 1192년에 맺은 이 강화를 통해 양쪽이 억류하고 있던 포로도 전원 석방하였다. 리처드가 깜빡 잠이 들었다가 적에게 포위됐을 때 대신 붙잡혔던 기사 윌리엄도 돌아왔다.

배상금이나 몸값에 대한 언급은 양쪽 모두 한 마디도 없었다. 포로들도 몇 가지 작은 예외는 있었지만 거의 무상으로 석방되었다.

또 하나 교섭 대상에 오르지 않은 것이 있었다. 그리스도교측에서 '성십자가'로 부르는, '하틴 전투' 직후 살라딘측에 빼앗긴 십자가의 반환 문제였다. 제1차 십자군에 의해 예루살렘이 '해방'된 당시 발견된 이 십자가는 예수 그리스도가 처형되었을 때의 십자가로 여겨져 이후로 십자군 국가의 보물로 전해졌다. 이 '십자가' 자체의 진위는 심히 의심스러웠지만, 적어도 그리스도교도들은 예수가 처형되었을 때의 그 십자가라고 믿어온 것이다.

하지만 우상숭배를 금하는 이슬람교도들은 이를 전리품으로 삼기는 했어도 취급에 그다지 주의를 기울이지 않았는지, 어디에 보관되어 있는지조차 불명확한 상태였다. 리처드 역시 그다지 독실한 신자가 아니었던지라 반환을 요구하는 것도 잊어버린 모양이었다. 그런 까닭에 1192년의 강화에서는 '성십자가'에 대한 언급이 한 마디도 없었다.

교섭이 끝난 리처드와 살라딘의 강화문서에, 9월 2일 리처드가 먼저 서명하고 날인했다. 그리고 알 아딜이 그것을 예루살렘에 있는 살라딘에게 가져가 서명과 날인을 받아 돌아올 때까지 리처드는 야파에 머물렀다.

그사이 그가 해야 할 일이 세 가지 있었다.

첫째, 누이 조안나와 아내 베렝가리아, 그리고 시녀 일행을 야파에서 아코를 거쳐 유럽으로 보내는 일.

둘째, 측근 한 명과 부대를 아스칼론으로 보내, 살라딘의 병사들이 항구도시를 완전히 파괴하는 과정을 감시하게 하는 일.

그리고 마지막으로, 예루살렘 순례를 희망하는 병사들을 성도로 보내는 일이었다.

살라딘의 리처드 평

제1차 십자군 이래 성전에 참가하기 위해 원정을 떠난 병사들은 로마 교황에 의해 전사임과 동시에 순례자로도 인정되었다. 그 때문에 로마 교황은 그들에게 다른 순례자와 마찬가지로 완전한 면죄를 인정해주었던 것이다.

강화가 성립되어 고국으로 돌아갈 수 있게 된 병사들이 성도 예루살렘 순례를 희망하는 것은 당연했다. 살라딘도 비무장이라는 조건하에 이를 완전히 허락해주었다.

그러나 바로 어제까지 적이었던 이슬람 병사들이 우글거리는 예루살렘에 무장해제 상태로 들어가는 것에는 실질적인 문제가 따랐다.

그래서 리처드는 병사들을 네 그룹으로 나누고, 그의 심복들이 각 그룹을 인솔하여 순차적으로 예루살렘을 순례하도록 했다. 병사뿐만 아니라 피사와 제노바 선원들도 가세해 상당한 수가 되었는데, 각 그룹 인솔자의 역할은 혹시 이슬람측의 누군가가 적대의식을 드러내어도 도발에 넘어가지 않도록 그룹 구성원 전체를 통제하는 것이었다.

예루살렘에 들어간 그리스도교도 병사와 그들을 맞이하는 이슬람 병사 사이에 몇 차례 일촉즉발의 상황이 벌어지기도 했지만 결과적으로는 모두 무사히 수습되었다. 살라딘이 순례자들에 대한 모욕적인 행동을 엄격하게 금했고, 그 감시를 맡은 알 아딜이 현장에서 눈을 번뜩이고 있었기 때문이다.

리처드는 자기 휘하에서 싸운 병사들에게만 성도 예루살렘의 순례를 허락한 것이 아니었다. 도중에 전선을 이탈해 티루스로 간 프랑스군의 병사들에게도 기회를 주었다. 프랑스 왕이 이들의 지휘를 위임했던 부르고뉴 공작 위그는 8월에 티루스에서 병사했다. 그 대신 누가 프랑스군 병사들을 예루살렘까지 인솔했는지는 알려져 있지 않지만, 어쨌든 이들도 티루스에서 예루살렘까지의 왕복을 무사히 마쳤다.

정작 리처드는 예루살렘에 가지 않았다. 그리스도교측 기록에 따르면, 그와 같은 지위의 인물이 비무장 상태로 적지에 들어가는 게 너무 위험해서였다고 한다. 어쩌면 원정을 시작할 때의 최종 목적지였던 예루살렘에 무장해제된 모습으로 들어가는 것을 그의 자존심이 허락하지 않는지도 모른다. 리처드는 자기를 대신해 솔즈베리 주교 휴버트를 보낸 후 야파를 출항해 아코로 향했다.

마지막 그룹의 인솔자였던 솔즈베리 주교가 리처드의 대리 역할을 겸한다는 사실은 살라딘에게도 전해졌다. 살라딘은 솔즈베리 주교를 정중한 태도로 맞았고 갖가지 호화로운 선물을 주었다. 주교는 우리는 순례자로 온 것이니 괜찮다며 사양했지만 살라딘은 태도를 바꾸지 않았고, 알 아딜과 이벨린도 함께 불러 온화한 한때를 즐겼다.

이슬람측 기록에 따르면 이 자리에서 성전에 대한 이야기도 나왔다고 한다. 대화의 내용까지는 기록되지 않았지만, 리처드에 대한 이야기를 나누었던 건 분명하다.

살라딘은 우선 솔즈베리 주교에게 리처드의 사람 됨됨이에 대해 물었다. 리처드보다 세 살 적은 주교는 다음과 같이 대답했다.

"우리 왕에 대해 확신을 갖고 말할 수 있는 것은, 리처드 왕만큼 장수로서의 전략과 전사로서의 용기, 그리고 한 인간으로서의 아량을 가진 사람을 찾아보기 어렵다는 것입니다. 우리 왕만큼 기량과 역량과 덕을 두루 갖춘 사람도 없습니다. 술탄의 주위에 이만한 인물이 있을지 모르겠습니다."

말이 지나쳤다 싶었는지 주교 휴버트 월터는 서둘러 덧붙였다.

"리처드 왕도 그렇지만, 술탄처럼 뛰어난 군주 역시 인간의 역사에서 좀처럼 나타나지 않을 테지요."

쉰네 살의 살라딘은 이에 미소로 답하고는, 한 번도 직접 만나보지 못한 서른다섯 살의 리처드에 대해 다음과 같이 평했다.

"당신 왕의 역량과 용기에 대해서는 이론의 여지가 없소. 하지만 연장자로서 한 말씀 드리자면, 리처드 왕은 간혹 너무 위험한 일에 몸을 던지는 듯하오. 무모하다고까지는 말하지 않겠소. 하지만 때로는 앞뒤 가리지 않고 돌진하는 경향이 있어 보이오.

하긴, 이것도 그가 어떤 일에나 파격적인 인물이라는 뜻일 거요. 하지만 어떤 종교를 믿는 세계에서든, 군주는 사려 깊지 못하고 자제력이 없는 것보다 사려 분별과 중용에 뛰어난 편이 좋다고 생각하오."

온화한 분위기는 그뒤로도 여전했다. 마지막으로 살라딘은 솔즈베리 주교에게 이렇게 말했다.

"혹시 바라는 게 있소? 난 왕의 대리로 온 당신에게 어떤 소원이든 들어주고 싶은 마음이오."

젊은 주교는 잠깐 생각한 후 말했다.

"성묘교회에 참례했을 때 몇 명의 수도사를 보았습니다. 그들과 함께, 그리고 제가 인솔해온 병사들과 함께, 성묘교회에서 미사를 드리고 싶습니다."

살라딘은 흔쾌히 승낙했다. 나아가 예루살렘뿐만 아니라 베들레헴이나 나사렛에서도 미사를 올리지 않겠느냐고 물었다. 물론 주교는 바라는 바였다. 하지만 나사렛까지 가려면 이슬람 영내를 통과해야 한다. 이를 깨달았는지 살라딘은 주교에게 나사렛까지 경호대를 붙여주겠다고 했다. 젊은 주교는 그렇다면 나사렛에 들렀다가 그길로 아코로 향하겠다고 말한다. 리처드와 아코에서 만나기로 되어 있었던 것이다. 그 사실을 순진하게 말해버린 주교에게 살라딘은 아코까지 경호대를 붙여주겠다고 말했다.

리처드는 10월 9일까지 아코에 있었다. 우선 누이와 아내를 유럽으로 보냈다. 그리고 강화가 성립된 중근동에 남을 예루살렘 왕, 즉 샹파뉴 백작 앙리에게 자기 군사 중 3백 명의 기병과 2천 명의 보병을 주어 함께 잔류하도록 했다. 평화가 이루어졌다 해도 스스로를 지킬 수 있는 군사력이 충분하지 않으면 그 평화를 유지할 수 없기 때문이다.

나머지 군사의 태반도 지브롤터 해협을 지나 멀리 돌아가는 길로 먼저 고국으로 보냈다. 그리고 리처드 자신은 극히 소수의 병사만 데리고 10월 9일 아코를 뒤로했다.

리처드가 아코를 떠날 때까지 살라딘은 예루살렘에 머물러 있었다.

그리고 리처드가 최종적으로 팔레스티나를 떠난 것을 확인한 뒤에야 비로소 군대의 해산을 단행했다.

'지하드(성전)'를 기치로 내세움으로써 기나긴 불화의 역사를 지닌 시아파와 수니파의 통합에 성공한 살라딘의 이슬람군, 그 깃발 아래 모인 태수와 일반 병사들 모두 드디어 집으로 돌아갈 수 있게 된 것이다.

살라딘이 리처드의 출항 소식을 기다리며 예루살렘에 머무르는 동안 실행한 일이 하나 있었다. 강화의 숨은 주역인 이벨린에 대한 예우였다.

발리앙 이벨린에게는 조부 때부터 내려온 야파 근교의 영지가 있었는데, 그 영지의 소유권은 이미 리처드가 예루살렘 왕이 된 샹파뉴 백작 앙리에게 의뢰해 재확인한 상태였다.

하지만 이벨린에게는 문둥이 왕 보두앵에게서 받은 나블루스 근처의 영지도 있었다. 그런데 이곳은 리처드와 살라딘이 강화로 서로의 영역을 정한 바에 따르면 이슬람권에 속해 있었다.

살라딘은 그곳이 이슬람권에 있을지라도 여전히 그리스도교도인 이벨린의 영지임을 공인해주었다.

다마스쿠스로 돌아온 이후 살라딘은 나날이 체력이 쇠해갔다. 그토록 좋아하던 말도 더는 타지 못하게 되었다.

1193년으로 해가 바뀐 2월 21일, 그는 끝내 병으로 쓰러졌다. 그후 악화와 호전을 반복하다가 3월 1일 혼수상태에 빠졌다. 그리고 사흘 후인 3월 4일 아침, 숨을 거두었다.

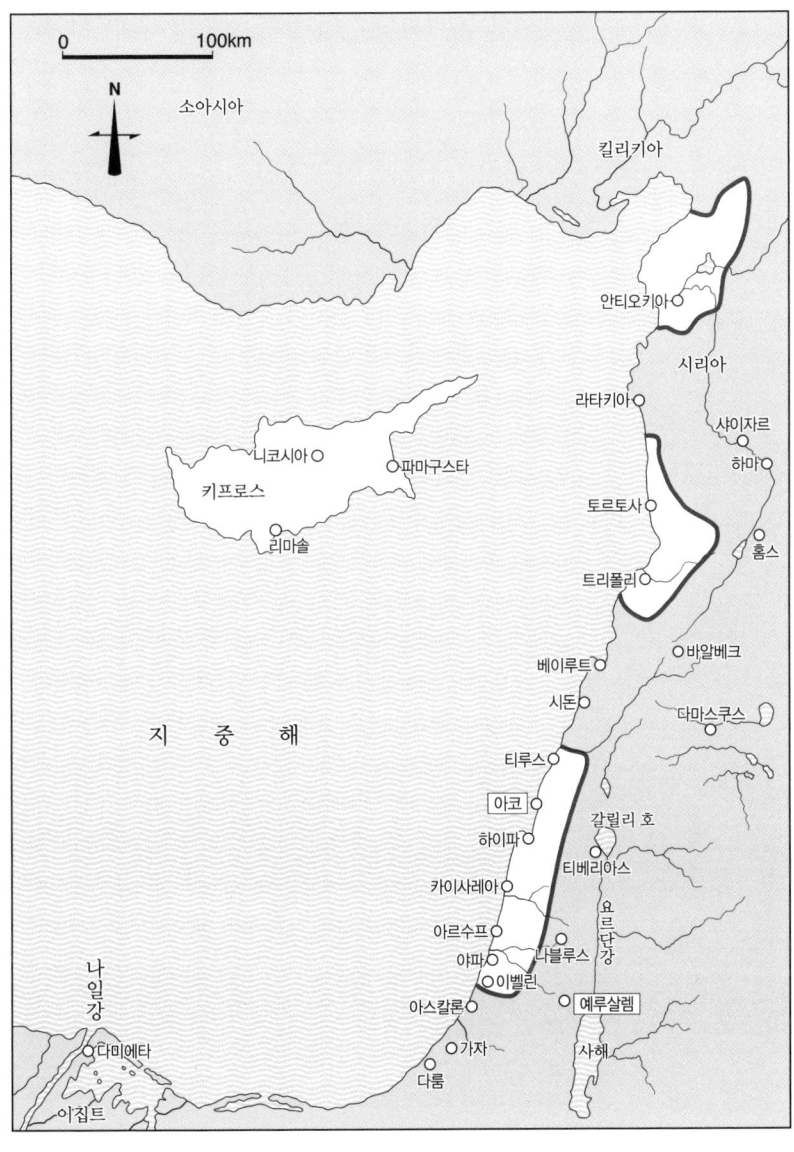

제3차 십자군 이후의 그리스도교 세력

제1장 사자심왕 리처드와 제3차 십자군

쉰다섯 살에 맞은 죽음이자, 리처드가 떠난 지 5개월밖에 안 되어 찾아온 죽음이었다.

강화로 끝난 이 제3차 십자군에 대해, 현대의 많은 연구자들은 상황이 그전과 조금도 달라지지 않았다고 평한다.

분명히 십자군측은 예루살렘을 수복하지 못했다. 따라서 이를 목표로 내세우고 원정을 시작했던 제3차 십자군은 군사적으로 실패한 셈이다.

그러나 리처드와 살라딘이 성립한 이 평화는 강화 조문에 명기된 3년 8개월이라는 기한을 훌쩍 넘어, 간혹 사고는 있었지만, 1218년까지 26년 동안 이어졌다.

26년이라는 세월이 짧다고 느끼는 사람이 있다면, 가령 지금 이스라엘과 팔레스타인 사이에 26년간의 평화가 성립한다면 어떨지 생각해보라고 말하고 싶다. 그 시기 중근동의 십자군 세력을 생각하면, 이 26년이란 결코 짧지 않은 세월이었던 것이다.

1218년은 알 아딜이 죽은 해다. 그리고 이를 계기로 평화가 깨진 것은 그리스도교측이 제5차 십자군을 일으켰기 때문이었다.

사자심왕 리처드는 성도 예루살렘을 수복하지 못했다. 그러나 그리스도교도의 '성지'에 26년 동안의 평화와 안전을 주고 떠났다.

그후의 리처드

유럽을 향해 출발하긴 했지만, 리처드는 유럽의 아무 항구에나 상륙할 수는 없었다.

마르세유와 제노바의 항구에 이미 동생 존과 프랑스 왕 필리프의 병사들이 대기하고 있다는 정보가 아코에까지 다다랐기 때문이다.

리처드는 일단 앞서 보낸 누이와 아내, 그리고 자신의 군대 본진에, 지브롤터 해협을 통해 대서양을 거쳐가는 바닷길로 영국으로 향하라고 지시했다.

그리고 이런저런 이유로 출발이 늦어진 리처드 자신은 소수의 병력만을 데리고 그리스에서 아드리아 해로 들어가, 그곳에서 북상해 베네치아에 상륙한 후 런던으로 향하기로 결정했다.

또한 적의 눈을 피하기 위해 변장도 했다. 흰색 옷과 망토에 크고 붉은 십자를 새긴 템플 기사단의 제복을 걸친 것이다. 템플 기사단은 서유럽에서 인기 있고 존경받는 존재였으므로, 그 제복을 입으면 별 지장 없이 지날 수 있을 것이라 판단한 것이었다.

그러나 문제는 그들이 탄 배가 지중해를 잘 아는 이탈리아의 배가 아니라 북해의 환경에 맞게 설계된 영국 배였다는 점이다. 다시 말해 모터 역할을 하는 노도 없고 돛도 사각돛이라 항해의 자유가 제한된 배였다. 그래도 계절이 아직 가을이어서, 아드리아 해 입구에 위치한 코르푸 섬까지는 순조롭게 항해할 수 있었다.

그런데 코르푸 섬을 지나자 갑자기 기후가 격변한다. 배는 강풍에 농락당하다 끝내 난파되고 말았다.

이때 많은 병사를 잃었지만 다행히도 리처드와 몇몇 부하는 무사히 가까운 해변에 닿았고, 근처에서 배를 구할 수 있었다.

그런데 이 배가 또 아드리아 해 안쪽까지 들어가서 좌초되고 말았다. 그래도 어찌어찌 트리에스테 근처에 상륙하는 데 성공했다.

그런데 그곳은, 베네치아 공화국의 영내가 아니라 오스트리아 공작 레오폴트의 영지였다.

여기서부터는 이제 몇 명 남지 않은 병사를 데리고 유럽 대륙을 횡단해야 했다. 몸에 걸친 템플 기사단의 기사복도 자못 먼 성지에서 귀환한 용사처럼 낡고 해졌다. 그래서 오히려 마을 선술집에서 무료식사를 대접받기도 했다. 리처드는 이를 재미있어했지만, 얼마 후에 들른 또다른 선술집에 한 부대의 병사가 들어옴으로써 그의 운은 다하고 말았다.

그 부대의 대장은 황제 '붉은 수염'이 익사한 후 독일군의 지휘를 맡았던 오스트리아 공작 레오폴트의 부하 중 하나로, 레오폴트의 지휘 아래 아코 공략전에 참전했던 이였다. 그리고 아코를 탈환한 날 영국 왕과 프랑스 왕의 깃발과 함께 성벽의 탑에 내건 오스트리아 공작의 깃발을, 리처드가 공작과 왕은 그 지위가 다르다는 이유로 내리라고 지시했을 때 그 현장에 있었던 사람이다. 이 일이 주인 레오폴트의 얼굴에 먹칠을 했다고 믿었던 부대장은 그때 깃발을 내리라고 지시한 리처드의 얼굴을 잊지 않고 있었다.

체포된 리처드는 오스트리아 공작 앞으로 끌려갔다. 리처드는 해묵은 원한에 연연하지 않는 사람이었지만 오스트리아 공작 레오폴트는 그렇지 않았다. 생각지 못한 전리품에 기뻐한 레오폴트는 리처드를 인적이 드문 성에 가두었다.

아무리 그래도 상대가 왕인 이상 손발에 쇠고랑을 채워 지하감옥에 집어넣을 수는 없었으니, 대신 성 안에 있는 탑의 높은 방에 가둔 것이다.

이날이 1192년 12월 11일이었다. 아코를 떠난 지 두 달, 여행이 순조롭게 진행되었다면 런던에 도착할 즈음이었는데, 이날부터 리처드는 행방불명 상태가 되고 말았다.

성탑의 방에 유폐된 리처드는 할 일이 없었다. 그래서 떠오르는 대로 노래를 흥얼거리며 하루하루를 보냈다. 이런 나날이 대략 얼마 동안이었는지는 알려져 있지 않다.

그런데 어느 날, 우연히 그 근처를 지나던 음유시인 블론델이 리처드의 노랫소리를 듣게 되었다. 게다가 들려오는 노래는 그가 아코에 있던 시절 리처드를 위해 만들어 그의 앞에서 직접 불렀던 노래였다.

아마도 음유시인이 성탑 방의 창문에 돌을 던지거나 해서 리처드가 창문을 열어 둘이 대면하지 않았을까 싶은데, 리처드는 음유시인에게 두세 명의 이름을 알려주며 자기가 이곳에 유폐되어 있다는 것을 전하라고 했다. 다른 사람도 아니고 자기가 직접 노래를 만들어 바쳤던 사람의 명령이다. 블론델은 이를 충실히 이행한다. 그리하여 비로소 행방불명된 리처드의 소재가 알려졌다.

이렇게 되자 오스트리아 공작 레오폴트는 뒷일이 두려워졌다. 공작 역시 리처드의 부하들이 필사적으로 주인의 행방을 찾고 있다는 것을 알고 있었다. 천하에 무서울 게 없는 그 남자들이 습격해올 것을 생각하니 갑자기 성탑 방의 수인이 골칫거리가 되어버렸다. 레오폴트 공작은 이 골칫거리를 자신의 주군인 신성로마제국 황제 하인리히 6세에게 호송했다.

황제 하인리히는 원정 도중에 익사한 '붉은 수염'의 아들이었다. 그 역시 아버지의 병사들을 이끌고 아코에서 싸운 레오폴트 공작의 깃발을 내리게 했던 리처드를 좋은 마음으로 대할 수 없었다.
 게다가 이 황제에게는 일찌감치 프랑스 왕의 손길이 뻗쳐 있었다. 프랑스 왕 필리프는 그 누구보다도 리처드의 귀국을 원하지 않는 사람이었다. 프랑스 왕은 황제에게 리처드를 계속 유폐해줄 것을 의뢰했다. 거액의 원조금까지 대가로 지불하면서.

그러나 제아무리 신성로마제국 황제라 해도 영국 왕을 이유 없이 계속 유폐할 수는 없는 노릇이었다. 황제는 리처드를, '해시시를 피우는 남자들'로 불리던 암살자 집단을 사주해 몬페라토 후작 코라도를 죽인 범인으로 몰아 재판에 회부했다.
 몬페라토 후작 코라도는 일주일이라는 짧은 기간 동안이나마 예루살렘 왕국의 왕위에 올랐던 사람이다. 유럽의 그리스도교도에게 예루살렘 왕은 성지에서 가장 지위가 높은 존재다. 그런 사람을, 그것도 적인 이슬람교도를 시켜 죽였다면 충분히 중죄에 속한다.
 하지만 리처드의 명성은 이미 유럽 전역에 퍼져 있었다. 그래서 재판을 열려 해도 재판관이 모이지 않았다. 지명된 사람들은 모두 이런저런 이유를 들어 사퇴했다.

그러는 동안 황제 앞으로 한 통의 서신이 도착했다. 바로 '해시시를 피우는 남자들'을 이끄는 '산의 노인'이 보낸 것이었다. 거기에는 예루살렘 왕 코라도를 살해한 것은 리처드의 의뢰 때문이 아니라 자신들 스스로 결정한 일이라고 쓰여 있었다.

서신에 따르면, 몬페라토 후작 코라도가 중근동에 왔을 때 대상(隊商)을 습격해 짐을 빼앗고 전원을 몰살시킨 일이 있었는데, 그 대상이 바로 '산의 노인'이 이끄는 집단이었다는 것이다. 그뒤로 이에 대한 복수의 기회를 노리고 있었고, 결국 그를 살해하는 데 성공했다는 것이었다.

마피아도 그렇지만 비밀결사에는 그들 나름의 명예관이 있다. 다른 사람의 의뢰를 받아 한 일과 자신들의 의지로 결행한 일을 분명히 구분하는 것이다. 생각해보면 기묘한 명예관이지만, 그래도 그들은 구분하기를 원한다.

'산의 노인'이 이끄는 이슬람의 암살자 집단이 굳이 리처드를 변호할 생각으로 진실을 알려온 것은 아니었다. 리처드의 명성은 이미 그곳에까지 널리 알려져 있었지만, 그들이 서신을 보낸 목적은 어디까지나 자신들의 명예를 위해서였다.

하지만 그 덕분에 더는 리처드를 재판에 회부할 수 없게 되었다. 그래도 프랑스 왕 필리프는 리처드를 계속 유폐해둘 것을 집요하게 요구했다. 신성로마제국 황제와 프랑스 왕 사이에 어떤 은밀한 거래가 이루어졌는지는 알 수 없지만, 결국 터무니없는 액수의 몸값을 책정하고는 이를 지불하면 석방하고 그렇지 않으면 계속 유폐하겠다는 결정이 내려졌다.

이때부터 심복들을 중심으로 한 리처드의 부하들이 움직이기 시작했다.

우선 어머니 엘레오노르가 보석 등 돈이 될 만한 것들을 모조리 팔아 몸값의 절반 가까이를 마련했다. 그리고 솔즈베리 주교를 비롯한 심복 전원이 돈을 마련하러 돌아다녔는데, 의외로 도와주는 사람이 많아 단기간에 전액을 조달할 수 있었다. 솔즈베리 주교 휴버트는 그 돈을 갖고 리처드를 데리러 독일로 향했다.

황제 하인리히는 리처드를 석방할 수밖에 없었으나, 황제 된 자가 돈을 받고 수인을 석방한다면 체면이 서지 않는다. 그래서 리처드를 자유롭게 해주는 조건으로 그가 앞으로 황제의 신하가 된다는 서약을 덧붙였다. 이런 부차적인 것에는 실효성이 없다고 생각한 리처드는 지체 없이 그에 서명했다.

이리하여 1194년 3월, 1년 3개월 만에 자유의 몸이 된 리처드는 기쁨을 감추지 못하는 솔즈베리 주교 휴버트와 함께 영국으로 향했다. 이제 오스트리아 공작도 독일 황제도 프랑스 왕도 그에게 손을 댈 수 없었으므로 템플 기사단 기사로 변장할 필요는 없었다.

리처드는 이 여정 도중에야 비로소 살라딘이 1년 전에 죽었다는 사실을 알았다. 조금만 더 성지에 머물렀다면 성도를 수복할 수 있었겠다며 아쉬워하는 솔즈베리 주교에게 리처드는 이렇게 말했다고 한다. 만약 그랬다면 살라딘은 죽고 싶어도 죽을 수 없었을 테니 장수하지 않았을까, 라고. 이런 대범함 역시 리처드의 타고난 성격이었다.

도버 바로 북쪽에 있는 샌드위치 항을 통해 영국에 상륙한 것은 1194년 3월 20일이었다.

런던으로 향하는 중에는 왕의 귀환을 기뻐하는 사람들의 끊임없는 함성 속을 지나야 했다. '사자심왕'의 명성에 누구보다 열광했던 건 영국 민중이었던 것이다. 그때까지 동생 존에게 붙어 있던 제후들조차 리처드 쪽으로 돌아섰다. 원래부터 리처드파였고 그의 귀환을 목이 빠져라 기다려온 제후와 병사들이 그를 개선장군처럼 맞이한 것은 말할 것도 없다. 요컨대 리처드의 귀국과 함께 영국 전역이 리처드의 세상이 되어버린 것이다.

나흘 후 리처드 일행은 런던에 도착했다. 런던에서 개선 이상의 열광을 받는 가운데 리처드는 세인트폴 대성당으로 향했다. 신에게 귀국을 보고하기 위해서였다.

웨스트민스터 왕궁에서는 사흘밖에 지내지 않고 곧바로 노팅엄으로 떠났다. 잉글랜드 중부에 위치한 노팅엄은 동생 존 세력의 중심지였다. 이곳에서도 사흘 동안 체재했을 뿐이지만, 그사이 존파인 제후와 대관(代官)들로부터 지지를 얻어내는 데 성공했다.

역사소설을 좋아하는 사람에게 노팅엄이라는 지명이 친숙한 것은 로빈 후드 때문일 것이다. 로빈의 상대 악역이 노팅엄의 대관이기 때문인데, 예상컨대 이 인물도 존파에 속했으며 리처드가 부재중인 것을 기회로 학정을 일삼으며 백성들을 괴롭혔을 것이다.

이런 유의 민중전설을 차치하더라도 노팅엄이 존파 세력의 거점이었다는 것은 사실이다. 리처드가 이 노팅엄에 모습을 드러냈을 때, 동생 존은 일찌감치 프랑스로 도망치고 없었다.

본국 영국에서의 위치를 굳건히 하는 작업을 마친 후, 리처드는 런던으로 돌아온다.
이 시기 그는 솔즈베리 주교였던 휴버트 월터를, 계속 공석이던 캔터베리 대주교로 임명했다. 그리고 그 직후 이 맹우를 재상으로도 임명했다. 이는 리처드가 드디어 프랑스 왕 필리프를 향해 도버 해협을 건널 날이 다가왔다는 선언이기도 했다.
프랑스 왕 필리프도 이것이 일종의 선언이라는 걸 알고 있었다. 그는 먼저 그동안 후원해오던 존과의 관계를 끊었다. 당신이 힘이 되어준다고 약속해서 형에게 반기를 든 것 아니냐며 항의하는 존을 내쳤다. 존은 자기 쪽 제후에게 버림받았을 뿐만 아니라, 믿고 있던 프랑스 왕에게도 버림받았던 것이다.

1194년 5월 12일, 존은 도버 해협을 건너 프랑스의 노르망디 지방에 상륙한 리처드 앞에 무릎을 꿇고 목숨만 살려달라며 애원했다.
리처드는 예상외로 간단히 동생을 용서한다. 이로써 형제 사이에 한바탕 말썽이 일어날 거라고 생각했던 필리프의 기대도 배반당했다.
또한 리처드는 필리프에게 가기 전 미리 그를 고립시키는 술책을 썼다. 프랑스 남부의 강력한 영주인 툴루즈 백작에게 누이 조안나를 시집보냄으로써 프랑스 남부와 북부를 분리시킨 것이다. 이슬람교도인 알 아딜과 결혼하라고 했던 때와 달리, 이번에는 조안나도 순순히 따랐다.

게다가 필리프에게는 다른 문제도 있었다. 프랑스 내의 유력한 제후였던 플랑드르 백작과 부르고뉴 공작은 십자군에 참전하여 '성지'에서 전사했다. 그리고 샹파뉴 백작도 예루살렘의 왕이 되었으므로 '성지'에 머물러 있어야 하기에 프랑스로 돌아올 염려가 없었다. 그래서 필리프는 이때를 이용해 프랑스 왕의 직할령을 확장하는 것에 매진하고 있었는데, 아직 이것이 완전히 확립된 단계는 아니었다. 즉 접근해오는 리처드를 상대하는 데 이들 제후의 협력까지는 기대할 수 없었던 것이다.

리처드가 없는 틈을 타 그의 영지인 노르망디 지방과 아키텐 지방을 공략한 것은 성공했지만, 영지를 탈환하려는 리처드의 군사행동이 이 지방에 집중될 것도 불을 보듯 뻔했다.

실제로 노르망디에 상륙한 이후 리처드는 지체 없이 움직였다. 전투가 벌어진다면 필리프는 도저히 리처드의 적수가 되지 못한다.

채 2년도 지나지 않아 노르망디 전역이 다시 리처드의 손에 들어갔다. 이 지역은 원래 노르만, 플랜태저넷으로 이어지는 잉글랜드 왕조의 발생지이기도 하다. 프랑스 왕에 굴복했던 시기에도 이곳에는 은밀한 동조자가 많았고, 프랑스 왕의 군대가 철수하자마자 그들은 거리낌 없이 리처드의 동조자가 되었다.

이 지역을 탈환하던 중 리처드는 한 교회에 우연히 들어갔는데, 보통 같으면 제단 위에 늘어서 있을 미사용 은촛대와 은잔이 하나도 없었다. 프랑스 왕에게 몰수당했느냐고 묻자, 사제들은 리처드의 몸값에 보태느라 공출한 것이라고 대답했다. 여기뿐 아니라 이 지방의 모든 교회가 그렇게 했다는 것이었다.

그 대단한 리처드도 미안한 마음이 들었던지, 상황이 일단락되면 은제구(祭具)를 대량으로 만들어 보내주겠다고 약속했다. 종교적으로는 특별히 내세울 게 없는 리처드였지만, 영지 내의 종교인들은 그를 자랑스럽게 생각했던 것이다.

2년 후인 1196년, 리처드와 필리프 사이에 휴전이 성립되었다. 계속 밀리기만 하던 필리프는 이 휴전으로 한숨 돌렸고, 밀어붙이는 입장인 리처드는 병력을 다음 전선으로 이동하는 데 필요한 시간을 벌 수 있었다.

어쨌든 이해에 휴전을 맺으며, 프랑스 왕 필리프는 거의 파리 근처까지 이르는 프랑스 북부를 리처드의 영토로 인정해야 했다.

다시 2년이 지난 1198년, 영국과 프랑스 사이에 전쟁이 재개되었다. 이때는 전장이 프랑스 서부로 옮겨졌다.

여기서도 리처드는 연전연승을 거두었다. 이로써 부재중에 필리프에게 빼앗겼던 영지의 90퍼센트 이상을 탈환했다.

그런 리처드에게도 인생의 막을 내려야 하는 때가 찾아왔다. 아직 필리프측에 있던 리모주 지방의 샬뤼 성을 공격하던 때의 일이었다.

항상 최전선에 서서 지휘하는 것이 리처드의 방식이었는데, 성채 위에서 날아온 화살 하나가 리처드의 오른쪽 어깨와 가슴 사이를 꿰뚫고 말았다.

'석궁(ballistra)'은 '활(arco)'과 달리 일단 화살을 명중시키면 엄청난 살상력을 발휘한다.

그리고 적의 석궁수가 최전선에 있는 리처드를 노리고 쏜 것임에 틀림없는 그 화살은, 강철 갑옷이나 투구도 꿰뚫을 만한 힘을 지니고 있었다.

그때 입은 상처가 원인이 되어 리처드는 결국 며칠 후 숨을 거두었다. 1199년 4월 6일, 41년 7개월의 생애를 마감하는 죽음이었다.

리처드의 시신은 영국에 없다. 죽은 후 곧장 머리는 푸아티에 지방의 수도원에, 심장은 노르망디 지방 루앙의 교회에, 그 외의 부분은 앙주 지방의 수도원에 나누어 매장했기 때문이다.

여러 곳에 영지를 지닌 왕의 시신을 해체하는 목적은, 우선 죽은 후에도 영지의 소유권이 그에게 있음을 보여주려는 것이다. 동시에 해당 영지의 백성들에게 자기 지역에 왕의 묘가 있다는 만족감을 안겨주려는 목적도 있었다.

19세기 들어 만들어진 것이기는 하지만, 영국에서는 리처드의 기마상을 만나볼 수 있다. 웨스트민스터 의사당 옆에 서 있어서 좋든 싫든 의원들이 볼 수밖에 없는 위치인데, 리처드에 대한 영국인들의 사랑을 입증하듯이 지금도 당당히 '사자심왕'다운 모습을 보여주고 있다.

리처드에게는 자식이 없었으므로 일찍이 죽은 형의 아들이 후계로 지명되었지만, 동생 존이 이를 가로채 다음 영국 왕에 즉위했다.

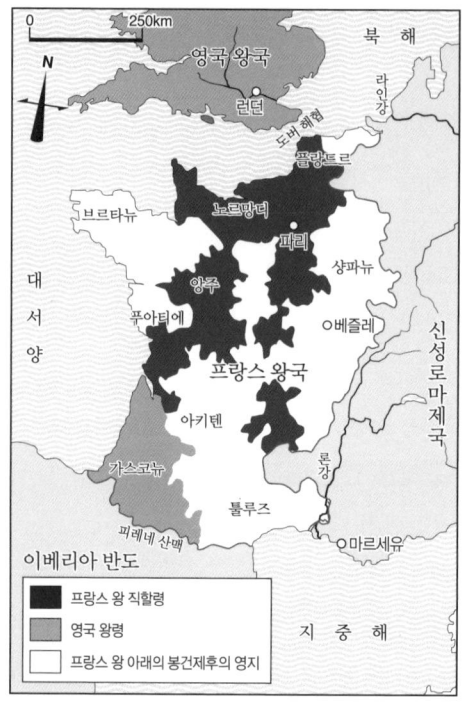

1223년경의 프랑스 세력도

 그리고 리처드가 죽은 지 5년 후 어머니 엘레오노르도 세상을 떠났다. 다시 1년 후인 1205년에는 캔터베리 대주교, 리처드의 맹우이자 솔즈베리 주교였던 휴버트도 숨을 거둔다. 또한 리처드의 심복임을 자부하던 남자들도 이 시기 차례로 세상을 떠났다.

 리처드가 '사자심왕'이라면 그 뒤를 이어 영국 왕이 된 존은 '실지왕(失地王) 존'이라는 이름으로 역사에 남는다. 그가 왕위에 있던 17년 동안, 형 리처드가 프랑스 왕에게서 탈환한 지방의 대부분을 다시 필리프에게 빼앗겼기 때문이다.

 필리프는 리처드의 사후에도 24년을 더 살았다.
 프랑스인은 이 필리프 2세에게 고대 로마제국의 초대 황제 아우구스투스의 이름을 프랑스식으로 발음한 '오귀스트(존엄왕)'라는 호칭을 붙여주었다. 두 사람은 장수했다는 것과 전투에 서툴렀다는 것 말고는 공통점이 없는 듯 보이지만, 프랑스인 입장에서 보면 프랑스의 영토를 확장하고 이를 기반으로 해서 중앙집권으로 이끈 최초의 왕이므로 '오귀스트'라 칭할 만할 것이다.

 물론 영국인은 필리프가 영토를 확장할 수 있었던 것은 영국 왕좌에 '사자심왕' 대신 '실지왕'이 앉았기 때문이라고 생각한다. 따라서 필리프에 대한 영국인의 평은 경멸로 시작해 온갖 악평으로 가득하다. 이 또한 중립적인 역사 연구의 어려움을 보여주는 한 예일 것이다.

 리처드에 대한 프랑스인의 평가 역시 미묘하다. 태어난 곳은 영국 옥스퍼드지만 자란 곳은 프랑스의 푸아티에가 아니냐는 것인데, 영국인이라면 누구를 막론하고 나쁘게 평하는 프랑스인들도 사자심왕 리처드에게만은 특별한 애착이 있는 듯하다. 그것도 쓴웃음을 짓게 하는 대목이다.

 참고로 웨스트민스터 의사당 옆에 서 있는 리처드의 기마상을 만든 이는 이탈리아인 카를로 마로케티다. 19세기 후반의 유럽에서 상당히 유명한 조각가였다고 하는데, 리처드의 기마상 역시 완성도가 나쁘지 않다.

참, 잊고 있었는데, 리처드가 자신의 문장으로 삼았던 빨간색 바탕에 노란색 사자 세 마리는 지금도 여전히 영국 왕의 문장이다.

영국 왕 사자심왕 리처드

제2장

베네치아 공화국과 제4차 십자군

(1202년~1204년)

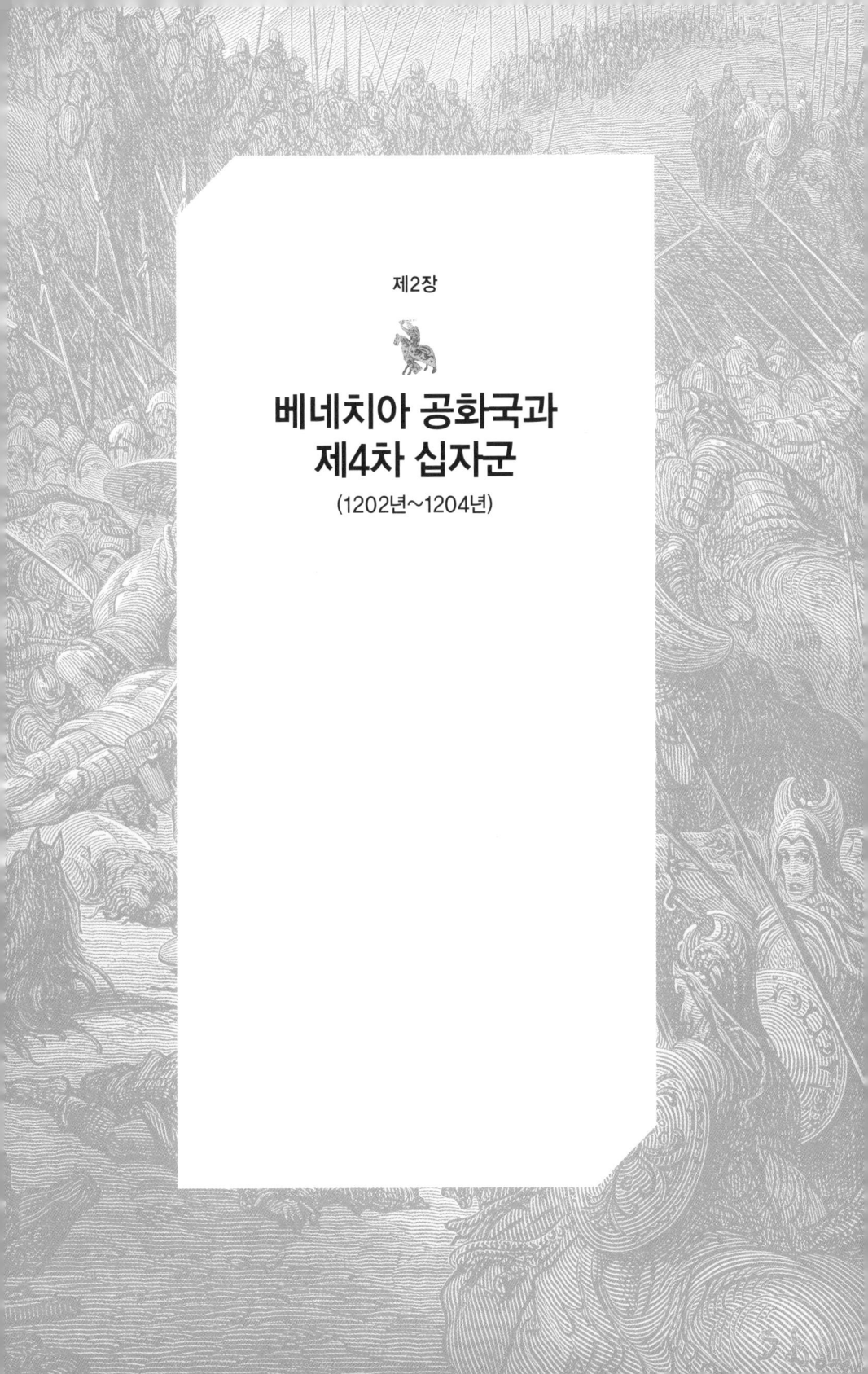

수재 교황의 등장

사자심왕 리처드가 프랑스 서부에서 전투중 세상을 떠나기 1년 전인 1198년, 로마에서는 성 베드로의 후계자로 서른여덟 살의 교황이 선출되었다. 고등학교 세계사 교과서에도 가장 파워가 강했던 교황으로 나오는 인노켄티우스 3세다.

이 시대의 로마 교황청은 직할영토를 지닌 영토국가이기도 했으므로, 이탈리아 중부에 위치한 교황청 영내에는 동시대의 독일과 프랑스, 영국 등과 마찬가지로 수많은 봉건영주가 할거하고 있었다. 로마 남쪽에 있던 새로운 교황의 생가 콘티 디 세니 가문 역시 그중 하나였다. 교황이 되기 전 그의 이름은 로타리오 데이 콘티 디 세니. 당시의 귀족에 해당하는 '노빌레'의 일원이었다.

이런 집안에서는 대체로 장남이 뒤를 잇고, 차남 이하는 각자의 자질에 따라 성직이나 군직(軍職)으로 나간다. 머리가 좋으냐 완력이 강하냐의 문제인데, 로타리오는 전자에 해당했는지 일찍부터 고위 성직자가 되기 위한 필요조건으로 여겨지던 학문의 길로 나갔다.

일단은 지리상 가까운 로마에서 수학하고, 이어서 파리로 유학을 떠났다.

'유학'이라지만 아직 중앙집권이 이루어지지 않은 이 시대에는 프랑스의 국경조차 명확하지 않았다. 그래서 외국 유학의 의미가 조금 달랐고 파리의 대학도 사설학원 정도의 수준이었지만, 그래도 고명한 교수를 사사한다는 목적은 달성했다. 청년 로타리오가 다음 유학지로 택한 곳은 이탈리아 중부의 볼로냐였다. 볼로냐에는 유럽에서 가장 오래된 대학이 있었는데, 말 그대로 당시 최고의 명문이었다.

스무 살을 지날 무렵, 그는 로마로 돌아왔다. 그후 로마 교황청에서 한동안 경력을 쌓았다. 이 시기에 많은 저작을 발표했는데, 그중에서 대표작 혹은 출세작이라 할 수 있는 것이 『De miseria humanae conditionis(인간의 비참한 현상에 대하여)』이다. 신에 대한 믿음만이 인간을 이 비참한 현상(現狀)에서 구원할 수 있다는 건 중세 교회 관계자들이 공통적으로 갖고 있던 신조였으므로 딱히 새로운 생각은 아니었다. 또한 로마 교황청의 '정도(正道, strada maestra)'이기도 했다.

전임 교황이 서거하자 새로운 교황 선출을 위한 콘클라베(추기경단의 선거회)가 열렸는데, 보통 몇 번의 투표를 거쳐 결정하는 데 비해 그해에는 로타리오가 첫번째 투표에서 곧바로 새로운 교황으로 선출되었다. 로마 가톨릭교회의 에이스 중의 에이스로 주목받고 있었으니 서른여덟 살이라는 젊은 나이도 장애가 되지 않았을 것이다.

인노켄티우스 3세라는 이름으로 교황에 즉위한 후에도 로마 교회의 '정도'에 대한 그의 확신은 전혀 흔들리지 않았다. 중세 그리스도교 세계의 가장 큰 문제는 다름아닌 로마 교황과 신성로마제국 황제의 위치 관계였는데, 이에 대해서도 그는 다음과 같이 명언(名言)했다.

로마 교황 인노켄티우스 3세

"신성로마제국(실제로는 독일)의 제후들은 자신들의 황제를 직접 선택할 권리를 가진다. 그러나 그 황제가 관을 쓸 정당한 자격을 갖추었는지 판단할 권리는 로마 교황에게 있다."

황제란 신에게서 세속의 통치를 위임받은 존재이므로, 신의 뜻을 인간에게 알리는 것이 임무인 주교(로마 교황은 그 주교들의 우두머리다)는 황제의 자격 유무를 결정할 권리가 있다는 것이다.

이렇게까지 공언한 사람이니 다음과 같은 말을 하는 데도 거리낌이 없었다.

"교황은 태양이고, 황제는 달이다."
지금 같으면 아무리 그리스도교도라도 혀를 내두를 만한 일이지만, 중세에는 이것이 로마 가톨릭교회가 생각하는 '정도'였다.

언뜻 수재 출신의 딱딱한 권위주의자로 보이기도 하지만, 이 교황은 의외로 유럽 그리스도교 세계의 새로운 물결, 즉 젊은이들에 대한 지원을 아끼지 않았다.

우선 신은 신자를 징벌로 대하는 것이 아니라 사랑으로 대한다고 설파하며, 당시 그리스도교 세계의 새로운 물결로 부각되던 앙주 출신 청년 프란체스코와 그의 동지들을 상당히 일찍부터 공인했다. 이 젊은이 집단은 기존 성직계에서 과격분자로 간주되어 자칫하면 화형에 처해질 수도 있었는데, 기존 성직계의 수장에게 공인받았다는 것은, 즉 성 프란체스코파의 장래가 보장되었음을 의미했다.

또한 훗날 신성로마제국 황제가 되는 프리드리히가 독일로 떠날 때도, 인노켄티우스 3세는 아직 성정을 알 수도 없는 이 스물한 살 청년에게 당장 절실히 필요한 자금과 병력을 지원해주었다.

나는 이 두 젊은이, 성 프란체스코와 프리드리히가 각각 종교와 정치, 문화 부문에서 르네상스 운동의 첫번째 주자라고 생각한다. 이 두 사람의 출발을, 중세사상의 화신이나 다름없던 교황 인노켄티우스가 도운 것이다.

이 두 사람 외에도 교황이 지원해준 젊은이 집단이 또 있었다. 내가 『로마 멸망 이후의 지중해 세계』 상권에서 소개했던, 프랑스인 수도사

장이 조직한 '구출 수도회'다.

이 수도회는 북아프리카에서 온 이슬람교도 해적에게 납치당해 이교의 땅에 끌려가 노예로 혹사당하고 있는 그리스도교도들을, 몸값을 지불하고 귀국시키는 것을 목적으로 창설된 조직이었다. 교황 인노켄티우스는 '구출 수도회'를 설립 2년 만에 일찌감치 공인해주었을 뿐 아니라, 이 수도회가 이후로 활동을 계속할 수 있도록 항구적인 재원도 마련해주었다.

이런 유의 종교조직은 기부에 의해 운영되는 것이 보통이다. 하지만 항구적인 재원이 있다면 훨씬 안정된 운영이 가능해진다. 교황 인노켄티우스는 로마의 일곱 언덕 가운데 하나인 셀리오 언덕에 이들의 본부를 둘 땅을 마련해주었고, 로마 성벽에 뚫린 열한 개의 성문 가운데 네 개의 성문에서 거둬들이는 관세를 고스란히 '구출 수도회'의 수입으로 넘겨주었다.

정식 명칭은 '노예가 된 그리스도교도를 구제할 목적으로 설립된 신성한 삼위일체의 수도회'인 이 수도회의 활동은, 지중해에서 해적이 완전히 모습을 감추는 19세기 초까지 이어진다. 교황이 확보해준 재원이 6백 년 동안 끊임없이 이들의 활동을 뒷받침한 것이다.

교황 인노켄티우스 3세의 지원에는 네 가지 특징이 있다.

첫째, 해당 인물에게 가장 필요한 것을 지원했다는 것. 따라서 지원을 받는 사람이나 단체에 따라 그 내용이 달라졌다.

둘째, 지원으로 인해 얻는 메리트가 확실하지 않다 해도 망설이지 않았다는 점이다. 프리드리히의 경우는 나중에 교회의 반역자가 되었으니, 먼 훗날까지 생각하여 지원하는 유형이었다면 이를 단행할 용기를 가질 수 없었을 것이다.

셋째, 당장에 필요한 것을 대줄 테니 그뒤로는 알아서 하라는 식으로, 지원받은 것들을 어떻게 쓰든 참견하지 않았다는 것이다.

그리고 마지막으로, 이 교황은 반드시 지원하는 상대와 직접 만나 이야기를 나눈 후에야 지원을 결정했다. 프란체스코든 프리드리히든 수도사 장이든 당시 사회적 위치가 불안정한 풋내기였지만, 교황 인노켄티우스는 이를 문제삼지 않고 직접 만나 이야기를 나누었다.

나는 이것이야말로 비기득권자에 대한 기득권자의 가장 이상적인 형태의 지원이라고 생각한다.

그러나 교황 인노켄티우스는 오직 신에 대한 믿음만이 인간에게 빛을 비추고 그들을 비참한 현상에서 구원할 수 있다고 믿어 의심치 않은 사람이었다. 그렇게 생각하지 않는 사람들은 그의 입장에서 이단자이자 반체제파였다.

그중 알비파라 불리던 프랑스 남부 사람들에 대한 탄압은, 나중에는 탄압을 넘어 이단을 적대시하는 십자군으로까지 발전한다. 교황 즉위 10년 후에 시작된 전쟁은 좀처럼 결말이 나지 않고 그의 사후까지 계속되었는데, 역사상 '알비 십자군(Albigensian Crusade)'으로 불리는 이 전쟁은 그전까지 우세했던 프랑스 남부의 힘을 꺾음으로써 프랑스 북부를 이롭게 만드는 결과로 끝났다. 교회의 반체제파를 징벌할 생각으로 시작된 이 '십자군'은 결국 프랑스 북부를 기반으로 삼고 있던 프랑스 왕 필리프 2세에게만 이득을 안겨준 것이다.

그러나 이 이상으로 강하게, 교황 즉위 직후부터 인노켄티우스의 마음을 가득 채우고 있던 것은 이교도를 상대로 한 십자군이었다. 제4차 십자군 원정을 실현하는 것. 이것이 서른여덟 살 교황의 최대 과제였다.

 리처드와 살라딘이 맺은 강화 덕분에 그리스도교도는 예루살렘, 베들레헴, 나사렛을 자유롭고 안전하게 순례할 수 있게 되었다. 하지만 이 3대 성지 중에서도 '성도'로 특별시되는 예루살렘을 계속 이슬람교도가 지배하고 있다는 사실에는 변함이 없었다. 로마 가톨릭교회의 '정도'를 자처하는 인노켄티우스는 이를 용납할 수 없었다.
 또한 교황 인노켄티우스는, 제3차 십자군에 결코 만족하지 못했다.

 제1차는 물론이고 제2차에서도, 유럽에서 십자군이 원정을 떠날 때는 반드시 '교황 대리'가 동행했다. 원래는 로마 교황이 이끌어야 하는데 대리를 임명해 대행시킨 것이므로, 이 '교황 대리'의 발언권은 상당히 강했다.
 그런데 제3차 십자군에는 처음부터 '교황 대리'가 동행하지 않았다. 로마 교황이 움직이기 전에 황제와 왕들이 자발적으로 움직였기 때문이다. '교황 대리'의 부재로 제3차 십자군은 시종 세속인들의 십자군이라는 양상을 띠었다.
 성직자가 동행하지 않았던 것은 아니다. 하지만 이들도 왠지 리처드에게 끌려다니는 느낌이 강했고, 성직자로서 로마 교회의 생각을 대변하기보다 장수로서 전장에서 분투할 때가 훨씬 많았다.
 또한 교황 인노켄티우스는 리처드와 살라딘이 강화를 체결한 것부터 마음에 들지 않았다. 이슬람교도와 그리스도교도 모두 서로를 '불신의 무리'로 일컬었는데, 그리스도교도 왕이 불신의 무리와 강화를 맺는 것 자체가 있어서는 안 되는 일이었던 것이다.

아무리 그리스도교도의 순례가 자유와 안전을 보장받았다 해도 이를 보장해준 건 '불신의 무리'다. 이는 당시 로마 교황청을 지배하고 있던 사고방식으로는 용납할 수 없는 일이었다.

만약 제3차 십자군에도 '교황 대리'가 동행했다면 살라딘과 강화를 맺는 것에 단연코 반대했을 것이다. 교황 인노켄티우스는 다음 십자군에서는 반드시 로마 교황의 영향력을 재정립해야 한다고 굳게 다짐하고 있었다.

성도 예루살렘을 그리스도교도의 도시로 되돌려야 한다. 그것도 회담이 아니라 군사력으로. 하지만 누구에게 이를 부탁할 것인가. 이것이 성 베드로 이후 176대 로마 교황에 즉위한 인노켄티우스 3세의 마음을 지배하고 있던 문제였다.

황제와 왕을 움직인다 해도 그들은 언젠가 귀국해야 하는 몸이고, 그로 인한 단점은 제2차와 제3차 십자군에서 이미 실증되었다. 게다가 정통 신성로마제국 황제의 자격을 지닌 프리드리히는 이때 고작 여섯 살이었다. 그의 대리들은 불안정했다. 프랑스 왕 필리프는 리처드가 죽은 후로 영토 확장에 전념하고 있어 십자군 이야기에 귀를 기울일 계제가 아니었다. 이들이 아니라면 다른 누구에게 부탁할 수 있을까.

로마 교황은 태양이고 황제와 왕은 달이라 해도, 그 태양은 군사력을 갖고 있지 않았다.

　군사력이 없는 조직의 수장이라는 문제뿐 아니라, 이 '태양'은 종종 수재들에게서 엿보이는 단점도 갖고 있었다.

　좌절을 경험한 적 없는 사람이 흔히 그렇듯이, 자신이 하는 일에 의심을 품지 않는 탓에 자신과 다른 발상을 하는 사람의 진의를 상상하지 못한다는 점이다. 이 단점은 어떤 일을 진행하는 데 있어 때를 놓치는 실수를 범하거나 사후승낙의 상황으로 이어질 소지가 다분했다.

도제 단돌로

　엔리코 단돌로가 베네치아 공화국의 도제(Doge, 원수)로 선출된 것은 인노켄티우스가 교황으로 선출되기 6년 전인 1192년이었다. 리처드와 살라딘 사이에 강화가 성립된 해다.

　태어난 해가 확실하지 않으므로 도제로 선출된 해에 정확히 몇 살이었는지는 알 수 없다. 하지만 적어도 일흔 살은 넘었을 것으로 추정된다. 단돌로의 집안은 베네치아의 명문이었지만, 베네치아 공화국의 지도층을 형성하는 남자들에게는 명문가의 상속자로서 편한 인생을 사는 일이 허락되지 않았다.

　우선 20대와 30대는 내내 해외와의 통상 업무로 보낸다. 그것도 단순히 비즈니스만 하는 것이 아니다.

　상품을 싣고 해외로 가는 배에 상인이 동승하는 게 상례였으므로 그들은 다른 민족, 그것도 대부분 이교도와 교역하는 법을 배우면서 자연스럽게 항해술도 익혔다. 또한 베네치아에서는 해전이 벌어지면 부근을 항해중인 상선까지 소집하기 때문에, 해상 전투에 숙달되지 못하면 목숨이 위태로웠다. 이에 더해 이 시기에는 교류지의 여러 가지 사정, 정치와 종교, 풍속, 습관, 문화, 언어까지 배워야 한다.

마흔 살 전후가 되면 뭍으로 올라간다. 그렇다고 가만히 있을 수 있는 것이 아니라 이번에는 온갖 분야의 외교에 내몰린다. 베네치아 본국 정부에서 일하다가도 이틀 후에는 독일이나 프랑스, 비잔틴제국 등지로 떠나는 것이 베네치아 공화국 지도층에 속하는 남자들의 일상이었다.

훗날 외교의 본가임을 자부하는 영국인들도 "현대 외교는 13세기 베네치아에서 시작되었다"고 말했다. 타국에 영사를 상주시킨 것도 베네치아인이 최초였으며, 그들은 군사력, 정보 수집력, 외교력 모두 동등하게 국익으로 이어진다고 믿었다. 단돌로 역시 이집트의 알렉산드리아와 비잔틴제국의 수도 콘스탄티노플에서 영사를 역임했다.

나이가 들면서 뭍에 있는 기간이 점점 길어졌겠지만, 베네치아의 지배체제에서 출세의 최종목표인 도제로 선출되었을 때는 이미 온갖 것들을 경험한 뒤였다. 올라운드 플레이어라는 점에서는 다른 어떤 나라의 통치자들과도 비교되지 않았다.

베네치아는 공화제 국가이지 군주국이 아니다. 도제는 유일하게 임기가 없는 종신제였지만, 전쟁의 참가 여부 같은 국가 중대사는 베네치아의 전 국민에게 참가 자격이 있는 시민집회에서 결정된다. 또한 구체적인 정책을 결정하는 것은 국회에 해당하는 원로원이었는데, 도제가 가진 표는 120명의 원로원 의원과 마찬가지로 단 한 표였다. 그리고 정부에 해당하는 기관에서도 도제의 결정권은 열 표 내지 열일곱 표 중의 한 표에 불과했다.

그렇지만 도제는 그냥 되는 게 아니라 온갖 분야를 경험한 후에야 선출되는 것이다. 그 때문에 고령자가 뽑히는 경우가 많았고, 도제의 발언에는 그만한 '무게'가 있었다. 나이 때문에 존경받았던 건 아니다. 풍부한 경험과 그를 기초로 한 통찰력이 도제의 발언에 '무게감'을 더해주었던 것이다. 엔리코 단돌로는 이런 베네치아 공화국의 도제였다. 아니, 그뿐 아니라 베네치아 지도자의 전형이었다.

베네치아 공화국은 외교에서도 선진국이었지만 정교분리에서도 선진국이었다.

그 시대 다른 나라의 시가지 중심에는 군주의 궁전과 그 도시의 대성당이 우뚝 솟아 있었다. 주교의 저택도 대성당 바로 근처에 있었다.

그런데 베네치아에서는, 정무를 담당하는 관청인 도제 관저 근처에 있는 산마르코 대성당도 공식적으로는 도제의 예배당에 지나지 않았다. 도시의 모든 신자를 통솔하는 대성당이 로마 교황청 관할인 것과 달리 개인 예배당인 이곳에는 로마 교황도 손을 댈 수 없었다.

또한 베네치아에 파견된 대주교의 저택도 시가지 중심에서 멀리 떨어진 곳에 있었다. 피렌체의 대성당이 산타 마리아 델 피오레라는 것은 다들 알고 있지만, 베네치아의 대성당이 어디에 있는지는, 그 도시에 수없이 발걸음을 했던 나도 생각이 나지 않는다.

그러나 베네치아 공화국도 엄연히 로마 가톨릭교회의 일원이다. 베네치아에서는 다른 그리스도교 국가와 달리 대주교를 '아르키베스코보'가 아니라 오리엔트식으로 '파트리아르카'라 불렀는데, 그 '파트리아르카'에게 아무래도 공식적인 무대를 마련해줄 필요가 있었다.

그래서 축제일이 되면 베네치아의 대주교도 시가지 끝자락에 있는 대주교 저택에서 중심지인 산마르코 광장으로 나와 축제행렬에 참가하는 것이 상례였다.

하지만 이때에도 베네치아는 독자적인 색이 짙어서, 호화로운 정식 복장을 차려입은 대주교의 역할은 행렬의 선두에 서는 것밖에 없었다. 그리고 주인공은 어디까지나 베네치아 공화국의 도제라는 것을 보여주려는 양, 도제는 행렬 중간쯤에 사람들의 환호성 속에서 화려한 천개(天蓋)를 연상시키는 양산 아래를 걸어갔다. 도제 뒤에는 정부 고관과 원로원 의원들이 따랐는데, 이 행렬 순서는 종교 축제에서도 변함이 없었다.

다시 말해 종교상의 행렬에서조차 베네치아의 대주교는 '선도자' 역할밖에 할 수 없었던 것이다. 일신교 세계였던 중세에도, 베네치아 공화국의 정교분리는 철저했던 셈이다.

이 베네치아 공화국이 '교황은 태양이고 세속의 지도자는 달'이라고 생각하는 로마 가톨릭교회의 눈에 항상 성가신 존재였던 것도 당연하다.

이슬람교도와 교역한 행위를 '성무 금지'나 '파문'으로 벌하면 다른 나라 같으면 어쩔 줄 몰라 우왕좌왕할 텐데 베네치아인들은 전혀 개의치 않았다. 하는 수 없이 로마 교황 쪽에서 타협해 목재 같은 전략물자만은 수출하지 않는 조건으로 벌을 거두는 것이 보통이었다.

로마 교황청을 이렇게 강하게 대할 수 있었던 것은 베네치아 공화국이 단순한 상인의 나라가 아니라 강력한 해군력을 가진 존재였기 때문이다. 그리스도교측과 이슬람측이 해전을 벌일 때에도 베네치아 해군의 참전 여부에 따라 승패가 갈릴 정도였다.

베네치아인들이 '그리스도교도이기에 앞서 베네치아인'이라는 말을 아무렇지도 않게 입에 담을 정도였으니, 로마 교황이 "나는 어느 나라에서나 교황이지만, 베네치아에서만은……" 하며 한탄한 것도 무리는 아니었다.

그러나 서유럽 그리스도교 세계가 한데 뭉쳐 이슬람 세계에 맞설 때, 베네치아 공화국은 주저하지 않고 그리스도교측에 섰다. 중립이란 것이 때와 장소에 따라 치명적인 해를 초래한다는 걸 잘 알고 있었기 때문일 것이다. 다만 이는 모든 그리스도교도가 뭉쳤을 경우에만 해당되는 얘기고, 그렇게까지 심각하지 않은 경우에 베네치아인들은 국익을 최우선해 판단하고 행동했다.

도제로 취임한 엔리코 단돌로가 맞닥뜨린 문제는, 같은 이탈리아인이면서 베네치아의 경쟁상대이기도 한 피사와 제노바가 중근동에서 우위를 점하고 있는 이 상황을 어떻게 타개하는가 하는 것이었다.

원래도 피사와 제노바의 교역상인과 그들의 배는 십자군 해상의 '발'이 됨으로써, 오리엔트 교역, 바꿔 말해 '십자군 특수'에서 앞서나가고 있었다.

그런데 제3차 십자군이 끝나고 보니 상황이 더욱 확실해졌다. 사자심왕 리처드가 이 두 나라의 선단을 활용했기 때문인데, 이는 아마도 자신의 전략대로 움직이려는 리처드의 입장에서는 국가로서 통합적으로 움직이는 베네치아보다 개인적으로 움직이는 피사나 제노바가 더 다루기 편해서였을 것이다.

어쨌거나 제3차 십자군이 끝나고 강화가 성립된 뒤에는 이 두 나라 상인들이 중근동에서 차지하는 '위치'가 현격하게 높아져 있었다. 베네치아가 해양국가로서 교역입국을 계속 유지하려면 이 열세를 만회할 필요가 있었다.

단돌로가 도제에 취임한 이듬해에 살라딘이 죽었다. 이 시대에는 강화를 맺었다 해도 그 강화의 성립에 진력한 장본인이 죽으면 이를 파기하는 일이 드물지 않았다. 베네치아의 단돌로는 이 상황을 냉정하게 지켜보고 있었을 것이다. 강화가 파기되면 피사와 제노바가 제3차 십자군에서 함께 싸워 얻은 우위도 흔들릴 테니까.

그런데 살라딘이 죽은 후에도 그가 리처드와 맺었던 강화는 계속 이어졌다. 오히려 처음에 정한 3년 8개월이라는 기한이 지난 후에도 이슬람측은 강화의 갱신을 희망했고, 물론 그리스도교측도 흔쾌히 받아들였다.

살라딘이 죽고 5년이 지난 1198년에 다시 갱신이 이루어졌을 때, 도제 단돌로는 결단을 내렸다. 특히 매번 살라딘의 동생 알 아딜의 주도로 갱신이 이루어졌다는 사실에 주목한 베네치아는 결정적으로 뱃머리의 방향을 바꾸었다.

베네치아는 이전부터 이집트와 우호적인 관계를 유지해왔다. 물론 경제면에서였다. 베네치아 공화국은 다른 나라와 조약을 맺어도 그 내용을 어디까지나 경제에 국한했고, 군사동맹으로까지 나아간 일은 거의 없었다. 정치적인 군사행동에서 다른 나라의 규제를 받기 싫어서였을 것이다. 베네치아와 이집트의 통상조약은 갱신에 갱신을 거듭해왔다. 그와 동시에 베네치아는 리처드와 살라딘이 맺은 강화가 앞으로도 지속될 것으로 보이는 중근동에, 눈에 띄지 않는 형태로 조금씩 침투를 재개했던 듯하다.

그 결과 1201년 알 아딜과 맺은 조약에, 비공식적인 항목 하나가 추가되었다. 십자군 원정이 다시 시작되어도 베네치아 공화국은 이집트를 목표로 한 군사행동에 참가하지 않는다는 항목이었다.

술탄 알 아딜

살라딘이 세상을 떠난 1193년 3월, 알 아딜은 쉰 살이었다. 그는 형의 아들들이 가진 후계자의 권리를 침해할 생각이 전혀 없었다.

다마스쿠스의 웅장한 모스크에 묻힌 살라딘은 아들 열일곱 명과 딸 한 명을 남겼다. 하지만 그중 대부분은 이른바 스페어 요원이고, 중요한 사람은 위의 몇 명이었다. 죽기 전에 작성한 유언장에서 살라딘은 자신이 창설한 아이유브 왕조의 영토 전역을 다음과 같이 분배했다.

스물두 살인 장남 알 아프달은 다마스쿠스를 물려받았다. 아이유브 왕조의 주인 자리에 오름과 동시에, 수도 다마스쿠스를 비롯한 시리아 전역의 통치자가 된 것이다.

한 살 아래인 알 아지즈에게는 이집트 통치가 맡겨졌다.

셋째 아즈 자히르에게는 시리아 제2의 도시 알레포가 주어졌다.

영유와 통치권이 이들 도시를 중심으로 한 주변 전역에 미친다는 것은 말할 것도 없다.

그리고 살라딘은 누구보다 신뢰했던 동생 알 아딜에게, 역사상 '시스 요르다니아(요르단강 이쪽)'라 불렸으며, 현재 이스라엘 국내의 '요르단강 서안지구'에 해당하는 전역을 맡겼다.

살라딘이 이 지역의 통치 책임자로 알 아딜을 배정한 것은, 생각해 보면 의미심장한 일이었다.

요르단강 서안지구의 서쪽 끝은, 리처드와의 강화를 통해 그리스도교측 지역으로 인정한 티루스에서 야파까지의 그리스도교측 지배지대와 접해 있다. 동시에 동쪽 끝은 요르단강 너머 수도 다마스쿠스를 비롯한 이슬람 세력과 접해 있었다.

살라딘은 중근동이라는 좁은 지역에서 어깨를 맞대고 있는 그리스도교 지구와 이슬람 지구의 중간에 해당하는 지역을 알 아딜에게 맡김으로써, 그곳이 이슬람령과 그리스도교령의 완충지대가 되길 바랐던 게 아닐까.

살라딘은 예루살렘이 다시 이슬람교도에게로 돌아옴으로써 이슬람측의 '성전'이 끝났다고 생각하고 있었다. 실제로 그는 리처드가 아코를 떠나 유럽으로 돌아갔다는 것이 확실해지자 '지하드'를 내걸고 모았던 이슬람군을 해산했다.

알 아딜도 형의 그런 생각에 동의했다. 리처드와 살라딘이 맺은 강화 기한이 다한 후에도, 알 아딜은 중근동 그리스도교 세력을 대표하는 예루살렘 왕과 계속 강화를 갱신했으니까.

살라딘과 알 아딜은 팔레스티나의 그리스도교도, 이슬람측 호칭으로는 '프랑크인'이 중근동 땅에 존속하는 것을 용인했던 것이다. 단 서방에서 새로운 십자군 원정이 오지 않는다는 조건하에.

리처드가 상당한 영토를 탈환했으므로 중근동에 사는 '프랑크인'도 만족할 만한 상황이었다. 하지만 이 상태는 곧 십자군 정신의 퇴화로 이어진다. 당장 이슬람교도에 대한 적대의식이 잊혔기 때문이다.

그러나 이런 안정된 상태가 흔들리기 시작한 것은 오히려 이슬람측이 먼저였다. 강력한 지도자의 자질을 갖춘 누레딘이나 살라딘이 등장하기 전까지 이슬람 사회의 특색이나 다름없던 형제간의 다툼이 재연된 것이다.

조카들 사이의 다툼이 군사행동으로까지 이어진 1194년은 살라딘이 죽은 지 1년밖에 안 된 때였다. 숙부 알 아딜은 하는 수 없이 중재에 나섰다. 하지만 1196년 또 같은 일이 일어나자, 알 아딜은 알 아프달이 살라딘의 뒤를 이을 만한 그릇이 아니라는 것을 인정하지 않을 수 없었다. 살라딘의 장남은 최대한 온건한 방식으로 다마스쿠스에서 추방당했다.

이것으로 사태가 일단락된 듯했지만 2년 후인 1198년, 알 아프달 대신 아이유브 왕조의 정상에 오른 차남 알 아지즈가 사냥을 나갔다가 낙마해 죽고 말았다. 그리고 이 사실을 안 장남 알 아프달이 정권복귀를 위해 움직이기 시작했다.

그러나 이 젊은이에게 아이유브 왕조를 통합할 역량이 없다는 것은 각지의 영주인 태수들도 알고 있었다. 그래서 이들은 알 아딜에게 명실공히 아이유브 왕조의 정상에 올라 살라딘의 뒤를 이어달라고 요청한다.

하지만 알 아딜은 도저히 죽은 형의 아들들을 소외시킬 수 없었다. 결국 태수들에게 외면받은 알 아프달이 최종적으로 은퇴하기로 한 1201년에야, 알 아딜은 형 살라딘이 앉았던 술탄의 자리에 오르기로 결심한다. 그의 나이 쉰여덟 살이었다.

알 아딜은 아이유브 왕조의 영토를 다음과 같은 이들에게 맡겼다.

낙마사고로 죽은 살라딘의 차남 알 아지즈의 아들인 열일곱 살의 알 만수르에게는 에데사 통치를 맡긴다.

스물한 살이 된 자신의 장남 알 카밀에게는 이집트 통치를 맡긴다.

자신의 차남 알 무아잠에게는 다마스쿠스를.

그리고 삼남과 사남에게도 각지의 통치를 맡긴다.

흥미로운 것은 알 아딜이 자신의 아들들에게는 아버지의 이름으로만 통치할 권리를 주었다는 점이다. 이는 훗날 그의 뒤를 잇는 장남 알 카밀에게 무시할 수 없는 장애물로 작용하는데, 형 살라딘에게 심취했던 알 아딜은 도저히 형의 직계를 잘라버릴 수 없었는지도 모른다.

어쨌든 이로써 아이유브 왕조의 지배체제가 재편성되었다.

이를 끝낸 직후, 이제 이슬람 세계의 최고권력자가 된 알 아딜은 '불가침'이라는 비밀조항을 추가하여 베네치아 공화국과 통상조약을 맺었다.

살라딘을 따라 온갖 전투를 경험해온 알 아딜은 형과 마찬가지로 이 탈리아 해양국가의 해군력을 지겨울 정도로 실감했다. 리처드가 정복해 뤼지냥을 왕으로 앉힌 키프로스 섬은 당시 아직 방어체제가 완전하지 않아서, 이슬람의 군사력만 생각하면 서유럽에서 오리엔트로 오는 길에 있는 중계기지로 안성맞춤인 그곳을 쉽게 정복할 수 있었다. 하지만 그럴 수 없었던 것은 키프로스가 바다에 떠 있는 섬이기 때문이었다. 살라딘이나 알 아딜이 가진 병력으로도, 그리스도교측이 견지하는 제해권을 무너뜨릴 수 없었던 것이다.

키프로스는 어쩔 수 없이 그냥 놔둔다 해도, 살라딘의 사후 이슬람 세계가 불안정한 지금 새로운 십자군이 원정을 오는 것만은 피하고 싶은 것이 알 아딜의 심정이었다. 그리고 만약 그럴 경우 십자군의 해상에서의 '발'은 피사와 제노바, 베네치아로 이루어진 이탈리아의 배가 될 것이다. 그 '발' 중 하나, 그중에서도 가장 큰 것을 떼어내려는 생각은 누구나 할 법한 것이었다.

통상을 표면에 내세운 우호조약의 상대로 피사나 제노바가 아니라 베네치아를 택한 것은, 무엇보다 국가로서 투입할 수 있는 통합된 해군력의 차이 때문이었다. 피사도 그렇지만 특히 제노바는 개인주의 성향이 강해서, 개개인의 활동은 활발하지만 국가의 힘을 배경으로 한데 뭉쳐 행동하는 일은 적었다. 그러므로 지속적인 관계를 원한다면 베네치아가 적합했다.

이 조약으로 베네치아가 얻은 이점은 이집트를 포함한 알 아딜의 지배권 전역에서 특별대우를 받으며 경제활동을 할 수 있다는 것이었다. 베네치아의 경제인이 라이벌들보다 유리한 환경에서 활동할 수 있게 된 셈이다.

그러나 베네치아인은 뭐가 되었든 한곳에 모든 것을 집중하는 것을 꺼려했다. 정치에서도 한 인물에게 권력이 집중되는 것을 병적으로 싫어했는데, 경제에서 역시 위험을 분산하는 것을 당연하게 생각했다. 이집트라는 최고의 시장을 제공받아도, 그것으로 족하다고 생각할 사람들이 아니었던 것이다.

지금까지 말한 세 명, 로마 교황 인노켄티우스 3세와 베네치아 공화국 도제 단돌로, 살라딘의 뒤를 잇게 된 알 아딜이 제4차 십자군의 진정한 주역들이다.

시종 표면에 나서는 것은 엔리코 단돌로이고, 인노켄티우스는 조금 떨어진 곳에, 그리고 알 아딜은 훨씬 멀리 떨어져 있는 숨은 주인공 같은 격이지만, 이 세 사람이 진정한 주역이라는 것에는 변함이 없다. 왜냐하면 이 셋 중 누구 한 사람이라도 빠졌다면 제4차 십자군은 그와 같은 형태가 될 수 없었을 것이기 때문이다.

그러므로 이 세 명 이외의 사람들은, 말하자면 장기판의 '말'에 지나지 않았다.

프랑스의 젊은 제후들

12세기가 거의 끝나가던 해의 가을, 프랑스 북동부 샹파뉴 지방의 성에서 마상 창시합이 개최되었다.

주최자는 스물두 살의 샹파뉴 백작 티보. 주빈 역시 스물일곱 살의 젊은이인 블루아 백작 루이였다.

두 사람 모두 지위로 따지자면 프랑스 왕 아래에 위치하는 봉건제후다. 하지만 봉건사회였던 중세에는 왕보다 영지가 넓고 군사력도 강력한 제후가 드물지 않았을뿐더러, 샹파뉴 백작은 프랑스 왕 필리프는 물론 영국 왕 리처드와도 모계를 통해 친족관계를 맺고 있었다.

이 샹파뉴 백작이 주최하는 시합이었으니 그와의 관계를 돈독히 하려는 많은 제후들과 이 기회에 새로운 운명을 개척해보려는 기사들이 각지에서 서둘러 달려와 대대적인 마상 창시합이 열렸다. 이 자리에는 로마 교황 인노켄티우스가 보낸 설교승도 있었다.

아름답게 치장한 귀부인들이 흥을 더해 시합이 순조롭게 끝난 뒤, 이런 자리가 으레 그렇듯 성의 객실을 가득 메우는 대연회가 열렸다. 하지만 시대는 중세. 건배하기 전에 신에게 감사를 드리는 것이 관례다. 이때가 바로 성직자가 등장할 차례였다.

새로운 십자군을 보내기로 결심한 교황 인노켄티우스 3세는, 이를 황제와 왕에게 맡기지 않는 편이 좋겠다는 결론에 도달했다.

제2차 십자군은 독일 황제와 프랑스 왕이 이끌고 원정을 떠났음에도 비참한 결과로 끝났다.

또한 독일 황제와 프랑스 왕에 더해 영국 왕까지 원정을 간 제3차 십자군 역시 성도 탈환에는 성공하지 못했으니, 인노켄티우스의 입장에서 보면 실패한 십자군이었다.

그래서 그는 예루살렘의 해방에 성공한 제1차 십자군의 경우로 돌아갈 수밖에 없다고 생각했다. 황제나 왕의 관(冠)은 없어도 그에 못지 않은 병력을 이끌 힘을 지닌 유력한 봉건제후에게 맡기는 게 최선책이라는 것이, 교황 인노켄티우스가 내린 결론이었다.

설교승이 열정적으로 설파한 새로운 십자군 원정은, 기사도 정신의 꽃으로 통하는 마상 창시합을 막 끝내고 한껏 고양되어 있던 젊은이들의 가슴에 실로 자연스럽게 침투했다.

십자군 원정에 참가할 것을 맨 먼저 선서한 이는 샹파뉴 백작 티보였다. 그의 형은 리처드를 따라 제3차 십자군에 참전했다가 이자벨과 결혼해 예루살렘의 왕이 된 앙리였다. 앙리는 2년 전 아코에서 죽었지만, 그의 동생 티보의 가슴은 형의 뒤를 잇겠다는 마음으로 끓어오르고 있었다.

샹파뉴 백작 티보에 이어 십자군 원정을 서약한 것은 이 자리의 주빈인 블루아 백작 루이였다. 이 두 사람에 이어 30명에 이르는 참가 희망자가 줄을 이었다.

샹파뉴 백작 티보는 그다음 날 바로 브뤼주에 있는 조카사위에게도 십자군 원정을 권유하는 사자를 보냈다. 플랑드르 백작 보두앵은 동생과 함께 원정에 참가하겠다고 답해왔다.

플랑드르 백작 하면 이제 십자군의 단골이라고 해도 무방할 정도로, 제1차, 제2차, 제3차까지 일족의 누군가는 이름을 올린 바 있다. 제3차 십자군에 참가한 플랑드르 백작은 아코 공방전중에 전사했고, 그에 이어 또다른 일족 두 사람이 제4차 십자군에 참가할 것을 표명한 것이다.

십자군의 단골인 플랑드르 백작의 참가 표명은 이 사실을 전해 들은 다른 제후나 기사들의 참가 표명으로 이어졌다. 플랑드르 백작이 참전한다는 말만 듣고서 40명에 이르는 기사들이 서약했다고 한다. 제후와 기사가 참가를 표명했다는 것은, 이들의 가신부터 종복까지 모든 부하들도 참가한다는 것을 뜻한다.

제4차 십자군에 관해 가장 신뢰받는 사료는 샹파뉴 백작의 가신이었던 빌라르두앵이 남긴 소박하면서도 생동감 넘치는 기록이다. 그는 제4차 십자군이 시작될 때부터 끝날 때까지의 산증인이었는데, 샹파뉴 백작에 이어 십자군 원정을 서약한 제후와 기사 70명의 이름까지도 기록으로 남겼다. 이를 보면 제4차 십자군은 중세 프랑스 기사도의 '꽃'이 모조리 움직였다는 것을 실감할 수 있다. 황제와 왕의 관이 없는 십자군 원정을 원한 교황 인노켄티우스의 생각이 현실이 된 것이다.

그러나 이름 있는 프랑스 기사라면 죄다 참가한 듯 보이는 이 명부에서도 찾아볼 수 없는 이름들이 있다.

첫번째는 부르고뉴 공작이다. 그는 제3차 십자군에 참전했다가 일찍 귀국해버린 프랑스 왕 필리프로부터 군대를 떠맡는 바람에 그후로

플랑드르 백작의 문장
(노란색 바탕에 검은색 사자)

블루아 백작의 문장
(파란색 바탕에 노란색과 흰색 띠)

샹파뉴 백작의 문장
(파란색 바탕에 노란색과 흰색 띠)

도 리처드와 함께 전투를 계속했다. 그런데 리처드와 살라딘 사이에 강화가 성립하기 불과 얼마 전에 티루스에서 병사하고 말았다. 이처럼 공작과 함께 공국의 가신들이 모두 오리엔트로 가고 없는 사이에, 부르고뉴 공국은 직할령을 확장하려는 프랑스 왕 필리프의 표적이 되었다. 더구나 필리프는 제4차 십자군의 시작인 '샹파뉴에서의 서약'이 이루어진 이때에도 아직 건재했으며, 여전히 야망을 버리지 않고 있었다. 그러므로 부르고뉴 공국이 십자군 원정보다 영지 수호를 우선시할 수밖에 없던 것도 무리가 아니었다.

또한 지금 우리가 떠올리는 현대 프랑스의 지방 중 샹파뉴 백작의 권유에 응하지 않은 곳이 하나 더 있었다.

리처드가 사망한 후에도 여전히 영국 왕의 영토로 남아 있던 프랑스 남서부다. 이 지역의 제후가 제4차 십자군에 참가하지 않은 이유 역시 간단하다. 리처드의 죽음을 기회 삼아 다시 영토 확장에 기세를 올리는 프랑스 왕 필리프의 군대를 방어하느라, 십자군에 신경 쓸 계제가 아니었던 것이다.

  프랑스 왕 필리프 2세만큼 로마 교황의 관심이 자기가 아닌 다른 제후들에게 향하는 것을 기뻐한 사람도 없었을 것이다. 보기 드물게 교활한 면을 지닌 이 정치가는 그해 아직 서른여섯 살에 지나지 않았다.

  샹파뉴 백작 티보는 자신이 이룬 더할 나위 없는 쾌거를 즉시 로마 교황에게 보고했다. 교황 인노켄티우스는 기쁨을 감추지 않으며 백작의 서신을 읽었다고 한다. 그의 생각대로 편성된 십자군이 이제 실현을 향해 나아가기 시작한 것이다. 교황에 즉위한 지 2년 만에 처음으로 들려온 좋은 소식이었다. 만족하지 않았을 리 없다.

  교황 인노켄티우스는 특별한 포고를 유럽 전역에 널리 알렸다. 이 십자군에 1년간 종군한 자에게는 그 어떤 죄도 면죄해주겠다는 포고였다. 중세의 그리스도교는 사후의 공포를 상기시키는 징벌의 종교였으므로, 면죄만큼 중세인에게 마음의 구원을 안겨주는 것도 없었다.

  십자군 참가를 표명한 자에게 최고의 '보증서', 즉 권위 있는 보증이란 다름아닌 로마 교황의 승인과 면죄의 포고였다. 이를 얻어 더욱 기뻐한 제후들이 수아송에 모였다. 원정에 어느 정도의 병력을 이끌고 갈지, 언제 출발할지, 어느 길로 갈지 등을 결정하기 위해서였다.

  그러나 현실적인 문제를 맞닥뜨리자 다들 혈기 넘치는 젊은이들인 만큼 의견이 갈려 좀처럼 결론이 나지 않았다. 그래서 자신들 중 여섯 명의 대표를 뽑아, 이들이 정한 것을 전원의 뜻으로 삼기로 합의를 보았다.

  여섯 명의 대표는 각각 샹파뉴 백작과 블루아 백작, 플랑드르 백작의 가신 두 명씩이었다. 이 십자군의 상세한 기록을 남긴 빌라르두앵도 여섯 명 중 한 사람으로 뽑혔다. 당시 마흔 살이 된 그는 샹파뉴 백작의 장수급 기사였다.

현실적인 여러 문제를 결정할 것을 일임받은 여섯 명은 즉시 이에 매달려 곧 결론을 냈다.

하나, 이번 제4차 십자군 원정의 목적지는 이집트의 카이로로 한다.
이는 제3차 때 리처드가 살라딘의 보급로를 차단함으로써 이집트 국경까지 제패의 범위를 확대한 일을 떠올려볼 때 역시 이집트를 공격하는 것이 중요하다고 판단해서일 것이다.

둘, 원정은 바닷길로 간다.
이제까지의 경험상 육로가 위험하다는 것은 일반적인 상식이나 마찬가지였으므로, 바닷길로 가자는 데 이견은 없었다.

셋, 십자군 전군의 수송은 베네치아 공화국에 일임한다.
제3차 십자군 때는 주로 피사와 제노바의 선단이 해상수송을 맡았다. 하지만 그때는 규모가 지금의 10분의 1밖에 되지 않았다. 해운력으로 볼 때 이번 같은 대군의 수송을 고스란히 위탁할 수 있는 곳은 베네치아밖에 없다는 것이, 대표 여섯 명의 일치된 의견이었다.

이러한 내용을 샹파뉴 백작, 블루아 백작, 플랑드르 백작, 그리고 새로이 수뇌부에 가세한 생 폴 백작이 승인한다. 주인들로부터 신임장을 받은 여섯 명은 곧바로 베네치아로 향했다. 1201년 5월이었다.

'바다의 도시'

도제 단돌로는 여섯 명의 사절을 맞이하고 말했다.

"당신들을 나에게 파견하신, 왕관을 쓰지 않은 이 중 가장 지위가 높은 분들이 쓴 신임장을 읽었소. 거기에는 당신들의 결정이 곧 모든 제후의 의향과 결의라고 생각해도 좋다고 쓰여 있었소. 그렇다면 당신들이 우리에게 바라는 건 무엇이오?"

"각하, 일단 귀국의 각의를 소집해주셨으면 합니다. 괜찮으시다면 당장 내일이라도요. 그 자리에서 저희 주군들의 의향을 말씀드리겠습니다."

도제는 이 말에, 내일은 어렵지만 나흘 후에는 소집할 수 있을 것이라고 답했다.

사실은 다음 날이라도 전혀 어렵지 않았다. 베네치아 공화국에서는 큰일이 발생하면 다음 날은 고사하고 그날 밤에라도 당장 특별각의(concilio)를 소집하는 것이 보통이었기 때문이다. 그런데 이 시기 각의에서 극비리에 논의되고 있었던 것이 바로 알 아딜과의 통상조약이었다.

그런 사정을 전혀 모르는 여섯 명의 사절은 나흘을 숨죽이며 기다렸다. 그리고 약속한 날, 여섯 명은 아름답고 호화로운 도제 관저 내부로 안내되었다. 각의실에는 도제 이하 공화국 안팎의 정무를 담당하는 모든 이들이 기다리고 있었다. 여섯 명 중 가장 연장자였던 것으로 추정되는 빌라르두앵이 먼저 입을 열었다.

"각하, 저희는 프랑스에서 가장 권위 있는 제후들이 파견한 자들입니다. 저희 주군들은 신이 바라시는 바에 따라, 이교도가 예수 그리스도에게 안긴 굴욕을 씻고 성도 예루살렘을 탈환하고자 십자가에 서약했습니다.

또한 저희는 해상에서 귀국만큼 강력한 나라가 없다는 것을 잘 알고 있습니다. 바다 너머의 성지를 수복하고 그리스도의 굴욕을 씻는 일에 부디 협력해주시기를 부탁드립니다."

이때 도제 단돌로가 끼어들었다.

"어떤 방법으로 말이오?"

"어떤 방법이라도 좋습니다."

사절들은 대답했다.

서두는 이렇게 떼긴 했지만, 프랑스에서 온 여섯 명은 우선 십자군 전군을 수송할 선박을 요청했다. 물론 그와 함께 배를 움직이는 데 필요한 선원과 조수, 그리고 항해중의 식량까지 거의 모든 것을 요청한 셈이었다. 이야기를 들은 도제는 말했다.

"거 참, 실로 고귀한 일이긴 하나, 지금 당신들이 의뢰한 것은 엄청난 대사업이오. 그에 대한 답은 여드레 후 이 자리에서 드리겠소."

사절들은 다시 여드레를 기다렸다. 아닌 게 아니라 의뢰를 받아들인다면 대사업이 될 테니 신중하게 검토할 필요가 있다는 것은 이해했다.

하지만 이미 말했듯 도제는 바로 이 시기에 이슬람 세계의 술탄, 실질적인 최고 권력자인 알 아딜과 한 가지 비밀조항이 추가된 통상조약 교섭을 진행하고 있었다.

베네치아 공화국에서 어떤 긴급한 결단을 내려야 하는 경우에는, 도제를 포함해 열 명 안팎으로 이루어진 각의에서 결정한 것을 그대로 실행에 옮긴다. 이때 원로원은 사후승인을 할 뿐이다.

이는 다수가 결정하는 공화제를 취하는 국가가 저지르기 쉬운, 결정과 실행의 지체를 피하기 위한 베네치아의 방식이었고, 원로원도 양해한 일이었다. 원로원은 의원 수가 각의의 열 배가 넘지만 베네치아 정부 관리의 임기는 보통 1년이다. 지금은 원로원 의원일지라도 다음 해에는 정부의 일원이 될 수도 있다. 베네치아는 이런 방식으로 세력 다툼의 싹을 아예 잘라버렸다.

그렇지만 1201년 초여름, 베네치아 정부는 자칫했다가는 양쪽 모두 공중분해될지 모르는 두 가지 중요한 문제에 직면해 있었다. 이를 처리하려면 여드레도 부족할 정도였다.

아마도 이때쯤, 도제가 서명한 조약문서를 실은 배가 베네치아에서 이집트의 알 아딜을 향해 은밀히 닻을 올렸을 것이다.

베네치아는 복식부기를 발명한 나라이기도 하다. 어떤 면에서든 정확한 기록을 남기는 것, 유능한 경제인 특유의 치밀함으로 모든 것을 기록하는 것은 그들 육체에 흐르는 피와도 같았다.

하지만 때에 따라서는 기록을 전혀 남기지 않기도 했다. 공표하면 국익을 해칠 것으로 판단한 경우다. 따라서 프랑스에서 온 사절과의 교섭 내용이 매우 상세하게 기록되어 있는 데 반해, 이슬람교도인 알 아딜과의 교섭은 결과만 기록되어 있다. 물론 이집트로 떠나는 십자군에 협력하지 않겠다는 비밀항목은 이 기록에서도 생략되었다.

따라서 후세의 우리가 할 수 있는 일은 상상뿐이다. 이 시기가 기묘하게 일치한 것은 어째서일까? 하는 생각과 더불어.

이야기를 다시 여섯 명의 사절과 도제의 회담으로 돌려보자. 약속한 여드레 후, 도제 관저를 찾은 여섯 명에게 단돌로는 이번에는 확실하게 말했다.

"사절 여러분, 베네치아 공화국은 여러분의 의뢰를 받아들이기로 했소. 아직 '시민 대집회'의 승인이 남아 있지만 말이오."

도제는 계속 말을 이었다.

"우리는 여러분이 제시한 규모에 따라, 4천5백 명의 기사와 2만 명의 보병을 수송할 배와 4천5백 필의 말과 9천 명의 종사 및 마부를 태울 평저선(平底船)을 제공하겠소. 이들 사람과 말에 필요한 군량까지 계약에 포함되는 것은 말할 것도 없소.

이 모든 것을 저렴한 가격에 제공하겠소. 말은 한 마리에 4마르크. 사람은 1인당 2마르크가 될 것이오.

계약상 우리의 의무는 이 모든 것을 십자군이 베네치아 항을 출발하고 난 뒤로 1년간 보증하는 것이오. 총 비용은 8만 5천 마르크요."

신성로마제국의 은화인 마르크가 당시 국제통화였던 것은 아니다. 이 시기 베네치아 공화국은 백 년 후의 지중해 세계, 아니 유럽 세계에서 가장 신뢰도가 높은 통화가 될 '두카트 금화'를 아직 주조하기 전이었고, 자국의 통화로는 '그로소'라 불리는 은화밖에 없었다. 따라서 이때의 '마르크'란 현대에서 달러나 유로 단위로 환산해서 말하는 것과 같은 의미였으며, 즉 8만 5천 마르크에 해당하는 금액을 내라는 것이었다.

참고로, 유폐되어 있던 리처드를 석방하는 데 필요한 몸값이 10만 마르크였다고 한다. 그러니 솔즈베리 주교를 비롯한 심복들이 사방으로 돈을 구하러 다녀야 했던 것도 당연했다. 살라딘이 파격적인 남자라 평했던 리처드는 그 몸값도 파격적이었던 셈이다.

리처드가 죽고 2년이 지난 당시의 베네치아 이야기로 다시 돌아가자. 현대의 연구자 중에는 베네치아측에서 요구한 8만 5천 마르크라는 금액이 너무 많다고 보는 이도 적지 않다. 하지만 이것은 상인은 돈에 눈이 먼 인종이라고 믿는 사람들의 피상적인 견해라고 나는 생각한다.

10년 전 프랑스 왕 필리프와 제노바가 맺은 계약에서는, 말 두 마리와 사람 세 명을 운송하고 8개월간 부양하는 데 필요한 비용으로 합의된 금액이 9마르크였다.

그에 비해 베네치아의 경우는 기간도 1년으로 더 길고 수송할 물량도 한참 차이가 났다. 프랑스 왕 필리프 때 기사 650명과 종사 및 마부 1천3백 명, 말 1천2백 필이었던 것에 비해, 프랑스 제후들은 월등히 많은 수의 사람과 말의 수송을 의뢰한 것이다.

언뜻 보기에도 차이가 분명하다. 10년 전의 제노바는 배를 새로 만들 필요가 없었지만, 베네치아는 모든 상선에 총동원령을 내려야 할 뿐 아니라 말 수송용 평저선을 대량으로 건조해야 했다.

'평저선'의 기본 구조는 오늘날 완성된 자동차를 싣는 배와 신기할 만큼 비슷하다. 물론 8백 년 전 이런 유의 배를 대량으로 보유한 나라는 어디에도 없었다.

따라서 베네치아측이 제시한 8만 5천 마르크는 터무니없이 높은 금액이 아니었다. 베네치아가 제시한 액수를 당시의 '시세'로 보는 학자가 많은 것도 이러한 사정을 고려했기 때문이다.

또한 계약에 따라 제공하는 군량에는 말 한 마리당 3모조(8부셸)의 메귀리와, 빵과 치즈, 살라미나 소시지처럼 가공한 고기가 포함되었으며, 여기에다 오래 보관할 수 있는 야채와 암포라에 절반쯤 담긴 포도주가 모두에게 지급되었다.

기사와 마부를 똑같이 2마르크로 취급한 것을 학자들은 별로 문제 삼지 않는데, 그것은 아마 기사 정도 되면 자기 몫의 식량을 따로 가져와서 식사를 마련하는 것이 보통이었기 때문일 것이다.

그리고 이 8만 5천 마르크는 네 번으로 분할해 지불하기로 했다.

1만 5천 마르크는 8월중에, 1만 마르크를 11월 1일까지, 또 1만 마르크를 이듬해인 1202년 2월중에, 나머지 5만 마르크는 4월중에 지불하기로 한 것이다.

베네치아측의 의무는 모든 배와 승조원을 1년 후인 1202년 6월 24일까지 준비하는 것이었다.

프랑스에서 온 여섯 명의 사절은 매우 만족스러운 표정으로 계약사항에 대한 검토를 마쳤다.

하지만 여기서 베네치아는, 피사나 제노바와는 다른 무언가를 제안했다.

베네치아의 참전

도제는 50척의 무장 갤리선과 그에 필요한 승조원과 전투원 6천 명을 자신이 직접 이끌고 참가할 테니, 대신 십자군이 정복한 땅의 절반을 달라고 말했다. 요컨대 수송을 맡을 뿐만 아니라 공동경영자가 되고 싶다는 것이었다.

여섯 명의 사절은 답변하는 데 잠깐의 유예를 청했다. 그러나 그날 밤 논의하자 곧바로 결론이 나왔다. 예상하지 못했던 강력한 동맹자를 얻은 것에 여섯 명의 프랑스 기사들은 감격하고 흥분했던 것이다. 그들은 다음 날 바로 도제에게 흔쾌히 받아들이겠다는 뜻을 전했다.

며칠 후, 사절 빌라르두앵의 표현을 빌리자면 세상의 교회 중 가장 아름다운 산마르코 대성당에서 장엄한 미사가 거행되었다. 성당 안은 물론 성당 앞 광장까지 베네치아 시민들로 가득 메워졌다.

미사가 끝나고 숙소에서 대기하고 있던 사절들에게 도제의 사자가 찾아왔다. 사절들이 직접 나서서 시민들에게 계약의 승인을 청해달라는 것이었다. 사절들은 사람들이 지켜보는 가운데 산마르코 대성당으로 들어갔다. 샹파뉴 백작의 가신 빌라르두앵은 사절을 대표해 이렇게 말했다.

"시민 여러분, 가장 고귀하고 강한 권력을 가진 프랑스의 제후들이 우리 여섯 명을 이곳에 파견했습니다. 이교도의 노예가 된 성도 예루살렘을 탈환하는 데 여러분의 협력을 구하기 위해서입니다. 그리고 우리와 여러분이 신의 이름으로 함께 싸워, 그의 아들 예수 그리스도가 당한 굴욕을 씻기 위해서입니다.

여러분을 택한 이유는 다른 게 아닙니다. 여러분만큼 강력한 바닷사람은 다른 어떤 해양국가에도 존재하지 않기 때문입니다. 제후들은 우리에게 명했습니다. 여러분 앞에 무릎을 꿇고 진심으로 청하라고. 그리고 베네치아 시민이 바다 저편의 땅에 자비를 보여줄 때까지 절대 일어나서는 안 된다고.”

여섯 명의 프랑스인은 일제히 무릎을 꿇었다. 프랑스에서 온 기사들의 그런 모습을 보고 성당 안은 쥐 죽은 듯 조용해졌다. 다음 순간, 도제의 굵은 목소리가 울려퍼졌다.
“동의하지 않겠소이까, 여러분!”

이것이 불을 지폈다. 동의하자, 동의하자, 고 외치는 시민들의 함성으로 그 넓은 산마르코 대성당이 터져나갈 기세였다. 함성을 손으로 제지하며, 빌라르두앵의 평을 따르자면 '선량하고 사려 깊고 용기 있는' 도제 엔리코 단돌로가 시민들을 향해 말하기 시작했다.
“시민 여러분, 신이 얼마나 큰 명예를 여러분에게 부여했는지 생각해보기 바라오. 세계에서 가장 선량한 백성이 다른 어떤 나라도 아닌 바로 우리와의 동맹을 바라고 있소. 주 예수 그리스도가 당한 굴욕을 씻는, 비할 바 없이 고귀한 사업을 함께 하자고 말이오.”
이리하여 베네치아는 나라의 최고 주권자인 시민들의 승인을 얻어냈다. 베네치아 공화국의 모든 공공기관은 투표로 의안의 채택 여부를 가름하지만, 시민 대집회에서만은 박수 소리의 크기로 정한다. 따라서 이제 남은 것은 담당자가 계약에 조인하는 것뿐이었다. 계약서에는 출발일도 명기되어 있었다.

산마르코 대성당에서 시민들에게 호소하는 도제 단돌로

이듬해인 1202년 6월 24일, 세례자 성 요한의 축일을 기해 제4차 십자군이 베네치아에서 출발하기로 한 것이다.

순례자이자 십자군에 참가하는 모든 이들은 그날까지 베네치아에 집합할 것. 베네치아측은 선대(船隊)를 출범시킬 모든 준비를 마쳐놓아야 한다는 것도 확인되었다.

조인을 마친 계약서를 앞에 둔 사절들과 도제는 성서에 손을 얹고 신에게 맹세하며, 계약의 모든 사항을 빠뜨리지 않고 수행하겠다고 선언했다. 곧바로 양쪽 모두 조약에 조인했음을 알리는 사자를 로마 교황에게 보냈다. 교황은 즉각 대단히 만족스럽게 생각한다는 취지의 응답을 보내왔다.

그런데, 군량의 품목 하나하나까지 상세하게 명기되어 있는 이 계약서 어디에도 원정의 목적지는 명기되지 않았다. 빌라르두앵에 따르면 이집트의 카이로라는 진짜 목적지를 비밀로 하고 단지 바다 저편이라고만 기록했다고 하는데, 왜 그것을 비밀로 했는지는 그도 밝히지 않았다. 하지만 이 일은 나중에 커다란 영향을 미치게 된다.

조인을 마친 사절들은 베네치아의 은행에서 2천 마르크를 빌려, 분할지불하기로 한 비용의 첫회분 금액 일부를 착수금 조로 지불했다. 그리고 각자의 주군에게 보고하기 위해 프랑스로 떠났다.

사절들이 프랑스로 떠난 후 베네치아에서는 거국적인 준비가 시작되었다.

프랑스에서 오는 것만 해도 사람 3만 3천5백 명에 말 4천5백 필, 게다가 이에 필요한 군량까지 함께 실을 배를 준비해야 한다. 이것만으로도 엄청난 대사업이다. 지중해를 항해하는 모든 상선에 그해 말까지 베네치아로 귀항하라는 명령이 내려졌고, 아드리아 해 동쪽 일대의 크고 작은 마을에는 대대적으로 배의 조수를 모집한다는 포고가 전해졌다.

조선소도 풀가동하기 시작했다. 특히 말을 수송하는 평저선은 완전히 처음부터 대량 건조해야 했다.

적어도 4백 척의 배를 이듬해 봄까지 준비해야 하는 것이다. 아무리 해운력 최강으로 꼽히는 베네치아 공화국이라도 국력을 총동원해야 할 대사업이었다.

베네치아인에게 제4차 십자군이란 곧 거국적인 투자였다. 그래서 그들은 계약을 세부에 이르기까지 완벽하게 수행했다.

프랑스에서는

낭보를 하루라도 빨리 전하기 위해 말을 몇 번씩 갈아타며 프랑스로 돌아온 빌라르두앵은 중병으로 누워 있는 주군을 보고 깜짝 놀랐다.
샹파뉴 백작 티보는 베네치아에서 있었던 일을 듣고 크게 기뻐하며, 오랫동안 말을 타지 못해 연습을 해야 하니 애마를 끌고 오라고 했다. 하지만 그럴 몸상태가 아니었다. 잠깐 말에 걸터앉았을 뿐 그는 다시 자리에 눕고 말았다.

샹파뉴 백작의 병은 날이 갈수록 악화되었다. 백작 자신도 살 날이 얼마 남지 않았다고 생각했는지 유언장을 작성했다. 십자군 원정을 위해 준비해두었던 자금을, 참가를 서약한 부하 기사들에게 나눠준 것이다. 하지만 거기에는 신에게 맹세하고 정해진 날까지 베네치아로 간다는 조건이 붙었다.
유산의 일부는 원정중 필요할 때를 대비해 빌라르두앵에게 맡겼다.
그리고 주위의 애도 속에 스물셋이라는 이른 나이에 숨을 거두었다.
그에게 자금을 받은 기사들은, 대부분 돈만 챙기고 끝내 베네치아에 모습을 드러내지 않았다.

총사령관이나 마찬가지였던 인물을 잃은 십자군은 그를 대신할 사람을 찾아야 했다. 의논 끝에 부르고뉴 공작에게 부탁하기로 하나 사자를 맞이한 공작은 총대장은 고사하고 십자군 참가도 거절했다. 죽은 샹파뉴 백작의 사촌에 해당하는 사람에게도 타진해봤으나 역시 성공하지 못했다. 프랑스 왕 필리프의 직할령 확장 노선은, 전통적으로 십자군 열기가 강했던 프랑스의 제후들에게조차 영향을 미쳤던 것이다.

하는 수 없이 샹파뉴 백작이 죽은 후에도 여전히 십자군의 주요인물로 꼽히던 플랑드르 백작, 블루아 백작, 생 폴 백작이 수아송에 모여 협의한 결과, 총사령관 역할을 몬페라토 후작 보니파치오에게 맡기기로 했다.

몬페라토 후작은 이탈리아 태생이지만 용맹한 무장으로 알려져 있으며, 프랑스 왕 필리프와 친척관계였다. 또 나이도 다른 세 명보다 훨씬 많은 쉰 살이었다. 몬페라토 후작은 흔쾌히 승낙했다.

수아송으로 가던 중 파리에 들른 몬페라토 후작은 프랑스 왕 필리프에게 대환영을 받았다.

당연한 일이었다. 필리프에게 제4차 십자군이란 자기 영토를 확장하는 데 장애물이 되는 사람을 거의 대부분 먼 오리엔트로 보내버릴 기회이고, 노련한 몬페라토 후작이 이끈다면 그 장애물들이 꽤 오랫동안 프랑스를 떠나 있을 것이라 기대할 수 있었기 때문이다.

필리프는 점차 운세가 트이는 기분이었을 것이다. 영국 왕 리처드는 죽었다. 뒤를 이은 동생 존은 정치와 군사 모두 무능하다. 게다가 다른 라이벌들도 대부분 제4차 십자군으로 프랑스를 떠나 있게 되었다.

파리를 떠나 수아송으로 향한 몬페라토 후작은 그를 기다리고 있던 플랑드르 백작과 블루아 백작, 생 폴 백작과 함께 수아송의 대성당에 가서, 십자군 원정을 십자가와 검에 정식으로 서약하는 의식을 거행했다. 이 의식을 마쳐야 비로소 십자군이 정식으로 발족하는 것이다. 대주교가 열석한 장엄한 선서식을 끝낸 이들은 약속한 날 베네치아에서 만나기로 맹세하고 헤어졌다.

'수아송의 서약'은 곧 프랑스 전역으로 퍼져나간다. 덕분에 새로이 십자군 원정을 결의하는 기사들이 늘어갔다. 하지만 그들은 거의 다 개별적인 '기사'였고, '제후'의 신분으로 기사들을 통솔하는 역할을 하는 봉건영주는 많지 않았다.

해가 바뀐 1202년, 그해의 부활절은 4월 14일이었다. 성질 급한 사람은 이 무렵에 벌써 가족에게 눈물의 이별을 고했고, 여유를 부린 사람도 6월 2일 오순절에는 원정 준비를 마쳤다. 집합지인 베네치아를 향해 프랑스 북쪽에서 남쪽으로 이동하고, 이탈리아에 들어가서 다시 서쪽에서 동쪽으로 횡단하는 여정이었다.

자기 선단을 갖고 있던 플랑드르 지방의 기사 몇몇은 대서양을 남하해서 지브롤터 해협을 통해 지중해로 들어가는 바닷길로 베네치아를 향해 출발했다.

브뤼주의 성주 대리까지 가세한 이 일행은 주군 플랑드르 백작 앞에서 성서에 손을 얹고 베네치아에서 합류할 것을 서약했다. 백작과 그의 동생은 원정에 필요한 많은 물자를 바닷길로 가는 이 기사들에게 맡겼다. 그리고 플랑드르 백작 자신은 휘하의 기사들을 이끌고 육로를 통해 베네치아로 향했다.

그러나 바닷길로 떠난 플랑드르 부대는 아무리 시간이 흘러도 베네치아에 나타나지 않았다. 그후 펠로폰네소스 반도 남단에 있는 항구 모도네에서 만나자는 기별을 전해왔으나 그곳에도 모습을 드러내지 않았다. 무슨 사정이 있었는지 그들은 팔레스티나로 직행했던 것이다.
그들이 말하는 '성지'에서는 이슬람교도와 칼을 잠깐만 맞부딪쳐도 많은 이들이 죽고, 살아남는다 해도 겨우 고향에 돌아가는 것이 고작이었다. 그들에게 십자군이란 이런 의미였던 것이다.
프랑스의 기사들 중에는 바로 베네치아로 가는 대신 마르세유에서 배를 타고 모도네에서 합류하기로 서약하고 앞서 떠난 자도 있었다. 이들도 모도네에 모습을 드러내지 않았다. 그들의 운명도 플랑드르 부대와 별 차이가 없었다.

이러한 동지들의 이반을 기술하는 빌라르두앵의 필치는 슬픔으로 가득하며, 이제 이런 자들은 잊고 베네치아에 도착한 십자군 전사에 대해 말하겠다고 쓰여 있다. 그가 선량하다고 평한 베네치아의 도제 단돌로와는 달리 어수룩할 만큼 선량한 신사였던 듯한 이 샹파뉴 태생의 남자는, 결혼하고 영지를 얻어 그대로 눌러앉은 자, 나눠받은 유산만 챙기고는 약속을 지키지 않은 자, 주군의 짐을 맡고서도 약속장소에 나타나지 않은 자 등, 이기적이고 멋대로 단독행동을 한 동지들에게 절망했을 것이다. 사람들은 흔히 신이 정한 것과 다른 길을 걷는다, 라는 문장으로 그의 글은 끝을 맺는다.

집결지 베네치아에서

베네치아에는 또 한 명의 선량한 신사가 약속한 날보다 훨씬 먼저 도착해 있었다. 플랑드르 백작 보두앵이다. 기일이 다가옴에 따라 순례자로 불리는 일반 십자군 병사들의 도착도 점점 늘어나고 있었다.

그래도 수가 너무 적었다. 이미 도착한 사람 중 몇 명을 사자로 보내, 뒤늦게 베네치아로 오고 있는 자들을 재촉해야 했을 정도였다.

몬페라토 후작은 볼일이 있어 늦는다고 통지해왔지만 블루아 백작은 소식도 없이 모습을 보이지 않았다. 결국 사자가 파비아까지 찾아가서, 거기에 느긋하게 머물고 있는 백작을 눈물로 설득한 끝에 간신히 베네치아로 데려왔다. 상대가 블루아 백작 정도 되면 사자도 그에 상응하는 지위를 가진 자여야 하는데, 이때 임무를 맡았던 이는 빌라르두앵과 생 폴 백작이었다.

이탈리아 북부의 파비아나 피아첸차에서는 많은 프랑스인이 베네치아가 있는 동쪽 대신 남쪽 길을 택했다. 어떤 자는 베네치아인을 믿지 못했기 때문이고, 또 어떤 자는 이탈리아 남부에서 영토를 획득한 동포를 따라 가까운 데서 한밑천 잡으려 했기 때문이다. 물론 그들 중 나중에라도 십자군에 합류한 자는 한 사람도 없었다.

이처럼 이탈자가 많았던 탓에 베네치아에 집결한 십자군 병사의 수는 예상보다 훨씬 적었다. 프랑스의 제후가 예측해서 베네치아 정부에 통고한 수의 3분의 1에도 미치지 못했다. 대충 1만을 헤아리는 정도였다고 한다.

그러나 베네치아의 외항 리도 근처의 성 니콜로 섬에 마련된 숙소로 들어간 십자군 병사들은, 눈앞에 펼쳐진 경관에 놀라 숨을 멈추었다.

빌라르두앵의 말을 빌리자면 이토록 근사한 함대를 본 그리스도교도는 아무도 없을 만큼 그곳에는 수많은 갤리선, 범선, 평저선이 항구를 가득 메우고 있었다. 선량한 빌라르두앵은 한탄했다.

"오오, 다른 곳으로 가버린 기사들을 생각하면 이 얼마나 원통한 일인가. 이제 이교도를 완전히 때려눕힐 수 있게 되었거늘, 이 인원으로는 함대의 3분의 1밖에 채울 수 없으니!"

베네치아측은 계약에 명시한 의무를 완벽하게 이행했다. 아드리아해 동쪽에 있는 이스토리아 지방과 달마티아 지방에서 수많은 조수를 모았고, 베네치아 성인 남자의 5분의 1이 1년 동안 십자군 원정에 종군한다는 거국체제를 단행함으로써 계약을 지켰던 것이다.

지키지 못한 것은 프랑스의 기사들이었다. 아무리 신앙심으로 움직였다 해도 왕의 1년 수입을 훨씬 뛰어넘는 8만 5천 마르크라는 금액, 3만 3천5백 명이라는 참전병사의 수는 무엇을 기준으로 정했던 것일까.

프랑스 왕이 국내 전쟁에 징발할 수 있는 병사의 수가 1만 명 내외인데 비해, 그 프랑스 왕이 제3차 십자군에 이끌고 간 병사의 수는 2천 명인 것이 당시 군사력의 현실이었다. 왕 다음가는 지위인 봉건제후들이 이끈다 해도 제1차 십자군 때와 같은 열광은 이제 기대할 수 없는 시대였다. 그런데도 3만 명은 확실히 넘으리라고 예측한 것은 누가 봐도 너무 낙관적이었던 셈이다.

아니나 다를까 실제로 온 병사의 수는 1만 명. 네 차례에 나누어 내기로 했던 돈도 2회분인 2만 5천 마르크까지만 지불하고 나머지 6만 마르크는 아직 미납 상태다. 게다가 1인당 2마르크의 비용도 없이 베네치아로 온 자도 많아, 여유 있는 제후나 기사가 대신 내주는 형편이었다.

그래도 아직 한참 모자랐다. 베네치아 정부는 계약한 금액을 전부 지불하지 않으면 배를 띄울 수 없다고 전해왔다.

후세 연구자 중에는 여기서 인원수가 3분의 1로 줄었으니 경비도 깎아주었어야 했다고 말하는 사람이 있는데, 이는 계약이행에 선행투자가 불가결하다는 사실을 간과하고서 하는 말이다.

돈을 지불하지 못해 곤혹스러워했을 제후 중 어느 누구도 베네치아에 깎아달라고 협상하자는 말을 꺼내지 않았다. 빌라르두앵의 기록에도 베네치아는 약속을 지켰고 우리가 지키지 못했으니, 라고 쓰여 있다.

가진 돈을 있는 대로 모두 내놓기로 했지만 그래도 여전히 부족했다. 결국 플랑드르 백작은 기증용이나 개인용도로 가져온 금은 그릇들을 모두 내놓자고 제안했다. 다른 제후와 기사들도 그에 따랐다. 산더미처럼 쌓인 금은 그릇들이 베네치아인에게 건네졌다.

이것으로 빚이 상당히 변제되었지만, 아직 3만 4천 마르크가 부족했다. 그렇지만 제후는 물론이고 일반 기사조차 더이상 지불할 만한 것을 가지고 있지 않았다.

프랑스 기사도의 꽃으로 통하는 자들이 빚을 갚지 못했다는 이유로 십자군을 해산하고 이대로 귀국한다는 것은 실로 면목 없는 일이었다. 베네치아의 은행에서도 이미 신용이 떨어진 후라 돈을 빌려주는 곳이 한 군데도 없었다.

베네치아 정부는 그저 조용히 지불을 기다릴 뿐이었다. 6월 24일에 출항한다는 원래 계획을 들먹일 계제가 아니었다.

리도의 성 니콜로 섬에 갇힌 꼴이 되어버린 십자군 병사들 사이에 초조함이 번지기 시작했다. 제후와 기사는 베네치아 시내를 방문할 수 있었지만 일반 병사에게는 이것도 허락되지 않았다. 당시에는 어느 도시나 치안과 전염병 예방을 위해, 많은 타국인을 한꺼번에 시내에 들이는 것을 금하고 있었으니 불평할 수도 없다. 당장이라도 출범할 수 있도록 준비를 끝낸 함대를 눈앞에 두고도, 앞으로 나아가지도 못하고 그렇다고 뒤로 물러날 수도 없는 상태로 6월이 가고 7월도 지나갔다.

그리고 8월도 며칠 남지 않은 어느 날, 도제 단돌로가 십자군 제후들에게 생각지도 못한 제안을 해왔다.

오리엔트로 향하는 도중 자라를 공략하는 데 힘을 보태준다면, 빚을 갚을 여력이 생길 때까지 변제기한을 연기해주겠다는 제안이었다.

자라는 베네치아가 아드리아 해 동쪽 해안을 따라 조성한 '바다의 고속도로'에서, 말하자면 정류장에 해당하는 도시 중 하나였다.

그런데 이들이 헝가리 왕의 선동으로 베네치아에 반기를 든 것이다. 베네치아 공화국에게 이 자라라는 정류장을 잃는다는 것은 자국

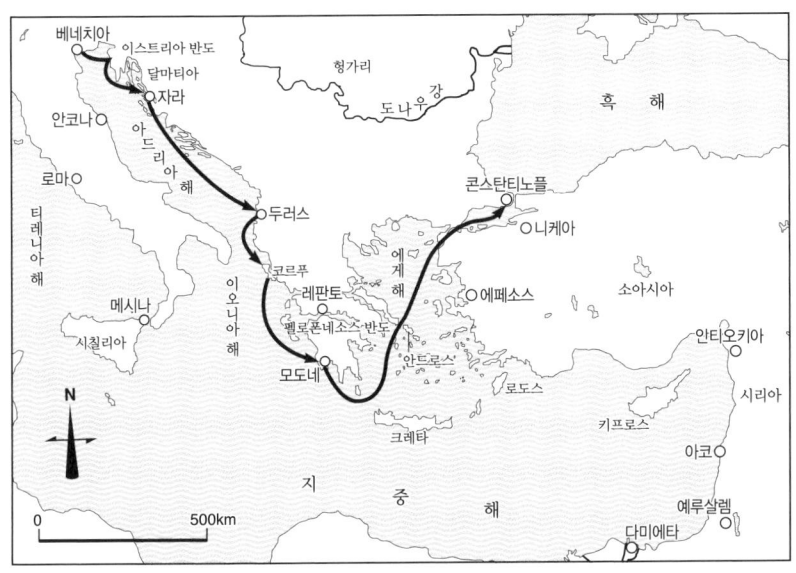

제4차 십자군과 베네치아 해군의 진군로

의 배가 지나는 '고속도로' 한가운데가 끊기는 것이나 마찬가지였다. 어떻게 해서든 되찾아야 했다.

하지만 이 제안은 십자군측을 적잖이 곤혹스럽게 만들었다. 자라의 주민은 물론이려니와 그 배후에 있는 헝가리 왕도 그리스도교도였던 것이다. 이교도를 공격할 목적으로 결성된 십자군이 같은 그리스도교도를 공격한다는 것은 명분에 맞지 않는 일이었다. 상황이 상황이라 한들, 로마 교황이 어떻게 생각할지를 미루어보아도 심히 난감한 제안이었다.

그러나 이 출구 없는 상황을 어떻게든 타개해야 했다. 며칠씩 허비하며 협의한 결과 몬페라토 후작, 플랑드르 백작, 블루아 백작, 생 폴 백작이 찬성으로 돌아섰고, 이어서 대다수가 베네치아의 제안을 받아들이기로 결심했다.

하지만 여기에 동의하지 않은 일부 기사들은 독자적으로 행동하기로 하고, 다른 항구에서 배를 구해 팔레스티나로 가겠다며 떠났다. 또한 그길로 고향으로 돌아간 자들도 있었다. 1만 명에서 다시 그 수가 줄었다.

십자군측의 입장이 정리되자 도제는 베네치아의 모든 종군자들과 함께 십자가에 서약했다. 이로써 그들도 십자군의 전사가 된 것이다. 프랑스측에 못지않게 기라성 같은 베네치아 명문가 남자들이 모여들어 장관을 이루었다. 게다가 배의 승조원을 더하면 베네치아측 참가자 수도 프랑스측 참가자와 거의 비슷했다. 제4차 십자군은 명실공히 프랑스 제후들과 베네치아 공화국의 공동원정이 된 것이다.

각 제후와 기사 들이 승선할 배가 정해졌다. 프랑스측의 총대장인 몬페라토 후작은 도제 엔리코 단돌로와 함께 기함에 승선하기로 했다.

사람들의 움직임이 갑자기 분주해졌다. 공성기를 싣고 일상용품을 운반하고 말을 승선시키는 등의 작업으로 9월은 눈 깜짝할 사이에 지나갔다.

출진

1202년 10월 8일, 기다리고 기다리던 출항의 날이다. 항구를 가득 메운 대함대의 장관은 프랑스 기사들이 출항이 예정보다 석 달 넘게 미뤄진 것을 잊게 만들기에 충분했다.

갑판에 늘어선 3백 대가 넘는 공성기의 위용. 돛대 위에서 가을바람을 받아 각양각색으로 펄럭이는 제후와 기사 들의 깃발. 뱃전에서 태양을 받아 반짝이는 수천 개의 방패. 그 뒤로 늘어선 창을 든 기사들의 웅장한 모습.

도제와 몬페라토 후작이 승선한 기함 갤리선은 특별히 선대와 노를 주홍색으로 칠하고, 돛대에는 주홍색 바탕에 금실로 산마르코의 사자를 수놓은 베네치아 공화국의 커다란 국기가 나부끼고 있었다.

기함의 선교 위에 선 네 명의 나팔수가 은색 나팔을 힘차게 부는 것을 신호로, 갤리선 동체에서 지네의 발처럼 뻗어나온 노가 일제히 물을 가르기 시작했다. 그 뒤를 갤리선이 이끄는 범선이 미끄러지듯 나아간다. 항구 밖으로 나가자 갤리선과 범선이 차례로 돛을 올리고, 돛은 때마침 불어온 가을바람을 안고 순식간에 불룩해진다. 갤리선과 범선을 잇고 있던 줄이 끊어지는 것도 이때다. 돛을 올린 갤리선은 노를 물새의 날개처럼 수평으로 고정하고 바람에 몸을 맡겼다. 대함대는 항구에서 지켜보고 있는 군중 앞에서 수평선을 향해 서서히 멀어져갔다.

함대를 구성한 배의 수에 대해서는 여러 설이 난무하기 때문에 확실히 단언할 수 없다. 목격자인 빌라르두앵은 훌륭하다, 전대미문이다, 라고만 표현할 뿐 숫자는 기록하지 않았다. 그래도 후세에 에드워드 기번이 인용한 베네치아측 기록을 따르자면 다음과 같다.

군선 격인 갤리선	50척
수송용 범선	240척
평저선	120척
연락선으로 사용된 소형 쾌속 갤리선	70척
	합계 480척

하지만 이 수는 각 배의 수용인원으로 추산해보면 너무 많다. 아마 이는 프랑스측의 3만 3천5백 명에 베네치아측 6천 명을 더한 당초의 예정 인원에 맞춰 베네치아측이 준비했던 총 대수일 것이다. 따라서 이 시대 직후에 쓰인 몇몇 연대기에서 보이는 숫자를 검토하면 대략 이 정도가 아니었을까 추측한다.

갤리선	50척
범선	50여 척
평저선	80척
소형 쾌속 갤리선	20척
	합계 200척

베네치아측 참가인원에는 변함이 없지만, 프랑스측은 3분의 1로 줄었기 때문이다.

하지만 13세기 초인 이 시절에 2백 척의 배가 한자리에 모인 것만도

갤리선

유례없는 일이었다. 이보다 370년 후에 벌어진 '레판토 해전'에서 그리스도교측과 이슬람측이 투입한 배의 수가 양쪽 모두 각 2백 척을 약간 웃도는 정도였으니까.

베네치아를 떠난 함대는 일단 항로를 동쪽으로 잡고 아드리아 해 동쪽 해안으로 향했다. 근처 도시에서 신선한 물과 식량을 싣기 위해서였다. 타국으로 향하는 베네치아의 배는 긴 항해에 앞서 도시 안에서 구하기 어려운 것들을 '집 바로 밖'에서 싣는 것이 관례였다. 함대는 그곳에서 하루 정박한다.

하지만 이날부터 11월 10일까지 거의 한 달간은 함대의 움직임을 기록한 사료가 없다. 빌라르두앵의 연대기도 베네치아에서 출항한 이후 바로 자라 도착으로 건너뛴다. 함대는 그 한 달간 어디에서 무엇을 했던 것일까.

이에 대해 베네치아에 호의적이지 않은 역사학자들은 다음과 같이 추론한다.

"프랑스인이 아드리아 해의 사정을 잘 모르는 것을 이용하여, 베네치아측이 시간을 벌기 위해 자기들이 손바닥처럼 잘 아는 아드리아 해를 여기저기 돌아다녔다."

한편 베네치아에 악의가 없는 역사학자는 이렇게 반박한다.

"이스토리아 혹은 달마티아 지방의 항구에 정박해서 식량을 싣고, 그때마다 조수 등 하급선원을 추가로 승선시키는 것이 베네치아 배의 관례였다."

후자의 말에는 분명히 일리가 있다. 특히 출범이 석 달 넘게 미뤄졌으니, 6월 말에 출항할 예정으로 소집한 선원들 중 이미 집으로 돌아간 자도 많았을 것이다. 그들을 다시 불러내 승선시켜야 했으니 평소보다 시간이 더 걸린 것도 어쩔 수 없는 노릇이다. 어쨌든 이건 여느 때의 오리엔트행과 다르다. 근무기간도 긴데다 무엇보다 전쟁을 하러 가는 것이다. 인력을 구하는 일도 보다 엄밀해질 수밖에 없었다.

자라 공략

11월 10일, 함대는 자라 앞쪽 해상에 모습을 드러냈다. 배에서 보이는, 자라의 시가지를 둘러싼 성벽은 대단히 높고 견고해 보였다. 바다에 면한 도시에 대해 전혀 몰랐던 프랑스 북동부 출신 병사들은 "이렇게 수비가 견고한 도시를, 신이 직접 손을 써주시지 않는 한 어떻게 공략할 수 있겠는가"라며 불안에 빠졌다.

베네치아도 바다에 면한 도시지만, 이곳은 특유의 조건상 바다 자체가 성벽 역할을 한다. 그러므로 유럽의 다른 중세도시 어디에서나 볼 수 있는 성벽이 없었다. 따라서 자라는 육로로 베네치아에 온 프랑스인이 처음으로 본, 성벽을 둘러친 항구도시였다.

탄식을 내지르는 프랑스인을 개의치 않고, 도제 단돌로는 우선 무거운 평저선을 돌진시켜 항구 입구를 가로막고 있는 쇠사슬을 끊어냈다. 이어서 자라 시민들에게 항복을 요구했다.

하지만 주민들은 십자가와 그리스도상을 들고서 성벽 위로 올라와, 같은 그리스도교도를 공격하는 십자군이 어디 있냐며 저항했다.

십자가를 보고 기가 꺾인 프랑스인을 다그치듯 단돌로는 평저선에서 말을 끌어내리고 병사들에게 천막을 치게 하는 등 육지 쪽에서의 공격 준비를 마쳤다. 바다 쪽은 일찌감치 갤리선들로 항구 안을 점거해 봉쇄했다.

이튿날인 11일에 전투가 시작되어 사흘 후 대세가 기울었고, 닷새째에 자라는 항복했다. 도제는 바다에 면한 쪽의 성벽을 파괴했고, 자라의 주민들은 이제까지와 마찬가지로 베네치아에 복종할 것을 서약했다.

그러나 곧 교황 인노켄티우스가 자라 공략 사실을 알고 격노한다. 곧바로 십자군 전원을 파문에 처한다는 통고가 전해졌다.

당황한 프랑스인들은 로마에 급사(急使)를 보내 자초지종을 해명하고 파문을 해제해줄 것을 청원했다. 교황도 프랑스측의 어쩔 수 없는 사정을 이해하고는 이들에 대한 파문을 풀어주기로 한다.

하지만 베네치아인에 대한 파문 조치는 그대로 두었다. 베네치아인은 파문에도 개의치 않았고, 교황에게 사자를 보내 해명하려고도 하지 않았다.

파문의 위력은, 그리스도교도라면 누구든 파문당한 자와 절대 관계를 가져서는 안 된다는 데 있다. 그런데 현재 십자군은 파문당한 자가 파문당하지 않은 자들과 함께 행동하는 기묘한 상황이 되어버린 것이다.

한편 이제야 드디어 이교도를 정벌하러 떠날 수 있겠다며 들떠 있는 프랑스인의 기백에 도제는 조용히 찬물을 끼얹었다. 동절기의 항해는 위험하니 내년 부활절까지 이대로 자라에 머무르는 것이 안전하다는 것이다. 지중해를 분주히 오가는 교역 상선도 동절기의 항해를 피해, 11월부터 이듬해 3월까지는 모국으로 돌아가 배를 수리하면서 보내는 것이 보통이었다. 프랑스인은 바다 전문가들의 말에 따를 수밖에 없었다. 십자군 원정은 이듬해 봄까지 연기되었다.

이때 교황의 사자가 자라를 방문해 베네치아인에 대한 파문을 해제한다는 뜻을 전했다. 부탁도 하지 않았는데 용서해준 것은, 십자군 원정을 속행하려면 베네치아의 배가 꼭 필요하다는 사실을 교황 인노켄티우스도 인정하지 않을 수 없었기 때문이다.

하지만 자라에 체재중인 프랑스인들을 더욱 놀라게 한 것은 또다른 방문객이었다.

비잔틴제국 황자

12월도 중순에 가까워진 어느 날, 프랑스인들 눈에는 무척 이국적인 인물이 자리에 있는 십자군 수뇌부를 찾아왔다. 비잔틴제국 황자(皇子) 알렉시우스였다. 독일 왕의 소개장을 지참하고, 독일인 일행을 거느리고 있었다.

황제였던 그의 아버지는 동생에게 황위를 빼앗기고 두 눈이 도려내진 채 감옥에 갇혔다. 황자 알렉시우스도 체포되어 감옥에 갇혔지만, 스무 살이라는 젊은 나이 덕분에 탈옥에 성공할 수 있었다. 그는 상선으로 기어들어가 이탈리아의 항구도시 안코나로 도망쳤다.

황자는 거기서 알프스를 넘어 누나와 결혼한 독일 왕을 찾아갔다. 따뜻하게 맞아준 독일 왕에게 그는 자신이 황위에 복귀할 수 있도록 도와달라고 요청한다. 독일 왕은 도와주겠다고 약속했다.

황자 알렉시우스는 십자군의 수뇌들 앞에서 눈물로 탄원했다. 행선지를 비잔틴제국의 수도 콘스탄티노플로 바꿔 극악무도한 숙부를 파멸시키고, 정통 황위계승자인 자신이 황위에 오를 수 있게 도와달라는 것이었다.

이것이 성공했을 때의 대가로 다음과 같은 조건을 제시했다.

(1) 20만 마르크를 지불한다.

(2) 십자군의 이집트 공격에 병사 1만 명을 제공하고, 1년간 모든 비용을 부담한다.

(3) 왕자가 황위에 있는 동안 팔레스티나의 그리스도교도를 방어할 5백 명의 기병을 지속적으로 제공한다.

(4) 그리스정교회를 로마 가톨릭교회 아래로 통합한다.

모두들 아무 말이 없었다. 프랑스인들로서는 아닌 밤중에 홍두깨 같은 일이었을 것이다. 빌라르두앵의 기록에도 황자가 나타나기 전에 이런 낌새가 있었다는 내용이 없으니, 그도 전혀 모르고 있었던 게 틀림없다. 그리고 빌라르두앵 같은 고위직 기사가 모를 정도였다는 것은 곧 프랑스의 제후와 기사 중 어느 누구도 몰랐다는 얘기다.

하지만 단 한 사람, 황자의 제안이 아주 갑작스럽게 느껴지지 않았던 인물이 있었다. 십자군의 총대장 몬페라토 후작이다.

몬페라토 후작은 수아송에서 십자군 원정을 서약한 후 독일로 가서 왕을 만났다. 같은 시기, 황자 알렉시우스도 왕의 궁정에 있었다. 이 삼자 사이에 밀의(密議)가 있었으리라는 상상은 충분히 가능하다. 또한 이때 몬페라토 후작이 이끄는 십자군의 목적지를 '바다 저편'이라는 막연한 표현 대신 비잔틴제국의 수도 콘스탄티노플로 확정하는 것도, 대가로 붙은 여러 조건들과 함께 협의했을지 모른다.

실제로 황자의 제안에 가장 먼저 동의한 이는 몬페라토 후작이었다. 동의하는 데 그치지 않고 이 제안을 받아들이는 것의 이점을 하나하나 열거하며, 얼떨떨해하는 프랑스 제후들을 적극적으로 설득하고 나섰다.

20만 마르크가 생기면 베네치아에 진 빚을 갚을 수 있는 것은 물론, 지금껏 빚을 갚느라 타격이 큰 십자군의 자금력도 확보된다.

콘스탄티노플을 공략한 후 이집트로 원정을 갈 때 비잔틴제국의 병사 1만 명이 가세하면 십자군의 병력이 한층 강화된다.

팔레스티나에 사는 그리스도교도의 방어요원으로 제공되는 기병 5백 명, 종사를 더하면 1천5백 명이나 되는 이 인원은, 그 지역의 그리스도교도들에게 큰 도움을 줄 것이다.

그리고 역대 로마 교황이 하나같이 원했지만 끝내 이루지 못했던 가톨릭교회와 그리스정교회의 통합은, 교황 인노켄티우스 3세에게 둘도 없는 선물이 될 것이다, 라고.

프랑스의 제후와 기사 들은 오래 망설였다. 자라를 공격한 것만 해도 마음이 꺼림칙한데, 콘스탄티노플은 비잔틴제국의 수도이자 그리스정교이긴 해도 역시 그리스도교도의 도시다. 게다가 당시 세계 최대의 도시였다.

그러나 황자 알렉시우스가 제시한 조건 가운데 그들이 가장 매료되었던 것은 바로 마지막 항목이었다.

물론 (1), (2), (3)도 충분히 매력적이었지만, 무엇보다 역대 교황이 끝내 이루지 못했던 동서 교회의 통합을 자신들의 활약으로 성취할 수 있다는 것은, 신앙심으로는 누구에게도 지지 않는다고 자부하던 프랑스인들의 마음을 강하게 뒤흔들었다. 제후와 기사 들은 보기 안쓰러울 정도로 깊이 고민했다.

이와 달리 베네치아 공화국의 도제 단돌로는 찬성의 뜻을 명확히 표했다.

철저한 현실주의자였던 도제 엔리코 단돌로는 스무 살의 망명 황자가 제시한 조건의 실현 가능성을 그다지 믿지 않았다. 설사 실현된다 해도 그후 베네치아가 이집트 공략에 참가하지 않으면 그만이었다.

단돌로는 도제로 선출되기까지의 긴 생애 동안 콘스탄티노플 주재 영사와 이집트 주재 영사를 경험했다. 같은 그리스도교도의 나라인 비잔틴제국과 이교도 이슬람교도의 나라 둘 다 잘 알고 있었던 셈이다. 그러한 경험을 통해 그는, 종교가 같다고 해서 좋은 관계를 맺는다는 보장도 없고, 종교가 다르다고 좋은 관계를 맺지 못한다는 보장도 없다는 신념을 갖고 있었다.

자라가 베네치아를 이반하도록 후원한 것은 헝가리 왕이었고, 그의 딸은 비잔틴제국 황제와 결혼한 상태였다. 이 영향인지 당시 베네치아에 대한 비잔틴제국의 태도는 매우 적대적으로 바뀌어 있었다. 이는 구체적으로 콘스탄티노플에서 베네치아인이 경제활동을 하기 어려워지는 결과를 낳았다. 비잔틴제국과 헝가리 왕국은 이처럼 서로 밀접한 관계였던 것이다.

한편 이슬람교도의 나라와 베네치아의 관계는, 현실적인 성향을 지닌 아이유브 왕조의 술탄 덕분에 상당히 순조로웠다. 당시 베네치아는 같은 그리스도교를 믿는 나라보다 이교도와의 관계가 더 좋은, 실로 아이러니한 상황이었다.
베네치아인은 "그리스도교도이기에 앞서 베네치아인"이라는, 중세에는 그다지 칭찬받지 못할 모토를 남긴 사람들이다. 경제를 비롯한 다른 관계가 좋으면 그만이었고, 상대가 이교도라는 사실에 대해 고민할 만한 '양심'까지는 없었던 것이다.

자라는 이제 다시 베네치아의 '바다의 고속도로' 정류장이 되었다.

여기에다 베네치아에 우호적인 인물이 비잔틴제국 황제가 되면 그들의 '투자'는 완전히 살아날 것이다.

당초에 세운 계획을 충실히 실행하는 것에는 특별한 재능이 필요하지 않다. 하지만 예상치 못한 사태에 직면했을 때 이를 충분히 활용하기 위해서는 특별히 뛰어난 능력이 필요하다.

도제 단돌로는 이때뿐 아니라 이후로도 계속해서, 통치의 책임자에게 절대적으로 필요한 이러한 재능을 보여주었다.

행선지 변경

양심적인 문제로 고민하는 프랑스인들 사이에서는 목적지를 콘스탄티노플로 바꾸는 것을 놓고 의견대립이 험악한 양상으로 발전했다. 제후와 유력한 기사만 그런 것이 아니었다. 일반 병사들도 서로 격론을 벌였다.

하지만 십자군의 프랑스측 수뇌부를 이루는 몬페라토 후작, 플랑드르 백작, 블루아 백작, 생 폴 백작이 찬성으로 돌아서자 대세는 곧 기울었다. 대부분의 사람들이 콘스탄티노플을 공략하기로 결정한 것이다.

하지만 더이상 그리스도교도를 공격하는 것을 참지 못한 이들도 있었다. 그들 중 5백 명 정도는 항구에 정박해 있는 베네치아 배를 탈취해 독자적으로 이집트로 가려 했다. 그러나 지금껏 배를 실제로 움직여온 것은 베네치아인이었다. 이 프랑스인들은 자라에서 얼마 나아가지도 못하고 거친 겨울바다에 농락당한 끝에 침몰하여, 한 사람도 목숨을 건지지 못했다.

육로를 통해 팔레스티나로 가려 한 사람들도 있었다. 하지만 이들도 자라를 떠나 헝가리 왕의 영토에 들어서자마자 헝가리 병사들에게 쫓기는 신세가 되었고, 다행히 목숨을 건진 자들도 별수 없이 자라로 돌아와야 했다. 물론 베네치아측에서는 한 사람의 이탈자도 나오지 않았다.

이런 와중에 십자군측과 황자 알렉시우스는 앞서 말한 네 가지 조항을 명기한 계약에 조인했다. 하지만 프랑스측에서 서명한 이는 고작 열한 명에 불과했다. 몬페라토 후작, 플랑드르 백작, 블루아 백작, 생폴 백작, 도제 단돌로에 이어 서명한 이는 여섯 명뿐이었다. 그 외의 사람들은 콘스탄티노플을 공략하는 것에는 동의해도 서명할 마음까지는 나지 않았던 것이다.

행선지를 변경했다는 소식을 들은 로마 교황은 또다시 격노했다. 그러나 역대 교황 중 최고 권력을 휘둘렀던 인노켄티우스 3세마저도, 제4차 십자군에 관해서는 늘 일이 이미 일어난 뒤에야 전해 듣고서 사후승인을 하는 상황이었다.
게다가 학식뿐 아니라 야심도 대단했던 이 교황에게, 자신의 치세 중에 로마 교황 아래 동서 교회의 통합이 실현된다는 것은 한없이 감미로운 사실이기도 했을 것이다.
교황의 대응은 자라 공략 때보다 훨씬 미온적이었다. 파문은 아예 언급하지도 않았다. 비잔틴제국의 수도를 공격하는 것은 허락하나, 도중에 있는 다른 그리스도교 국가에 대한 공격은 인정할 수 없다고 한 것이다. 실제로 그 도중에 다른 그리스도교 국가는 존재하지 않았으므로, 이는 계속 선수를 빼앗기는 것에 초조해진 사람의 서툰 작문에 불과했다.

교황 인노켄티우스가 이 십자군을 자신의 감독 아래로 되돌리려 노력하지 않은 것은 아니었다.

'교황 대리'란 말 그대로 종군이 허락되지 않은 교황이 자기 대신 보내는 사람이다. 신이 바라시는 일을 하는 십자군에서 그는 총사령관과 동등하거나 그 이상의 지위를 차지하게 된다. 그러나 '교황 특사'는 교황이 파견하는 사절에 불과하다. 그래서 교황은 십자군의 수뇌부를 자극할 염려가 없는 '교황 특사'를 이 제4차 십자군에 배치하기로 했다. 바꿔 말해 감시자를 동행시키려 한 것이다.

하지만 이런 시도도 도제 단돌로의 대처로 유명무실해진다. 단돌로는 이 특사에게 딱히 중요하지도 않은 소식을 안겨주고는 교황에 전달하라며 서둘러 돌려보내버린 것이다. 게다가 특사를 태우고 가는 배에, 교황청 근처의 항구 안코나에 그를 내려준 뒤 바로 돌아오라고 명했다.

이렇게 되자 특사가 교황의 답신을 들고 항구로 돌아와도 이미 배는 없다. 게다가 자라를 떠난 후 어디에 기항할지도 일러주지 않았기 때문에, 그가 배를 빌린다 해도 목적지를 정할 수 없다. 뒤를 쫓아가봐도 십자군 함대는 이미 출항한 뒤다.

이런 식으로 감시자는 제 역할을 다할 수 없게 되었다. 로마 교황청의 감시자가 부재했다는 점은 제4차 십자군도 리처드가 이끌었던 제3차 십자군과 차이가 없었던 것이다.

1203년 4월 6일 부활절을 기해 십자군은 자라를 출발했다. 먼저 범선과 평저선이 차례로 항구를 떠나고, 바람에 좌우되는 정도가 덜해 항해 일정을 잡기 수월한 갤리선단은 이튿날 출항했다.

함대가 여러 종류의 배들로 편성되는 경우에는 각각의 속도 차이를 고려해 전체 도정 중 몇 군데에 집합지를 정해놓고, 거기서 모든 배가 도착하기를 기다렸다가 다시 선단별로 다음 집합지를 향해 출항하는 것이 관례였다. 첫번째 집합지는 코르푸 섬이었다.

도제, 몬페라토 후작, 황자 알렉시우스를 태운 기함이 선두에 선 갤리선단은 순풍을 타고 아드리아 해를 남하해, 코르푸 섬에 닿기 이틀 전쯤 두러스에 들렀다. 두러스는 베네치아에 우호적인 곳이지만 여기서부터는 비잔틴제국의 영토다. 기항 목적은 정통 황위계승자인 황자 알렉시우스에게 복종한다는 서약을 주민들에게서 받아내기 위해서였다. 이를 마치자 갤리선단도 코르푸 섬으로 향한다.

코르푸 섬의 항구에는 앞서 출발한 선단이 이미 도착해 있었다. 기사들은 평저선에서 말을 끌어내린 뒤 각자 천막을 치고 휴식을 취하고 있었다. 기후가 따뜻하고 땅도 비옥했으며, 파도가 밀어닥치는 곳까지 이어져 있는 사이프러스의 짙은 녹음은 유럽의 북쪽에서 온 프랑스인들에게 안식을 느끼게 해주었다.

당시 아직 비잔틴제국령이었던 이 섬에 십자군은 사흘간 체재한다. 황자에게 복종한다는 주민들의 서약을 받는 것이 표면적인 이유였지만, 실은 여기서 엎어지면 코 닿을 만한 거리의 이탈리아 남부로 떠났던 이탈자들이 합류하기를 기다렸던 것이다.

하지만 바로 바다 건너에 있는 이탈자들은 영지를 획득하는 데 열중하고 있는지 코르푸에 있는 동지들에게 아무런 연락도 하지 않았다. 더는 가망이 없다고 생각했는지 프랑스 제후들은 코르푸 섬을 출발하는 데 동의한다.

5월 24일, 여느 때처럼 평저선, 범선, 갤리선 순으로 전 함대가 코르푸 섬을 뒤로했다. 날씨가 쾌청하고 공기도 아주 맑았으며 바람은 부드럽고 가벼웠다. 모든 배가 돛을 잔뜩 부풀리고 물살을 가르며 나아갔다. 멀리 보이는 수평선까지 배로 가득 메워진 것을 보고, 프랑스인들은 이토록 아름다운 광경은 처음 본다며 감격스러워했다. 이탈자가 속출해 침체되었던 분위기가 다시 밝아졌다.

함대는 펠로폰네소스 반도를 따라 남하했다. 반도 남단에 있는 모도네 항에 들른 후 이번에는 항로를 동쪽으로 돌렸다. 그리고 펠로폰네소스 반도를 돌아 에게 해에 막 접어들었을 때, 마르세유에서 승선해 팔레스타인로 앞서 떠났던 두 척의 배와 좁은 해협에서 마주쳤다. 그 지역에서 아무 성과도 거두지 못하고 귀국하는 프랑스 기사들을 태운 배였다.

양쪽이 가까이 접근했을 때 플랑드르 백작은 사자를 보내 그쪽 배에 누가 타고 있는지 물었지만 답은 돌아오지 않았다. 다만 그곳에 타고 있던 한 기사가 이쪽 배로 옮겨타고 싶다고 청했고, 무사히 옮겨탄 그를 십자군측은 큰 함성으로 맞이했다. 두 척의 배는 그대로 서쪽으로 멀어져갔다.

밀 수확철이었던지라 십자군 함대는 도중의 섬들에 들러 군량을 조달하고, 맑은 물로 유명한 안드로스 섬에서 식수를 확보했다.

그뒤 에게 해를 지나고 다르다넬스 해협을 통과해 마르마라 해로 접어들어, 콘스탄티노플을 눈앞에 둔 것은 6월이 절반쯤 지났을 때였다.

드디어 드러난 콘스탄티노플의 장관은, 그때까지 한 번도 이 도시에 와보지 못했던 프랑스인들을 압도했다. 시가지를 빙 두르고 있는 성벽의 높이. 요소요소에 우뚝 선 견고한 탑의 위용. 성벽 너머로 보이는 수많은 궁전과 교회의 화려함. 프랑스인들은 지위를 막론하고 모두가 이 장대한 광경 앞에서 몸을 떨며, 세계 최대의 도시를 공격하려는 자신들의 대담함에 전율했다.

가까운 섬에 상륙한 십자군 수뇌부는 그곳에서 작전회의를 열었다. 도제 단돌로는 말했다.
"제후 여러분, 나는 적어도 여러분보다는 이 도시에 대해 잘 알고 있소. 여러분은 지금까지 어느 민족도 해내지 못했던 대사업에 도전하게 될 거요. 그러니 모든 것을 현명하고 합리적으로 진행할 필요가 있소.
만약 그저 닥치는 대로 육지 쪽에서 공격한다면, 광대한 영토와 많은 주민을 가진 적은 병력이 많지 않고 군량도 빈약한 우리 군대가 군량을 찾아 여기저기로 흩어진 틈을 노려 공격해올 것이오. 우리 군의 병력은 지금도 대단히 적소. 어떤 이유든 더이상 병사를 잃을 수는 없소.
이 근처에는 섬들이 많소. 풍요로운 곳이니 군량을 확보하기에 좋을 것이오. 우선 거기서 군량을 충분히 확보한 뒤에 신의 명령을 실행에 옮기는 게 어떻겠소. 먹을 것에 걱정이 없는 병사는 그렇지 못한 병사보다 훨씬 용감하게 싸우는 법이오."

이날의 작전회의는 이것으로 끝나고 제후들은 각자의 배로 돌아갔다.

하지만 도제 단돌로의 충고는 충분히 받아들여지지 않았다. 성급한 프랑스인들은 이튿날인 6월 24일부터 벌써, 일개 병졸에 이르기까지 모두가 자기 무기를 손질하느라 바빴던 것이다.

콘스탄티노플 공략

이날부터 10개월에 걸친 콘스탄티노플 공방전이 시작되었다.

비잔틴측과의 교섭과 군량 확보에 소요된 휴전기 앞뒤로, 실제 군사행동은 두 번에 걸쳐 전개되었다. 처음에 프랑스측은 콘스탄티노플의 상징이나 다름없던 육지 쪽의 3중 성벽에 가로막혀 낙담했지만, 도제 단돌로를 비롯해 베네치아측에서 차례로 구사한 새로운 전술이 자칫 정체될 뻔한 전선에 활기를 불어넣었다.

지중해 최강의 방어를 자랑하던 콘스탄티노플이, 도저히 대군이라고 할 수 없는 병력의 제4차 십자군과 공방을 벌인 지 채 10개월도 안 되어 굴복했다는 사실만으로도 충분히 놀랄 만하다.

하지만 여기서는 이 공방전에 대한 서술을 생략한다. 이유는 한 가지다.

사실 나는 30년 전에 베네치아 공화국의 통사를 다룬 『바다의 도시 이야기』를 쓰면서, 이미 제4차 십자군에 한 장(章)을 할애한 바 있다.

왜냐하면 베네치아 공화국에 제4차 십자군은, 요즘 식으로 말하자면 고도성장기의 출발점이 된 일대 현상이었기 때문이다. 따라서 베네치아의 통사를 쓰며 한 장을 고스란히 할애할 만한 역사적 가치가 충분했다.

또한 그 책에서 콘스탄티노플 공방전을 처음부터 끝까지 상세하게 서술한 것에도 이유가 있다. 그전까지 해운이나 교역에만 종사하는 것으로 보였던 베네치아인이, 공방전이라는 본격적인 전쟁, 그것도 육상의 대도시를 공격한 전쟁에서 어떤 모습을 보였는가 하는 것은, 베네치아 공화국이 어떤 사람들에 의해 운영되었는지를 이해하는 데 많은 도움을 주기 때문이다. 고대 로마시대, 특히 공화제 시대의 로마인을 이해하려면 명장 한니발이 중심에 있던 카르타고와 3차에 걸쳐 전개됐던 포에니 전쟁을 상세하게 검토해야 하는 것과 같은 이유다.

승패라는 결과보다, 어떻게 승리했는지, 또 패한 경우에도 어떻게 패했는지가 중요한 것이다.

『바다의 도시 이야기』의 주인공은 어디까지나 베네치아 공화국과 그 시민들이었다. 따라서 그 책에서는 콘스탄티노플 공방전을 상세히 서술할 이유가 있었다. 하지만 이『십자군 이야기』의 주인공은 십자군 원정을 떠난 전사들이다. 이들의 '적'은 이슬람교도다. 반대로『바다의 도시 이야기』에서의 '적'은 그리스정교도이긴 하지만 같은 그리스도교도였다. 이것이『십자군 이야기』에서 콘스탄티노플 공방전의 상세한 서술을 생략하는 이유다. 따라서 관심 있는 이는『바다의 도시 이야기』상권을 읽어달라는 말로 대신하는 것을 양해해주기 바란다.

또한 이 책에서도 제4차 십자군에 대한 기본적인 서술은 30년 전에 쓴 글의 내용을 따라가고 있다. 당시 나는 선량한 빌라르두앵이 남긴 연대기와 선량하다고는 할 수 없는 베네치아측이 남긴 기록을 비교해가면서 글을 썼는데, 지금 다시 읽어봐도 고쳐 쓸 필요를 거의 느끼지 못했다.

그러나 이 『십자군 이야기』에 완전히 같은 내용을 되풀이하는 건 아니다. 30년이 지난 지금 나는 이슬람측의 원사료(原史料)를 직접 접하게 되었기 때문이다.

십자군사의 세계적 권위자로 여겨지는 스티븐 런치먼의 『십자군의 역사』는 그때 이미 읽은 상태였다. 그의 책은 아랍어로 쓰인 당시의 기록을 번역한 것이니, 내가 이슬람측 기록을 아예 몰랐던 것은 아니다.

하지만 런치먼 정도 되는 석학이라도 원사료를 소개하는 과정에서 자기 나름의 역사관과 관심이 필터 역할을 할 수밖에 없다. 그가 번역한 아랍어 문헌은 어디까지나 그의 번역이며, 그가 인용한 부분 역시 그의 관심을 불러일으켰기에 인용된 것들이다. 런치먼의 번역으로 접한 이슬람측 사료를 내가 내 작품에 그대로 인용하는 경우를 흔히 '재인용'이라고 한다.

재인용은 엄밀히 말하자면 원사료를 참고했다고 할 수 없다. 당시 사람들이 남긴 기록을 마주하려면 '재인용'이 아니라 원사료의 전문과 순수하게 대면해야 한다. 그리고 그렇게 대면한 뒤 느낀 것을 부분인용이라는 형태로 소개하는 작업 역시 순수한 마음으로 전문을 마주하지 않으면 할 수 없는 일이다. 또한 아무리 사료라 해도 역시 인간이 쓴 것이므로 백 퍼센트 의존하는 것은 위험하다는 사실을 명심해야 한다. 사료에 '의거'하는 건 괜찮다. 하지만 '의존'하는 것은, 그것을 인용하는 자에게 함정이 될 수도 있다.

이슬람측 사료를 접하고 얻은 성과의 구체적인 예라면, 30년이 지난 후 쓰게 된 이 『십자군 이야기 3』에서 알 아딜을 새로이 조명한 일일 것이다. 종래의 십자군 역사에서는 교황 인노켄티우스와 도제 단돌로 두 사람만 앉아 있던 제4차 십자군의 주인공 자리에, 살라딘의 동생이자 그의 뒤를 이은 알 아딜을 추가한 것이다. 이 인물이 없었다면 제4차 십자군의 양상이 다르게 흘러갔을 거라고 생각했기 때문이다.

어쨌거나 나는 개인적으로 기회가 생길 때마다 런치먼의 저작을 펼쳐볼 만큼 그를 대역사가로 존경하고 인정하는데, 그의 대표작인 『십자군의 역사』도 그렇고, 『콘스탄티노플 함락』(여기서는 1453년의 함락을 뜻함)을 봐도 생각하는 바가 꼭 나와 같지는 않은 듯하다.

참고로 런치먼은 사자심왕 리처드를 이 두 문장으로 평가했다. "아들로서는 최악이고 남편으로서도 최악이며 왕으로서도 최악이었다. 그러나 한 군인으로서는 용감하고 훌륭한 전사였다."

아무래도 런치먼은 나와 달리 근엄한 성격의 소유자였던 듯하다. 이 영국인 역사가가 보는 리처드와 내가 묘사한 리처드가 다른 것도 어쩔 수 없는 일이다.

 나는 아들로서나 왕으로서나 그가 '최악'이라고는 생각하지 않는다. 또한 리처드와 아내 베렝가리아의 사생활을 알려주는 사료가 전무한 이상, 자식이 없었다고 해서 최악의 남편인 건 아니지 않나 싶다. 하지만 아내를 내버려두고 전장에만 나가 있었던 건 엄연한 사실이니, 그렇게 보면 최악일지도 모르겠다.

 쓸데없는 이야기는 이만 접고 본론으로 돌아가자.

'라틴제국'

 비잔틴제국의 수도 콘스탄티노플 공략에 성공하긴 했지만 그 10개월 동안 비잔틴제국 황실 내부에서는 분쟁이 빈발했다. 맹인이 되어 감옥에 갇혀 있던 황제와 그의 아들 알렉시우스 둘 다 살해되었고, 그들을 죽이고 황위를 찬탈한 무르주풀루스도 소아시아로 도망쳐버렸다. 비잔틴제국의 황위가 공석이 되고 만 것이다. 당초 베네치아측이 바랐던 것처럼 베네치아에 우호적인 인물을 황위에 앉히고 말고 할 상황이 아니었다.

 어쩔 수 없이 이들은 '라틴제국'이라는 새로운 제국을 수립하게 된다. 제국을 수립했으니 황제도 정해야 했다.
 미리 정해둔 협정에 따라, 프랑스측 여섯 명과 베네치아측 여섯 명이 모여 투표로 선출했다.

 당초 가장 강력히 물망에 올랐던 이는 침착함과 대담함으로 모든 병사의 존경을 한 몸에 받고 있던 도제 단돌로였다. 하지만 도제는 나이가 많다는 이유로 후보에 오르는 것마저 거절했다.

하지만 단돌로가 후보를 사퇴한 이유는 따로 있었다. 베네치아의 한 시민인 자신이 황제가 되면 조국 베네치아가 지닌 공화제 국가의 틀에 금이 가지 않을까 염려했기 때문이었다. 이 제4차 십자군에서 그가 한 일은 모두 조국을 위한 것이었다. 조국 베네치아를 뿌리부터 뒤흔들지 모르는, 공화국 제도에 말뚝을 박는 짓을 할 이유가 없었던 것이다.

도제 단돌로를 제외하고 라틴제국의 초대 황제 후보로 가장 자연스럽게 떠오른 이는 제4차 십자군의 총대장인 몬페라토 후작이었다. 몬페라토 후작도 자신이 후보로 거론될 것을 예상하고 선거단의 마음을 사려 한 것인지, 함락 직후 전 황제의 아내이자 헝가리 왕의 누이인 여인과 재빨리 결혼했다.

그러나 베네치아측은 몬페라토 후작이 황제가 되는 것을 달가워하지 않았다. 이탈리아 북부 몬페라토의 영주인 그는 바로 옆에 있는 제노바 공화국과 친밀한 관계로 알려져 있었고, 또한 아드리아 해로 진출할 기회를 노리고 있는 헝가리 왕과 인척관계인 사람을 콘스탄티노플의 주인으로 앉히는 것은 베네치아가 바라는 바가 아니었다. 베네치아측은 플랑드르 백작을 은밀히 점찍어두고 있었다.

예상과 달리 새로운 황제는 많은 시간을 들이지 않고 결정되었다. 플랑드르 백작 보두앵이었다. 베네치아측 여섯 명이 모두 플랑드르 백작에게 투표했고, 프랑스측에서도 많은 표가 나와 간단히 과반수를 확보했기 때문이다.

그리고 대주교는 다른 한쪽에서 뽑는다는 협정에 따라, 베네치아인 토마소 모로시니가 새로운 제국 성직계의 통솔자로 취임했다.

라틴제국 초대 황제의 대관식은 콘스탄티노플 최고의 교회 성 소피아 대성당에서 열렸다. 황제의 관을 내려준 이는 이제 막 대주교가 된 모로시니였다. 몬페라토 후작 이하 프랑스측 제후와 기사 전원이 신하로서 황제에게 충성할 것을 서약했다.

새로운 황제와 몬페라토 후작을 비롯한 제후들에게 제국령의 8분의 5가 주어졌다. 이는 다시 제후와 유력 기사 들에게 분할되었는데, 봉건제도에 익숙한 이들은 황제를 주권자로 인정하고 충성을 서약하는 데 저항감이 없었다.

그러나 베네치아측은 저항감 문제를 떠나 자신들에게 유리하다고 판단되지 않았기에 황제에게 충성을 서약하지 않았다. 프랑스인들도 베네치아의 방식에 항의하지 않았으므로, 베네치아 공화국은 나머지 8분의 3에 해당하는 영토의 공식적이며 실질적인 주권자가 되었다.

베네치아 공화국의 수장인 도제는 '라틴제국'이 존속하는 한 '동로마제국 8분의 3의 주권자'라는 명칭도 아울러 갖게 되었다.

게다가 황제의 보좌역에 반드시 베네치아인이 포함되어야 한다는 규칙도 정해졌다.

이뿐만이 아니었다. 베네치아는 자신들과 적대관계로 규정한 나라의 상인이 라틴제국 내에서 통상에 종사할 수 없다는 조항을 새로운 제국의 방침에 넣었다. 라틴제국 내에서는 사실상 제노바를 비롯한 라이벌들을 따돌리기에 성공한 것이다.

'지중해의 여왕'

프랑스인들조차 총대장은 몬페라토 후작이지만 실상 군의 두뇌는 그였다고 평했던 도제 엔리코 단돌로, 그가 이룩한 최대 업적은 본국 베네치아에서 지중해 동쪽의 모든 통상 요지들을 사슬처럼 연결해 바다의 고속도로망을 완성한 일일 것이다.

이것이 이후로 얼마나 현명하고 집요하게 유지되었느냐면, 베네치아의 가장 큰 라이벌이었던 제노바조차 반세기가 지난 후에야 간신히 잃어버린 세력권을 만회하러 나설 수 있었을 정도였다.

베네치아 공화국은 제국령의 8분의 3을 영유할 권리를 얻었지만, 이는 한 지방에 집중된 것이 아니었다. 내륙부의 영유는 프랑스의 봉건 제후에게 맡기고, 자신들은 교역이나 군사적으로 중요하게 보이는 거점만 영유하기로 했기 때문이다. 인구가 적은 베네치아로서는 현명한 선택이었다. 그들은 자신들의 힘으로 할 수 있는 일만 시도했다. 이 거점들 외에 내륙부의 영유에는 조금의 흥미나 관심도 보이지 않았다.

제국의 수도인 콘스탄티노플에서도 베네치아인은, 선착장과 창고를 둘 수 있는 금각만 쪽의 좁고 긴 부지와, 성 소피아 대성당 주변만 자신들의 거류지로 소유했다.

자연스럽게 베네치아의 소유지는 '면'도 '선'도 아닌 '점'의 형태를 띠었다. 그 '점'마저도 영유권을 유지하는 데 필요한 인원이 부족하다고 판단되면 미련 없이 다른 이에게 양도했다. 그 도시가 베네치아에 우호적이라는 보장만 얻는다면 그러는 편이 자신들에게도 합리적이었기 때문이다. 이 '점'들을 열거하자면 다음과 같다.

아드리아 해 동쪽 해안의 중앙에 위치하는 자라. 이곳은 원정중 이미 베네치아의 수중에 돌아왔다.

아드리아 해의 출구를 감시하는 위치의 두러스.

이오니아 해로 들어가서 처음으로 보이는 코르푸 섬. 이곳은 일단 베네치아령이 되었지만 몇 년 후 양도했고, 최종적으로 베네치아가 영유하게 되는 것은 1386년이다.

하지만 그 대신인지 남쪽의 케팔로니아 섬은 제4차 십자군 이후 베네치아령이 되었고, 이후에도 그대로 유지된다.

펠로폰네소스 반도 남단에 있는 모도네와 코로니. 이 두 군데의 곶은 베네치아의 해군기지로 쓰이며 '베네치아 공화국의 두 눈'으로 불리게 된다.

마찬가지로 크레타와 가까운, 남단에 위치한 키티라의 섬들.

펠로폰네소스 반도를 돌아 에게 해로 들어가는 입구에 있는 테르미시오네. 이 지역도 1386년부터는 전략상의 이유로, 만의 중앙에 있어 방어가 용이한 나우플리온과 아르고스를 영유하는 것으로 맞바꾼다.

에게 해에서는 밀로스, 파로스, 낙소스, 미코노스, 스탐팔리아, 티노스, 안드로스 등의 섬들.

하지만 이 모두를 공화국 직할령으로 삼는 것은 힘에 부쳤으므로 베네치아 국내의 유력한 가문에 나눠주었다. 그들이 본국의 방침에 충실했다는 것은 말할 것도 없다.

　사누도 가문은 낙소스, 밀로스, 파로스의 섬을 영유하고, 기시 가문은 미코노스와 티노스, 주스티니아니 가문은 시오스와 제아의 섬들, 퀘리니 가문은 스탐팔리아, 단돌로 가문은 안드로스, 이런 식이었다.

　이들 가문에서 몇몇 일족이 가족을 데리고 이주해 섬의 영유, 사실상 경영을 맡게 되었다. 이 섬들의 주민들은 여전히 그리스정교를 믿는 그리스인이었으므로, 그런 그들을 극소수의 가톨릭교도가 봉건영주 같은 방식으로 통치한다면 반란만 불러올 뿐이었다. 그래서 마치 사장과 사원 같은 방식으로 경영해나가는 수밖에 없었던 것이다. 하지만 그 시대 최고의 이코노믹 애니멀이었던 베네치아인에게는 이런 방식이 잘 맞았다.

　그러나 에게 해를 완전히 수중에 넣는 데 빼놓을 수 없는 네그로폰테(에우보이아)는 베네치아 공화국이 직접, 그것도 섬 전체를 영유했다. 이곳을 확보하는 것은 콘스탄티노플로 가는 길을 확보하는 것이나 마찬가지였기 때문이다.

　그리고 마지막으로 크레타 섬. 지중해 동쪽에서 가장 큰 섬인 크레타는 현대에도 지중해 동쪽 바다의 항공모함이라 불릴 만큼 매우 중요한 전략기지이다. 게다가 베네치아로서는 전략적 요충지라는 이유에서만이 아니라, 이집트를 비롯한 북아프리카에서 중근동으로 이어지는 도시들과의 교역을 위한 중계기지로 반드시 확보하고 싶은 곳이었다.

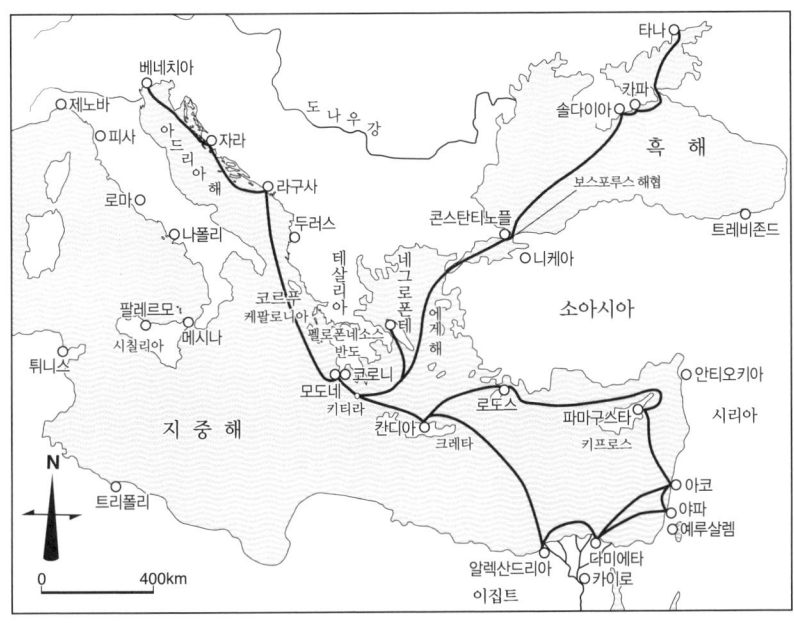

베네치아의 지중해 동쪽 네트워크

하지만 크레타 섬은 영토를 분할한 당초에는 몬페라토 후작의 영유지에 포함되었다. 그래서 베네치아는 영유권을 갖고 있던 그리스 테살리아 지방에다 1만 마르크를 더 얹어주기로 하고 크레타 섬과 교환했다. 물론 그렇게 집착한 곳이니만큼 공화국의 직할령이 되었다.

그리고 베네치아는 이 크레타를, 강한 끈기와 막대한 희생을 바치면서 이후 4백 년이 넘는 긴 세월 동안 말 그대로 사수한다.

이리하여 베네치아인이 만든 바다의 고속도로망은 아드리아 해에서 지중해까지 연장되었다. 인구가 10만 명 안팎에 불과한 나라가 지중해 동쪽 전역을 확보해 교역대국이 되기 위해서는 합리적이고도 현실적인 기반 조성이 필요하다. 베네치아는 제4차 십자군이라는 호기를 충분히 활용해 이를 완성했다. 제4차 십자군을 계기로, 베네치아는 조금씩 '지중해의 여왕'이 되어간 것이다.

그러나 이 제4차 십자군에 대한 역사학자들의 평가는 무척 나쁘다. 런치먼 같은 경우는 부정적인 쪽으로 일도양단해버린다. 그리스도교도가 같은 그리스도교도를 공격했으니 나쁜 평가를 받는 것도 어쩔 수 없는 일이지만.

하지만 이런 유의 혹평은 20세기에 들어와서 나타난 것이다. 그 이전 7백 년 동안에도 십자군 중 제4차만 특별히 나쁘게 평가받은 건 아니었다. 그 증거로 19세기 전반에 쓰인 프랑수아 미쇼의 『십자군의 역사』를 들 수 있는데, 이 책의 삽화를 그린 귀스타브 도레는 19세기 후반의 사람이지만 백 장이 넘는 삽화 중 다섯 장을 제4차 십자군에 바쳤다.

또한 제4차 십자군 직후 작성된 십자군 관련 연대기와 기록에서도 악평을 찾아볼 수 없다. 로마 교황 인노켄티우스 3세도 파문이나 성무 금지 처분을 내리지 않았다. 그리스도교도가 같은 그리스도교도를 공격한 것으로 모자라 나라까지 빼앗았다는 것을 당시 사람들 모두 알고 있었는데도.

이런 현상을 그 시대에 살았던 유럽 그리스도교도의 입장에서 생각해보면 어떨까.

주 예수 그리스도의 말을 따르며 살던 당시 사람들의 꿈은, 예수가 살았고 또 죽은 땅인 성도 예루살렘으로 순례를 가는 것이었다.

게다가 당시는 리처드와 살라딘의 강화 덕분에 성지순례가 자유롭고 안전해진 시기였다. 예루살렘이 이슬람의 지배하에 있다는 사실에는 변함이 없지만, 그 지역으로 순례를 가는 것은 자유롭고 안전했던 것이다. 그리고 순례자들이 상륙하는 항구인 아코와 하이파도 리처드와 살라딘의 강화를 통해 그리스도교도의 도시로 인정된 상태였다.

이 상태에서 추가로 베네치아가 기지로 삼은 섬들에 기항할 수 있게 되자 팔레스티나, 즉 '성지'로 가는 배들도 훨씬 안전해졌다. 게다가 리처드가 일찍이 정복한 덕에 키프로스 섬도 이제 그리스도교도의 땅이었다. 유럽의 순례자들은 이런 징검돌을 밟고 감으로써 성지로 불리는 시리아와 팔레스티나 지방을 더욱 안전하게 여행할 수 있게 된 것이다. 베네치아인도 성지순례를 영리사업으로 생각하고 적극적으로 뒷받침했으므로, 제4차 십자군 이래 순례행이 더욱 안전하고 쾌적해진 것은 확실하다.

이것이 원리주의와 무관한 일반 사람들의 생각이었을 것이다. 그리고 그런 생각은 도레가 활동한 19세기 후반까지 건재했던 게 아닐까.

그로부터 8백 년이 지나 21세기가 된 지금까지 여전히 이교도를 공격한 게 아니면 십자군이라 할 수 없다고 생각하는 사람들에게는, 제4차 십자군으로부터 불과 4년 후에 일어난, 프랑스 남부의 알비파 그리스도교도들을 이단으로 단정하고 일으킨 전쟁은 왜 역사상 '알비 십자군'으로 불리는지 묻고 싶다.

제4차 십자군의 이야기는, 프랑스 샹파뉴 지방에서 온 빌라르두앵이 엔리코 단돌로를 묘사한 글로 마무리하고자 한다.
"도제는 전투시 항상 갑옷과 투구로 온몸을 무장하고 허리를 곧추세운 모습으로, 산마르코의 커다란 국기와 함께 기함 뱃머리에 서 있었다.
하지만 배가 성벽 바로 아래에 닿자 선원들에게 큰 소리로 자신을 지상에 내려달라고 명했다. 그러나 베네치아인들은 공화국 베네치아의 도제이기에 앞서 고령의 노인인 그의 이런 명령에 따르는 것을 주저했다. 이를 본 도제는 더 큰 목소리로, 명령에 따르지 않는 자는 엄벌에 처하겠다고 외쳤다.
성벽 위에서 화살이 빗발치는 가운데 땅에 내려선 도제와 그 옆에 펄럭이는 산마르코의 국기를 본 베네치아인들은 모두 도제의 뒤를 따랐다. 평저선에 타고 있던 마부들도 땅 위로 내려섰고, 대형 범선의 승조원들도 작은 배로 갈아타고 육상의 전투에 가세했다."

빌라르두앵은 이렇게 말을 이었다.
"늙은 거인은 아직까지도 선두에 서서 말을 질주할 힘을 지니고 있었다. 그리고 시종일관 의연한 자세로 모든 문제에 맞서고 그것을 극복해나갔다. 최후의 적이었던 죽음 앞에서도."

제4차 십자군의 공격으로 비잔틴제국이 붕괴된 지 1년 2개월 뒤인 1205년 6월, 엔리코 단돌로는 조국 베네치아로 돌아가지 못한 채 콘스탄티노플에서 죽었고, 성 소피아 대성당 안에 묻혔다. 시신을 안치한 장식 없는 간소한 석관에는 베네치아 공화국 도제라는 직함도 없이, 단지 이탈리아어 엔리코 단돌로(ENRICO DANDOLO)를 라틴어식으로 표기한 이름 'HENRICUS DANDOLO'만 새겨져 있다. 이는 지금도 볼 수 있다.

모국 베네치아는 엔리코 단돌로에게 훈장을 수여하지도 않고 그의 동상을 세워 기념하지도 않았다. 베네치아인의 생각으로 보면, 그는 공화국의 일원으로 공화국을 위해 공헌한 이들 중 한 사람에 지나지 않았기 때문이다.

제3장

로마 교황청과 제5차 십자군

(1218년~1221년)

'성지'의 상황

14년이 흘렀다. 1204년부터 1218년까지의 14년은, 살라딘의 뒤를 이어 중근동의 이슬람 세계를 통합해온 그의 동생 알 아딜이 죽기까지의 세월이기도 했다.

리처드와 살라딘이 강화를 맺음으로써 제3차 십자군이 막을 내린 것은 1192년이다. 강화 기한이 3년 8개월이었으니, 1196년에는 중근동에 사는 그리스도교도와 이슬람교도 사이의 평화가 깨진다 해도 어쩔 수 없었다.

그런데 평화는 깨지지 않았다. 살라딘은 1193년에 숨을 거두었다. 리처드도 1199년에 세상을 떠났다. 하지만 그뒤에도 두 사람이 맺은 강화는 여전히 유효했다. 형으로부터 지위와 권력뿐만 아니라 생각까지 그대로 물려받은 알 아딜이 조약을 계속 갱신했기 때문이다.

또한 알 아딜에게는 아주 좋은 그리스도교측 협력자가 있었다. 제1차 십자군 이래 중근동에 뿌리를 내리고 살아오며 이미 그 땅을 자기 '집'으로 생각하는 그리스도교도의 대표 격인 발리앙 이벨린이 그 사람이다. 서로 믿는 종교는 달라도 두 사람은 냉철한 현실인식을 가졌다는 공통점이 있었다.

이러한 현실감각은 이벨린이 세상을 떠난 후에도 예루살렘 왕들에게 대대로 계승되었다. '냉철함'의 정도는 해를 거듭함에 따라 조금씩 약해졌지만, 팔레스티나 지역에서는 여전히 그리스도교도와 이슬람교도의 공생이 이루어지고 있었던 것이다.

알 아딜은 1년 전 예루살렘 왕위에 오른 브리엔과 1211년 7월에 강화조약을 갱신했다. 이 강화의 유효기간은 1217년까지 6년간이었다. 이것이 알 아딜이 그리스도교측과 맺은 마지막 강화, 즉 마지막 공생 시도였다.

사자심왕 리처드와 살라딘의 강화는 사실상 사반세기 동안이나 유효했던 셈이다. 그사이 안티오키아 공작령, 트리폴리 백작령, 그리고 예루살렘 왕에게 통치권이 있는 티루스에서 야파까지, 지중해 동쪽 연안 가장자리에 붙어 있는 좁은 지역에서나마, '성지'에 사는 그리스도교도들은 평화를 누릴 수 있었다.

그것도 적에게 둘러싸인 좁은 땅에서 겨우 살아남았다고 할 만한 상황은 전혀 아니었다.

예루살렘 왕의 통치령으로 인정된 지역만 봐도, 티루스, 아코, 하이파, 카이사레아, 야파(현재의 텔아비브) 등 지중해에 면한 항구도시의 영유권이 모두 그리스도교측에 있었다. 게다가 유럽과 이어지는 바닷길에는 리처드가 정복한 키프로스, 제4차 십자군 때 베네치아령이 된 크레타 등, 그리스도교측의 중계기지가 이어져 있다.

그리하여 안전해진 바닷길을 베네치아, 피사, 제노바를 비롯한 서유럽의 상선이 왕래했다. 그들이 실어나르는 것 중에는 교역 상품만이 아니라 성지순례자도 있었다.

이러한 '물건'과 '사람'은 그리스도교도가 통치하는 항구도시 중 하나에 상륙했고, 배에서 내린 '물건'을 구입하기 위해, 리처드와 살라딘의 강화에서 보장한 바대로 이슬람교도 상인들이 몰려들었다.

또한 이슬람 지배하에 있는 내륙부 도시에도 출장소 격인 상관(商館, 폰다코)이 설치되어 있어 이곳에서도 그리스도교도와 이슬람교도 사이의 교역이 이루어졌다. 경제상의 교류는 사반세기 동안 한층 활발해졌던 것이다.

한편 항구에 내린 '사람'이 성도 예루살렘을 순례할 자유와 안전도 리처드와 살라딘의 강화로 보장되었고, 이후로도 충실하게 이행되었다.

그러나 예루살렘은 가장 가까운 항구인 야파에서도 60킬로미터 이상 내륙으로 들어간 곳에 있다. 따라서 그곳까지 가려면 이슬람이 지배하는 지역을 통과해야 한다. 예루살렘 내에서는 안전하다 해도 거기까지 가는 길의 안전은 여전히 그리스도교측에서 신경 써야 할 과

제였다.

템플 기사단과 병원 기사단과 함께 '성지'의 3대 종교 기사단 중 하나인 튜턴 기사단이 공식적으로 창설된 것은 1199년이다. 로마 교황 인노켄티우스 3세는 독일 태생 기사들로 편성된 이 기사단을 공인하고, 이 '튜턴 기사단'이 흰색 바탕에 검은색 십자를 새긴 제복과 방패를 지니는 것도 인정했다.

주로 프랑스 출신의 일반 기사로 구성된 '템플 기사단'은 흰색 바탕에 빨간색 십자.
유럽 전역의 귀족 자제를 모은 '병원 기사단'을 상징하는 것은 빨간색 바탕에 흰색 십자.
그리고 독일 기사들로만 구성된 '튜턴 기사단'은 흰색 바탕에 검은색 십자.
이로써 '성지'의 3대 종교 기사단 모두 한눈에 알아볼 수 있는 고유의 색깔과 세력을 갖추게 되었다.

이 남자들의 원래 목적은 성지를 찾은 그리스도교도 순례자들을 보호하는 것이었다. 제3차 십자군이 끝나고 사반세기, 이슬람교도와 이렇다 할 전투도 없던 이 시기에 종교 기사단은 원래 목적으로 돌아갔다. 다시 말해 예루살렘을 참배하는 순례자들의 경호를 담당했던 것이다. 그리고 이전보다 그 수는 감소했지만, 이 임무를 달성하는 데 필요한 각지의 성채를 유지하는 일도 맡았다. 이 역시 리처드와 살라딘의 강화로 인정된 바였다.

물론 이 사반세기 동안 그리스도교측과 이슬람측의 충돌이 전혀 없었던 것은 아니다. 하지만 알 아딜이 직접 출동해야 했을 정도의 대결은 한 번밖에 없었고, 그 외에 충돌이라 할 만한 것은 단 한 번뿐이었다. 25년 동안 두 번이었으니, 총체적으로 보면 공생관계가 원만하게 유지되었다고 할 수 있다.

그 증거로, 이 기간에 해당하는 1203년 제4차 십자군이 콘스탄티노플 공략전을 시작했을 때, 중근동에 사는 그리스도교도들은 특별히 항의하지 않았다.

중근동에 사는 그리스도교도 입장에서 보면, 유럽에서 보낸 십자군이란 자신들을 돕기 위한 신규 군대를 뜻했다. 적으로 둘러싸인 땅에서 사는 자신들을 도와 예루살렘을 탈환하는 게 목적인 원군이다.

그런데 이 십자군이 팔레스티나나 이집트에 가서 이슬람교도와 싸우는 것이 아니라, 그리스정교도일지라도 같은 그리스도교도의 도시인 콘스탄티노플을 공격중이라고 한다.

이 무슨 불신의 행태인가, 라고 화를 내도 것도 당연한 일이었다. 그런데도 분노의 목소리를 내거나 항의를 하지도 않았다. 그렇다면 중근동에 사는 일반 그리스도교도는 유럽에서 십자군이라는 형태의 새로운 원군이 오는 것에 그다지 관심을 갖지 않게 되었다고 볼 수 있지 않을까. 신규 대군의 도착은 곧 전쟁의 재개를 의미했으니까.

'소년 십자군'

그러나 같은 가톨릭교도일지라도 유럽의 그리스도교도들은 중근동에 사는 이들과 생각이 달랐다.

정보는 멀리 갈수록 이해하기 수월한 것만 전해지는 특성이 있다. 유럽에 사는 그리스도교도에게 가장 간명한 사실은 성도 예루살렘이 아직 이슬람교도의 지배하에 있다는 것이었다. 이러한 일반 민중의 정서에 더해, 민중의 지도자를 자임하는 로마 교황은 십자군의 주도권을 로마 교황청이 되찾아와야 한다는 생각을 점점 굳혀가고 있었다. '소년 십자군'으로 불리는 움직임은 이런 배경에서 일어났다.

1212년 5월, 스테팡이라는 이름의 열두 살 양치기 소년이 프랑스 왕 필리프 2세의 궁정으로 찾아왔다. 소년은 예수 그리스도가 직접 쓴 것이라며 새로운 십자군 원정을 주창하는 서신을 내밀었다. 마흔일곱의 왕 필리프는 읽어보지도 않고 소년을 내쫓았다.

그러나 소년은 꺾이지 않았다. 직접 프랑스 전역을 돌아다니며, 이제는 십자군을 어른들에게만 맡겨둘 수 없다, 우리가 나서자, 라며 열광적으로 설파했다. 많은 소년들이 그를 따랐고, 마르세유에 도착할 무렵에는 그 수가 3만 명에 달했다고 한다.

마르세유 항을 방어하는 안벽(岸壁) 위에 선 스테팡은 두 팔을 크게 벌리고 신에게 호소했다. 하지만 모세의 이야기와 다르게 소년 앞의 바다는 갈라지지 않았다.

양치기 스테팡을 따라온 소년들 중 대부분은 이 모습을 보고 실망해 고향으로 돌아갔다. 돌아가는 길에 그 소년들이 어떤 고난을 겪었을지는 상상하기 어렵지 않다.

그러나 스테팡과 함께 남은 소년들도 있었다. 이때 마르세유의 선장 두 사람이 나타나 스테팡에게 성지까지 무료로 데려가주겠다고 말했다. 스테팡은 받아들인다. 두 척의 배에 승선한 소년들의 수가 얼마나 되었는지는 알려져 있지 않다. 하지만 그들에게는 팔레스티나에 가서 이슬람교도와 싸우는 대신, 북아프리카로 끌려가 노예로 팔릴 운명이 기다리고 있었다.

같은 무렵, 라인강 주변을 비롯한 독일 일대에서도 니콜라스라는 소년이 같은 내용을 열심히 설파하고 다녔다. 바젤을 지나고 알프스 산맥을 넘어 제노바에 도착했을 무렵에는 상당한 수의 소년들이 그의 뒤를 따랐다고 한다.

니콜라스도 제노바 항의 안벽에 서서 모세 흉내를 냈다. 물론 이때도 바다가 갈라져 성지로 가는 기나긴 길이 나지 않았으므로, 소년들 대부분은 체념하고 집으로 돌아갔다. 그들 역시 먹을 것을 비롯한 모든 것이 부족했기 때문에 많은 소년들이 도중에 죽었다고 한다.

하지만 눈앞에서 바다가 갈라지지 않아도 니콜라스는 포기하지 않았고, 여전히 그에게 동조하는 소년들도 적지 않았다. 소년들은 제노바를 떠나 피사로 향했다. 니콜라스는 피사에서 또다시 모세 흉내를 냈지만 결과는 다르지 않았다. 그래도 포기하지 않고 바다를 따라 이탈리아 반도를 남하해 로마까지 갔다.

당시 쉰둘이 된 교황 인노켄티우스가 직접 이들을 만나 설득했다. 십자군에 참가하는 건 어른이 되고 나서 하고, 집으로 돌아가 그때까지 기다리라고 말한 것이다.

로마 교황의 말은 그리스도교도에게 신의 목소리나 다름없다. 니콜라스와 소년들도 이 신의 목소리는 거역할 수 없어 하는 수 없이 발길을 돌렸다. 하지만 돌아가는 길의 고난은 그들도 예외가 아니었다. 소년들 중 일부는 안코나와 브린디시까지 가서 성지로 가는 배를 알아보기도 했다. 이 독일 소년 십자군 중 어느 정도가 무사히 집으로 돌아갔는지는 알 수 없다. 알려져 있는 것은 아들을 잃은 부모들이 분노하며 니콜라스의 아버지를 목매달려 했다는 것뿐이다.

이것이 바로 당시 유럽을 뒤덮고 있던 분위기였다.

왕들은 움직이지 않고

프랑스 왕 필리프는 십자군 원정에 귀 기울일 생각이 전혀 없었다. 아니, 로마 교황의 권유를 듣기는 했지만 움직이려고 하진 않았다. 당시 그에게는 리처드가 죽은 후 영국 왕이 된 존을 몰아붙이는 일이 단연 우선이었기 때문이다.

더욱이 형 리처드가 되찾은 프랑스 땅의 영국령을 차례로 잃기만 해서 '실지왕'이라는 별명이 붙을 정도였던 존이 십자군에 신경 쓸 계제가 아닌 것도 당연했다.

또한 내내 십자군의 주력이 되어온 프랑스의 제후들도 원정으로 영지를 비운 사이에 필리프의 손이 뻗쳐올 위험성을 충분히 알고 있었다. 그들 역시 십자군에 흥미를 보이지 않은 채 제4차 십자군 때 비잔틴제국에서 영지를 획득한 동료들을 부러워하기만 했다. 십자군에 참가한다 해도, 알 아딜의 지도하에 나날이 공고해지는 팔레스티나에서는 이제 새로운 영지를 획득할 가능성이 없었기 때문이다.

독일에서도 선두에 설 인물이 없었다. 신성로마제국의 황제는 명실공히 부재했고, 후보자가 될 만한 프리드리히 2세는 아직 열여덟 살이었다.

요컨대 유럽에서는 아무도 원정을 원하지 않았던 것이다. 그뿐 아니라 원정 오는 십자군을 맞을 예루살렘의 왕위에도 누가 올라야 할지 난감한 상황이었다.

앞에서도 계속 이야기했지만, 문둥이 왕 보두앵이 죽은 후 예루살렘의 왕위는 대대로 여자를 통해 계승되었다. 당시 왕위계승권을 가진 이는 열일곱 살의 공주 마리아였다. 이 소녀가 결혼하는 상대가 곧 왕이 되는 것인데, 그에 마땅한 후보자를 좀처럼 찾을 수 없었다.

가까스로 수락해준 이가 프랑스인 기사 장 드 브리엔이었는데, 그는 이미 예순 살인데다가 신분도 그리 높지 않고 영지와 자산도 없었다.

예루살렘 왕위에 오르기에는 아무래도 신통찮은 이 남자의 위상을 조금이라도 세워주기 위해, 로마 교황 인노켄티우스와 프랑스 왕 필리프는 각각 결혼자금을 쥐여주며 그를 중근동에 보냈다.

왕위에 오른 브리엔은 바로 그다음 해에 알 아딜의 제안을 흔쾌히 받아들여 리처드와 살라딘이 맺은 강화를 갱신했다. 팔레스티나에서 그의 지위가 워낙 약했기 때문이다.

그러는 사이에 1216년이 되었다. 그해에 교황 인노켄티우스 3세가 죽고, 호노리우스 3세가 뒤를 이었다.

이미 노경에 접어든 새로운 교황은 선임자의 뜻을 고스란히 승계했다. 그중에서 가장 중요한 일은 역시 교황청의 주도로 십자군 원정을 실현하는 것이었다. 그는 십자군이야말로 풀어질 대로 풀어진 작금의 유럽 사회를 다시 단단히 결속시킬 방도라고 굳게 믿었다.

그런 교황의 심기를 거스르는 서신이 '성지'에서 날아왔다. 아코의 주교가 보낸 서신에는 '성지'에 사는 그리스도교도들은 새로운 십자군이 오는 것을 바라지 않는다, 그 땅의 이슬람교도와 교류하며 오리엔트의 풍요로움에 익숙해지고 말았기 때문이다, 라고 쓰여 있었다.

이 서신이 교황의 머리에 위험신호를 보냈다. 유럽의 그리스도교도만이 아니라 '성지'에 있는 그리스도교도 역시 풀어진 것은 마찬가지란 말인가, 하는 생각이 밤낮으로 그를 번민케 한 것이다.

하지만 유럽의 유력자들은 '신 앞에서의 평화'는 고사하고 인간들끼리의 싸움에 밤낮으로 여념이 없었다. 그래서 교황은 결혼자금을 변통해준 일 때문에 교황청에 한 수 접고 들어갈 수밖에 없는 예루살렘 왕 브리엔을, 말하자면 반 협박조로 끌어들인다.

그 외에도 노르웨이 왕과 헝가리 왕, 그리고 오스트리아 공작이 참가하기로 했지만, 이들은 '성지'에 가서 성유물을 손에 넣자 바로 귀국해버렸기 때문에, 제5차 십자군은 결국 중근동에 사는 그리스도교도의 몫이 되었다. 목적지는 일단 이집트 북부의 항구도시 다미에타로 정해졌다.

해군력으로는 제노바가 참가했다. 알 아딜이 지배하는 이집트를 공격하는 일에 베네치아 공화국이 관심을 보이지 않았기 때문인데, 대신 제4차 십자군을 거치며 베네치아에 크게 뒤처진 제노바가 잃어버린 지위를 회복하기 위해 제5차 십자군에 참가한 것이다.

예루살렘 왕 브리엔이 전쟁을 영 내켜하지 않는 중근동 그리스도교 세력을 십자군이라는 이름으로 겨우 한데 모은 것은 1217년 11월이었다. 출진은 이듬해인 1218년 5월로 정해졌다.
이렇게 제5차 십자군은 준비도 충분하지 않고 유능한 지도자도 없는 상황에서 시작되었다.
하지만 로마 교황청은 그렇게 생각하지 않았다. 이번에는 기필코 십자군의 주도권을 교황청으로 가져올 마음을 먹고, '교황 대리'로 정식 임명한 인물을 보내기로 한 것이다.

'교황 대리' 펠라조

이 무렵 50대 중반이었던 펠라조 추기경은 스페인에서 태어나, 성년이 되어 신학 공부를 위해 파리로 갈 때까지 내내 스페인의 수도원에서 자랐다.
이베리아 반도는 그때 이미 5백 년 넘는 세월 동안 이슬람교도와 싸워온 지방이었다. 그 땅에서 십자군 전쟁이란 곧 5백 년 동안 이어져온 눈앞의 현실이었다. 그는 태어날 때부터 감수성 예민한 소년기를 보내는 내내 이교도를 증오하는 분위기에서 성장했다. 파리에서 수학하고 로마 교황청에서 경력을 쌓게 된 후에도 그런 생각은 변하지 않았다.

교황 인노켄티우스는 이 펠라조를 그리스정교회와 가톨릭교회의 통합 지도자 자격으로, 라틴제국의 수도가 된 지 9년이 지난 콘스탄티노플에 파견한 적이 있었다. 결과는 참담했다. 당시 마흔여덟 살이었던 펠라조는 순식간에 그리스정교도들의 증오의 표적이 되었다.

몸에 걸친 옷과 신발뿐 아니라 말의 옷까지 온통 빨간색으로 통일해서 길을 다니는 것만으로도 눈길을 끌었던 펠라조는, 그리스정교 수도사들을 감옥에 집어넣고 그들의 교회를 폐쇄해 미사도 올리지 못하게 했다. 그리스인들은 그런 펠라조를 "천성이 거친데다 완고하고 고집스러우며, 그러면서도 화려한 걸 좋아한다"고 평했다.

원래 자신들의 신앙을 '정교(正敎, 정통적인 가르침)'라 일컫는 그리스인을 상대로 동서 교회를 통합하기란 절대 쉽지 않은 과제였는데, 펠라조는 오히려 이를 더 결정적으로 어렵게 만들어버리고 말았다. 교황은 곧바로 그를 소환했지만, 펠라조는 자신이 옳다며 물러서지 않았다.

교황 호노리우스는 이 추기경 펠라조를, 십자군의 전권을 쥔 것이나 마찬가지인 '교황 대리'로 임명해 전장에 보냈다.

이리하여 제5차 십자군은 준비 부족과 유능한 지도자의 부재에 더해, 로마 교황청의 발언권까지 강한 십자군이 되었다.

그러나 이에 맞서는 이슬람측 역시 불안정한 상태였다.

우선 술탄으로서 중근동의 이슬람 세계를 통합해온 알 아딜이 일흔세 살이 되자 그의 위세에도 슬슬 그림자가 드리워지기 시작했다. 서른여덟 살의 장남 알 카밀은 유능한 지도자였지만, 오랫동안 선정을 베풀어온 구세대가 물러나는 세대교체기에 풍파가 아주 없을 수는 없었다.
 또한 시리아파와 이집트파로 나뉜 태수들 사이의 권력 다툼도 이 교체기에 표면화되었다.

 이슬람교의 발상지인 아라비아 반도를 제패하고 세력을 북쪽, 서쪽, 동쪽으로 크게 확대하던 이슬람교도가, 7세기 들어 처음으로 아라비아 반도 외의 지역을 수도로 삼은 곳이 바로 시리아의 다마스쿠스였다. 그로부터 130년 후 바그다드를 건설해 그곳으로 수도를 옮길 때까지 모든 이슬람교도의 수도는 다마스쿠스였다. 종교상의 최고위자인 칼리프는 바그다드로 옮겼지만, 정치와 군사의 최고위자인 술탄은 그 후로도 오랫동안 다마스쿠스를 본거지로 삼는 것이 당연시되었다.
 살라딘 역시 술탄이 된 이후로 다마스쿠스를 본거지로 삼았고, 그의 묘도 다마스쿠스에 있다. 아들에게 뒤를 물려줄 때도 장남에게 다마스쿠스를 중심으로 한 시리아를, 차남에게는 카이로를 수도로 하는 이집트를 주었을 정도였다.

 남겨진 자식들이 서로 싸우는 바람에 어쩔 수 없이 형 살라딘의 뒤를 잇게 된 알 아딜은 형의 생각을 고스란히 계승했지만, 이 문제에 대해서만은 형과 달랐다. 즉, 중근동의 이슬람 세계에 가장 중요한 땅은 다마스쿠스를 중심으로 한 시리아가 아니라 카이로를 수도로 하는 이집트라고 생각한 것이다.
 그 증거로, 알 아딜은 생전에 각 지방의 통치를 자신을 대리하는 형태로 아들과 조카들에게 맡겼는데, 이때 장남 알 카밀에게는 이집트를, 차남 알 무아잠에게는 다마스쿠스의 통치자 자리와 시리아를 맡겼다. 그는 앞으로 다름아닌 이집트가 중근동의 중심이 될 것이라고 생각했던 게 틀림없다. 농업, 공업, 교역 등에서 얻는 경제력만 봐도 이 두 수도의 차이는 분명했다. 살라딘도 경제에 무지하지 않았던 것으로 알려져 있지만, 알 아딜은 형 이상으로 경제에 밝은 통치자였던 듯하다.

그러나 시리아에는 각 지방의 '태수'라는 기득권 계급이 존재한다. 이집트의 중요도가 높아지는 것은 이들에게 별로 유쾌한 일이 아니었을 것이다. 만년에 접어든 알 아딜의 위세에 그림자가 드리우기 시작한 것은 이 시리아파 태수들의 불만이 발단이었다. 가까운 미래에 이슬람 세계의 최고권력자가 될 게 확실한 알 카밀의 능력에 대한 의문에서 시작된 게 아니었던 것이다.

사실 '현지 십자군'에 가까운 브리엔의 제5차 십자군은, 이집트 북부의 항구도시 다미에타 언저리에 상륙하자마자 격퇴당한다 해도 이상하지 않은 일이었다. 그런데 3년이나 전쟁이 이어졌던 것은 위에서 말한 이슬람측 사정 때문이었다. 당시 그리스도교도를 상대로 전쟁을 할 마음이 전혀 없었던 이슬람측의 사각지대를, 제5차 십자군이 저도 모르는 사이 찾아내 허를 찔렀기 때문이다.

다미에타

고대 그리스인이 '델타'라 불렀고 지금도 그 이름으로 통하는 나일 강 하구에 펼쳐진 삼각주는, 카이로를 꼭짓점으로 하는 부채꼴을 이루고 있다. 부채의 서쪽 끝에는 알렉산드리아가, 동쪽에는 다미에타가 있다. 유럽에서 배로 올 때는 알렉산드리아에 입항하는 게 편리했는데, 마찬가지로 항구도시인 다미에타는 팔레스티나에서 가깝다는 이점이 있었다.

제5차 십자군이 다미에타를 첫번째 목표로 정한 것은 우선 아코와 야파에서 가깝고, 또한 이곳을 기점으로 나일강을 거슬러올라가면 이집트의 수도 카이로를 공격할 수 있기 때문이었다.
예루살렘 왕 브리엔이 이끄는 십자군은 1218년 5월 24일 다미에타 부근에 상륙하여, 곧바로 다미에타 방어의 거점인 도시 서쪽의 성채를 공격하기 시작했다.

예루살렘 왕이 이끄는 그리스도교군이 이집트를 노린다는 사실을 안 알 아딜은, 시리아 전역의 태수들에게 소집 명령을 내려 군대를 이끌고 이집트로 향한다. 십자군측 해군으로 참가한 제노바의 함대를 비롯한 이탈리아 해군이 팔레스티나 해역의 제해권을 장악하고 있었기 때문에 육로를 택할 수밖에 없었는데, 그러다보니 이집트에 도착하기까지 생각보다 많은 시간이 걸렸다.

아버지에게서 이집트의 통치를 위임받은 알 카밀은 이집트군을 이끌고 북상해 다미에타 남쪽 수킬로미터 지점까지 나가 있었다. 하지만 아버지가 이끄는 본대와는 아직 합류하지 못했다.
이렇게 바다에 면한 도시가 공격당할 때는 본래 알렉산드리아에서 이집트군 해군을 원군으로 보내주어야 한다. 하지만 이집트에는 선단은 있어도 함대가 없었다. 해상전투에서는 제노바 함대의 적수가 되지 못했다. 반면 항구도시를 공략하려면 육지와 해상 양쪽에서 공격해야 효과를 기대할 수 있는데, 지금 다미에타를 공격하는 제5차 십자군에는 제노바 함대가 있었다.

공격을 시작하고 3개월 후인 8월 24일, 다미에타 방어의 거점인 성채가 함락되었다.
그리고 일주일 후인 8월 31일, 알 아딜이 죽었다.
일찍이 사자심왕 리처드가 말이 통하는 이슬람교도라며 감탄했고, 왕의 측근이었던 솔즈베리 주교가 프랑크인 같은 이슬람교도라고 평했던 알 아딜은, 그 프랑크인들의 공격을 받던 중에 세상을 떠난 것이다. 일흔세 살이었다.

뒤를 이은 이가 서른여덟 살의 장남 알 카밀이다. 25년 전 리처드가 '프랑크식'으로 기사에 서임하며 축하선물로 건네준 '프랑크식' 검을 하루 종일 품에서 놓지 않았던 소년이 술탄에 즉위한 것이다.
알 카밀과 당시 다마스쿠스의 통치자인 바로 아래 동생 알 무아잠의 관계는 특별히 나쁘지 않았다. 하지만 알 무아잠은 형과 합류하기보다, 군대가 출정하고 없는 팔레스티나의 십자군 영토에 대한 공격을 우선시했다. 알 아딜의 사후 이슬람 세력의 통합이 이루어지지 못했던 셈이다. 결국 알 카밀은 자기 뜻대로 움직일 수 있는 이집트 세력만으로 제5차 십자군에 맞서 싸워야 했다.

알 아딜이 죽고 일주일이 지난 9월 초, 한창 공방전이 전개되고 있

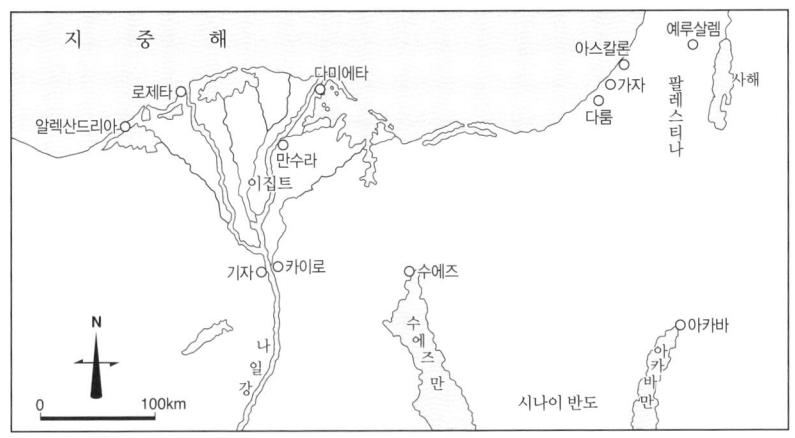

이집트와 그 주변

는 다미에타에 추기경 펠라조가 도착했다. 그가 진영에 들어가고 얼마 안 있어 이 '교황 대리'와 예루살렘 왕 브리엔의 사이가 험악해졌다. 십자군은 신이 바라는 일을 하는 전사들의 집단이고, 따라서 그들을 이끄는 것은 로마 교황이며, 여기서는 그의 대리인인 자신이 그 역할을 맡아야 한다는 펠라조의 끈질긴 주장에 브리엔도 질려버렸기 때문이다.

역시나 도착하자마자 모든 이의 미움을 받는 존재가 되었으니, 어찌 보면 이것도 이 스페인 추기경의 재능이라 할 만하다. 하지만 이 때문에 제5차 십자군의 지휘계통 일원화는 물 건너가고 말았다.

10월, 아버지 사후의 혼란을 수습하고 드디어 전선에 복귀한 알 카밀과 십자군의 공방전이 재개되었다. 하지만 양쪽 다 철벽처럼 굳건한 상황은 아니었다. 전황은 어느 쪽이 특별히 우세하달 것 없이 엎치락뒤치락하기를 반복했다.

그런데 11월 말에 가까워지자 나일강의 상황이 급변했다. 바다에서 강풍이 불어와 델타 일대에 홍수가 난 것이다. 그리스도교측 이슬람측 할 것 없이 모두 물에 잠겨버렸다. 그리고 물이 빠지고 나자 역병이 닥쳤다. 병사들이 역병으로 픽픽 쓰러져가는 상황 역시 양쪽 다 마찬가지였다.

해가 바뀐 1219년 2월 5일, 십자군측은 이집트군 진영이 텅 비어버린 것을 알고 놀란다. 하지만 한동안은 움직이지 않았다. 적이 무슨 책략을 쓴 것이라 생각하고 경계했기 때문이다.

알 카밀이 갑자기 군대를 물린 것은, 태수 일파가 그의 동생 중 하나를 추대해 반기를 들었기 때문이었다.

일곱째 동생 알 파이즈는 아버지 알 아딜에게서 쿠르디스탄 통치를 위임받았는데, 정작 본인은 그에 불만이 없었다. 그러나 이집트 외의 지역에 영지를 가진 태수들이, 알 아딜이라는 지배자가 사라지고 이집트를 통치하는 알 카밀이 술탄 자리에 오른 것에 위기감을 느끼고 반기를 들고 일어선 것이다.

차남 알 무아잠이 형에게 협력한 덕에 반란은 쉽게 진압할 수 있었지만, 알 카밀을 긴장시킨 것은 그가 신뢰했던 측근 중 하나가 반란에 가담했다는 사실이었다.

알 카밀은 일단 자기 발밑부터 다질 필요가 있었다. 뒤를 돌아보지 않고 다미에타 방어에만 전념할 수 있는 상황이 아니었던 것이다.

게다가 이해에는 나일강의 수량이 충분하지 않아 이집트 전역이 기근에 시달렸는데, 이런 상황을 본 동생 알 무아잠이 군대를 이끌고 다마스쿠스로 돌아가버렸다. 죽은 아버지의 뒤를 이어 술탄에 즉위하자마자 알 카밀에게 잇달아 시련이 닥치고 있었다.

한편 십자군측은 이런 기회를 이용하기는커녕, 지휘권을 놓고 신경전을 벌이는 예루살렘 왕 브리엔과 교황 대리 펠라조의 관계가 나날이 험악해지고만 있었다. 한마디로 말해 그리스도교측과 이슬람측 모두 제대로 운신할 수 없는 상태였던 것이다.

아시시의 프란체스코

이때 훗날 성인의 반열에 오르는 프란체스코가 등장한다. 이탈리아 중부 아시시에서 태어난 이 수도사가 어떤 자격으로, 또 어떤 경로로 제5차 십자군에 가담했는지는 알려져 있지 않다. 아마도 십자군을 따라온 성직자 중에서 가장 계급이 낮은 무리에 속해 있었을 것이다.

어쨌든 당시 서른일곱 살이었던 '아시시의 성 프란체스코'는 평화의 사자로 나설 결심을 한다.

하지만 결심했다고 바로 마음대로 행동할 수는 없다. 모든 수도사는 로마 교황에게 직속된 성직자이며, 제5차 십자군에는 정식 교황 대리가 있었으니, 펠라조의 허가 없이는 움직일 수 없었다.

추기경 펠라조는 이 아시시 수도사의 요청을 처음에는 강하게 반대했다. 하지만 얼마 지나지 않아 마지못해 승낙하게 된다. 펠라조도 이 교착상태를 타개하기 위해 무슨 수라도 써야 한다고 느꼈는지 모른다.

성 프란체스코(조반니 치마부에의 그림)

서른일곱 살의 수도사는 혼자 적진으로 향했다. 프란체스코파의 제복이나 마찬가지였던 허름한 갈색 수도사복에 가죽 샌들을 신은 차림새로. 물론 무장이라고는 전혀 찾아볼 수 없는 모습이었다.

그대로 적진에 도착한 그는 뜻밖에도 순조롭게, 진영 중앙에 있는 가장 화려한 막사로 안내되었다.

이날은 평상복이었지만 여전히 화려한 오리엔트식 복장을 입고 있던 술탄 알 카밀은 그해 서른아홉 살. 허름한 수도사복 차림의 이탈리아인 수도사는 서른일곱 살. 프란체스코가 어떤 언어로 말했는지는 알려져 있지 않지만, 수도사가 될 결심을 하기 전 젊은 시절에 어느 정도 학문을 쌓았고 어머니도 프랑스 태생이었으니 프랑스어가 가능했을지도 모른다. 알 카밀은 소년 시절 리처드로부터 서유럽식 기사에 서임되었지만 이를 계기로 프랑스어까지 배웠을 것 같진 않으니 옆에서 누군가가 통역해주었을 것이다.

어쨌든 용모와 옷차림과 종교까지 달랐지만 두 사람은 비슷한 연배였다. 이탈리아인 수도사는 술탄에게 평화의 필요성을 설파하고, 그러기 위해서는 술탄이 그리스도교로 개종하는 것이 최선책이라고 권유했다.

이슬람 세계에서는 이슬람교도에게 다른 종교로 개종할 것을 권유하는 행위 자체가 엄격하게 금지되어 있다. 이를 어긴 것만으로도 프란체스코는 당장 목이 날아간다 해도 불평할 수 없었다. 실제로 술탄 주위에 있던 사람들은 프란체스코의 말을 듣는 순간 일제히 살기를 드러냈다.

하지만 알 카밀은 자신과 연배가 비슷한 이 서유럽인의 말에 미소를 지을 뿐이었다. 정신이 이상한 것 같으니 경계할 필요가 없다고 생각했는지도 모른다. 그는 프란체스코를 체포하지도, 그렇다고 단칼에 베지도 않고, 그저 그리스도교측 진영으로 돌려보내라고 명했다.

무사히 돌아온 프란체스코를 보고 펠라조를 비롯한 모든 이들이 놀랐다. 그러나 프란체스코는 자신의 언동이 아무 효과가 없었다는 것을 깨달았던 듯, 그후로 두 번 다시 같은 시도를 하지 않았다. 이후 프란체스코는 혼자 십자군에서 빠져나가 이탈리아로 돌아갔다고 전해진다.

'아시시의 성 프란체스코'와의 만남이 알 카밀의 심경에 어떤 변화를 초래한 것 같지는 않다. 그로부터 채 한 달도 지나지 않아 십자군 진영에 총공격을 감행한 것을 보면 말이다.

하지만 이 공세도 좋은 결과로 이어지지 못했다. 갤리선을 방패로 삼은 십자군측의 반격이 만만치 않아서 전선은 다시 교착상태로 돌아갔다. 그리고 알 카밀에게는 하루빨리 자신의 통치기반을 다져야 한다는 과제가 여전히 미해결 상태로 남아 있었다.

강화 제안 (1)

10월, 다미에타를 공격중이던 십자군 진영으로 술탄의 특사가 찾아왔다. 강화를 제안하기 위해서였는데, 그 내용이 누구도 예상하지 못한 것이었다.

이슬람측은 십자군이 이집트에서 철수한다면 예루살렘을 돌려주겠다고 제안한 것이다. 예루살렘만이 아니라, 리처드와 살라딘의 강화에서 이슬람측 영토로 규정했던 갈릴리 지방까지 반환할 용의가 있다고 했다. 게다가 이 지방 곳곳에 있는 그리스도교측 성채의 유지비를 매년 지불할 수도 있다는 것이었다.

상상도 하지 못한 조건에 예루살렘 왕 브리엔과 중근동에 영지를 가진 그리스도교도 영주들은 강화를 맺는 쪽으로 크게 기울었다. 그중에서도 특히 성도 예루살렘을 돌려주겠다는 조항에 모두 흥분했다. 십자군 원정의 가장 큰 목적은 이교도의 손에서 성도를 되찾아오는 것이었으니까.

그런데 이에 격렬하게 반대한 사람이 있었다. 바로 교황 대리 펠라조였다.

반대의 첫번째 이유는, 강화란 상대가 있는 곳까지 가서 동등한 입장에서 맺는 것인데 이슬람측 상대로는 절대 이를 허락할 수 없다는 것이었다.

'이교도'란 다른 신을 믿는 자를 말한다. 하지만 '불신앙의 무리'는 믿는 신은 같아도 그 방법이 잘못된 자로, 더한 경멸 내지 멸시의 대상이 된다.

 이 '불신앙의 무리'란 주로 로마 교황을 정점으로 하는 성직자들이 쓰는 표현이었다. 또한 칼리프를 정점으로 하는 이슬람교 세계의 전업 성직자, 즉 이맘들도 그리스도교도를 불신앙의 무리로 단정했다. 양쪽 다 다른 신을 인정하지 않는 일신교였으니 당연한 일이지만, 교황 대리 펠라조 역시 이슬람교도를 가리킬 때 늘 '불신앙의 무리'라는 표현을 썼다.

 그런 펠라조가 강화에 반대한 두번째 이유는, 다른 곳도 아닌 성도 예루살렘은 '불신앙의 무리'와 타협해 손에 넣을 것이 아니라 그리스도교도의 피를 흘려 '해방'시켜야 한다는 것이었다.

 아무리 교황 대리라 해도 반대한 사람이 펠라조 하나였다면 '단호히 부정'하는 그의 목소리는 고립되었을 것이다. 하지만 그런 펠라조에게 동의한 이들이 있었다.

 첫번째는 예루살렘 대주교였다.

 그 역시 예루살렘 왕과 마찬가지로, 이슬람 지배하의 예루살렘을 떠나 아코에 살고 있는 이른바 망명 주교였다. 알 카밀과의 강화가 성사되면 예루살렘 왕 브리엔과 예루살렘 대주교는 당당하게 예루살렘으로 돌아갈 수 있었다. 그런데 대주교는 브리엔과 달리 반대했다. 일신교 성직자의 생각은 이처럼 종종 현실의 순리와 반대방향으로 나아갈 때가 많았다. 전업 성직자는 인간보다 신을 위해 사는 것을 중시했기 때문이다.

 '불신앙의 무리'와 강화를 맺는 것에 반대한 사람들 중에는, 이런 유의 원리주의와 인연이 먼 사람도 있었다.
　제5차 십자군에서 제3차 십자군 때와 마찬가지로 수송과 보급, 그리고 최전선의 전투에도 참전한 제노바 해군이었다.

　그들이 제5차 십자군에 적극적으로 참가한 속내는 어디까지나 유리한 입장에서 비즈니스 활동을 하고 있는 라이벌 베네치아 상인들을 이집트 땅에서 쫓아내기 위함이었다. 그런데 강화가 성립되어 십자군이 이집트에서 물러가면 그런 계획은 물거품이 되고 만다.
　알 카밀이 내륙부 그리스도교도의 영지를 보전해주거나 성채의 유지비를 부담하는 것은 교역상인인 그들과는 아무 상관 없었다. 그보다는 다미에타를 함락시켜 그곳을 발판으로 이집트와의 교역을 유리하게 만드는 것이 훨씬 중요했던 것이다.
　그리고 이 십자군에서 제노바 함대의 활약은 누구나 인정하는 바였으므로, 그들의 발언권은 상당히 강했다.

　결국 이보다 더 좋은 조건이 없을 알 카밀의 강화 제안을 십자군측은 거부하기로 결정한다. 그들이 공격을 집중하고 있는 다미에타는, 보급이 없는 상태에서 농성전을 치르느라 기력이 바닥난 방어병만 남아 있는 함락 직전의 상태였다.
　1220년 11월 5일, 이집트 북동부의 항구도시 다미에타는 2년에 걸친 공방전 끝에 함락되었다. 도망가고 싶어도 도망갈 곳이 없던 주민 대다수는 시내로 밀어닥친 십자군 병사들에게 살해당했다. 살해당하지 않은 것은 그리스도교로 개종한 사람들뿐이었다.

이후 정복한 다미에타의 통치권을 누구에게 주느냐 하는 문제로, 또다시 교황 대리 펠라조와 예루살렘 왕 브리엔이 충돌한다.

브리엔은 이집트의 전선기지로 활용도가 높은 다미에타를 통치할 권리가 예루살렘 왕인 자신에게 있다고 주장했다.

펠라조는 십자군이 정복한 땅의 통치권은 어디까지나 로마 교황에게 있다며 완강히 맞섰다. 하지만 이번에는 펠라조 쪽이 불리했다. 적지에 있는 다미에타를 누가 방어할지 명확히 대답할 수 없었던 것이다.

이에 관해 두 사람은 서로 양보해 이견을 좁혔다. '맡길 만한 사람'이 유럽에서 오기 전까지는 예루살렘 왕 브리엔이 방어를 담당하기로 타협한 것이다.

브리엔도 펠라조도 '맡길 만한 사람'이라는 표현을 썼는데, 실제로 이 시기 유럽에 그에 걸맞은 인물은 한 사람밖에 없었다.

프랑스 왕 필리프 2세는 이해 쉰다섯 살이 되었는데, 이 사람은 원래부터 십자군 원정에 관심이 없었다. 게다가 쉰 살이 넘은 지금은 노령을 이유로 거절할 수도 있었다.

영국에서는 실지왕 존이 4년 전에 세상을 떠났지만, 그의 실정으로 인한 혼란이 아직 남아 있어 십자군을 논할 계제가 아니었다.

그래서 '맡길 만한 사람' 중 남은 것은 독일 왕이자 시칠리아 왕인 프리드리히 2세뿐이었는데, 당시 그는 아직 신성로마제국의 황제가 아니었다.

그가 로마 교황에게서 신성로마제국 황제의 관을 수여받은 것은 그해 11월이다. 하지만 황제의 첫번째 책무로 여겨졌던 십자군 원정에 대해서는 자신의 영지인 독일의 정세가 안정되고 나서 가겠다고 로마 교황으로부터 허락받은 상태였다. 따라서 '맡길 만한 사람'으로 지목되었어도 곧바로 오리엔트로 향할 수는 없었다.

독일 왕을 뽑을 권리는 제후들에게 있지만 그렇다고 곧바로 황제가 될 수는 없으며, 로마 교황이 인정해야만 비로소 황제의 관을 쓸 수 있다고 믿어 의심치 않았던 것이 당시의 교황청이었다.

스물여섯 살 생일을 맞기 직전에 프리드리히가 황제의 관을 쓸 수 있었던 것도, 그가 교황 호노리우스에게 국내 정세가 안정된 후 반드시 십자군 원정을 떠나겠다고 약속했기 때문이었다.

그러나 멀리 떨어진 곳에는 누구든 쉽게 이해할 수 있는 내용만 전달되는 법이다. 그리하여 다미에타에 있는 십자군은 기약 없이 '프리드리히 기다리기'를 시작했던 것이다.

강화 제안 (2)

알 카밀은 십자군측의 이런 움직임을 간파했다. 그래서 그리스도교도들이 기다린다는 인물에 대한 정보를 수집하기 시작했다. 아마도 카이로에 체재하고 있던 베네치아 영사나 상인들이 제공했을 것으로 보이는 정보를 통해, 술탄은 그 수수께끼의 인물에 대해 다음과 같은 사실을 알게 되었다.

총명할 뿐 아니라 전투에도 유능해서 유럽에서 주목받는 젊은 군주라는 것. '붉은 수염'이라는 별명으로 잘 알려진 황제 프리드리히 1세의 직계 손자라는 것.

전임 교황 인노켄티우스 3세가 양부모 역할을 맡아, 이 젊은 왕자의 출발에 원조를 아끼지 않았다는 것.

알 카밀도 고민하지 않을 수 없었다. 제3차 십자군 때 황제 '붉은 수염'이 대군을 이끌고 선두에 서서, 그 대단한 살라딘조차 하루하루를 긴장상태로 보냈다는 이야기를 아버지 알 아딜로부터 들어 알고 있었기 때문이다. 그의 직계 손자라면 역시 대군을 이끌고 원정을 올 게 틀림없다고 생각했다. 젊고 유능한 인물이 대군을 이끌고 공격해오면 지금 같은 상태의 이집트는 저항할 수 없다. 아니, 그것으로 모자라 알 카밀의 술탄 지위까지 위태로워질 것이었다.

해가 바뀐 1221년 봄, 알 카밀은 다시 강화를 제안하는 특사를 다미에타의 십자군 수뇌부에게 보냈다.

이 강화 내용의 절반 정도는 지난번과 같았다. 십자군측이 이집트에서 철수하는 대신 알 카밀은 예루살렘과 갈릴리 지방을 반환하고 각지의 성채 유지비를 부담한다는 것이다.

하지만 두번째로 요청하는 이번 강화 조건에는 다음 두 조항이 추가되었다.

하나, 강화의 유효기간은 30년이다.

둘, 예루살렘 성벽의 재건 비용을 이슬람측에서 부담한다.

제5차 십자군이 시작되었을 때 알 카밀은 동생 알 무아잠에게 명해 예루살렘을 둘러싼 성벽을 파괴해버렸다. 이슬람측이 이집트 방어에 집중하는 틈에 다른 그리스도교 세력이 성도를 탈환한다 해도 언제든

손쉽게 되찾아오기 위해서였다.

그러나 이 강화가 성립되면 어차피 예루살렘은 그리스도교측에 반환된다. 반환하는 마당에 성벽까지 재건해주려 한 걸 보면, 알 카밀은 둘도 없는 신사이거나 혹은 십자군측이 간절히 기다리는 '맡길 만한 사람'의 도착을 진심으로 걱정하고 있었다고밖에 생각할 수 없다.

지난번보다 훨씬 유리해진 강화 내용을 보고 제5차 십자군의 수뇌들은 동요했다. 중근동에 정착해 살고 있는 그리스도교도들 사이에선 이것으로 충분하지 않으냐는 의견이 다수였다.

하지만 교황 대리 자격의 추기경 펠라조는 이번에도 단호히 반대했다. 게다가 이번에는 한층 태도가 강경했다. '맡길 만한 사람'이 확실히 정해졌고 조만간 대군을 이끌고 도착할 게 틀림없으니, 우리는 그가 도착할 때까지 카이로까지의 거리를 되도록 단축해야 한다는 것이 이유였다.

이리하여 십자군은 다미에타 공략으로 멈추지 않고 나일강 상류에 군을 투입하게 되었다.

두번째 강화 교섭마저 거부당한 알 카밀은 난감한 상황에 빠졌다.

그러나 이 사람의 아버지 알 아딜은 다음의 두 가지 이유로 사자심왕 리처드와 그의 측근들의 신뢰를 받은 바 있었다.

첫째, 진실을 전부 털어놓지는 않지만 거짓말은 결코 하지 않는다.

둘째, 항상 냉정하고 침착하며, 어떤 상황에서도 그런 태도를 잃지 않는다.

알 카밀 역시 아버지의 그런 성격을 물려받았다.

그런 그에게 한 가지 정보가 날아든다. 올해의 나일강 저수량이 특히 많아서, 상류에 가득 찬 물이 넘쳐흐른다는 것이었다.

알 카밀은 승부를 걸어보기로 했다.

거대한 나일강의 델타 지대에는 수없이 갈라져 흐르는 수로마다 수량을 조절하는 댐이 있었다. 워낙 큰 강이라 물이 불어나는 시기가 되면 상류에서 물이 한 줄기로 내려오는 것이 아니라 몇 개의 기복을 형성하며 흘러내렸다.

그것을 댐으로 조절하면서 하류로 흘려보내는 것인데, 이해 1221년 여름에는 그렇게 하지 않았다. 정확히 말해 델타 지대에서 알렉산드리아로 향하는 물의 흐름은 조절했지만, 다미에타로 향하는 쪽의 수문은 열지 않고 물이 댐에서 흘러넘치기 직전까지 기다렸던 것이다.

그리고 물의 흐름을 지켜보며 이제 더는 버틸 수 없는 한계에 다다랐다고 판단했을 때, 수문을 여는 대신 아예 댐 자체를 파괴해버렸다.

나일강 수로를 따라 북상하던 십자군을 불어난 강물이 덮쳤다. 짐뿐만 아니라 병사와 말 들까지 휩쓸려버렸고, 간신히 목숨을 건진 자들은 허둥지둥 다미에타로 도망쳤다.

하지만 다미에타 시내도 안전하지 않았다. 엄청난 양의 물이 흘러넘쳐서, 물이 빠진 후에도 주변이 온통 얕은 여울로 일변해버렸다. 높이가 높은 제노바 배가 뭍으로 다가갈 수가 없었다. 보급이 끊어진다는 것은 곧 적중에서 고립무원 상태에 빠지는 것을 의미한다. 게다가 계절은 역병이 유행하기 쉬운 한여름이었다.

제5차 십자군의 최후

적의 상황을 파악한 알 카밀은 세번째로 강화를 제안했다. 이번 강화 조건은 지난 두 번과는 확연히 달랐다.

하나, 그리스도교군은 다미에타를 포기하고 이집트에서 완전히 철수한다.

둘, 이 강화의 유효기간은 8년으로 한다.

다미에타의 십자군 수뇌들은 이 제안을 받아들일지를 놓고 격론을 벌였다. 하지만 그러느라 보낸 한 달 남짓한 기간 동안 병사들에게 닥친 궁핍한 상황은 수뇌부도 무시할 수 없는 수준이었다. 교황 대리 펠라조의 반대도 점점 영향력을 잃어갔다.

8월, 십자군측은 결국 강화를 받아들이기로 결정한다. 그리고 9월 8일 다미에타를 뒤로하고 팔레스티나로 돌아갔다. 3년에 걸친 제5차 십자군은 이렇게 끝났다.

알 카밀은 강화로 약속한 8년간의 불가침을 지켰다. 1221년부터 1229년까지 8년간, 중근동의 그리스도교도는 평화에 가까운 상황에서 살아갈 수 있었다.

또한 이번 강화 조건에는 없었지만 알 카밀은 리처드와 살라딘이 맺은 강화의 내용도 계속 지켰으므로, 팔레스티나 바다 쪽에 염주처럼 이어진 아코와 야파 등의 항구도시는 여전히 그리스도교측에 남았다.

그리고 그 항구를 거쳐 예루살렘으로 향하는 순례자들도 이전과 마찬가지로 자유롭게 성지를 순례할 수 있었다.

결국 리처드와 살라딘이 맺은 강화가 제5차 십자군으로 중단된 지 3년 만에, 다시 예전 상태로 돌아간 것이다.

제5차 십자군이 헛수고였으며, 이러한 결과의 책임이 교황 대리 펠라조에게 있다는 것은 현대의 모든 역사가의 일치된 견해다.

그러나 제5차 십자군이 막을 내린 직후 로마로 돌아온 펠라조에게 책임을 묻는 이는 아무도 없었다. 제2차 십자군이 실패한 후, 원정을 선동했던 수도사 베르나르두스가 어떤 추궁도 받지 않았던 것과 마찬가지였다.

성직자의 가장 큰 임무는 신의 뜻을 신자들에게 전하는 것이라는 게 당시 사람들의 생각이었다. 그리고 신이 오류를 범하지 않는 한 그 뜻을 전하는 성직자도 오류를 범할 리가 없으며, 설사 결과가 좋지 않더라도 그것은 인간의 신앙심이 부족했기 때문으로 여겼다.

추기경 펠라조는 나폴리 근처 몬테카시노에 있는 수도원에서의 평온한 여생을 약속받았는데, 19년 후 그곳에서 생애를 마칠 때까지도 사사건건 다른 이들과 충돌하는 성격은 변하지 않았다고 한다.

이런 생각을 해보게 된다.

전쟁은 인류 최대의 악업이다. 그런데도 인류는 도무지 이 악에서 벗어날 수 없다.

그렇다면 전쟁이란 그 승패 여부로 평가하는 것이 아니라, 악을 저지른 후 얼마나 오랫동안 평화가 이어졌느냐 하는 것으로 평가하는 게 좋지 않을까.

또한 인류가 전쟁이라는 악에서 벗어날 수 없는 이상 영원히 지속되는 평화란 있을 수 없으며, 그때그때 단기간의 평화를 쌓아가는 식으로 달성하는 수밖에 없다고 생각하는 것이 현실적이지 않을까.

제3차 십자군은 그리스도교측과 이슬람측이 정면으로 충돌해, '꽃의 제3차'로 불릴 정도로 매우 치열하게 싸웠던 십자군이었다. 그러나 전쟁 후 리처드와 살라딘이 체결한 강화는 그후로 사반세기나 이어진다. 그리고 제5차 십자군으로 인해 3년간 중단되었다가 다시 8년간 이어졌다. 모두 합치면 33년이다.

물론 이슬람측에 살라딘, 알 아딜, 알 카밀이라는 현명하고 현실적인 아이유브 왕조의 술탄이 이어진 것의 이점이 컸다. 또한 알 카밀은 아직 술탄 자리에 있었다.

만약 이 33년을 더 연장하고 싶다면, 그리스도교측에는 "불신앙의 무리와의 강화는 절대 안 된다"거나 "성도 예루살렘은 그리스도교도의 피를 흘려 탈환해야 한다"는 등의 과격한 발언에 영향받지 않을 지도자가 나와야 했다.

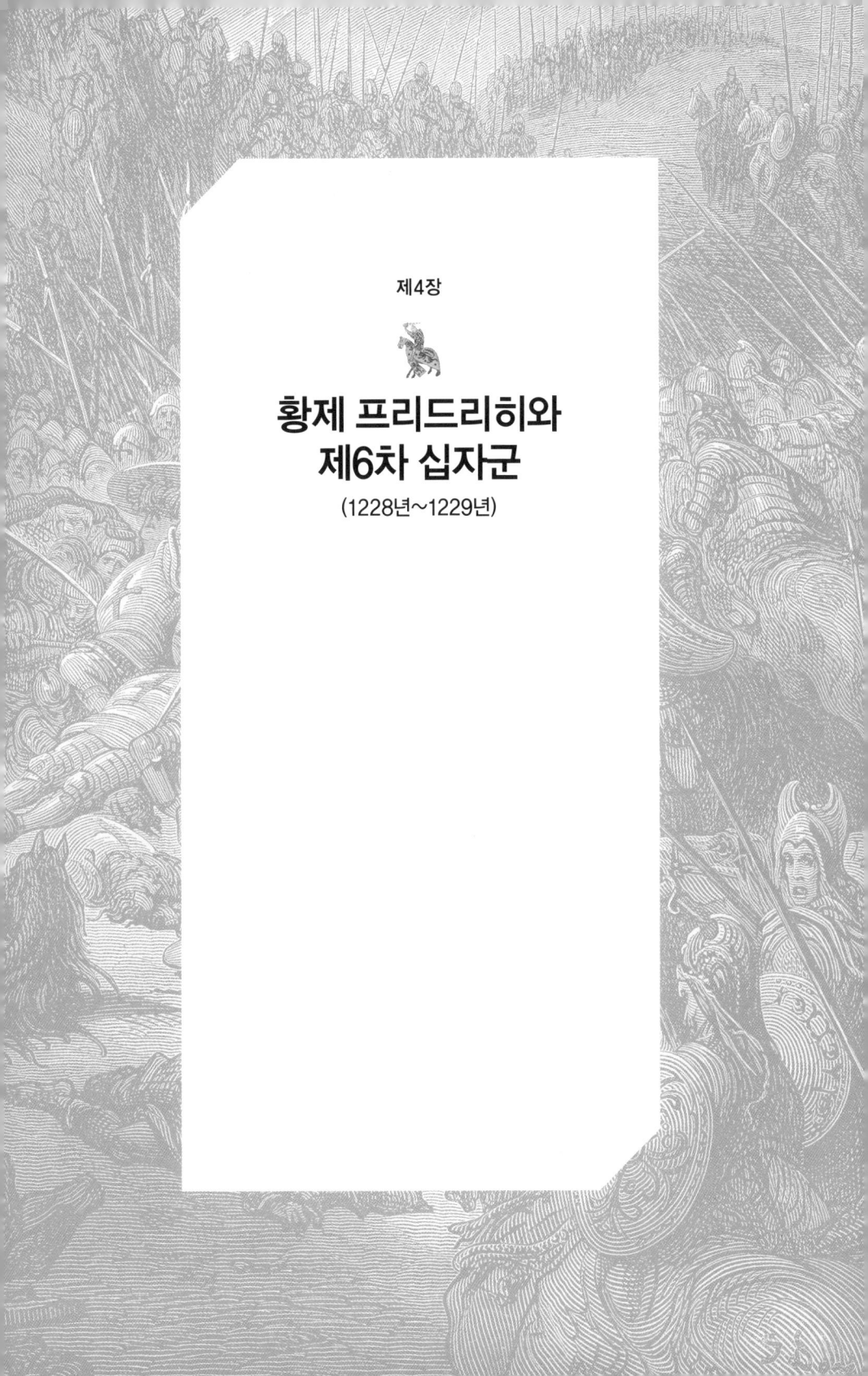

제4장

황제 프리드리히와 제6차 십자군
(1228년~1229년)

남쪽 섬 시칠리아

이탈리아 남쪽에서 시칠리아까지를 지배하고 있던 노르만 왕조는 시칠리아의 팔레르모에 수도를 두고 있었다. 이 팔레르모에서 1킬로미터쯤 떨어진 교외에 '치사'라 불리는, 그 시대의 별궁이 남아 있다. 이탈리아어 'Zisa'는 '훌륭한' '멋진'이란 뜻의 아랍어 'Aziz'에서 나온 것인데, 시칠리아 섬은 프랑스 북부에서 온 노르만인이 정복할 때까지 2백 년 동안 아랍인의 지배를 받아왔다. 게다가 새로이 정복자가 된 노르만인은 피정복자인 아랍인을 닥치는 대로 죽이거나 추방하지 않았으므로, 시칠리아에는 그후로도 많은 이슬람교도가 계속 살고 있었다.

'치사'는 그리스도교도였던 왕 굴리엘모가 이슬람교도 신하들에게 그들 취향대로 꾸며보라고 지시해 만든 여름 별궁이다. 물론 그 역시 완전히 이탈리아화한 노르만인이었으므로, 피서용 별궁 정도는 아랍식으로 만들어보려는 생각이었을 것이다.

이슬람교도의 꿈은 이 지상, 그중에서도 낙원에 사는 것이다. 그 낙원에는 평소 그들이 생활하는 곳에는 없는 것들이 모두 갖춰져 있어야 한다. 풍부하게 흐르는 맑은 물, 그 물을 먹고 자란 잎과 열매가 잔뜩 달린 나무들, 이 나무를 찾아 모여든 온갖 새들, 꽃을 찾아 모여든 각종 나비들이 그것이었다.

이것이 이슬람교도가 생각하는 지상낙원이었다. 그리고 이슬람 세계의 유력자라면 이 지상낙원에서 사는 것이 당연했다. 따라서 이런 정원이 없으면 왕의 '거처'로 여기지 않았다.

다만 이 '치사'를 주문한 사람은 그리스도교도인 노르만 왕이다. 그래서 별궁의 내부는 천장까지 가득 메운 벽화와 화려한 색채의 정원 등으로 이슬람 일색이었지만, 한쪽에는 그리스도교의 작은 예배당이 마련되어 있었다.

이 '치사'가 여름 별궁이었음을 알 수 있는 부분은 각 방의 가장자리로 흐르는 물이다. 당시에는 이것이 냉방 역할을 했다. 이 물은 1층에 있는 거실에 모여 정원으로 흘러나가게 되어 있는데, 이때도 그냥 흐르는 게 아니라 정원 여기저기로 이어진 좁은 수로를 따라 흘러가면서 주위의 수목과 풀에 수분을 공급하도록 설계되어 있었다. 아랍인은 이런 수로를 만드는 기술로는 동시대 유럽인을 훨씬 능가했다.

지금의 '치사'에는 8백 년 전의 모습이 거의 남아 있지 않다. 건물은 어느 정도 복구되었지만 정원은 자취를 찾아볼 수 없다. 때문에 이곳을 찾는 여행자도 적어서, 내가 방문했을 때도 입구에서 스친 독일 젊은이 둘 말고는 아무도 없었다.

이런 유의 사적을 접할 때는 지금까지 배운 모든 지식을 총동원해 머릿속에서 재현할 필요가 있다. 지금은 '분수가 있는 방'이라 불리는 1층 중앙에 서서, 더는 물이 흐르지 않는 수로를 바라보며, 그곳에 물이 흐르던 당시의 정원을 상상해보는 것이다.

아랍인이 옮겨 심은 덕에 중세 시칠리아 어디에서나 볼 수 있던 레몬과 오렌지 나무들, 그 사이사이를 가득 메운 각양각색의 꽃과 풀들. 이상하게 그늘에서 잘 자라는, 역시 아랍인이 들여온 재스민 덤불에서 풍겨오는 은은하고 달콤한 향기. 그 사이를 졸졸 흐르는 맑은 물. 수로 옆에 서 있는 네다섯 살의 남자아이. 이 뜰에서 놀며 잎사귀로 만든 나뭇잎 배를 띄워보려는 생각을 해보지 않는 소년이 있을까. 가정교사가 부르는 소리도 듣지 못하고 흘러가는 나뭇잎 배를 쫓아 달려가는 남자아이.

프리드리히는 세 살 때 아버지를 여의었다. 그리고 네 살 때 어머니도 여의었다. 형제자매도 없는 외동아들이었다. 그래서 어린 나이임에도 시칠리아에서 이탈리아 남부에 이르는 노르만 왕국의 왕이 되었고, 2년 전인 1196년에는 독일 제후들에 의해 신성로마제국 황제의 '대기자' 격인 독일 왕으로도 선출되었다.

이 소년은 '붉은 수염'이라는 별명으로 유명한 신성로마제국 황제 프리드리히 1세의 직계 손자로, 어머니에게서 시칠리아와 노르만 왕

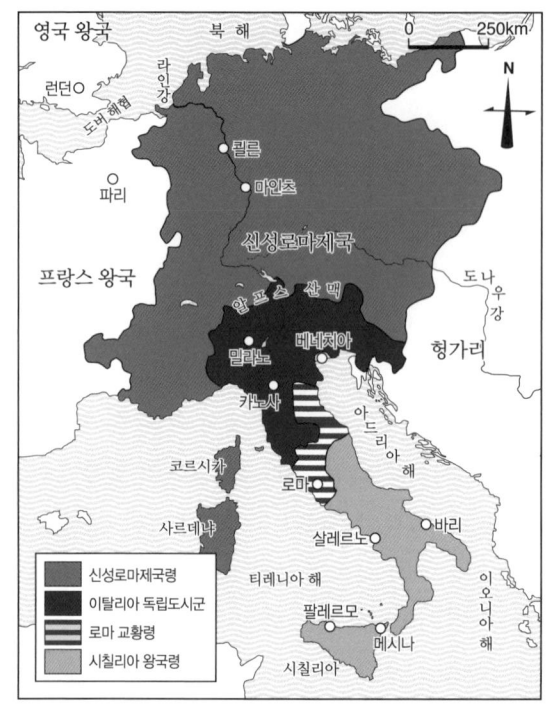

독일과 이탈리아에 걸친 프리드리히 2세의 영지

국을 상속받았다.

왕관을 머리에 쓴 채로 태어난 것이나 마찬가지였음에도 이 소년은 주위의 주목을 한 몸에 받으며 고이 자라지는 않았다. 네 살 때 고아가 된 탓도 있었을 것이다. 고명한 가정교사들에게 교육받은 것도 아니었고, 놀이친구도 그 주위에 사는 서민의 자식들이었다고 한다. 가정교사도 스승이라기보다 보육교사에 가까운 수도사 한 명의 이름밖에 알려져 있지 않다.

　프리드리히는 이른바 독학한 케이스였다. 그랬기에 그리스도교 성직자가 알면 틀림없이 눈을 부라렸을 아랍어 공부까지 할 수 있었을 것이다.

　성년이 되었을 당시 그는 시칠리아에서 일상적으로 접할 수 있는 아랍어 외에도 고전을 읽는 데 필요한 그리스어와 라틴어를 자유로이 읽고 쓰고 말할 수 있었다. 라틴어는 중세의 외교 언어이기도 했다. 또한 이에 더해 독일어, 프랑스어, 이탈리아어까지 모두 6개 국어를 구사할 줄 알았다. 고명하고 엄격한 교사들에게 둘러싸여 교육받지 않은 덕에, 오히려 자신의 호기심과 지식욕에 따라 마음껏 날개를 펼칠 수 있었던 것이리라.

　프리드리히는 아버지에게서 독일인의 피를, 어머니에게서 이탈리아화한 노르만인의 피를 물려받고, 이슬람 문명이 농후하게 남아 있는 시칠리아에서 자랐다. 나뭇잎 배를 쫓아 열심히 달려가는 남자아이의 앞날에는, 그리스도교도를 이끌고 이교도 이슬람에 맞서야 하는 책무가 따르는 신성로마제국 황제라는 지위가 기다리고 있었다.

　하지만 때는 아직 중앙집권이 확립되지 않은 중세. 계승권을 지녔다는 이유만으로 황제나 왕의 지위를 손에 넣을 수 있는 시대가 아니었다. 어디까지나 자신의 힘으로 확립해야 했다. 세습도 자력으로 획득해야만 비로소 현실로 만들 수 있는 시대였던 것이다.

황제 즉위

1220년 11월 22일, 스물여섯 살이 된 프리드리히는 드디어 신성로마 제국 황제의 관을 쓰게 되었다. 로마 산피에트로 대성당에서 그에게 황제의 관을 내려준 이는 교황 호노리우스였다.

교황 호노리우스는 전임자 인노켄티우스의 견해를 충실하게 계승했다. "로마 교황은 태양, 황제는 달"이며 "황제를 선출하는 것은 독일 제후의 권리지만, 그렇게 뽑힌 인물에게 황제의 자격이 있는지를 판단하는 권리는 로마 교황에게 있다"고 말한 인노켄티우스의 말을 금과옥조처럼 생각해왔다. 그리고 로마 교황이 주도하는 십자군 원정의 필요성에 대해 전임자 이상으로 굳은 신념을 가진 교황이기도 했다.

이 교황에게서 황제의 관을 받으려면 그에 상응하는 전략이 필요했다. 이것은 이미 대관식이 있기 3년 전부터 시작되었다.

그해 스물세 살이 된 프리드리히는 인노켄티우스의 뒤를 이어 교황으로 선출된 호노리우스에게 즉위를 축하하는 서신을 보낸다. 그리고 이에 대한 답신에서 늙은 교황은 젊은 프리드리히에게, 그가 십자군 원정을 떠난다면 자신이 적극적으로 돕겠다고 밝혔다. 아직 제5차 십자군의 낌새가 보이기 전의 일이다.

십자군 원정을 언급한 탓인지 몰라도, 프리드리히와 호노리우스의 서신 교환은 그후 한동안 두절된다.

그리고 1218년 말 둘의 교류가 다시 시작된다. 이번에는 교황이 먼저 프리드리히에게 서신을 보낸다. 제5차 십자군이 이집트 다미에타에서 고전하고 있던 시기였다. 이번에는 넌지시 비추는 정도가 아니라 분명히 용건을 밝혔다. 요컨대 신성로마제국의 황제가 되고 싶으면 원정을 가라는 것이었다.

스물다섯 살이 된 프리드리히는 이에 답신을 보냈다. 요약하면 다음과 같다.

마음만 먹으면 올해 3월에 준비를 마치고 6월에 출발할 수 있지만 사정이 여의치 않다고 말문을 열고, 아직 자신은 황제가 아니라 전군을 이끌 자격이 충분하지 않으므로 다른 왕과 제후의 참여가 불가피하다고 뒤를 잇는다. 한마디로 말해 발뺌할 핑계를 댄 것인데, 이 때문에 저도 모르는 사이 함정에 빠지기 시작한 것은 프리드리히가 아니라 그보다 마흔 살도 더 많은 호노리우스였다.

프리드리히는 그뒤에 다시, 처음에 말한 출발 시기인 1219년 6월을 9월 말로 연기하게 되었다는 서신을 보낸다. 다른 왕과 제후들을 설득하는 중이라는 말에 교황도 그를 믿을 수밖에 없었다.

그러나 그 기간은 프리드리히가 십자군 원정을 위해 다른 왕과 제후들을 설득하는 데 걸린 시간이 아니라, 아직 어린 자신의 장남 하인리히를 독일 왕으로 만들기 위해 독일 제후들을 설득하는 데 필요했던 시간이었다.

이 사실을 안 교황은 힐문의 서신을 보낸다. 프리드리히는 십자군 원정을 떠나면 살아 돌아오지 못할 수도 있는 만큼, 군주의 책무상 향후 영지의 통치를 누구에게 맡길지 미리 정해두어야 한다는 내용의 답신을 보내왔다. 그렇게 그는 십자군에 관련된 일은 내버려두고 장남을 독일 왕으로 앉히는 일을 먼저 실현한 것이다.

이듬해인 1220년 5월 플랑드르에서 열린 독일 왕 선출회의와 즉위식에 참석한 프리드리히는, 얼마 후 교황 호노리우스의 초빙을 받아 알프스를 넘어 이탈리아로 들어간다. 로마에서 열릴 대관식을 위해서였는데, 이때도 발걸음을 서두르지 않았다. 물론 독일 병사가 주체인 군대와 함께였다.

베로나를 지나 만토바, 모데나까지 내려간 뒤, 고대 로마의 에밀리아 가도를 통해 볼로냐, 파엔차, 포를리를 거쳐 동남쪽으로 나아갔다. 볼로냐에서는 당시 유럽의 최고 명문으로 알려져 있던 볼로냐 대학을 시찰하는 것을 빼놓지 않았다.

아드리아 해로 빠진 뒤에는 고대 로마 시대의 플라미니아 가도를 통해 로마로 향했는데, 이 여정은 프리드리히에게 단순한 여행길이 아니었다. 천천히 군대를 이끌고 통과하면서 신성로마제국 황제가 될 사람의 위세를 과시하는 목적도 있었던 것이다. 동시에 십자군 원정의 약속을 도무지 지키려 하지 않는 프리드리히를 파문으로 위협할 생각인 교황에게 압력을 가하는 의미도 있었다.

로마에 도착하고서도 곧바로 교황궁으로 달려가지 않았다. 대신 로마 거리 전체가 한눈에 내려다보이는 몬테마리오 언덕에 막사를 쳤다. 언덕을 가득 메운 군막(軍幕)의 모습에 로마 주민들은 깜짝 놀랐지만, 몬테마리오 언덕에서 가까운 바티칸에서는 그저 놀라기만 한 정도가 아니었다. 하지만 이렇게 군대로 압력을 가했어도 황제의 관을 쓰기 위해서는 다시금 십자군 원정을 서약해야 했다.

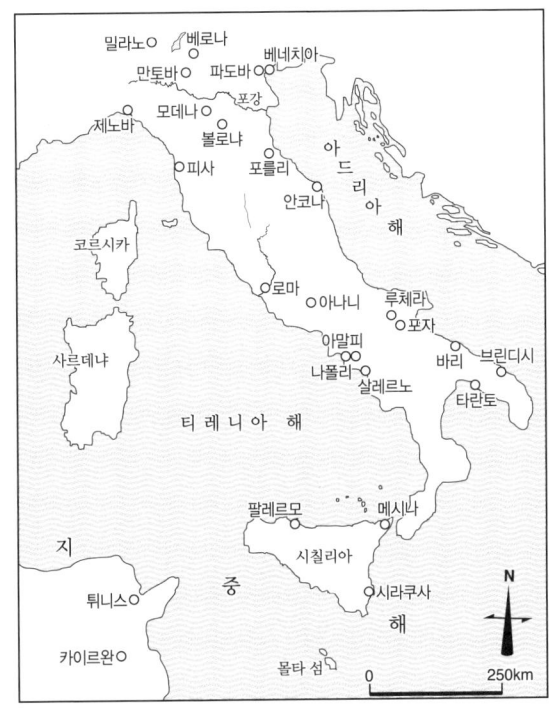

이탈리아와 그 주변

    대관식은 1220년 11월 22일에 무사히 거행되었다. 대관식이 끝난 후 프리드리히는 영원의 도시 로마를 견학하며 사흘을 보냈다. 개인적인 소망을 이루는 일이어서인지 이때는 호위병도 많이 거느리지 않았다. 견학을 마친 그는 군대를 이끌고 모국 시칠리아로 돌아갔다.

원정은 언제?

신성로마제국 황제가 정식으로 즉위하고 그가 십자군 원정을 서약했다는 사실을 접한 다미에타의 십자군 진영이 오매불망 '프리드리히 기다리기' 상태가 된 것도 당연했다. 알 카밀이 이끄는 이집트군과의 전투 상황이 갈수록 나빠져만 갔기 때문이다.

프리드리히는 원정을 가겠다고 서약하긴 했지만 그전에 국내 정세를 먼저 안정시킨다는 조건을 내걸어 교황 호노리우스의 승인을 받았다. 그리고 그것이 언제 끝날지는 분명히 말하지 않았다.

이런 상태로 8개월이 지났다. 8개월 후인 1221년 8월, 그리스도교군이 다미에타를 포기하고 이집트에서 완전히 철수함으로써 제5차 십자군은 헛수고로 끝나버렸다.

그렇다고 제5차 십자군이 눈 뜨고 볼 수 없는 참상으로 끝난 건 아니었다. 알 카밀이 요구한 조건은 다미에타를 포기하고 이집트에서 완전히 철수하라는 것뿐이었으므로, 십자군측은 이집트 땅을 침공한 배상금도 요구받지 않았고, 살아남은 자들 모두 무사히 팔레스티나로 돌아올 수 있었다. 즉, 팔레스티나의 그리스도교도들이 돌아갈 '집'을 잃은 건 아니었던 것이다.

또한 1221년 8월에 체결된 강화를 십자군측과 알 카밀측 모두 진지하게 받아들이고 있었다는 사실은, 조인이 끝날 때까지 보증 삼아 서로 교환한 인질을 보면 알 수 있다.

십자군측의 인질은 예루살렘 왕 브리엔과 교황 대리 펠라조, 알 카밀측의 인질은 술탄의 장남과 차남이었다.

분명히 제5차 십자군은 헛수고로 끝났다. 그러나 강화에 대처하는 양측의 모습을 보면 누구나 한동안은 평화를 기대할 수 있었다. 그 기간이 언제까지인지는 누구도 예측할 수 없었지만.

이것이 십자군 원정을 약속하지만 그전에 국내부터 안정시키고 싶다는 프리드리히의 바람을 교황 호노리우스가 받아들인 배경이 아니었을까 상상한다. 게다가 새로운 황제는 아직 스물여섯 살의 젊은 나이였으니까.

그런데 이 '한동안' 프리드리히는, 교황측에서 보면 '심기를 거스르는' 일들을 실행했다.

사라센 거류지

시칠리아에서 이루어진 그리스도교도와 이슬람교도의 공생은, 일신교들끼리 적대시하던 중세시대의 특성을 생각하면 딴 세상 일로 보일 정도로 순조로웠다.

그중에서도 특히 행정과 학문, 기능 분야에서는 융화라고 해도 좋을 정도였다. 시칠리아 왕궁에는 터번을 두르고 긴 옷을 입은 아랍인 행정관이 자유롭게 드나들었고, 왕의 측근 중에도 아랍식 이름을 가진 사람이 적지 않았다. 팔레르모에 많이 남아 있는 모스크에서는 주기적으로 무에진이 기도시간을 알리는 소리가 들려왔고, 역시 때가 되면 그리스도교 교회의 종루에서 종소리가 울려퍼졌다.

요컨대 프리드리히가 지배하던 시칠리아에서는, 학식과 재능이 뛰어난 이슬람교도가 그리스도교도 왕 혹은 황제의 치하에서 살아가는 데 큰 불편함이 없었던 것이다.

하지만 농촌에서는 사정이 달랐다. 농촌에서는 학식이나 재능이 상관없었다. 따라서 종교의 차이가 표면에 드러난다. 인종차별이란 항상 하층 사람들 사이에서 먼저 생겨나는 법이다.

아들의 독일 왕 선출과 자신의 황제 즉위로 시칠리아를 비웠던 1221년 겨울, 시칠리아의 농촌지대에서 이슬람교도 농민들이 봉기했다.

프리드리히는 황제가 되자마자 이런 문제에 직면했다. 다행히 봉기는 시칠리아 일부에 한정된 것이었고 주모자도 확실했다.

이듬해 3월, 주모자 이븐 압바드와 그의 아들이 붙잡혀 처형되자 반란은 진정되는 듯 보였다. 하지만 몇 달 지나지 않아 다시 봉기가 일어났다. 프리드리히는 이 '사라센인 문제'를 엄중하게 다루어 근본적으로 해결할 수밖에 없다고 생각했다.

이슬람교도가 유럽의 그리스도교도를 한데 뭉뚱그려 '프랑크인'이라 불렀듯이, 중세 유럽의 그리스도교도는 아랍인, 주로 북아프리카에 많은 베두인, 아시아에서 온 투르크 민족 등 모든 이슬람교도를 가리켜 '사라센인'이라 불렀다.

이듬해인 1223년 5월, 프리드리히는 이 불만분자 사라센인들을 가족들과 함께 모조리 시칠리아 섬 밖으로 강제 이주시켰다.

이주처는 그의 영지인 이탈리아 남부였는데, 딱히 외진 산골에 격리한 건 아니었다. 프리드리히는 영지 내 주요도시 각지에 궁전 겸 성채를 세웠는데 그중 하나, 포자에서 불과 18킬로미터밖에 떨어져 있지 않은 루체라로 이주시킨 것이다.

루체라도 포자와 마찬가지로 고대 로마인이 건설한 도시로, 로마시대에는 루체리아로 불렸다.

사라센인을 집단 이주시킨 이 도시에 프리드리히는 '사라센인의 루체라'라는 뜻의 'Luceria Saracenorum'이라는 라틴 이름을 붙였다. 하지만 이 땅에 이주해온 사라센인들은 장중한 울림의 라틴어 대신 '루게라(Lugêrah)'라는 아랍어 발음으로 부르게 된다.

만약 이때 프리드리히가 사라센인을 루체라에 강제 이주시키는 데 그치지 않고, 이 사라센인들에게 그리스도교로 개종하는 것까지 강제했다면 로마 교황에게 조금도 '심기를 거스르는' 일로 다가오지 않았을 것이다. 오히려 그리스도교 세계의 속계 최고위자에게 어울리는 행동이라며 칭송받았을 것이다.

하지만 프리드리히는 '사라센인의 루체라'라는 이름을 부여한 이 도시 내에서 그들에게 신앙의 자유를 완벽하게 보장해주었다. 루체라에는 많은 모스크가 건설되었고, 모스크의 첨탑(미나레트)에서는 하루 다섯 번 기도시간을 알리는 무에진의 목소리가 낭랑하게 울려퍼졌다. 그리스도교 세계의 속계 최고위자의 왕궁에서 불과 18킬로미터밖에 떨어져 있지 않은 곳에서 말이다.

뿐만 아니라 프리드리히는 루체라의 사라센인 성인 남자가 자신이 지휘하는 군대의 보병으로 근무하는 것까지 인정했다. 물론 그들의 신앙을 그대로 유지한 채.

당시 로마 교황은 고유의 영토를 지닌 영주이기도 했다. 로마 교황청 영토의 남단은 나폴리 인근 몬테카시노의 산 위에 있는 몬테카시노 수도원이었다. 제5차 십자군 때 교황 대리로 종군한 추기경 펠라조가 여생을 보내기도 한 수도원이다. 그리스도교도의 적인 이슬람교도가 집단으로 모여 사는 루체라에서 몬테카시노까지의 거리는 로마에서 나폴리까지의 절반밖에 되지 않았다.

그런 루체라가 이슬람교도가 사는 도시로 변모하고, 교회의 종소리 대신 무에진의 목소리가 울려퍼지게 된 것이다. 로마 교황의 심기가 편할 리 없었다.

덧붙여서 프리드리히 휘하의 사라센 부대는 프리드리히의 일생 동안, 아니 프리드리히가 죽은 후 뒤를 이은 후계자에게도 변함없는 충성을 바쳤다. 지금 루체라는 그리스도교 교회가 가득한 도시로 변해 있는데, 이는 프리드리히의 아들 만프레디를 무찌른 프랑스의 앙주 백작이 루체라를 지배하게 된 후의 일이다. 그때 루체라의 주민은 여자와 어린아이까지 모두 노예로 팔려가고 모스크도 파괴되어 이곳은 그리스도교도의 도시로 되돌아갔다. 루체라에서 무에진의 목소리가 들렸던 것은 채 50년이 안 되는 시간이었다.

나폴리 대학

로마 교황 호노리우스의 '심기를 거스른' 두번째 사건은, 1224년 서른 살을 앞둔 프리드리히가 나폴리에 새로운 대학을 창설한 일이었다.

당시 유럽의 최고 명문 대학은 볼로냐와 파리에 있었다. 교황 인노켄티우스처럼 두 대학 모두에서 수학한 사람도 있었다.

그러나 볼로냐와 파리에서 가르치는 건 주로 신학이었고, 법률에 관한 것도 어디까지나 그리스도교의 정신에 대한 내용으로 국한되었다. 그리스도교의 영향이 신도의 생활 구석구석에까지 미쳐 있던 중세였으니 당연하다면 당연한 일이다. 특히 볼로냐 대학은 전적으로 교황청의 지배하에 있었다.

프리드리히가 새로운 대학을 창설한 이유는 무엇이었을까. 그것은 이 나폴리 대학에서 가르친 것이 고대 로마법이라는 사실에서 엿볼 수 있다.

프리드리히는 새로운 대학의 창설 이유를, 자신의 영지인 이탈리아 남부와 시칠리아의 젊은 영재들이 학문을 배우기 위해 멀리 이탈리아 중부에 있는 볼로냐까지 가야 하는 상황을 영주로서 두고 볼 수 없어서라고 밝혔다.

하지만 이는 표면적인 이유였고, 사실은 법률이 종교의 지배를 받지 않았던 시대의 로마법을 배운 젊은 인재를, 자기 제국의 관료로 쓰고 싶어서였다.

그러나 당시의 성직계에서는 로마제국을 그리스도교의 적이라고 믿어 의심치 않았다. 로마법을 배우는 것 자체가 그리스도교도로서 용납할 수 없는 행위였던 것이다.

현대에도 국립대학으로 존속하고 있는 나폴리 대학의 정식 명칭은, 프리드리히의 이탈리아어식 발음에서 따온 '페데리코 2세 대학'이다.

살레르노 의학교

로마 교황의 '심기를 거스르는' 일만 저지르던 이 시기의 프리드리히가 세번째로 실행한 것은, 이미 살레르노에 존재하던 의학교를 적극적으로 원조하고 장려하여 부흥시킨 일이었다.

유럽에서 가장 오래된 의학교인 '살레르노 의학교'의 이름은 9세기 때부터 알려져 있었는데, 후원을 맡았던 해양국가 아말피가 쇠퇴함에 따라 점점 활동이 위축되고 있었다. 그것을 프리드리히가 부흥시킨 것이다.

'살레르노 의학교'의 특색은 순수하게 의학을 연구하는 곳인 만큼 이를 배우려는 사람의 종교나 민족을 전혀 따지지 않는다는 점이었다. 교과서도 그리스어, 라틴어, 아랍어, 헤브라이어가 병존했고 교수와 학생도 지중해 세계의 각지에서 모여든 이들이었다.

이 '살레르노 의학교'는 프리드리히의 죽음을 경계로 다시 '중세의 암흑'으로 들어가지만, 그대로 불씨가 사그라지지는 않았다.

그뒤 베네치아 공화국이 볼로냐 대학에 대항해 파도바에 대학을 창설하게 되는데, 21세기인 지금 파도바 대학에서 가장 유명한 학부가 다름아닌 의학부다. 이탈리아 남부의 살레르노에서 핀 꽃이 이탈리아 북부 파도바에 이식되었던 것이다.

흥미로운 점은 아말피에서 베네치아까지, 순수하게 의학을 가르치는 목적으로 창설된 '살레르노 의학교'를 뒷받침해준 곳이 모두 이교도와의 교역도 아랑곳하지 않았던 이탈리아의 해양 도시국가였다는 사실이다. 프리드리히는 교역상인이 아니었지만, 이교도와의 교류에 거부반응이 없었다는 점은 동시대 교역상인들과 마찬가지였다.

그러나 프리드리히는 신성로마제국의 황제다. 로마 교황은 그런 그의 고삐를 풀어줄 마음이 조금도 없었다. 십자군 원정을 가겠다는 건 이미 서약한 바 있으니, 이제는 언제 그것을 실행에 옮길지를 두고 끊임없이 그에게 압박을 가했다.

프리드리히도 슬슬 각오했는지, 나폴리에 대학을 창설하고 살레르노 의학교의 부흥을 이룬 1224년 말 유럽을 방문한 병원 기사단의 단장에게 사자를 보내 내방을 청하고, 직접 만나 팔레스티나의 상황을 들었다. 또한 그 이듬해 봄에는 유럽에 와 있던 튜턴 기사단의 단장도 만나 이야기를 들었다.

그 소식을 들은 로마 교황은 곧바로 서신을 보내왔다. 언제 어느 정도 규모의 병력으로 출발할 것인지 묻는 내용이었다. 하지만 그에 대한 프리드리히의 답신은 다음과 같이 여전히 변죽을 울리는 것이었다.

아마도 출발은 2년 후인 1227년 8월에 할 수 있을 것이다.
아마도 갤리선과 범선으로 구성된 150척의 선단과 1천 명의 기병을 이끌고 가게 될 것이다.
아마도 성지에는 2년간 체재하게 될 것이다.

아마도 원정 준비부터 성지의 안전을 확립하기까지는 10만 온치아에 해당하는 금화가 필요할 것이다.

프리드리히를 성지에 보낼 수만 있다면 교황 호노리우스는 악마와 손을 잡는 것도 마다하지 않았을 것이다. 그런 교황에게 생각지도 못한 해결책을 내놓은 사람이 있었다.

예루살렘 왕으로

프리드리히는 아라곤 왕가 출신의 첫 아내 콘스탄체를 3년 전에 잃었다. 이 여인이 죽기 전에도 그의 아이를 낳은 정부(情婦)만 네 명이었다. 정식 부인까지 합하면 다섯 명의 여인에게서 다섯 아이를 얻은 아버지였던 것이다. 그래도 법적으로는 서른 살 당시의 프리드리히가 독신으로 돌아간 것은 확실했다.

한편 브리엔이 일개 기사에서 예루살렘 왕위에 오르는 명분이 되어주었던 그의 아내는 이미 세상을 떠났는데, 둘의 슬하에 딸이 하나 있었다. 그 딸, 즉 예루살렘 왕국의 정통 후계자인 욜란데는 이때 열네 살이었다. 브리엔은 이미 일흔이 넘은 나이였기에, 처음에는 아내 대신, 그리고 아내가 죽고 난 후에는 딸의 후견인 자격으로 지켜온 예루살렘 왕위를 물려받을 사람을 찾는 것이 시급했다.

이런 사정으로 서른한 살을 바라보는 프리드리히와 열네 살 욜란데를 결혼시키자는 이야기가 급부상한 것이다.

프리드리히와 욜란데의 결혼(당시의 연대기에서)

프리드리히는 반대할 이유가 없었다. 예전부터 정략결혼한 아내 외에도 따로 정부를 두고 살아온 그였다. 또한 이런 일로 로마 교황을 적으로 돌리는 것은 현명하다고 할 수 없었다.

1225년 11월, 어마어마한 행렬과 함께 멀리 팔레스티나에서 이탈리아 남부로 향한 신부는 브린디시 항구에 상륙했다. 프리드리히는 정식 황제 복장을 입고 맞이했다. 그리고 9일, 고대부터 오리엔트로 가는 항구로 여겨져온 브린디시 중심가의 대성당에서 장대한 결혼식이 거행되었다.

프리드리히는 이탈리아 남부와 시칠리아의 왕, 신성로마제국 황제에 이어 예루살렘 왕이 되었다. 교황 호노리우스도 이제 그가 더는 도망갈 수 없으리라 생각하고 안심했을 것이다. 하지만 교황에게 약속한 출발 날짜는 '아마도 1227년 8월'이다. 그 약속을 지킨다 해도 아직 1년 9개월이 남아 있었다.

열네 살의 신부에게는 특별한 대우가 기다리고 있지 않았다. 신부 욜란데가 아버지 브리엔에게 보낸 한탄의 편지에 따르면, 신랑은 첫날 밤을 지낸 바로 다음 날부터 신부를 수행해온 한 시녀를 유혹했다고 한다.

하지만 이런 입장의 사람에게 정식 결혼의 의의란 다름아닌 아이를 낳는 것이다. 프리드리히도 신부에게 그 정도의 에너지는 썼던 모양이다. 하지만 욜란데가 임신 징후를 보이자마자 왕궁에서 출산하라며 팔레르모로 보내버렸다.

욜란데의 아버지 브리엔에 대한 프리드리히의 태도는 더욱 명쾌했다. 로마 교황과 프랑스 왕에게서 결혼자금을 받아 예루살렘 왕위의 정통 계승자 여인과 결혼하기 전까지는 프랑스 지방의 일개 기사에 지나지 않았던 이 노인을, 프리드리히는 자신과 동격으로 대우하지 않았던 것이다. 자신이 예루살렘 왕위를 이어받은 여인과 결혼한 이상, 그 여인의 후견인 자격으로 왕위에 앉아 있던 사람은 이제 필요 없다는 것이 이유였다. 황제를 사위로 맞아 함께 오리엔트로 돌아갈 수 있으리라 생각했던 브리엔이 할 수 있었던 것은 로마 교황에게 울며 매달리는 일뿐이었다.

그러나 프리드리히도 십자군 원정을 이제 계속 미루고만 있을 수 없다고 느꼈다.

43년간이나 왕위를 지키면서, 변변찮은 전투 능력에도 불구하고 유례없는 교활함으로 영토 확장에 성공한 프랑스 왕 필리프 2세도 1223년에 세상을 떠났다. 뒤를 이은 루이 8세가 3년 후에 죽고, 1226년에 프랑스 왕위에 오른 이는 열두 살의 루이 9세였다. 또 영국은 실지왕 존 이후 일어난 내란으로 위세와 힘 모두 쇠약해져 있었다.

유럽의 그리스도교 세계에서 십자군 원정을 실행할 수 있는 사람은 프리드리히밖에 없었다. 그리고 이러한 현실은 로마 교황청도 잘 아는 바였다. 따라서 프리드리히를 향한 로마 교황의 십자군 원정 요청은 이제 요청의 수위를 넘어 협박에 가까웠다.

적과의 접촉

이 시기부터 술탄 알 카밀과의 접촉이 시작된다.

역사적 사실로 남아 있는 것은 1227년부터지만, 이때가 처음이라기엔 접촉 내용이 너무 구체적인 것으로 미루어보아, 아무래도 그 이전에 몇 차례의 비밀 접촉이 있었다고밖에 생각할 수 없다.

말은 쉽지만 이것은 그리스도교 세계의 속계 최고위자인 황제와 이슬람 세계의 속계 최고위자인 술탄의 접촉이다. 양쪽 모두 절대적으로 비밀리에 일을 추진해야 한다. 게다가 이 시기에는 아직 양자 사이에 신뢰관계가 구축되었다고 할 수 없었다.

이런 경우의 접촉은, 우선 상대가 의혹을 품고 싶어도 품을 수 없는 순수한 부분부터 시작하는 것이 철칙이다.

이전부터 프리드리히는 스페인에 사는 이슬람측 유력자나 모로코, 튀니지아의 술탄에게 학자와 시인을 파견해달라고 의뢰하는 서신을 보낸 적이 있었다. 실제로 그런 경로로 파견되어 온 이슬람교도들은 팔레르모의 왕궁에서 환대를 받았다. 이러한 전례가 있었으니 이집트의 술탄에게 그러한 의뢰의 서신을 보내도 그리 큰 경계를 받지 않았을 것이다. 건물을 세우는 것과 마찬가지로, 외교상의 접촉은 처음 기반부터 신중하게 쌓아가지 않으면 도중에 무너지는 법이다.

프리드리히가 이끄는 십자군의 적은 알 카밀이다. 그리고 알 카밀은 이런 사실을 냉철하게 이해하고 있었다. 이 두 사람 사이에서, 순수한 문화교류로 시작된 접촉이 구체적인 외교 이야기로 나아가기까지 긴 시간이 걸리지 않았을 것이다.

당시 마흔일곱 살이었던 알 카밀도 결코 안심할 수 있는 상황이 아니었다.

알 아딜이 죽은 후 장남 알 카밀과 차남 알 무아잠의 관계는 이슬람의 다른 가계에 비하면 이례적일 만큼 양호했다. 두 살 차이밖에 나지 않은 형제는 라이벌 관계이기도 했지만 아버지의 유지를 충실히 따라 형은 이집트를, 동생은 시리아를 맡아 꽤 성공적으로 통치해왔다. 또 개인적인 관계도 나쁘지 않았다.

그러나 앞에서 말했듯이, 이 시기 중근동의 이슬람 세계는 이집트파와 시리아파로 분열되어 양쪽에 각각 기득권 계급이 존재했다. 한쪽은 카이로에서, 다른 한쪽은 다마스쿠스에서, 이슬람 세계의 주도권을 놓고 물밑에서 경합하고 있었다. 특히 이집트의 대두에 예민하게 반응한 시리아파는 사이가 나쁘지 않았던 이 형제를 갈라놓는 데 열심이었다. 바꿔 말해 다마스쿠스에 본거지를 둔 알 무아잠이, 형이 있는 카이로 타도의 선봉에 서게 된 것이다.

카이로가 본거지인 알 카밀에게 이것은 방치할 수 없는 문제였다. 이집트와 시리아가 정면으로 격돌하게 되면 이슬람 세계 전역을 끌어들이는 내전으로 번질 것이었다. 무엇보다도 이를 피할 방도를 찾아야 했던 알 카밀로서는, 이때 유럽에서 십자군 원정이 시작되는 것을 바라지 않은 게 당연했다.

아마 한두 번의 순수한 서신 교환이 있은 후 알 카밀은 단숨에 본론으로 들어갔을 것이다. 이때의 사절은 단순히 술탄의 서신을 전해주는 역할만이 아니었다.

알 카밀은 인정할 만한 재능을 지닌 젊은 태수 파라딘을 특사로 보낸다. 1227년 1월, 거친 겨울바다를 넘어 이탈리아 남부에 상륙한 파라딘은 포자의 왕궁에서 겨울을 나는 프리드리히를 찾아갔다.

이후 파라딘은 프리드리히와 밀접한 관계를 맺게 되는데, 그의 정확한 나이는 태어난 해가 분명하지 않아 알 수 없다. 하지만 이후 이 사람이 오랜 세월 동안 외교 무대에서 활약한 것으로 보아 당시 서른세 살이던 프리드리히와 동년배이거나 약간 어렸을 것으로 추측된다.

파라딘이 가장 먼저 놀란 것은, 프리드리히와 대화할 때 통역이 필요하지 않다는 점이었다.

시리아와 팔레스티나에서 나고 자란 그리스도교도 중에는 아랍어를 구사할 줄 아는 사람이 적지 않았다. 아랍인보다 고상한 아랍어를 구사한다는 평을 받았던 발리앙 이벨린은 특별한 예에 속하지만, 이슬람교도와 통역 없이 대화를 나눌 수 있는 그리스도교도가 적지 않았던 것이다.

하지만 파라딘의 눈앞에 있는 사람은 태어나서 한 번도 중근동에 가 본 적 없는 프리드리히다. 게다가 신성로마제국 황제, 즉 로마 교황과 또다른 의미에서 지상의 모든 그리스도교도를 이끄는 사람이다. 그런데 이 황제는 파라딘이 가져온 알 카밀의 서신을 누구의 힘도 빌리지 않고 읽고 이해한 뒤, 그에 대한 생각을 아랍어로 이야기했던 것이다.

황제에 대한 파라딘의 인상이 좋은 감정으로 시작된 것은 당연했다. 또한 프리드리히도 처음부터 이 젊은 태수에게 호의를 품었던 듯하다. 프리드리히는 본래 자기가 싫어하는 사람을 곁에 두지 않는 성격이었기 때문이다. 그리고 프리드리히의 이런 호감은 알 카밀의 친서로 확고해졌다.

거기에는 예루살렘은 물론 나사렛을 포함한 예루살렘 왕국의 옛 영토를 모두 반환하겠다고 쓰여 있었다. 십자군 원정의 목표가 예루살렘 탈환에 있는 이상, 이를 반환하겠다는데 굳이 오리엔트까지 갈 필요가 없는 셈이었다. 이런 내용이 프리드리히의 마음에 들지 않을 리가 없었다.

프리드리히는 곧바로 파라딘을 배웅한다는 명목으로 자신이 특별히 신뢰하는 팔레르모 대주교 베라르도를 카이로에 특사로 보낸다. 문제를 신속하게 해결하기 위해서였다.

종교는 다를지라도 한쪽은 '가기 싫은' 상황이고 한쪽은 '오지 않길 바라는' 상황이니 이야기가 순조롭게 타결되었을 것으로 보이지만, 실제로는 그렇지 않았다.

교황 그레고리우스

두 달 후인 1227년 3월, 교황 호노리우스가 세상을 떠났다. 이튿날 새로운 교황이 선출되었다. 쉰일곱 살에 교황에 즉위한 그레고리우스 9세는 전임자와 반대로 칼 같은 성격을 지닌 이였다. 그는 자기보다 스무 살도 넘게 어린 프리드리히가 더이상 마음대로 행동하지 못하도록 하겠다는 뜻이 강고했다. 어떻게 해서든 프리드리히를 십자군 원정에 보내려는 결의로 가득했던 것이다.

교황 그레고리우스는 즉위하자마자 프리드리히에게 서신을 보냈다.

서신은 전형적인 문장으로 시작했다. 한 사람의 양치기인 교황은 사랑하는 양의 마음이 평화롭기를 얼마나 바라는지 모른다, 그리고 황제가 신이 바라시는 일을 실행하면 이를 얻을 수 있다고 말을 잇는다. 하지만 곧이어 원정을 가지 않으면 어쩔 수 없이 엄중한 처벌(파문)을 내릴 수밖에 없다는 말로 끝맺었다.

이에 프리드리히는, 이미 지난해에 250명의 병사를 보냈고 곧 4천 명의 영국 병사가 브린디시에서 출발할 예정이며, 또한 시칠리아에서 기사 1백 명, 독일에서도 병사 4백 명을 보낼 예정이라고 답했다. 더욱이 이 병사들에게 소요되는 모든 비용을 자신이 대겠다고 덧붙이는 것도 잊지 않았다.

게다가 프리드리히는, 교황에게 알리지는 않았지만 나일강을 거슬러오르는 데 적합하도록 높이가 낮은 배들을 건조해 선단을 구성하는 중이었다.

극비리에 강화 이야기가 진행중인 마당에 왜 이런 군대를 준비했는지 의아스러울 수도 있지만, 프리드리히는 동시대 사람이었던 아시시의 성자 프란체스코와는 달랐다. 아무리 평화가 목적인 교섭이라 해도 무방비 상태로 이룰 수 있다고는 생각하지 않았다. 교섭을 성공으로 이끌기 위해 군사력을 뒷받침하는 것의 유효성을 의심하지 않았던 것이다.

그러나 이 사실을 모르는 교황 그레고리우스는 파문을 무기 삼아 몰아붙일 뿐이었다. 프리드리히는 일단 떠나기로 결심한다. 알 카밀과의 교섭이 아직 최종적인 단계에 이르지 못한 상황이었으므로, 출발을 선언하기에 영 마음이 내키지 않았을 것이다.

1227년 8월 21일 십자군이 브린디시에서 출발하기로 정해졌다. 십자군에는 동행을 원하는 순례자들을 승선시켜야 한다. 그런데 출항하기 전 이 순례자들에게 역병이 돌기 시작했다.
그래도 프리드리히는 9월 8일 일단 출항했지만, 배 안에서 역병으로 쓰러진 자가 많아 오트란토 항으로 되돌아올 수밖에 없었다. 하지만 그곳에서도 병자는 늘어날 뿐이었다. 프리드리히의 장수 한 명도 죽고 말았고, 프리드리히마저 몸 상태가 좋지 않은 나날이 이어졌다.
하는 수 없이 프리드리히는 튜턴 기사단의 단장 헤르만에게 기병 8백명을 맡기고 이들을 태운 갤리선 20척을 앞서 보냈다. 그리고 교황에게 출발을 연기하는 이유를 설명하는 서신을 보내고, 자신은 배를 타고 온천으로 유명한 나폴리 근처의 포추올리 항으로 가서 몸 상태를 회복하는 데 힘쓰기로 했다.

첫번째 '파문'

이에 교황 그레고리우스의 분노가 폭발한다. 화가 머리끝까지 난 교황은 약속을 어긴 프리드리히를 '파문'에 처한다고 공표했다.

파문의 이유는 그뿐만이 아니었다. 요약하자면, 어려서부터 고아가 된 프리드리히가 시칠리아 왕이 되고, 이어서 독일 왕이 되고, 그리고 황제 자리에까지 오른 것이 누구의 덕인가, 이 모두가 로마 교황청이 지원한 덕분이 아닌가, 하는 것이었다.

그레고리우스는 이런 내용의 교황 교서를 대주교, 주교, 왕, 제후 등 유럽 전역의 모든 유력자들에게 보냈다. 교서 전문이 로마의 산피에트로 대성당 정문에 붙은 날은 1227년 11월 18일이었다. 이로써 프리드리히의 파문이 정식으로 공표된 것이다.

이때는 프리드리히도 자기 지위에 어울리는 수사 따위는 미련 없이 내버리고, 생각하는 바를 그대로 담은 서신을 교황에게 보낸다.

"로마 교황청이 어린 나를 도와주었다고 하는데, 내가 유년기였을 무렵 로마 교황청은 시칠리아에 전혀 관심을 갖지 않아 내 지위를 노리는 자들이 마음대로 활개를 치고 다녔다. 또 내가 자라 성인이 된 뒤에도, 신성로마제국을 백부 오토에게 맡겨놓았던 것은 로마 교황이 아니었던가.

그런데도 내가 지금의 지위에 오른 것이 과연 신의 덕인가, 아니면 지금까지 나에게 조력을 아끼지 않았던 이탈리아와 독일 제후들의 덕인가!"

이것이 또다시 교황 그레고리우스의 분노에 기름을 부었다. 프리드리히의 서신 말미에, 늦어도 이듬해인 1228년 봄에는 십자군을 이끌고 출발하겠다고 쓰여 있는 것은 눈에도 들어오지 않은 듯했다.

두번째 '파문'

1228년 3월 23일, 로마의 산피에트로 대성당 정문에 파문 공고가 나붙었다. 첫번째 파문이 풀리기도 전에 프리드리히는 또다시 거듭 파문당한 것이다.

두번째 파문의 이유를 한마디로 말하자면, 로마 교황에 대한 복종의 마음이 없다는 것이었다.

교황 그레고리우스의 생각으로는, 파문에 처해졌으면 모든 걸 팽개치고 교황에게 달려와 죄를 뉘우치고 있다는 증거로 허름한 옷만 걸치고 쏟아지는 눈 속에서 사흘 밤낮으로 파문을 풀어달라고 간청해야 마땅한 일이었다. 그런데 온천에 몸을 담근 채로 자기에게 반박을 했으니, 실로 괘씸하기 이를 데 없었던 것이다.

그러나 황제 프리드리히는 '카노사의 굴욕'으로 유명한 황제 하인리히와 달랐다.

또한 교황 그레고리우스도 이미 자제할 수 없는 상태였다. 두번째 파문 고시에는 모든 그리스도교도에게 내리는 지시가 덧붙어 있었다.

하나, 파문당한 자가 체재하는 지역 또는 그자가 들르는 모든 지역을 교황의 이름으로 '성무 금지'에 처한다.

'성무 금지'란 교황이 속계의 인간에게 내리는 '파문' 전 단계의 징벌이다. 이것에 처해지면 미사를 비롯해 태어난 아이의 세례식이나 결혼식, 장례식 등을 거행할 수 없게 된다.

물론 그리스도교도에게 필요불가결한 종교의식을 하지 못한다면, 사람들이 원하는 천국까지의 거리는 더욱 멀어진다.

'파문'은 개인에게 내려지는 벌이지만 '성무 금지'는 지역 주민공동체에 내려지는 벌이라는 점이 달랐다.

둘, 파문당한 자가 지배하는 지역에 사는 모든 주민은 그에게 복종할 의무에서 벗어난다. 따라서 지금까지처럼 세금을 납부할 필요도 없고, 징병에 응할 필요도 없다.

셋, 파문당한 자가 이끄는 군대는 더이상 십자군이 아니다. 따라서 그 군대의 도정에 사는 사람들은 행군을 방해하고 물자를 빼앗아도 된다.

'파문'이 로마 교황이 가진 최강의 무기가 될 수 있었던 것에는 두 번째 항목의 역할이 가장 컸다.

하지만 이미 프리드리히가 십자군 원정을 천명한 이때, 세번째 항목은 교황이 예상치 못했던 반향을 불러일으켰다.

이 시대에는 십자군을 전적으로 믿는 사람들이 대부분이었다. 그들 눈에 이 세번째 항목은 다른 사람도 아닌 교황이 십자군 원정을 방해하는 것으로 보였던 것이다. 일반 서민들조차 이런 모순에 의문을 갖게 되었다.

그래서인지 프리드리히는 두 번이나 연거푸 파문당했음에도 그로 인한 실질적인 피해는 거의 없었다. 프리드리히가 발 빠르게 대처한 덕분이기도 했다. 영지 주민의 봉기도, 성직자들의 이반도 일어나지 않았다. 오히려 대주교와 주교 등 교황에게 절대 복종할 의무를 지닌 이들까지 시칠리아에서 계속 프리드리히 곁을 지켰다. 교황 그레고리우스의 명령에 복종하지 않았던 것이다.

그러나 1228년 봄, 프리드리히는 두 번의 파문 외에도 두 가지 문제에 맞닥뜨렸다.

첫번째 문제는 그해 4월에 왕비 욜란데를 잃은 일이었다. 아직 열일곱 살밖에 안 된 욜란데는 아들 콘라트를 출산하고 열흘 후에 숨을 거두었다. 아이를 낳다 죽는 일이 드물지 않은 시대였지만, 이는 오리엔트로 향하려는 프리드리히의 입장에 미묘한 변화를 가져왔다.

그때까지 프리드리히는 예루살렘 왕국 정통 후계자의 남편이자 후견인이었는데, 이제 그 근거를 상실한 것이다. 그러나 동시에 아들이 태어나 예루살렘 왕국 정통 후계자의 아버지가 되었으니 후견인이라는 입장에는 변함이 없었다. 오히려 파문당한 프리드리히에게는 이것이 잘된 일이었는지도 모른다. 파문당한 자가 십자군을 이끄는 것은 교황이 인정하지 않을지라도, 아들의 권리를 확립하기 위해 아버지가 나서는 것은 어디까지나 세속 세계의 일이었으니까.

두번째 문제는 지난해 겨울 다마스쿠스에서 알 카밀의 동생 알 무아잠이 세상을 떠난 일이었다. 그의 죽음은 누구도 의심할 바 없는 자연사였기 때문에, 알 카밀의 고민이었던 시리아파의 반란은 자연히 소멸되어 진정 국면을 맞았다.

이로 인해 시리아와 이집트가 통합되고, 마흔일곱 살의 알 카밀은 예전에 백부 살라딘이, 그리고 그의 사후 아버지 알 아딜이 그랬던 것처럼, 중근동 이슬람 세계의 최고 권력자가 되었다.

알 카밀은 이제 이슬람교도의 성도인 예루살렘을 반환하면서까지 프리드리히의 십자군 원정을 만류할 필요가 없었다. 바꿔 말해 평화적으로 예루살렘을 돌려받으려 했던 프리드리히의 계획은 출발하기도 전에 틀어진 것이나 마찬가지였다. 게다가 교황 그레고리우스는 출발 소식을 전해 듣고도 파문을 풀어줄 기색을 보이지 않았다. 그뿐 아니라 원정을 방해하라고 신도들을 선동하는 태도도 전혀 변하지 않았다.

다시 말해 프리드리히가 이끄는 십자군은 교황의 축복을 받지 못한 셈이었다. 십자군에 참가하는 자에게 보상으로 주어지는 면죄도, 이제 6차 십자군에서는 기대할 수 없었다.

보통 사람 같으면 이런 상황에서 출발하지 않았을 것이다. 그리고 교황이 만족하도록 허름한 옷차림에 맨발로 로마 산피에트로 광장으로 가서 회개하는 모습을 보여주며 일단 파문의 해제를 간청했을 것이다. 어쨌든 파문당한 몸으로 십자군 원정을 가는 건 시작부터 헛수고였으니까. 하지만 프리드리히는 출발 계획을 바꾸지 않았다.

출발

이리하여 파문당한 자가 이끄는 제6차 십자군은 이탈리아 남부 제일의 항구도시 브린디시에서 출항했다. 1228년 6월 28일, 프리드리히는 서른네 살이었다. 하지만 그는 교황과의 기싸움에 정신이 팔린 서른넷 젊은이가 아니었다. 이미 이전부터 만반의 준비를 해두었던 것이다.

브린디시에서 출발한 프리드리히는 40척의 갤리선과 100척이 넘는 수송용 범선을 이끌고 있었다. 거기에는 대량의 군량과 무기와 말이 실려 있고, 시칠리아와 이탈리아 남부에서 모집한 기병 1백 명과 보병 3천 명이 타고 있었다. 이는 그가 직접 이끌고 출발한 병력만이고, 앞서 보낸 병력도 따로 있었다.

역병으로 출발을 연기했던 지난해에 튜턴 기사단의 단장 헤르만에게 맡겨 출발시킨 8백 명의 독일 기사가 그들이다. 단순한 기병이 아니라 '기사'였으니, 보조하는 보병과 마부까지 더하면 총인원은 세 배가 넘는다.

이 선행부대는 지난해 가을 이미 팔레스티나에 도착해서, 프리드리히가 명한 대로 시돈 항을 정비하고 도시의 성채를 개조하는 공사를 마친 상태였다.

튜턴 기사단 단원들은 이어서 아코와 몬트포트의 성채 보강공사까지 마쳤다. 그리고 1228년으로 해가 바뀌고 나서는 남쪽에 있는 항구도시 카이사레아의 방어를 강화하는 일까지 완료했다. 프리드리히와 그의 군대가 안전하게 상륙해 전선기지로 이용할 수 있는 지역을 여러 곳 확보해두기 위해서였다.

 이 병력을 모두 합해도 기병은 9백에서 1천 명, 보병은 3천 혹은 많이 잡아야 4천 명이었다. 결코 많다고 할 수 없었다.
 그러나 지휘계통은 프리드리히를 정점으로 완벽하게 일원화되어 있었고, 육상군에는 튜턴 기사단 단장 헤르만, 해상군에는 몰타 섬 출신의 해군장수 엔리코라는 두 명의 유능한 무장이 있었다. 이들 외에도 프리드리히는 성지에 도착한 후 템플 기사단이나 병원 기사단과 공동투쟁을 하는 것도 생각하고 있었다. 또다른 종교 기사단인 튜턴 기사단과는 이미 함께 움직이고 있었으니까.

 쉰 살을 앞둔 튜턴 기사단 단장 헤르만은 같은 독일인의 피를 이어받은 열다섯 살 아래의 프리드리히에게 시종일관 충성을 다했다. 무장으로서만이 아니라, 일반적인 기준에 비해 별로 외교적이지 못했던 프리드리히를 대신해 황제의 입장을 로마 교황에게 설명하는 역할을 맡을 때도 많았다.

 헤르만이 프리드리히의 오른팔이라면 왼팔은 해군장수 엔리코였다. 그때나 지금이나 몰타 섬은 이슬람 세계를 상대하는 최전선인데, 이 몰타 출신의 해군장수는 프리드리히의 뜻에 따라 충실하게 움직였다. 또한 그도 헤르만과 마찬가지로 종종 외교에 동원되었다. 프리드리히는 재능이 있다고 판단한 자를 활용할 줄 알았던 것이다.

엔리코의 나이는 헤르만 정도는 아니었어도 프리드리히보다는 많았을 것으로 추정된다.

이 두 사람이 사실상 프리드리히의 부장이었다. 따라서 이 두 사람이 보좌하는 프리드리히군은 병력 수는 적을지언정 정예집단이라고 할 수 있었다.

그리고 프리드리히가 이끄는 이 제6차 십자군에는 또 한 가지 특색이 있었다.

그것은 바로 해군력에서 완전히 자립해 있다는 점이었다. 제3차 십자군 때 프랑스 왕 필리프는 수송을 비롯한 모든 면을 제노바에 의존했고, 애써 영국 선단을 끌고 온 사자심왕 리처드도 전투시에는 피사와 제노바의 배에 의존할 수밖에 없었다. 범선은 수송용으로 적합하지만 전투에는 맞지 않기 때문에, 대신 노가 모터 역할을 하여 움직임이 자유로운 갤리선을 사용해야 했다. 북유럽 바다가 아니라 지중해에 적합한 갤리선을 자유롭게 다룰 수 있는 것은 지중해에 익숙한 선원밖에 없었다.

그러나 프리드리히가 지배하는 이탈리아 남부와 시칠리아는 지중해에 면해 있다. 따라서 해운국일 뿐만 아니라 갤리선에도 익숙했다. 기사단장 헤르만이 인솔한 선행부대를 태운 20척의 배와 프리드리히가 직접 이끌고 간 40척의 배에 속해 있던 갤리선은 모두 이탈리아 남부와 시칠리아에서 만들어진 것이었다.

이 해군을 이끄는 이가 몰타 섬 출신으로 지중해를 훤히 꿰뚫고 있는 장수 엔리코였다. 해군력을 타국에 의존할 필요가 없다는 장점이 지휘계통의 일원화에 유리하게 작용했음은 물론이다. 또한 프리드리히의 해군에는 또 한 가지 특색이 있었다.

바로 이때를 위해 특별 제작한 수송용 배다. 배 밑을 얕고 편편하게 만들면 나일강을 거슬러올라 카이로를 직접 공격하는 것도 가능해지기 때문이다.

이처럼 황제 프리드리히는 군사적으로 만전을 기한 뒤에 오리엔트로 향했다. 설령 알 카밀과 일전을 벌인다 해도 충분히 상대할 수 있는 전력이었다. 게다가 최고사령관을 맡은 프리드리히는 여태껏 전투에서 져본 적이 없는 사람이었다. 하지만 이런 군사력을 갖췄음에도, 그는 이를 사용하지 않고 해결하는 방법을 우선시할 생각이었다.

6월 28일 브린디시 항에서 출발한 선단은 그리스 서쪽을 따라 남하한 뒤 배를 동쪽으로 돌려 크레타 섬과 로도스 섬에 들르고, 7월 21일 키프로스 섬 남쪽에 있는 리마솔 항에 입항했다. 여기까지 오는 데 3주 밖에 걸리지 않은 반면, 이 키프로스 섬에는 6주일이나 체재하게 된다. 프리드리히 역시 사자심왕 리처드처럼 키프로스 섬이 가진 전략상의 중요성을 간파했기 때문이다.

리처드가 가톨릭과 그리스도교도의 영토로 남기고 간 키프로스 섬의 왕은 당시 여덟 살 소년이었다. 이 불안정한 상황의 키프로스 섬을 노린 이가, 중근동 십자군 세력 중 으뜸가는 유력자인 이벨린 가문의 후손이자 이 시기 베이루트에까지 세력을 뻗치고 있던 조반니였다. 팔레스티나로 향하던 프리드리히는 내란 직전의 키프로스를 그대로

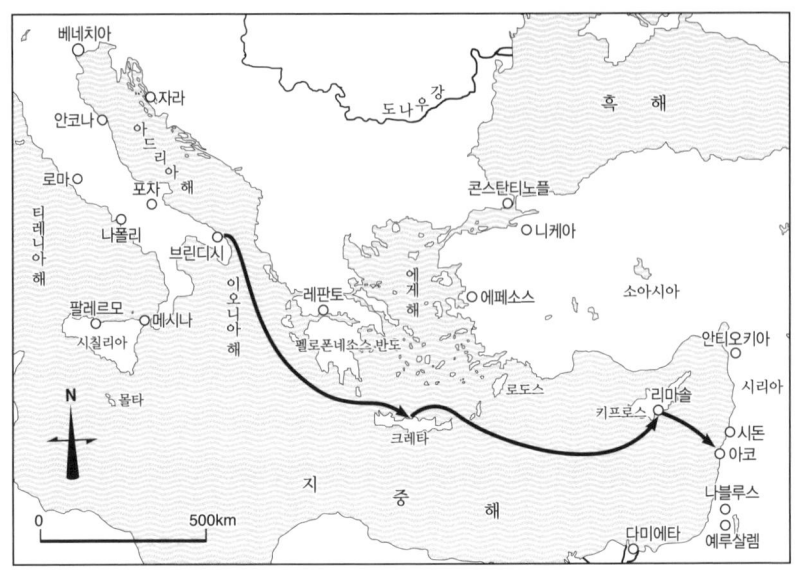

프리드리히 2세의 진군로

두고 갈 수 없었다. 가톨릭화한 키프로스가 지닌 군량기지로서의 중요성이 점점 높아지고 있었기 때문이다.

프리드리히는 처음에는 군사력을 동원하지 않고 사태를 수습하려 했다. 그런데 키프로스까지 손에 넣으려 하는 조반니와의 교섭은 좀처럼 원만하게 진행되지 않았고, 결국 파마구스타로 도망친 조반니에게 해군을 보내 적당히 몰아붙인 뒤에야 겨우 타협을 이끌어낼 수 있었다.

이벨린 가문의 주인과 황제가 맺은 협정은 다음과 같다.

하나, 문제가 완전히 해결될 때까지 조반니가 베이루트를 영유하는 것을 인정한다.

둘, 황제가 팔레스티나에 도착해 군사행동에 나설 경우 조반니는 시리아에 있는 그리스도교도의 방어에 최선을 다한다.

셋, 그사이 키프로스 왕국의 통치와 방어는 소년 왕을 대신해 프리드리히 수하의 장병이 담당한다.

프리드리히가 이것으로 겨우 사태가 수습된 키프로스를 떠난 것은 9월 3일이었다. 그리고 9월 7일, 팔레스티나 그리스도교 세력의 중심인 아코에 상륙했다.

아코 도착

십자군 역사상 최초로 성지에 입성한 신성로마제국 황제에게 중근동 그리스도교도들은 열광했다. 아코 주민뿐 아니라 인근 사람들도 달려오고 성지순례를 와 있던 순례자들까지 가세하는 바람에, 인파에 밀려 바다에 떨어지는 사람이 나올 정도로 항구는 수많은 군중으로 가득 찼다.

가을 햇살이 내리쬐는 가운데 프리드리히는 아코 대주교를 필두로 한 주요인물들의 안내를 받으며 왕궁으로 향했다. 말에 탄 젊은 황제의 늠름한 모습에서 중근동의 그리스도교도들은 자신들의 안전과 번영을 보장해줄 사람을 보았다.

지위 고하를 막론하고 모든 사람들의 대환영을 받은 프리드리히는 기분이 좋아진 듯하다. 동행한 바리 대주교와, 육지를 밟아 이제 할 일이 없어진 해군장수 엔리코에게, 자신들이 대환영을 받았다는 내용의 서신을 맡겨 교황 그레고리우스에게 보냈다. 교황이 마음을 바꿔 파문을 해제해주기를 기대했던 것이다.

그런데 이 두 사자가 떠나자마자 곧 교황의 명령서를 지참한 수도사 두 명이 탄 배가 아코에 도착했다. 그들은 중근동의 그리스도교 성직자들을 총괄하는 지위인 예루살렘 대주교에게 교황의 칙령을 건넸다.

그것은 황제가 두 번이나 파문당했음을 알리고, 이제 그리스도교도는 황제에게 복종할 의무가 전혀 없으며, 특히 종교 기사단은 프리드리히의 명령에 따르는 것도, 황제의 깃발 아래 싸우는 것도 엄중하게 금한다는 내용이었다.

교황의 칙령을 받은 사람들은 동요했다. 그러나 이미 젊은 황제의 도착을 눈으로 확인한 뒤였다. 아코 주민들은 교황의 칙령을 이유로 황제를 적대시하게 된 사람들과, 그래도 프리드리히에게 희망을 거는 사람들로 양분되었다.

칙령에서 구체적으로 지명한 종교 기사단 내부에서도 교황을 따를지 황제를 택할지 하는 문제로 격론이 오갔다. 템플 기사단이든 병원 기사단이든 두 종교 기사단은 다른 수도회와 마찬가지로 로마 교황의 직접적인 관할하에 있었다. 그러므로 원래대로라면 교황의 명령을 따라야 하지만, 중근동에서 오랫동안 살아온 그들은 이슬람 세계에 둘러싸인 시리아와 팔레스티나 그리스도교도들의 실상을 잘 알고 있었다.

결국 템플 기사단과 병원 기사단은 프리드리히에게 협력하기로 결정한다. 그 이유에 대해 로마 교황에게 보고한 문면은, 이 선택이 그들에게 얼마나 힘든 것이었는지를 보여준다.

"황제에게 협력하는 것은 당분간일 뿐입니다. 게다가 우리의 협력은 황제의 이름 아래 이루어지는 것이 아니라, 신과 그리스도교도를 위한 일이기 때문에 실행하는 것입니다."

같은 종교 기사단이라도 튜턴 기사단은 문제가 없었다. 입단 조건이 독일 귀족 출신으로 제한되었던 이 기사단은 로마 교황의 관할이 아니었고, 따라서 황제의 명령에 복종해야 했기 때문이다.

그리고 이러한 성지의 사정을 고려하는 것이 현명하다고 판단했는지, 프리드리히는 자신이 이끌고 온 제6차 십자군의 명목상 총사령관 자리에 튜턴 기사단 단장 헤르만을 앉혔다.

즉, 제6차 십자군은 두 번이나 파문당한 황제 대신, 성지 방어에 평생을 바치는 종교 기사단 중 하나인 튜턴 기사단의 단장이 이끄는 형식을 취한 것이다.

접촉 재개

이런 와중에도 프리드리히는 아코에 도착한 지 얼마 안 되어 알 카밀에게 교섭 재개를 요청하는 밀사를 보냈다. 중근동에서 오래 살아온 봉건제후 출신으로 아랍어를 자유롭게 구사하던 두 밀사는 당시 알 카밀이 머무르고 있던 나블루스로 향했다. 프리드리히는 대환영을 받으며 아코에 도착하자마자 일찌감치 외교로 해결하려는 시도를 한 것이다.

이 시기 알 카밀이 나블루스에 있었던 것은, 전년도 겨울에 동생 알 무아잠이 죽어 통치자를 잃은 다마스쿠스와 그 주변 시리아 전역을 카이로의 술탄인 자신의 지배영역으로 편입하기 위해서였다. 그리고 그것은 거의 성공에 이르고 있었다.

그런데 알 카밀에게는 죽은 동생과 나이가 같은 또다른 동생이 있었다. 아버지 알 아딜에게서 메소포타미아 지방의 통치권을 물려받은 알 아슈라프였다. 그는 다마스쿠스까지 큰형의 손에 들어가는 데 불만을 품고, 내전도 불사할 태세로 알 카밀에게 대항하고 있었다.

프리드리히가 팔레스티나에 들어간 것은 마침 알 카밀이 이 형제간의 항쟁을 교섭을 통해 거의 해결해가고 있던 시기였다. 알 카밀의 입장에서는 참으로 곤란한 시기에 적군이 닥친 셈이었다.

아이유브 왕조의 술탄들은 창설자 살라딘의 생각을 대대로 계승해 칼리프를 항상 거리를 두고 대해왔다. 당시의 이슬람교도가 '칼리프'라는 지위를 어떻게 생각했는지는, 그들이 동시대의 로마 교황을 '그리스도교도의 칼리프'라고 표현한 것을 보면 알 수 있다. 종교상의 최고위자인 칼리프는 살라딘이 등장하기 이전까지 바그다드와 카이로에 각각 한 명씩 있었다. 바그다드에 있는 아바스 왕조의 칼리프는 수니파를, 카이로에 있는 파티마 왕조의 칼리프는 시아파를 대표하고 있었다.

그런데 살라딘은 카이로의 칼리프가 죽은 후 그 뒤를 잇는 칼리프를 두지 않았다. 아이유브 왕조는 칼리프가 부재한 상태에서 알 아딜과 알 카밀로 이어져온 것이다.

　반면 메소포타미아 지방의 통치를 맡은 알 아슈라프의 본거지로 추정되는 모술은, 티그리스강을 따라 내려가면 바그다드와 바로 닿는 거리였다. 당연히 바그다드의 칼리프와의 사이가 카이로를 본거지로 하고 있는 형 알 카밀보다 가까웠다. 이는 곧 이슬람교의 성직자이자 칼리프 주위를 지키고 있는 이맘들의 영향을 받기 쉬웠다는 뜻이기도 하다.

　알 아슈라프와의 항쟁이 진정되어가는 이 시기에 프리드리히와 교섭을 재개하는 것은 알 카밀의 입장을 약화시킬 위험이 있었다. 왜냐하면 프리드리히가 교섭 테이블에 올릴 내용은 보나마나 1년 전 접촉 당시 알 카밀이 제안했던 '예루살렘의 반환'일 것이기 때문이었다. 예루살렘은 이슬람교도에게도 성도다. 이 '성도'를 그리스도교측에 반환한다면 칼리프를 옹립하는 메소포타미아 세력, 즉 알 아슈라프가 반대의 목소리를 내지 않을 리 없었던 것이다.

　그러나 이집트에 세력 기반을 둔 알 카밀로서는 프리드리히가 이끌고 온 군사력을 무시할 수도 없었다.

　전쟁에서 져본 적이 없다는 젊은 황제가 이끄는 정예집단이 두려워서만은 아니었다. 프리드리히가 특별히 제작한, 나일강 운항이 가능한 선단 때문이었다. 알 카밀은 기병과 보병을 가득 실은 이 선단이 나일강을 거슬러올라와 카이로 한복판에 나타나는 광경만은 꿈에서도 보고 싶지 않았다. 시리아를 수중에 넣고 메소포타미아 지방과의 관계도 개선되어가는 마당에 본거지 카이로가 위태로워진다면 본전도 못 찾는 격일 테니까.

술탄 알 카밀은 황제 프리드리히의 교섭 재개 요청을 일단 받아들인다. 그리고 교섭 담당으로 이미 프리드리히와 면식이 있는 젊은 태수 파라딘을 지명했다. 이러한 인선은 이 교섭에 진심으로 임한다는 알 카밀의 의사 표시이기도 했다.

하지만 이때 알 카밀의 의도는 교섭을 타결하기보다 최대한 시간을 끌려는 쪽이 아니었을까 생각한다.
술탄은 황제가 놓여 있는 상황을 잘 알고 있었다. 교황에게서 두 번이나 파문당했다는 것도 알고 있었고, 프리드리히가 체재중인 아코가 교황파와 황제파로 양분되었다는 것도 알고 있었다.
또한 이탈리아 반도 중부에 있는 교황의 영토와 남부를 지배하는 프리드리히의 영토가 서로 인접해 있다는 사실도 알고 있었다. 프리드리히에 대한 증오심에 불탄 교황 그레고리우스가 그 경계를 넘어 이탈리아 남부를 침공하라고 명하면 프리드리히도 귀국할 수밖에 없으리라는 것을 알고 있었던 것이다.

역사에 대한 글을 쓰면서 통감하는 것 중 하나는, 정보란 그 중요성을 인식한 자에게만 올바로 전해진다는 사실이다. 십자군 역사에서도 마찬가지이고, 이 점에 대해선 그리스도교도든 이슬람교도든 예외가 아니었다. 같은 그리스도교도 중에도 정보에 정통한 교황이나 왕, 제후가 있었던 반면 그 방면에 어두웠던 교황이나 왕, 제후도 있었다. 같은 그리스도교도이자 이탈리아의 교역상인이면서도, 베네치아인은 정보를 중요시했던 반면 제노바인은 그렇지 않았다.

고대 로마의 율리우스 카이사르는 이렇게 말했다. "현실의 모든 것이 누구에게나 보이는 건 아니다. 대부분의 사람은 자기가 보고 싶은 현실만 본다."

보고 싶지 않은 현실도 직시해야만 정보를 활용할 수 있는 것이다.

바그다드의 칼리프와 그 주변의 이맘들, 그리고 메소포타미아 지방을 지배하는 술탄 알 아슈라프도 신성로마제국 황제가 십자군을 이끌고 왔다는 사실을 알고 있었다. 또한 교황에게 파문을 당한 황제가 조만간 유럽으로 돌아가야 하는 상황이라는 것도 알고 있었다.

하지만 그 황제가 마음만 먹는다면 카이로를 직격할 수 있는 군사력을 보유하고 있다는 사실은 알지 못했다. 게다가 이듬해 봄에는 몰타 출신의 해군장수가 이끄는 20척의 배도 팔레스티나로 돌아올 것이다. 이러한 현실을 냉철하게 직시하고 있던 이는 알 카밀뿐이었다.

나블루스로 찾아온 사자의 요청에 응해, 술탄과 황제의 교섭이 재개된 것은 1228년 가을이었다. 첫 교섭은 아코 교외에 있는 황제의 막사에서 이루어졌다. 현실 정치에 투철해야 할 외교 교섭이지만, 알 카밀이 보낸 젊은 태수 파라딘과 프리드리히는 동년배일뿐더러 둘 사이에는 통역도 필요하지 않았다. 시종 친밀한 분위기가 감도는 가운데, 체스판을 사이에 둔 '교섭'이 진행되었다.

체스를 즐기던 중 프리드리히가 문득 손을 멈추고 중요한 문제를 파고들면, 파라딘은 술탄의 의향을 확인하기 전에는 답할 수 없다며 자리에서 일어나 게임을 그대로 내버려둔 채 말을 타고 달려가곤 했다. 이런 일이 몇 번이고 반복되었다.

모든 교섭이 아랍어로 진행된 탓에 그리스도교측의 기록이 거의 남아 있지 않으므로 교섭 내용은 상상에 맡길 수밖에 없다. 다만 두 사람 사이에 오고간 말은 이해할 수 없어도 분위기는 느껴졌었던 모양으로, "시종 친밀한 분위기에서 이루어졌다"는 기록은 남아 있다.

텔아비브와 가자 사이에서

9월에 시작된 교섭은 11월에 접어들자 장소를 옮겼다.

동생 알 아슈라프와의 문제가 타결되어 더는 나블루스에 있을 필요가 없어진 알 카밀이 카이로로 돌아가는 길에 가자에 들렀기 때문이다. 가자에는 술탄의 별궁이 있었다.

이 사실을 안 프리드리히는, '성지'에 있는 그리스도교 세력의 수도 격이며, 따라서 어엿한 왕궁도 있던 아코를 떠난다. 야파로 이동한 것이다. 진정한 교섭 상대와의 거리를 절반 이상 단축한 셈이다.

야파, 즉 텔아비브는 현재 이스라엘의 수도 기능이 집중되어 있는 이스라엘 제일의 도시다. 한편 지금도 같은 이름으로 불리는 가자는 팔레스티나 사람들의 자치지구이자, 파타하보다 과격한 하마스가 지배하는 '가자 지구'의 중심적인 곳이다. 가자 역시 정치 기능이 집중된 도시라 할 수 있다.

텔아비브에서 가자까지의 거리는 불과 17킬로미터 안팎이다. 21세기인 지금, 이스라엘과 팔레스타인은 이 거리를 사이에 두고 한쪽은 미사일을 쏘아대고 다른 한쪽은 공중폭격으로 대응하며 대치하고 있다.

그런데 바로 그 장소에서, 지금으로부터 8백 년쯤 전인 1228년에서 1229년 사이는, 군사력을 사용하지 않고 공생을 실현하기 위한 교섭이 진행되고 있었다. 그것도 그리스도교 세계 속계의 일인자인 황제와 이슬람 세계 속계의 일인자인 술탄, 즉 정상 중의 정상들이.

대폭 거리를 좁혀온 서른네 살 황제의 박력에 압도당한 것인지, 마흔여덟 살의 알 카밀은 1229년으로 해가 바뀐 뒤에도 계속 가자에 머물렀다. 프리드리히가 무언가 중대한 요구를 하면 파라딘이 그때마다 말을 달려 야파와 가자 사이를 오가면서 알 카밀의 지시를 받아 전해야 했기 때문이다. 다행히 야파와 가자 사이는 농촌지대라 땅이 평탄해 말이 질주하기에는 편했다.

왔다갔다하느라 종종 중단되기는 했지만 교섭 장소를 지배하는 우호적인 분위기는 변하지 않았다. 술탄이 술탄만 사용할 수 있는 호화로운 천막을 보내면, 황제는 답례로 황제의 문장인 노란색 바탕에 검은색 독수리를 수놓은 말옷을 입힌 유럽산 준마를 보냈다. 때로는 서로의 자작시를 교환하기도 했다. 시를 짓는 것은 이슬람교도 교양인

야파와 가자

의 필수조건이었는데, 프리드리히가 남긴 시도 몇 편 전해진다.

프리드리히는 한층 친밀해진 파라딘을 서유럽풍 의식에 따라 기사로 서임하기도 했다. 이를 보고하는 파라딘에게, 알 카밀은 어쩌다 자네까지 기사가 되어버렸냐며 웃었을지도 모르겠다. 알 카밀 역시 36년 전 살라딘의 강화 교섭을 맡은 아버지 알 아딜을 따라 십자군 진영에 갔다가, 사자심왕 리처드로부터 '기사가 되어버린' 적이 있었다.

중세 유럽에서 '기사'가 된다는 것은 기사로 서임한 자에게 충성을 서약하는 의미도 있다. 하지만 아무리 기사로 서임되었다 해도 이슬람교도가 그리스도교도에게 충성을 서약할 수는 없는 노릇이다. 따라서 리처드나 프리드리히나 중세 그리스도교도에게 허용되지 않은 행위를 한 셈인데, 두 사람 다 일말의 뒤끝 없이 유쾌하게 넘겼다. 그리고 알 카밀과 파라딘도 이를 순수하게 받아들이고 '기사가 되어버린' 것이다.

어쨌거나 알 카밀이 시간 벌기로 시작한 교섭은 이렇게 조금씩 진지하게 이교도간의 공생관계 수립을 지향하는 교섭으로 변해갔다. 그러나 그사이에도 프리드리히는 중근동 그리스도교 세력의 안전을 보장할 수단을 강화해가고 있었다.

이때부터 팔레스티나 지방에 튜턴 기사단이 관할하는 성채가 세워지기 시작한다. 그전까지 이 지방에 있던 성채들은 대부분 병원 기사단이나 템플 기사단이 세운 것이었다. 그런데 이제 튜턴 기사단이 건설한 성채도 추가된 것이다. 프리드리히의 적극적인 원조가 없었다면, 창설된 지 10년 남짓한 튜턴 기사단이 도저히 실행할 수 없는 일이었다.

그렇다고 프리드리히가 튜턴 기사단만 특별 취급한 것은 아니었다. 다른 기사단이 소유한 성채라도 전략상 중요하다고 판단되면 보강공사를 원조했다. 또한 병원 기사단 단장과 자주 의견을 나누었는데, 항구도시 방어의 핵심에 속하는 성채 역시 전략상 중요하다고 판단되면 성채 운영에 오랜 경험을 가진 병원 기사단에 일임했다.

평화를 위한 교섭을 계속하는 한편 방어력의 강화를 잊지 않은 것인데, 이런 공사는 이끌고 온 병사들을 활용하는 동시에, 중근동의 그리

체스를 두며 교섭하는 프리드리히와 파라딘

스도교도 사이에 뿌리 깊게 남아 있던 강경파의 시선을 교섭에서 다른 곳으로 돌리는 효과도 있었다. 강경파의 눈에는, 강력한 군대를 이끌고 왔으면서도 교섭만으로 문제를 해결하려는 것이 부정적으로 비칠 수도 있었기 때문이다.

강화 체결

야파와 가자에서 양측이 강화를 위한 교섭을 시작한 것은 1228년 11월이었다.

그로부터 3개월이 지난 1229년 2월, 드디어 교섭이 타결되었다. 그동안 끈기 있게 교섭을 진행해온 프리드리히가 이긴 것이라고 보아도 좋을 내용이었다.

2월 18일 아침, 먼저 야파에서 프리드리히가 조약서에 서명하고 날인했고, 그날 밤 가자에서 알 카밀이 서명과 날인을 마쳤다. 두 사람은 실제로는 한 번도 만나지 않고서 강화를 성립시킨 것이다.

이 강화의 정식 문건은 남아 있지 않다. 이렇게 중요한 사료가 왜 남아 있지 않느냐면, 이때의 강화는 그리스도교측과 이슬람측 양쪽 모두에서 평판이 좋지 못했기 때문이다. 본디 '평판'이란 반대의 목소리가 높고 찬성의 목소리는 낮은 특성을 지닌다. 기록을 남기는 이들 역시 목소리가 높은 쪽을 중시한다는 점에서는 일반인들과 다르지 않았던 것이다.

그래서 연구자들은 그리스도교측과 이슬람측에 각각 단편적으로 남아 있는 원사료를 최대한 긁어모아 살펴본 다음 재구축하는 작업에 만족할 수밖에 없다. 하지만 그것도 연구자의 눈높이에 맞춰 원사료를 나열한 정도에 그치는 것이 대부분이다. 또한 그리스도교측에나 이슬람측에나 그들 나름의 우회적인 표현이 존재하므로, 원사료를 충

악수를 나누는 프리드리히와 알 카밀.
두 사람이 실제로 만난 적은 없다. (당시의 연대기에서)

실히 번역한 것만으로 명료하게 이해하기 힘들다.

따라서 여기서는 항목별로 정리해 소개하기로 한다. 합리적이라는 공통점을 지녔던 프리드리히와 알 카밀의 '작품'을 설명하려면 어쩌면 이런 식으로 명확하게 정리하는 쪽이 더 어울릴 거란 생각도 든다.

하나, 이슬람측은 예루살렘을 그리스도교측에 양도한다.

단 예루살렘 시내의 동쪽 3분의 1은 이슬람교도의 것으로 남겨, 비무장 이슬람교도가 관리하는 '이슬람 지구'로 정한다.

이 지구에는 현재도 금빛으로 빛나는 돔을 보여주는 술탄 오마르가 세운 모스크와, 당시 이슬람교도가 그보다 더 높은 신앙의 대상으로 받들던 알 아크사 사원이 있기 때문이었다.

그래서 강화에서 이 일대를 그리스도교가 지배하는 예루살렘 내의 '이슬람 지구'로 남긴 것인데, 그리스도교도라도 이슬람측 관리자의 허가를 받으면 들어갈 수 있다는 조건도 덧붙였다.

이슬람교도가 성지로 생각하는 이 일대에 그리스도교도의 출입이 인정된 이유는, 과거 이 지구에 있었던 유대교의 신전에서 소년 시절의 예수가 유대교 사제를 상대로 논쟁을 벌였다는 내용이 신약성서에 나와 있기 때문이었다. 예루살렘을 순례하는 그리스도교도는 예수 그리스도와 조금이라도 연관이 있는 곳은 모두 참배하고 싶어했다.

이와 같은 이유로 프리드리히는, 예수의 탄생지인 베들레헴과 예수가 자란 땅인 나사렛을 그리스도교측에서 영유한다는 조건도 알 카밀에게서 얻어냈다.

둘, '이슬람 지구'를 제외한 예루살렘 시 전체는 그리스도교측에 양도되지만, 예루살렘 주변 일대는 이슬람측 영토로 남는다.

하지만 이렇게 되면 예루살렘이 적지 한가운데에 무방비 상태로 고립되는 것이나 마찬가지다. 성내에 그리스도교측 무장 병력이 상주한다 해도 밖에선 도적집단이 활개를 칠지도 모른다. 그래서 프리드리히는 예루살렘의 성벽을 강화해달라고 요구했고, 알 카밀은 프리드리히가 공사를 감시한다는 조건하에 이를 인정했다.

셋, 이슬람측은 그리스도교측이 베이루트에서 야파까지, 팔레스티나의 해안에 줄지어 있는 항구도시와 그 주변 지역을 영유하는 것을 인정한다.

이는 리처드와 살라딘이 맺은 강화의 내용을 따른 셈인데, 그때 인정된 것은 티루스에서 야파까지였다. 그런데 프리드리히와 알 카밀의 강화에서는 티루스 북쪽에 있는 시돈과 베이루트까지 모두 그리스도교측의 땅으로 공인된 것이다.

이는 단순한 '증가'가 아니었다. 이 두 항구도시가 더해짐으로써 안티오키아에서 트리폴리를 거쳐 야파에 이르는 해안지대가, 이슬람 영지 때문에 중간에 끊어지지 않고 북쪽에서 남쪽까지 쭉 이어질 수 있게 된 것이다.

이는 순례든 통상이든 유럽과 바닷길로 오가는 것이 일반적이었던 이 시대의 그리스도교측에 매우 유리한 변화였다.

넷, 순례와 통상이 목적인 사람들의 왕래는 양측 모두 자유와 안전을 보장한다.

이 항목은 리처드와 살라딘의 강화를 완전히 따른 것이다. 이는 곧 그후로 지금까지 그리스도교측과 이슬람측 모두 이에 따른 이익을 누려왔다는 뜻이기도 했다.

다섯, 양쪽에서 '억류'하고 있는 포로를 전원 교환한다.

이로 인해 석방된 자들은 대부분 제5차 십자군의 다미에타 공방전

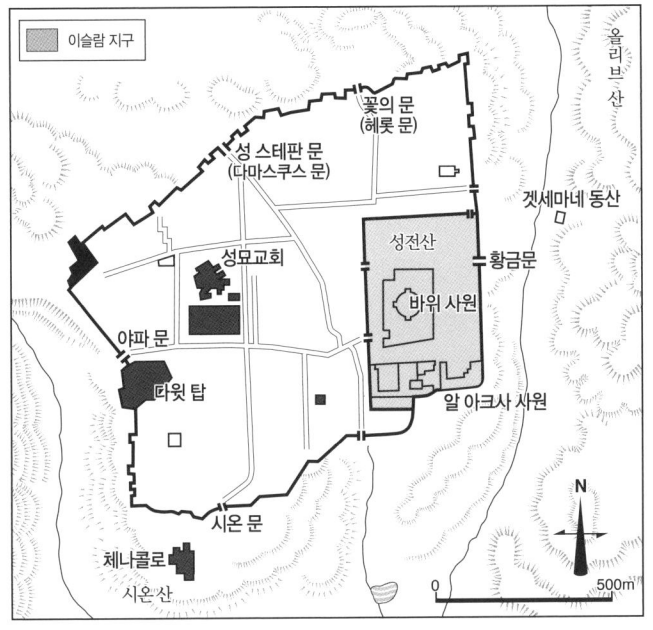

예루살렘 시가도

당시 포로가 된 그리스도교도 병사들이었다.

여섯, 이 강화의 유효기간은 서명과 날인 후 10년간으로 한다.
1239년 2월까지 이어진다는 것인데, 그후의 갱신 가능성도 부정하지는 않았다.

그러나 강화의 내용이 알려지자마자 그리스도교측과 이슬람측 양쪽에서 소란이 일었다.

이슬람측에서는 먼저 메소포타미아 지방을 지배하던 알 아슈라프가, 성도 예루살렘을 이교도에게 양도한 것에 반대하는 목소리를 냈다. 하지만 알 카밀의 위세가 너무나도 확고했으므로 그 주장은 널리 퍼지지 못했다.

알 카밀이 동생을 어떻게 설득했는지는 알려져 있지 않다. 어쨌거나 21세기인 지금도 이슬람교도가 쓴 십자군 관련 책에서는 여전히 이 강화를 이슬람교도의 '굴욕'으로 단정하고 있다.

그러나 이 강화가 그리스도교측에 야기한 엄청난 반향은, 굴욕을 당했다고 분노하는 이슬람측의 반응을 훨씬 뛰어넘은 것이었다.

반대의 소용돌이에서

먼저 아코에 있던 예루살렘 대주교가 격렬하게 반대했다. 튜턴 기사단의 단장 헤르만이 그래도 성도는 이교도의 손에서 되찾아오지 않았느냐, 순례자들을 데리고 해방된 예루살렘으로 가보는 게 어떻겠느냐고 진언했지만, 대주교에게서 돌아온 것은 단호한 거절이었다.

오히려 대주교는 교황에게 급히 다음과 같은 서신을 보내 프리드리히를 비난했다.

"이 황제는 전혀 그리스도교도의 황제가 될 자격이 없습니다. 무능하기 짝이 없어 사라센인 앞에 무릎을 꿇는 것밖에 모르고, 입에서 나오는 것이라고는 그들에 대한 감사의 말뿐입니다. 덕분에 불신앙의 무리에게서도 경멸받는 형편입니다."

강화에서 프리드리히가 보여준 이교도 존중과 공생에 관한 생각부터가, 이미 대주교 제라르도의 이해를 넘어서는 것이었다.

대주교의 서신을 읽은 로마 교황도 프리드리히에 대한 평가를 바꾸지 않았다. 아니, 오히려 이전보다 더 악화되었다. 교황의 파문이 풀릴 가능성은 요원해져만 갔다.

이들 생각으로는 불신앙의 무리와 교섭한다는 것 자체가 그리스도교도로서 잘못된 행위였다. 더구나 성도 예루살렘의 '해방'은 이교도와의 합의가 아니라 그리스도교도의 피를 흘림으로써 성취해야 하는 것이었다.

성직자 말고도 중근동의 그리스도교도 중 격렬하게 반대한 이들이 있었다. 템플 기사단의 기사들이다. 그들은 기사단이 창설된 이래로 이슬람측에서 몰수한 알 아크사 사원을 본부로 삼아왔다. 그리고 살라딘이 예루살렘을 탈환한 뒤로는 계속 본부가 없는 상태로 지내왔는데, 프리드리히와 알 카밀이 맺은 강화에서 알 아크사 일대는 '이슬람 지구'로 계속 이슬람측에 남게 되었다. 42년 만에 본부로 돌아가려는 꿈이 물거품이 된 것이다.

그러나 모든 이들이 강화에 반대했던 건 아니다. 유럽에서 먼 길을 온 순례자들은 특히 기뻐했다. 프리드리히가 도착한 뒤로 방어상의 문제로 예루살렘 방문이 금지되어 있었는데, 강화가 성립되자 그들은 일제히 예루살렘으로 향했다.

또한 종교 기사단 중에서도 황제 직속이나 마찬가지인 튜턴 기사단은 당연히 별 문제가 없었고, 병원 기사단 역시 프리드리히에게 계속 협력했다. 강화가 성립된 후 야파를 떠나 그리스도교측 성채를 시찰하고 다니는 프리드리히와 항상 동행한 것도 병원 기사단의 단장이었다.

그리고 그리스도교측 영지로 인정된 항구도시에 사는 이들과, 그곳을 기점으로 이슬람교도와의 교역에 종사하는 상인들 역시 강화의 성립에 따른 이익을 누리게 되었으니, 속으로는 분명히 찬성했을 것이다.

원래 반대의 목소리는 찬성의 목소리보다 더 크게 들리는 법이다. 그걸 알고 있었는지 프리드리히는 반대와 비난의 목소리에 별로 신경 쓰지 않았다. 그는 2월부터 3월까지, 그리스도교측 안전의 핵심이라 할 수 있는 각지의 성채를 강화하는 일에 전념했다.

한편 이런 의문도 든다. 일찍이 예루살렘을 다시 이슬람교도의 품으로 되찾아온 공로를 세운 살라딘도, 그리스도교도 순례자들이 예루살렘을 방문하는 것을 허락하고 그들이 순례하는 동안 행동의 자유와 안전을 완전히 보장하겠다고 사자심왕 리처드와의 강화를 통해 확약했다. 또한 형의 뒤를 이은 알 아딜도 그러한 노선을 계승했다. 하지만 두 사람 모두 예루살렘을 그리스도교측에 완전히 양도하지는 않았고, 또 그럴 생각도 없었을 것이다.

어쨌거나 그리스도교도와 이슬람교도 양쪽 모두의 '성도'인 예루살렘은, 이슬람측이 계속해서 통치권을 가지는 한편 그리스도교도에게도 열려 있는 도시였었다. 리처드와 살라딘의 강화에서 프리드리히와 알 카밀의 강화에 이르기까지 37년 동안, 그사이 제5차 십자군이라는 단절기가 있긴 했지만, 오랜 세월 이런 상태를 유지해온 것이다.

그런데 알 카밀은 완전한 형태의 양도를 결심한다. 왜일까. 상황은 알 카밀에게 유리했는데 무슨 이유로 그런 결심을 한 것일까.

시간도 알 카밀에게 유리했다. 프리드리히가 언제까지고 중근동에 머무를 수 없다는 것은 누가 봐도 명백했다.

내가 떠올린 것은, 이 시대보다 천 년도 전에 로마제국 황제 하드리아누스가 단행했던 정책이다. 아직 그리스도교와 이슬람교가 생기기 전인 이 시대에 황제 하드리아누스가 직면한 것은 유대교도였다.

로마제국에 대한 유대인의 마지막 반란을 진압한 황제 하드리아누스는 예루살렘에서 유대교도를 추방한다. 제국 어디에 살아도 상관없지만 예루살렘에서는 살 수 없다는 것이었다. 방문하는 것은 괜찮지만 정착해 사는 것은 안 된다. 이유인즉슨, 다른 지방에서는 이민족과 무리 없이 공생하는 유대인이 예루살렘에서만은 쉽사리 흥분해 말썽을 일으킨다는 것이었다.

황제 하드리아누스는 예루살렘에서 유대교도를 추방한 것으로 모자라 예루살렘이라는 이름까지 없애고 '아일리아 카피톨리나(Aelia Capitolina)'로 개명해버렸다. 뿐만 아니라 반세기 전 황제 티투스가 파괴한 대신전 터에 신들을 모시는 신전을 세웠다.

'아일리아'란 하드리아누스의 가문명 '아일리우스'에서 유래한 것이고, '카피톨리나'는 로마의 일곱 언덕 가운데 하나인 '카피톨리노'에서 따온 것으로, 신들이 사는 땅을 뜻했다. 즉 '아일리나 카피톨리나'는 '하드리아누스가 세운 신들의 신전'이라는 뜻이 된다.

왜 이름을 바꾸었는지에 대해서는 오현제 중 하나인 하드리아누스도 기록을 남기지 않았고, 다른 연대기에도 나와 있지 않다. 일신교를 상징하는 '예루살렘'만 아니라면 어떤 이름이든 상관없었던 것일까. 로마인은 자신들이 믿는 신 말고는 전혀 인정하지 않는 일신교와 대척점에 있는 다신교 국민이었다.

그러나 '아일리아 카피톨리나'의 수명은 오래가지 못했다. 4세기에 접어들어 그리스도교가 대두하자 그리스도교도의 성도인 이 도시의 이름은 '예루살렘'으로 돌아간다. 이때의 주인공은 동로마제국에 사는 그리스인 그리스도교도였다.

이런 상태로 3백여 년이 지난 후, 이 동로마제국령은 새롭게 대두한 이슬람 세력에 고스란히 흡수되었다. 그리고 이렇게 이슬람의 도시가 된 예루살렘을 '해방'하기 위해 십자군 원정이 시작된 것이다.

황제 하드리아누스는 다신교 시대의 로마인이었다. 반면 술탄 알 카밀은 일신교인 이슬람교 세계의 지도자다.

하지만 종교상의 차이나 시대배경을 차치하고 일국의 통치자라는 위치로 생각한다면, 다음과 같이 상상할 수도 있지 않을까.

예루살렘이 이슬람의 지배하에 있는 한, 유럽의 그리스도교도들은 열기를 식히지 못하고 앞으로도 계속 십자군을 조직해 침공해올 것이라고.

이는 어쩌면 프리드리히가 먼저 꺼낸 말인지도 모른다. 꼭 십자군 때문이 아니더라도, 한번 흥분하면 앞이 보이지 않는 로마 교황과 가톨릭교회를 적으로 돌려 고생해온 이가 다름아닌 프리드리히였으니까. 그리고 알 카밀도 이 말을 받아들이고, 간단히 말해 그냥 예루살렘을 넘겨주고 말자, 하는 마음이 든 게 아니었을까.

프리드리히와 강화 교섭을 하던 당시 알 카밀은 프리드리히에게 내몰려 하는 수 없이 양보해야 하는 입장이 아니었다. 오히려 비교적 유리한 위치였는데, 그런 그도 그리스도교측에 예루살렘을 양도하면 이슬람 세계가 맹렬히 반발하리라는 것을 충분히 예상할 수 있었다. 그런데 백부나 아버지도 전혀 고려하지 않았던 완전 양도를 단행한 것이다.

잊어서는 안 되는 것은, 이집트를 침공한 제5차 십자군과 맞서 싸울 당시의 알 카밀은 술탄의 자리에 막 오른 직후여서 권력기반이 약했었다는 사실이다. 그런 그가 십자군의 침공만 없다면 중근동의 그리스도교도와 충분히 공생할 수 있으리라고 생각했다 해도 무리는 아니다. 그리고 더이상 십자군이 원정을 오지 않도록 예루살렘을 그들에게 양도해버리면 문제가 해소되지 않을까, 라고 생각했을 수도 있다.

이는 어디까지나 나의 상상이다. 어디까지나, 둘 사이에 종교의 차이가 있었어도 이해하고 협조할 여지 또한 있지 않았을까, 라는 생각을 떨쳐버리지 못하는 자의 상상이다.

그러나 이런 상상에라도 기대지 않으면, 알 카밀이 결단을 내린 진짜 이유에 다가갈 수 없을 것이다.

많은 연구자들은 쉰 살을 앞둔 알 카밀이 열다섯 살이나 어린 프리드리히에게 개인적인 호의를 가졌기 때문이라고 설명하는데, 이런 이유로는 충분하지 않다. 두 번이나 파문당한 프리드리히의 난처한 입장에 알 카밀이 동정심을 보였다는 이유만으로도 다 설명할 수 없는 것이다.

예루살렘이 이슬람교도에게도 '성도'인 이상, 바위 사원과 알 아크사 사원이 있는 '이슬람 지구'를 제외한 예루살렘 전체를 그리스도교 측에 양도하겠다는 결정은 이슬람 세계의 지도자로서 엄청난 위험을 감수하는 일이었다. 당시에도 강한 반발이 일어났고, 그로부터 8백 년 가까이 지난 지금까지도 '굴욕'으로 단정되고 있다는 것이 그 증거다.

알 카밀은 이런 위험을 감수하고 '프리드리히와 알 카밀의 강화'를 성립시켰다. 그리고 위험을 감수한 것은 프리드리히도 마찬가지였다. 게다가 알 카밀보다 열다섯 살이나 젊었던 프리드리히에게는 이때 감수한 위험이 평생 따라다니게 된다.

사자심왕 리처드도 로마 교황이 말하는 '불신앙의 무리'와 강화를 맺었다. 하지만 리처드는 살라딘을 상대로 격렬한 전투를 거듭한 후에 그 '불신앙의 무리'와 강화를 타결했다. 그런데 프리드리히는 전투 한번 벌이지 않고 '불신앙의 무리'와의 협의만으로 강화를 이끌어낸 것이다.

성도 예루살렘을 끝내 탈환하지 못한 리처드와, 탈환에 성공한 프리드리히에 대한 로마 교황청의 평가가 달랐던 것은 이 때문이다.

거듭 말하지만 로마 교황청은 성지 팔레스티나나 성도 예루살렘이나 그리스도교도가 피를 흘려 '해방'해야 하는 곳이라고 생각했다. 그래야 비로소 이에 참가한 모든 이들에게 면죄라는 보상이 주어지는 것이다.

'성도' 방문

1229년 2월 18일 강화에 서명하고 날인한 프리드리히는 그뒤로 각지의 성채를 시찰하다가 3월 17일 예루살렘에 도착했다. 성문 앞까지 마중 나온 예루살렘 총독 알 가우지가 황제에게 예루살렘 성문의 열쇠를 헌정하는 것으로 예루살렘 양도 의식은 마무리되었다.

서른다섯 살의 황제는 우선 병원 기사단의 병원에 인접한 기사들의 숙소로 향한다. 이곳을 숙소로 정한 것은 예루살렘에서 그리스도교 세계의 군주가 묵을 만한 장소가 그곳밖에 없었기 때문이다. 살라딘에 의해 이슬람화된 뒤로는 병원 기사단이 운영하는 이 '병원'만이 순례자를 위한 시설로서 잔류를 허락받았고, 그 외의 왕궁이나 대주교의 관저는 전혀 없었다. 예루살렘의 방어기지이기도 한 '다윗 탑'은 지금껏 주둔하고 있던 이슬람 병사들이 이동하느라 몹시 혼잡했다.

병원 기사단 건물에 자리를 잡은 프리드리히는, 저녁식사 전 잠시 소수의 일행만 이끌고 성묘교회로 향한다.

살라딘은 병원 기사단의 병원에 근무하는 의사와 마찬가지로 성묘교회를 관리하는 수도사들도 예루살렘에 머무르는 것을 인정했으므로, 그들 역시 예루살렘이 이슬람 지배하에 있던 42년간 계속 이 성도에 머물러온 그리스도교도들이었다. 하지만 황제가 파문당했다는 사실은 그들도 알고 있었기 때문에, 프리드리히를 어떻게 맞아야 좋을지 당혹스러워하고 있었다.

그러나 이런 것을 신경 쓸 프리드리히가 아니다. 갈팡질팡하는 수도사들 사이를 빠져나간 프리드리히는 수행한 일행을 대기하게 하고 혼자 제단으로 향했다. 제단 앞에 무릎을 꿇은 황제는 잠시 혼자 기도를 올렸다. 그리고 기도가 끝나자 여전히 허둥대고 있는 수도사들을 뒤로하고 숙소로 돌아갔다.

다음 날인 3월 18일 아침에는, 성묘교회에서 예루살렘 왕의 대관식을 거행하기로 되어 있었다.

프리드리히도 처음에는 대관식 전에 열리는 미사에 참석할 생각이었다. 하지만 그런 그에게 튜턴 기사단의 단장 헤르만이 한 가지 충고를 한다. 파문당한 몸으로 그리스도교의 중요한 의식인 미사에 참석했다는 사실이 알려지면 로마에 있는 교황의 분노에 기름을 붓는 격이 될지도 모른다는 것이었다. 프리드리히는 헤르만의 충고를 받아들였다.

미사가 끝난 뒤 들어간 성묘교회 안에는 미사를 보기 위해 와 있던 순례자들도 남아 있었다. 정식 황제 복장을 입고 들어온 프리드리히를 보자 그들 사이에서는 자연스레 커다란 환호성이 터져나왔다. 그들에게는 이제야 그리스도교도의 수중에 들어온 성도에서, 게다가 예수 그리스도의 묘 위에 세워진 이 성묘교회에서 기도를 올릴 수 있는 것만으로도 기쁜 일이었고, 설령 그것이 파문당한 자가 이룬 일일지라도 상관없었던 것이다.

엉겁결에 길을 열어준 군중을 뚫고 황제는 제단 앞으로 나아갔다. 그러나 왕관을 수여하는 의식은 주교 이상의 성직자에게만 허락된다. 이날 예루살렘에는 대주교는 물론 주교도 없었다.

서른다섯 살의 황제는 제단 위에 놓인 왕관을 자기 손으로 들어올려 머리에 썼다.

이날 성묘교회에 있던 이들 중 이 유례없는 행위에 이의를 제기한 자는 없었다. 나중에 튜턴 기사단 단장 헤르만이 나서서, 오늘 프리드리히가 한 행동은 어디까지나 황제로서 신에게 감사를 표한 것이다, 라고 애매모호한 사후설명을 한 것이 효과가 있었는지도 모른다. 그 자리에는 중근동에서 오래 살아온 영주들을 비롯해 종교 기사단의 단장까지 참석하고 있었다. 사후설명이란 이미 어느 정도 상황을 알고 있는 이들에게만 효과가 있다.

중근동 그리스도교 세력의 유력자라고 할 수 있는 이들은, 대관식이 끝난 후 예루살렘의 통치를 논의하기 위해 프리드리히가 소집한 회의에도 참석했다.

이 자리에서 프리드리히는 알 카밀과 맺은 강화의 각 조항을 하나하나 설명했다. 그리스도교도의 수중으로 돌아온 예루살렘의 방어를 위해서는 견고한 성벽과 상주 병력이 필요한데, 성벽 강화공사는 이미 진행되고 있었고, 남은 문제는 예루살렘 시내의 안전이었다. 성벽으로 둘러싸인 도시 예루살렘에는 예로부터 '다윗 탑'이라 불려온, 역시 성벽으로 방비되는 성채가 있었다. 프리드리히는 그곳으로 튜턴 기사단을 보낸다.

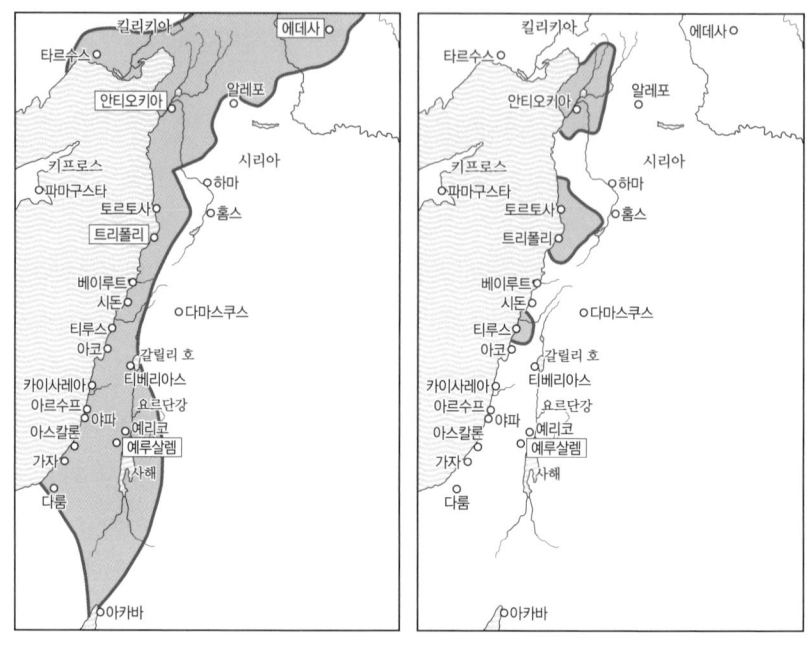

제1차 십자군이 구축한 십자군 국가령(1119년)   '하틴 전투' 후의 그리스도교 세력(1187년)

    병원 기사단과 템플 기사단, 그리고 튜턴 기사단이라는 3대 종교 기사단이, 그리스도교도에게 돌아온 성지의 방어와 안전을 담당하게 된 것이다. 알 아크사 사원이 계속 모스크로 남아 본부로 복귀할 수 없게 된 것에 프리드리히에게 강력하게 반발했던 템플 기사단도, 그후 프리드리히가 그들 소유의 성채를 제시하자 강한 관심을 보이며 어느 정도 기세를 누그러뜨린 듯했다.

    이처럼 당초 강화에 반발했던 사람들도 시간이 갈수록 하나둘씩 프

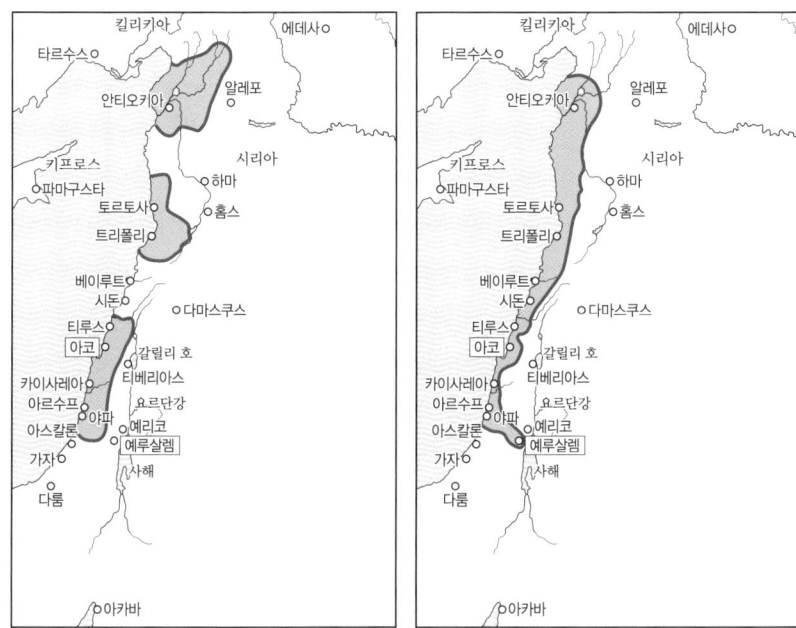

제3차 십자군 후의 그리스도교 세력(1192년)   프리드리히의 강화 후의 그리스도교 세력(1229년)

리드리히가 제시하는 통치와 방어계획에 협력하게 되었는데, 예루살렘 대주교만은 변함없이 단호한 거부의 뜻을 보였다.

'예루살렘 대주교'라는 지위를 지녔음에도 정작 임지인 예루살렘으로 가지 않고 아코에 머물러 있던 대주교 제라르도는, 로마 교황에게 불만과 탄식의 서신을 보내는 한편, 카이사레아 주교를 예루살렘으로 보내 이 성도를 '성무 금지'에 처한다고 통보했다.

그리스도교도의 최고 성지인 예루살렘, 게다가 이제 그리스도교도의 수중으로 돌아온 이 성도를, 파문 다음가는 중벌인 '성무 금지'에 처한 것이다. 파문당한 자의 손으로 이룬 '해방'은 인정할 수 없다는 것이 대주교가 밝힌 이유였다.

'성무 금지'에 처해진 곳에는 올바른 그리스도교도가 발을 들일 수 없다. 예루살렘 전체의 출입이 금지되면 누구보다 난처해지는 것은 순례자들이었다.

하지만 실제 상황은 대주교의 생각대로 흘러가지 않았다. 아무도 예루살렘을 빠져나가지 않았을 뿐 아니라, 새로운 순례자들이 예루살렘 성문으로 끊임없이 줄지어 들어와 감격의 눈물을 흘리며 성묘교회로 향했다. 이들에게 가장 중요한 것은 예수가 죽은 곳에서 기도를 올리는 일이었기 때문이다.

그러는 중에도 프리드리히는 예루살렘의 통치와 안전을 확립하느라 분주한 나날을 보내고 있었다. 한편으로는 측근에게 성직자들의 완고함에 대해 푸념하기도 하면서.

예루살렘이 다시 그리스도교도의 것이 되었다고 해서 지금껏 그곳에 살던 이슬람교도가 전부 사라진 것은 아니었다. '이슬람 지구'로 제한된 그들의 성지를 관리하는 이들을 비롯해 아직 많은 이슬람교도가 예루살렘에 살고 있었다. 이들의 거주는 알 카밀과의 강화로도 인정한 바였다. 그리스도교화한 예루살렘에서 퇴거당한 것은 그전까지 이 도시에 상주하던 수비대, 즉 이슬람측의 군사력뿐이었다.

또한 예루살렘은 그리스도교도만이 아니라 이슬람교도와 유대교도의 '성도'이기도 했으므로, 이 도시에는 통치자가 누구든 간에 늘 여러 종교의 사람들이 혼재했다. 따라서 통치와 방어에 다른 도시 이상의 치밀함이 요구되었다.

프리드리히가 이 도시의 통치와 방어를 정비한 성과는, 이 시기 예루살렘을 방문했던 한 그리스도교도 상인의 말에 잘 나타나 있다. 중근동과 오랫동안 교역해온 이 베네치아 상인은 프리드리히가 통치하기 이전과 이후를 비교하며 다음과 같이 말했다.

"대부분의 것들은 변하지 않았다. 그래도 변한 것을 찾는다면, 첫째로 거리에 보이는 수비대 병사가 이슬람교도에서 그리스도교도로 바뀌었다는 것, 둘째로 그리스도교 교회에서 이전보다 큰 소리로 종이 울려퍼지게 된 것이다."

교회와 모스크

프리드리히는 예루살렘에서 일주일 동안 머물렀다.

대관식을 마친 다음 날의 일이었다. 프리드리히는 이런저런 절차상의 필요 때문에 자주 만나던, 이슬람 치하 시절의 총독 알 가우지에게 물었다.

"예루살렘에 오고 나서 한 번도 무에진의 목소리를 들어본 적이 없는데, 왜 그런가?"

전 총독은 대답했다. 황제가 체재중일 때는 무에진이 기도시간을 알리는 걸 삼가라는 알 카밀의 지시가 있었기 때문이라고.

그러자 프리드리히는 웃으면서 말했다.

"그렇다면 당신들 중 누군가가 내 영지를 방문했을 때, 교회의 종을 울릴 수 없게 되지 않나."

그다음 날부터 모스크의 첨탑에서는 하루에 다섯 번, 기도시간을 알리는 무에진의 목소리가 낭랑하게 울려퍼졌다. 그리고 어느 날 프리드리히가 부하들을 거느리고 시찰중이던 때였다. 무에진의 목소리를 들은 프리드리히의 부하들 중에서 그대로 땅바닥에 엎드려 기도를 시작하는 자가 속출했다.

이 광경에 이슬람측도 깜짝 놀랐다. 그들 중 누구도 그리스도교 세계 황제의 부하 중에 이렇게 많은 이슬람교도가 있을 줄은 상상도 하지 못했던 것이다. 하지만 더 놀라운 것은, 땅바닥에 엎드렸다가 일어나기를 반복하는 이슬람식 기도를 올리는 부하들을 그대로 놔두고, 나머지 부하들만 데리고서 태연히 시찰을 계속하는 프리드리히의 모습이었다.

예루살렘에 머물던 시기의 프리드리히에 대한 이슬람교도의 증언이 몇 가지 더 남아 있다.

그중 한 사람은, 이 황제는 무신론자가 아니었을까 하고 말한다.

프리드리히는 일이 없을 때는 주로 예루살렘에 남아 있는 그리스도교의 사적을 둘러보았는데, 그 어디에서도 무릎을 꿇고 감격의 눈물을 흘리는 일이 없었다고 한다.

예루살렘에 사는 이슬람교도는 그리스도교도의 순례에 익숙해져 있었다. 그 순례자들에 비하면 사적을 둘러보는 프리드리히의 태도는 정말 그리스도교도가 맞나 싶을 만큼 '관광'에 가까운 것이었으리라.

심지어 '이슬람 지구'를 둘러보며, 바위 사원이나 알 아크사 사원의 아름다움에 감탄의 탄성을 냈을 정도니까.

또 한 사람은, 이 황제는 노예시장에 내놔도 푼돈밖에 받지 못할 거라고 혹평했다.

이슬람교도, 그중에서도 특히 아랍인이 이상적으로 생각하는 남자의 육체는 기골이 장대하거나 위풍당당하게 살집이 있거나 둘 중 하나였다.

프리드리히는 빈약한 편은 아니었지만, 그 어느 쪽에도 속하지 않았다. 게다가 아랍인의 눈에는 남자로도 보이지 않을 만큼 피부색이 희고, 머리카락은 '붉은 수염'이라는 별명을 가진 할아버지에게 물려받은 듯 붉은 기가 도는 곱슬머리였다.

예루살렘에 일주일 동안 머무른 프리드리히는 3월 25일 아코로 향한다. 아코에서는 중근동 그리스도교 영토 전체의 방어를 강화하는 작업이 기다리고 있었는데, 프리드리히를 맞이한 아코의 분위기는 예루살렘과는 사뭇 달랐다.

사실상 아코를 지배하고 있던 예루살렘 대주교는 프리드리히에 대한 태도를 전혀 바꾸지 않았다. 튜턴 기사단 단장 헤르만이 관계 개선을 위해 노력했지만, 대주교는 같은 도시 안에 있는 황제를 만나는 것조차 거부했다. 프리드리히도 굳이 자세를 굽히면서까지 그를 만날 생각은 없었다.

아코로 돌아온 프리드리히를 처음 도착 때와 전혀 다른 분위기로 맞이한 것은 대주교와 그 수하의 성직자만이 아니었다. 아코 주민의 태도도 황제를 적대시하는 쪽으로 바뀌어 있었다. 하지만 대주교와 달리 이들의 변화에는 현실적인 이유가 있었다.

프리드리히가 오기 전까지 유럽에서 오는 순례자들의 '순례 코스'는 아코에 상륙했다가 거기서 예루살렘으로 향하는 것이었다. 그런데 프리드리히가 알 카밀과의 강화 교섭을 위해 야파로 이동한 뒤 이를 체결하기까지 걸린 3개월 남짓한 기간 동안, 프리드리히는 교섭을 계속하는 한편으로 야파 항을 정비하고 이 항구도시의 방어를 강화해나갔다. 그 결과, 강화가 성립되고 난 후 야파는 아코 이상으로 안전하고 다양한 시설을 완비한 항구도시로 변모했다.

더구나 야파에서 예루살렘까지의 거리는 아코에서 가는 것보다 훨씬 가까웠다. 당연히 순례자들은 야파에 상륙하게 되었고, 아코가 순례자들에게서 얻는 수익은 격감했다. 대주교 이하 성직자들이 프리드리히를 반대한 근거도, 이런 현실적인 이유에 종교적인 색채를 조금 더한 것에 지나지 않았다.

이런 유의 적대에 그쳤다면 프리드리히는 별로 신경 쓰지 않았을 것이다. 강화를 통해 그리스도교도의 영토로 인정된 시리아와 팔레스티나 지방의 항구도시들이 다함께 번영하면, 그중 하나인 아코도 자연스럽게 활기를 띠게 된다. 따라서 아직 미완성인 대사업을 진행하기 위해 아코를 계속 본거지로 삼는 것도 주저하지 않았을 것이다.

하지만 아코에 들어간 지 얼마 되지 않아, 전혀 예상하지 못한 것은 아니지만, 설마 하며 귀를 의심하게 만드는 소식이 프리드리히에게 날아들었다.

'그리스도의 적'

로마 교황 그레고리우스가 보낸 군대가 교황청 영토의 경계를 넘어 프리드리히의 영토인 이탈리아 남부를 침공했다는 소식이었다. 교황의 깃발을 전면에 내세운 전 예루살렘 왕 브리엔이 이끄는 군대였다. 로마 교황청은 파문당한 몸인 프리드리히가 십자군을 이끌고, 게다가 전투를 시도하지도 않고 '불신앙의 무리'와 강화를 체결한 것이 공격의 이유라고 공표했다. 즉, 프리드리히가 로마 교황을 계속 적대한다고 단정짓고 그리스도의 적으로 단죄한 것이다.

프리드리히는 오리엔트로 떠나기 전 자기 영지의 방어에 대해 충분한 대책을 세우고, 신뢰할 만한 부하들에게 이를 맡겨두었다. 따라서 군사적인 면에서는 늙은 브리엔이 이끄는 군대쯤이야 간단히 격퇴할 수 있었을 것이다. 그러나 그리스도의 적으로 몰린 이상 일반 사람들의 동요를 피할 수 없었다. 교황의 뜻을 전면에 내세우고 침공한 군대 앞에 제 발로 성문을 여는 도시가 속속 늘어난 것이다.

일이 이 지경에 이르자, 주인 없는 영지를 지키는 이들은 프리드리히가 속히 귀국하기만 기다리게 되었다. 아코에 도착한 사절이 가져온 서신은 하루빨리 귀국해주기를 청하는 긴박한 내용이었다.

이는 프리드리히에게 유감스럽기 그지없는 일이었을 것이다. 그는 강화로 얻은 평화를 유지하려면 방어체제의 완비가 불가결하다는 사실을 잘 알고 있었다. 그것도 또다른 십자군 원정, 즉 새로운 대군의 도착 없이 스스로 실현해야 하는 것이다.

많지 않은 병력으로 이를 실현하려면 성채를 활용할 수밖에 없다. 그것도 새로운 성채를 세우는 것이 아니라 기존의 것을 활용해야 했다. 새로 많은 성채를 건설하면 이슬람측을 자극하게 되기 때문이다.

프리드리히는 강화가 성립된 후 예루살렘에 들어가기 전까지 한 달 사이에 이미 이 작업을 시작했다. 예루살렘에 일주일 머무는 동안은 예루살렘의 방어체제를 정비했다. 그리고 아코로 옮겨가 아코 북쪽과 동쪽에 흩어져 있는 수많은 성채들을 유기적인 네트워크로 구축해 활용할 생각이었던 것으로 보인다.

성채는 하나만으로는 그 효과가 제한적이다. 하지만 중근동 십자군 국가들의 성채에는 지금까지 네트워크라는 개념이 없었다.
그 많은 성채들은 병원 기사단, 템플 기사단, 각지의 봉건영주 등이 각자 독자적으로 세운 것이기 때문이다. 서로 협력하는 일도 거의 없었다. 예외는 트리폴리 백작령에 있는 성채들이었는데, 이는 병원 기사단이 '크락 데 슈발리에'를 중심으로 네트워크화를 실현했기 때문이었다.

프리드리히는 이런 병원 기사단의 전례를 시리아와 팔레스티나 지방, 즉 그리스도교도가 말하는 '성지' 전역으로 확대하려 했다. 새롭게 성채의 관리자로 가세한 튜턴 기사단에 기존의 병원 기사단과 템플 기사단을 더해 일원화하고, 이들 각자가 관할하는 성채를 중근동 그리스도교 세력의 방어라는 전략상의 대목적 아래 네트워크화하는 것이다.

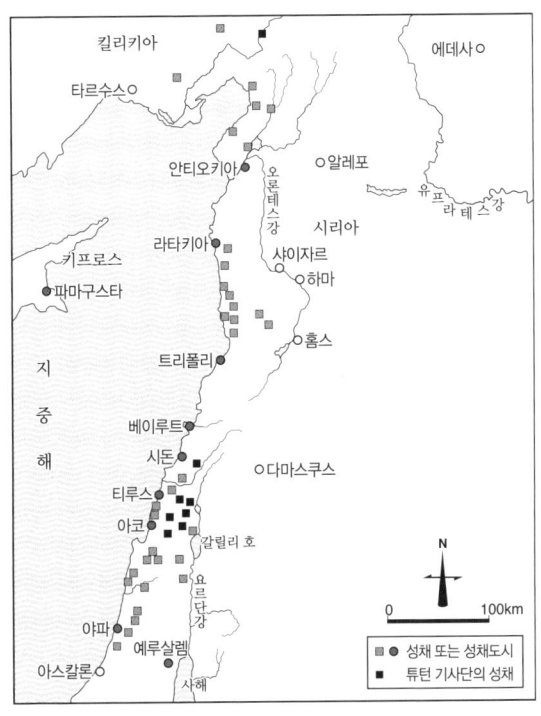

네트워크화한 그리스도교 세력의 성채군

 그러면 새로운 십자군의 도착을 기다릴 것 없이, 또한 이슬람측을 자극하지 않는 방식으로, 대부분의 그리스도교도들이 살고 있는 시리아와 팔레스티나 해안 일대의 안전을 보장할 수 있었다. 네트워크를 이룬 성채들이 항구도시들의 외벽 역할을 하기 때문이다.

 프리드리히의 이러한 생각은 그가 유럽에 있을 때 자신의 영지인 이탈리아 남부의 방어체제 강화를 위해 이미 추진한 것이기도 했다. 고대 로마인은 가도를 네트워크화하면 하나하나 독립되어 있을 때보다 효과가 비약적으로 향상된다는 것을 알고 이를 실행했다. 방어의 거점인 성채 역시 마찬가지로, 서로 유기적인 네트워크를 이루면 방어 면에서의 효과가 비약적으로 향상된다.

그러나 이를 추진하려면 아무래도 직접 찾아가서 둘러볼 필요가 있었다. 그리고 그에 상응하는 시간도 필요하다. 그런데 지금 프리드리히는 그 시간을 잃어버릴 처지에 놓인 것이다.

어쩔 수 없이 아코에서, 그것도 단기간에 작업을 완료해야 했다. 그는 아코의 왕궁으로 3대 종교 기사단의 단장과 봉건제후들을 불러모았다.

프리드리히는 4월 내내 이 일에 매달렸다. 어느 정도까지 추진했는지는 알려져 있지 않다. 그러나 아코에 모인 대부분의 사람들은 프리드리히의 생각을 이해하고 이를 실현하기 위해 노력한 것으로 보인다. 왜냐하면 프리드리히가 떠난 후 15년 동안, 이 지역에 대한 이슬람 측의 침공이 거의 없다시피 했기 때문이다. 처음 10년은 강화로 약속된 것이었지만.

귀국

아코에서 이렇게 한 달 남짓을 보내고, 1229년 5월 1일 프리드리히는 아코를 떠났다.

제6차 십자군을 이끌고 아코에 들어온 것이 지난해 9월 7일이었으니, 프리드리히는 '성지'에 8개월밖에 체재하지 못했다. 그러나 그는 그사이 성도 예루살렘의 수복을 이루었다.

서른다섯 살 황제의 귀국길은 주민들의 욕지거리와 오물이 날아드는 와중에 시작되었다. 황제의 출항을 전송하는 성직자는 한 명도 없었다.

프리드리히는 도중에 키프로스 섬에 머물렀다. 통치개혁의 성과를 확인하기 위해서였다. 그리고 이탈리아 남부의 브린디시로 직행해 6월 10일 상륙했다.

오리엔트를 향해 이 브린디시를 출발한 것이 지난해 6월 28일이었으니, 제6차 십자군 원정은 왕복한 기간을 더해도 채 1년을 채우지 못한 셈이다.

황제가 귀환한다는 소식은 순식간에 이탈리아 남부 전역으로 퍼졌으며, 그에 그치지 않고 교황이 있는 로마와, 교황의 요청으로 병력을 제공한 이탈리아 북부로도 퍼져나갔다.

그 소식에 이탈리아 남부의 주민들이 기운을 되찾은 것을 확인한 프리드리히는 브린디시에서 북쪽으로 조금 떨어진 바를레타의 성채에서 7월과 8월을 보냈다. 바다를 면한 이 성으로 향한 것은 휴양을 위해서가 아니었다. 귀국으로 인한 반응을 지켜보며 반격을 준비하기 위해서였다.

어쨌거나 이슬람교도를 한 사람도 죽이지 않고 십자군 원정을 성공리에 마치고 돌아온 프리드리히가, 그리스도교도의 땅인 유럽에서 같은 그리스도교도를 죽인다면 그의 입장이 악화될 게 분명했다. 로마교황의 비난도 더욱 거세질 것이다. 프리드리히는, 당장의 행동은 말할 것도 없고 자기 영지의 수복도 그리스도교도의 피를 흘리지 않고 이뤄내야 했다.

9월, 프리드리히의 군대가 움직이기 시작하자 교황군을 이끌고 온 브리엔이 제일 먼저 군대를 내팽개치고 콘스탄티노플로 도망쳐버렸다. 이어서 이탈리아 북부의 각 자치도시가 교황의 군대에 참가하기를 거부했다.

이런 소식을 들으면서 프리드리히는 군대를 이끌고 계속 북상해 나폴리에 들어섰다. 나폴리에서 카푸아까지는 나폴리 주민들이 앞장섰다.

이리하여 10월에 접어든 무렵, 프리드리히는 침공당한 모든 영토를 되찾는 데 성공했다. 교황의 군대와는 일전도 벌이지 않았다. 브린디시에 상륙한 지 채 4개월도 지나지 않은 때였다.

교황 그레고리우스는 고립당한 꼴이 되고도 항복하지 않았다. 로마 교황이 일개 황제에게 머리를 숙이는 것은 당치 않다는 것이었다.

프리드리히는 이제 완전히 외무장관 격이 된 튜튼 기사단 단장 헤르만을 교황에게 파견한다. 교황은 로마로 찾아온 헤르만을 처음에는 냉담하게 돌려보냈지만 두번째에는 만남을 허락했다. 나폴리에서 기다리는 프리드리히에게 돌아온 헤르만은 교황의 태도가 점점 누그러지고 있다고 전했다.

그러나 '교황은 태양, 황제는 달'이라고 믿는 사람을 상대로, 교황의 체면을 구기지 않고 관계를 개선하기란 쉬운 일이 아니다. 여기에는 1년 가까운 시간이 걸렸다.

명목은 교황청 국가와 프리드리히 영토의 경계선을 확정한다는 것이었지만, 실제로는 잡다한 거래만 오가던 교섭 끝에 드디어 둘은 타결에 도달했다. 교황이 아나니에 있는 생가를 방문할 때 황제가 그곳으로 문안인사를 가기로 한 것이다.

아나니는 로마 남쪽에 있는 작은 도시인데, 인노켄티우스 3세 이래로 많은 교황을 배출한 도시로 알려져 있었다.

교황 그레고리우스는 곧 황제 프리드리히를 맞이하는 성명을 발표했다.

"모든 신도의 어머니인 로마 교회는, 순종적이지 않은 아들의 귀환일지라도 진심 어린 자애의 정으로 맞이한다. 황제가 바른 길로 돌아왔으니 그리스도교 세계는 지금까지 두려움으로 가득했던 나날을 잊고, 이제 광명과 평온이 가득할 것이다."

'평화의 키스'

1230년 9월 1일, 예순 살의 교황 그레고리우스와 서른여섯 살의 프리드리히가 서로 어깨를 안고 키스하는 것으로 '화해'의 의식이 이루어졌다. 이런 키스를 유럽에서는 '평화의 키스'라고 한다. 파문은 풀렸다. 그날 교황은 생가에서 베푸는 오찬에 황제를 초대했고, 황제는 감사히 받아들였다. 오찬에는 튜턴 기사단 단장 헤르만도 동석했다.

아나니에서 '평화의 키스'를 나누고 사흘 후, 프리드리히는 일찌감치 이탈리아 남부로 돌아왔다.

팔레스티나를 떠난 뒤에도 프리드리히는 중근동의 그리스도교도를 잊지 않았다. 알 카밀과 맺은 강화의 유효기간이 10년이었으므로, 양쪽 모두 그것을 지킬 마음이 있다면 1239년까지는 평화가 지속될 터였다.

하지만 프리드리히는 그사이에도 '사후관리'를 계속했다.
즉, 서신으로 꾸준히 교류한 것이다. 그는 아랍어로 쓴 친필 서신을 강화에서 교섭을 맡았던 파라딘에게 보냈다. 물론 이것이 알 카밀에게 전해질 것을 염두에 두고 한 일이다.
귀국 직후에 교황의 군대에 대한 반격의 양상을 담아 보낸 서신은, 외교 교섭 상대라기보다 마치 새로 사귄 친구에게 쓴 것 같은 내용이었다. 강화를 지속하기를 청하는 대신 이렇게 근황을 알리거나 수학과 철학 문제를 담은 서신을 교환하는 것이 프리드리히식 '사후관리'였다.

1238년 알 카밀이 세상을 떠났다. 뒤를 이은 이는 그의 장남이었다. 그 장남에게도, 그리고 10년 후인 1248년 이 사람이 죽고 뒤를 이은 그의 동생에게도, 프리드리히의 서신 작전은 계속되었다.
이것이 효과가 있었는지는 알 수 없다. 하지만 그가 알 카밀과 체결한 강화의 유효기간이 끝난 후에도, 중근동의 그리스도교도와 이슬람교도의 공생은 아주 완벽하지는 않아도 꾸준히 이어졌다.

이 상태가 결정적으로 바뀌는 것은 1248년이다.

1248년 8월, 프랑스 왕 루이 9세가 이끄는 제7차 십자군이 프랑스 남

신성로마제국 황제 프리드리히 2세

부의 항구 에그모르트에서 이집트를 향해 출항한 것이다. 하지만 2년 후 여름, 루이는 포로가 되고 만다.

이탈리아 남부에 있던 프리드리히도 분명 이 소식을 접했을 것이다. 이 소식을 듣고 어떤 생각이 들었는지, 그는 아무 말도 남기지 않았다. 그리고 그로부터 4개월이 지난 1250년 12월 13일, 프리드리히에게 죽음이 찾아온다. 쉰여섯 살이 되기 2주 전의 일이었다.

십자군 역사의 세계적인 권위자로 평가받는 영국인 역사가 런치먼은, 황제 프리드리히를 다음과 같이 평했다.

"잔혹하고 이기적이며 교활한 남자였다. 친구로서 전혀 신용할 수 없고, 적으로 돌아서면 집요하기 짝이 없었다."

적어도 로마 교황 입장에서 보면 당연한 평가라 할 수 있을 것이다.

제5장

프랑스 왕 루이와 제7차 십자군

(1248년~1254년)

이상적인 군주

역사상 '성왕(聖王) 루이'라는 이름으로 남은 루이 9세가, 역대 프랑스 왕의 대관식이 거행된 랑스의 대성당에서 왕관을 머리에 쓴 것은 열두 살 때였다. 아버지 루이 8세가 불과 3년의 치세 끝에 병사하고, 세 명의 형도 그전에 이미 세상을 떠났기 때문이다.

열두 살에 왕위에 오른 루이의 치세는 어머니의 도움으로 시작되었다. 카스티야 왕가 출신의 어머니 비안카는 섭정으로도 유능했지만, 스페인 여자답게 신앙심도 깊었다.

루이는 어머니의 깊은 관심과 애정 속에서 자랐다. 다른 교육은 가정교사들에게 맡겨도 종교 교육은 어머니가 직접 맡았다. 별다른 교육은 아니고 그저 성서를 반복해서 읽는 것이었다고 하지만. 어려서 경험한 육친들의 잇따른 죽음, 그리고 매일같이 어머니와 함께 읽은 성서, 이런 환경에서 자란 루이가 성장하면서 신앙심이 깊어진 것도 당연한 일일 것이다.

어머니의 도움을 받긴 했지만, 루이는 온건하고 선정을 펼친 군주로 알려져 있다. 하지만 이것도 그가 아홉 살 때 세상을 떠난 조부 필리프 2세가 비열한 수단도 마다하지 않으며 프랑스 왕의 직할령을 확장해 주었기 때문이다. 루이의 행운은 자기 손을 더럽히지 않고 프랑스 왕의 지위를 유지할 수 있었다는 데 있었다.

당시에도 악평이 높았던, 알비파 그리스도교를 상대로 한 '십자군'은 1229년이 되어서야 20년에 걸친 전란의 막을 내릴 기미를 보이기 시작한다. 그리고 5년 후인 1234년, 스무 살이 된 루이가 알비파 중진으로 인정받던 프로방스 백작의 딸 마르그리트와 결혼함으로써, 오랜 세월에 걸친 프랑스 북부와 남부의 항쟁이 해결되었다.

루이와 마르그리트의 결혼은 전형적인 정략결혼이었지만, 젊은 왕과 왕비는 서로에게 경의와 애정을 갖고 있었던 것으로 보인다.

루이 9세는 56년의 생애 동안 열 명의 아이를 얻었다. 한편 루이보다 스무 살은 더 많았던 신성로마제국 황제 프리드리히 2세는 56년의 생애 동안 스무 명의 아이를 얻었다. 되도록 많은 후계자 후보를 만들어두는 것 또한 군주의 임무였기 때문인데, 프리드리히는 자기 아이를 낳은 여자만 열세 명에 이르렀던 반면, 루이에게서는 정부의 그림자조차 찾아볼 수 없었고, 열 명의 아이 모두 왕비 마르그리트에게서 얻은 것이었다.

이슬람의 술탄처럼 하렘을 갖고 있다며 황제 프리드리히를 비난했던 로마 교황청이, 이 루이를 그리스도교 세계의 이상적인 군주라고 칭송한 것도 당연했다. 덧붙여 프리드리히는 전장에 여자를 데려가지 않고 필요하면 그 지역에서 구하는 쪽이었지만 루이는 어디를 가든 왕비와 함께였고, 물론 십자군 원정에도 데려갔다.

프랑스 왕 루이 9세(엘 그레코의 그림)

이처럼 로마 가톨릭교회의 모범생이었던 루이를 더욱 모범생으로 만든 사건이 1244년에 일어났다.

그해가 저물 무렵, 루이는 병상에 누워 한동안 일어나지 못했다. 아마도 식중독이 원인인 탈수증세로 나날이 체력이 쇠해갔던 듯한데, 마흔 살에 세상을 떠난 그의 아버지와 같은 증상이었기에 어머니를 비롯한 주위 사람들 모두 절망에 빠졌다. 병상에 있던 루이도 아버지의 뒤를 따를지 모른다는 공포에 사로잡혀 있었을 것이다. 그래서 미약한 숨을 내쉬며 신에게 맹세했다. 건강을 되찾는다면 십자군을 이끌고 이교도와 싸우러 가겠다고.

그랬더니 정말로 쾌차했다. 아버지가 죽은 것은 마흔 살에 중병에 걸렸기 때문이고, 아직 서른 살인 루이는 그만큼 체력이 있으니 쾌차할 수 있었던 것 아니냐고 한다면, 중세 그리스도교도의 생각이라 할 수 없다. 중세 그리스도교 세계의 모범생이었던 루이는, 신이 나를 통해 무언가를 실현하고자 내 목숨을 구해준 것이다, 라고 생각했던 것이다. 이후로 루이는 그것이 자신에게 주어진 사명이라고 확고히 자각하게 되었다.

이듬해인 1245년 봄, 베이루트 주교가 예루살렘 대주교의 서신을 들고 로마 교황 인노켄티우스 4세를 찾아왔다. 대주교의 서신은 새로운 십자군 원정을 호소하는 내용이었다.

지난해 11월에 이슬람교도가 예루살렘을 점거했다는 소식을 전하면서, 성도에서 이슬람교도를 내쫓기 위해서는 새로운 십자군 원정이 필요하다는 것이었다.

성지, 즉 중근동의 가톨릭교회 최고위자인 예루살렘 대주교는 '불신앙의 무리'와의 교섭으로 성립된 프리드리히와 알 카밀의 강화를 처음부터 반대했다. 그래서 임지인 예루살렘에 발도 들여놓지 않고 계속 아코에 머무르며 반대의사를 표해왔던 것이다. 강화의 유효기간인 10년은 1239년에 이미 지난 상태였다. 하지만 그 이후에도 알 카밀의 뒤를 이은 아들 술탄이 별다른 움직임을 보이지 않았기 때문에, 프리드리히와 알 카밀이 맺은 강화가 그대로 이어지고 있었다.

그런데 1244년, 공명심에 불탄 시리아의 한 부족이, 이집트에만 전

넘하는 술탄의 허를 찌르고 예루살렘을 점령해버렸다.

프리드리히와 알 카밀이 세운 공생노선에 반대했던 예루살렘 대주교에게 이 일은 새로운 십자군 파견을 요청할 좋은 구실을 안겨주었다. 성도 예루살렘의 탈환은 십자군을 편성할 대의명분이 되기 때문이었다.

교황 인노켄티우스 4세도 발 벗고 나섰다. 새로운 십자군을 이끌 주인공의 인선이 시작되었다. 그해 쉰 살이 된 신성로마제국의 황제 프리드리히는 이 새로운 교황과 한창 정면으로 격돌하고 있는 상황이라 후보군에도 들지 못했다. 영국 왕은 국내 정세가 어지러워 해외로 원정을 떠날 처지가 못 되었다. 그러니 인선이라지만 사실 루이 한 사람밖에 없었던 셈이다.

게다가 루이는 로마 교황청이 이상적인 군주로 평한 사람이다. 이상적인 군주가 이끌고 가면 이상적인 십자군이 될 거라고 생각했으리라. 로마 교황청이 루이를 얼마나 신뢰하고 있었는지는 감시자 격인 '교황 대리'를 동행시키지 않았다는 점에서도 알 수 있다.

교황에게 십자군 이야기를 들은 루이는 기적적으로 쾌차한 직후이니만큼 흔쾌히 수락한다. 서른한 살의 젊은 나이, 뿐만 아니라 그는 신이 바라시는 일을 실현하겠다는 의욕에 불타고 있었다. 즉시 원정비용을 마련하기 위한 새로운 세금이 프랑스 전역에 부과되었다. 원정 중 프랑스의 통치는 섭정 시절에 꽤 좋은 실적을 남긴 어머니 비안카에게 일임하기로 했다.

새로운 십자군의 목적지는 이집트로 정해졌다. 중근동 이슬람 세계의 중심인 이집트를 공략하면 예루살렘은 자연스럽게 함락될 것이라 생각했기 때문이다. 또 다미에타 공략에 성공하고도 결국 철수하고만 제5차 십자군의 설욕을 하겠다는 생각도 있었다.

그런데 순조롭게 시작된 이 계획은 결과적으로 3년이나 연기되고 말았다.

첫번째 이유는, 십자군을 맞이해야 할 시리아와 팔레스티나의 그리스도교도들의 태도가 미온적이었다는 점이다. 새로운 십자군의 원정에 흥분한 것은 성직자 계급뿐이고, 그 외의 사람들은 그러지 않았다.

한 부족의 폭주를 허락해버린 카이로의 술탄이 재빨리 사태 수습에 나섰고, 예루살렘이 이슬람의 지배하로 돌아갔어도 실상은 그다지 변하지 않았기 때문이다.

이전처럼 한편에서는 교회의 종소리가 울리고 다른 한편으로는 모스크에서 무에진의 목소리가 울려퍼지고, 그리스도교도가 태반인 순례자들은 변함없이 예루살렘을 방문할 수 있었다. 예루살렘에서 추방된 것은 '다윗 탑'을 본부로 삼고 있던 튜턴 기사단뿐이었다. 또 이 성도 외에 그리스도교가 지배하고 있는 항구도시 중 이슬람군의 공격을 받은 곳도 없었다.

두번째로는 이번 제7차 십자군을 오리엔트까지 수송하고, 도착한 이후 공동으로 싸울 해군력을 어디에 의뢰할지를 결정하는 데 시간이 걸렸기 때문이다. 프랑스는 육군의 나라이지 해군의 나라가 아니었다. 마르세유 외에는 항구다운 항구도 없었다. 게다가 고대부터 항구도시였던 마르세유는, 이 시기에는 프랑스 왕의 지배영역이 아니었다.

그래서 마르세유에서 서쪽으로 150킬로미터나 떨어진 에그모르트의 어항을 대대적으로 개조해 항구로 만들었는데, 해군력을 어디에 의뢰할지는 여전히 문제로 남았다.

베네치아 공화국은 처음부터 응하지 않았다. 시리아와 팔레스티나, 그리고 이집트에서도 이슬람교도와 양호한 경제관계를 구축하고 있었으므로, 십자군에 가담할 이유나 필요가 없었기 때문이다. 하물며 이 시기 베네치아 상인은 제4차 십자군 때에 획득한 오리엔트의 양대 시장, 콘스탄티노플과 이집트의 알렉산드리아에서 절대적으로 유리한 상황을 누리고 있었다.

결국 프랑스 왕이 이끄는 십자군에 협력한 것은, 베네치아에 크게 뒤처져 고민하고 있던 제노바였다.

하지만 이는 곧 루이에게 이중의 불리함을 초래하게 된다. 해군력을 '외주'한다는 것은 해군력의 운용이나 배의 제작 등에 간섭할 수 없다는 뜻이다. 루이에게 협력하기로 한 제노바 해군은 수중에 있던 배만으로 선단을 구성했다. 끝내 사용하지는 않았지만 프리드리히가 제6차 십자군을 위해 특별 제작했던 것처럼, 나일강을 거슬러오를 수 있는 구조의 배는 한 척도 없었던 것이다.

그러나 해군력을 타국에 맡긴 것에서 야기되는 진정한 불리함은 그 '운용 방식'에 있었다.

프리드리히가 해군력을 자국의 배만으로 구성했던 것은, 이탈리아 남부와 시칠리아의 해군력이 베네치아나 제노바의 그것보다 우수해서가 아니었다. 해군력까지 포함해서 지휘계통을 일원화하고자 했던 것이다.

제3차 십자군 당시 리처드는 자국 해군을 원정에 참가시키려면 대서양을 남하해서 지브롤터 해협을 통해 지중해로 들어가야 하는 불편함이 있음에도 수하 해군력의 절반 이상을 영국 배로 구성했다. 아코를 탈환하고 살라딘과 일대일 승부를 시작한 뒤로는 제노바와 피사의 갤리선을 활용했지만, 그래도 전략을 수립하는 지휘계통은 리처드 아래로 일원화되어 있었다.

전쟁에서는 지휘계통이 일원화되어 있지 않으면 이길 수 없다. 전쟁을 수행하는 중에 이곳저곳에서 쓸데없는 에너지가 소모되기 때문이다.

루이도 이 문제를 알고 있었던 것 같다. 그래서 제노바 해군의 제독으로 프랑스인 무장을 보낸다. 그러나 바다든 강이든 수상을 운항하는 데 무지한 인물을 해군 정상에 앉히면 선원들로부터 경멸을 받을 따름이다. 제노바 선원들은 이로부터 250년 후 콜럼버스를 탄생시키는 것을 제쳐두고도, 당시 최강의 해군국으로 평가되던 베네치아도 넘어서는 실력을 지닌 베테랑 집단이었다.

이러한 불리함을 지닌 채 십자군은 1248년 6월 12일 파리를 출발해 에그모르트로 향했다. 군대를 이끄는 루이는 서른네 살이었다.

화려한 출진

제7차 십자군의 참가자는 한마디로 기라성 같다고 표현할 수 있다.

유명인의 등장에 민감한 연대기 작가의 기록에 따르면 다음과 같다.

    우선 늘 남편과 동행하는 왕비 마르그리트.
    루이의 동생인 아르투아 백작 로베르.
    또다른 동생 앙주 백작 샤를.
    막내동생 푸아티에 백작 알퐁스.
    세 명의 동생은 모두 이십대로, 프랑스 카페 왕조 일가가 제7차 십자군에 총출동한 셈이다.
    루이의 사촌인 부르고뉴 공작 위그. 이 사람은 제6차 십자군에도 참가했는데, 교섭만 벌이고 전투는 도통 할 생각이 없는 프리드리히에게 불만을 느끼고 도중에 귀국해버렸다.
    마찬가지로 왕의 사촌인 브르타뉴 백작 피에르. 이 사람도 부르고뉴 공작과 마찬가지로 제6차 십자군에 참가했다가, 역시 교섭에만 흥미를 보이는 황제가 지겨워 귀국해버렸다.
    플랑드르 백작 당피에르. 제1차부터 십자군의 단골 격인 플랑드르 백작령은 이번에도 참전자를 냈다.
    생 폴 백작 기.
    자르브뤼켄 백작 장. 이 사람은 같은 이름의 자기 사촌을 데리고 참가했는데, 샹파뉴 백작의 수하 장수였던 이 장 드 주앵빌이 바로 루이와 제7차 십자군에 관한 기록을 남긴 사람이다.
    이러한 프랑스 세력과 함께, 잉글랜드의 솔즈베리 백작 윌리엄과 스코틀랜드의 던바 백작 패트릭이 제7차 십자군에 참가했다.

    기라성 같은 면면이지만 이 왕과 제후들이 실제로 이끌고 간 병력에 대해서는 주앵빌도 정확한 기록을 남기지 않았다. 남아 있는 내용만 이라도 참고한다면 2천5백 명이 넘는 기사, 같은 수의 마부, 기사에 따르는 보병과 그 외에 또 1만 명이 넘는 보병, 여기에 5천 명의 석궁병(石弓兵)까지 모두 합쳐 총 2만 5천 명의 병력이었다고 한다. 원정에 동원된 말의 수는 7천에서 8천 필에 이르렀다.

루이의 조부 필리프가 제3차 십자군 때 이끌고 간 2천5백 명의 열 배에 달하는 병력이다. 마찬가지로 제3차 십자군의 사자심왕 리처드의 병력보다도 훨씬 많고, 프리드리히가 이끌고 간 병력에 비교해도 다섯 배가 넘는다. 서유럽 그리스도교 세계에서 에이스 중의 에이스로 인정받고 있던 프랑스 왕이 직접 이끌고 가는 군대인 만큼 병사 수에도 전력을 투입한 것이 분명했다.

이러한 대군을 싣고 오리엔트로 향하는 배는 38척의 대형선과 백 척이 넘는 소형선으로 구성되어 있었다. 갤리선이 주력이던 베네치아와 달리 제노바는 범선이 주력인 해운국이다. 주앵빌이 대형선으로 기록한 배들도 대부분 범선이었을 것이다. 하지만 이런 형태의 배는 나일 강에 적합하지 않았다.

프랑스 왕 루이와 그의 주위에 모인 귀족들은 에그모르트에 도착하고도 2개월을 더 기다리게 된다. 제7차 십자군의 수송을 단독으로 떠맡은 제노바가 오리엔트 각지에 흩어져 있던 자국의 배를 소집해야 했기 때문이다. 그 배들이 모항 제노바에 모여 손볼 곳을 수리하고 선원을 보충한 다음 에그모르트로 돌아오기까지 그만한 시간이 걸렸던 것이다.

　도착한 선단에 전군을 싣고 에그모르트를 떠난 것은 8월 28일이었다. 이들은 곧장 키프로스로 향했다. 숙련된 선원이 조종하는 대형 범선이므로 도중에 크레타나 로도스에 기항할 필요도 없었다. 꼭 그 이유가 아니더라도 제노바 입장에서는 라이벌 베네치아의 영토인 크레타 섬에 잠깐이라도 기항하고 싶지 않았을 것이다.
　키프로스 섬은 그런 것을 고려할 필요가 없었다. 처음에는 리처드, 이어서 프리드리히에 의해 키프로스의 배후지화(背後地化)가 완료되었기 때문이다. 키프로스에는 9월 17일에 도착한다. 역시 제노바의 선원답게, 한 달도 안 되는 단기간에 이루어진 쾌조의 뱃길이었다.

　키프로스에 도착한 루이를 중근동 그리스도교 세력의 주요인물들이 모두 모여 맞이했다. 그런데 이들은 하루빨리 이슬람교도와 일전을 벌이고 싶은 루이의 발목을 잡았다.

　그들은 입을 모아 현재 중근동 이슬람 세계의 어지러운 정세를 설명하고, 그것을 활용할 것을 왕에게 진언했다. 활용이란, 둘로 분열된 세력의 한쪽을 끌어들여 다른 한쪽의 파멸을 꾀하자는 것을 의미했다.

　실제로 이때 이집트에 본거지를 둔 아이유브 왕조의 술탄은 내분에 시달리고 있었다. 강고한 권력기반을 구축한 알 카밀이 죽은 지 10년이나 지났는데도, 아니 오히려 그래서인지, 그의 아들과 조카들 사이의 항쟁이 좀처럼 수습되지 않았다. 알 카밀의 장남이자 이집트의 통

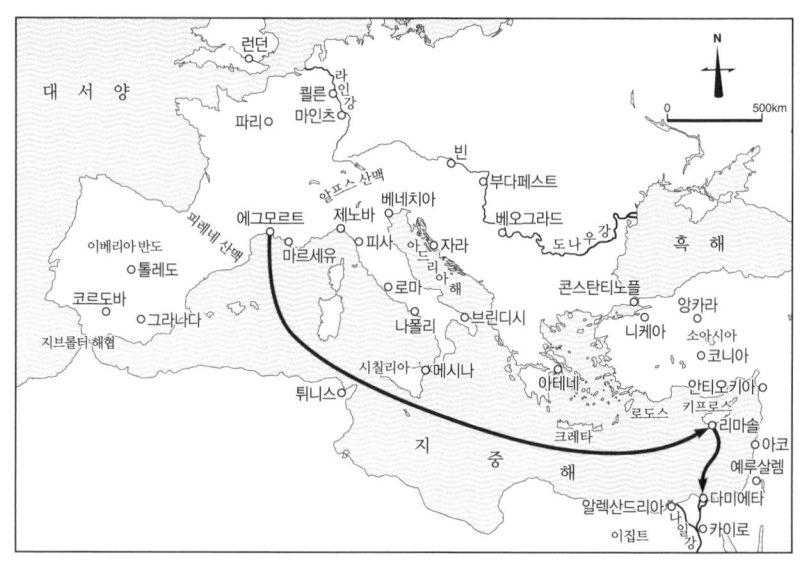

루이 9세가 이끈 제7차 십자군의 진군로

치를 맡고 있는 현 술탄도 내란을 진압하기 위해 시리아에 나가 있을 정도였다.

 루이가 이끄는 제7차 십자군은 다행스럽게도 적이 분열된 시기에 원정을 시작한 것이다. 이슬람 세력을 앞에 두면 우선 돌격부터 하고 보는 템플 기사단도 적의 이런 상황을 '활용'할 것을 루이에게 진언했을 정도이니, 이슬람측의 혼란이 심각했던 건 사실이었다.

 그러나 루이는 이들의 진언을 거부한다. 적의 곤경을 이용하는 것은 떳떳하지 못하다는 것이었다. 하물며 적의 일부를 끌어들인다는 건 루이로서는 죽어도 할 수 없는 일이었다.

 어쩐 일인지 이때 루이는 이끌고 온 군대를 키프로스에서 아코나 야

432

파로 이동시켜 적의 혼란을 틈타 예루살렘을 되찾을 생각도 하지 못했던 것 같다. 이때는 장병들의 체력도 충분했으니 마음만 먹으면 충분히 그럴 수 있었을 것이다. 하지만 이것도 적의 허점을 노린다는 점에서는 마찬가지였으니 루이가 원한 바가 아니었을지도 모르겠다.

결국 키프로스를 뒤로한 것은 이듬해인 1249년 5월 30일이었다.

안전하고 기후가 온난한 키프로스에서 겨울을 난 것은 이해가 가는 일이지만, 그러고도 5월 말이 되어서야 출항할 수 있었던 것은 제노바 해군이 이탈해버렸기 때문이었다.

그들은 아마추어나 다름없는 프랑스인 제독과 한 달을 함께 운항하느라 아주 신물이 나 있었는데, 십자군을 수송하는 사이 팔레스티나의 한 항구도시에서 라이벌 피사인들이 시장을 침범하는 사건이 일어났다. 이 때문에 기득권이 위태로워지자 제노바 해군은 멋대로 키프로스에서 팔레스티나로 이동해버린 것이다.

소동을 수습한 이는 루이가 아니라 현지의 유력자이자 당시 아르수프 영주였던 이벨린이었다. 다만 그것도 일시휴전에 지나지 않았으므로, 제노바 해군은 제7차 십자군에 참전하는 내내 이때의 미련을 떨쳐낼 수 없었다. 최고사령관인 루이의 전략을 해군력이 전면적으로 따른다는 건 꿈같은 일이었다.

이집트 상륙

이런 온갖 말썽 속에서도 루이가 이끄는 십자군은 1249년 6월 4일 다미에타 근처에 상륙했다.

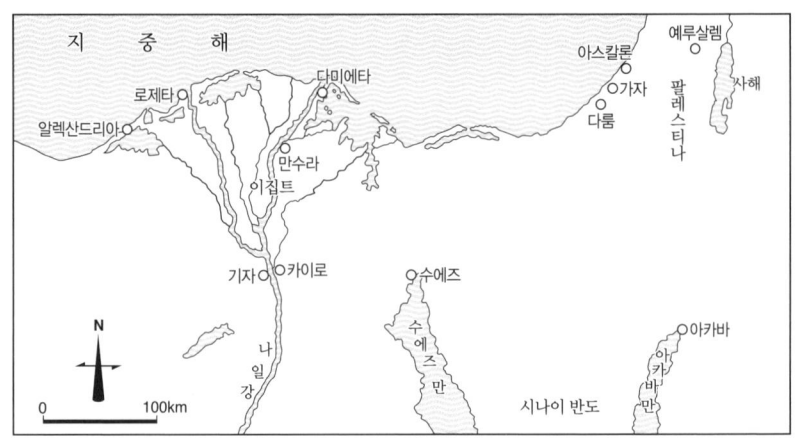

이집트와 그 주변

　프랑스 왕이 상륙했다는 소식을 들은 술탄은 당시 포위하고 있던 홈스를 포기하고 서둘러 군대를 이끌고 이집트로 향한다. 당연하다. 시리아의 일개 도시를 공격하는 사이에 본국이 함락당한다면 말이 안 되기 때문이다.

　그러나 루이에게 맞서기 위해 서둘러 이집트로 향하던 술탄은 이전부터 병치레가 잦았던데다 시리아에서의 전투로 체력을 소진한 상태였다. 그는 나일 삼각주의 동쪽 끝에 이르렀을 때 병으로 쓰러지고 만다. 대신 지휘를 맡은 이는 술탄의 아버지 알 카밀의 두터운 신뢰를 받았던 태수 파라딘이었다. 20년 전 황제 프리드리히와 직접 강화 교섭을 담당했던 인물이다. 파라딘은 외교관으로서는 유능해도 무장으로서는 그다지 재능이 없었던 듯하다. 루이에게는 다행이었다.

다미에타 근처에 상륙한 루이와 십자군은 이튿날부터 일찌감치 다미에타 공격을 시작한다. 군대를 내려놓은 덕에 몸이 가벼워진 제노바 해군도 바다 쪽에서 공략전에 참가했다. 다미에타는 항구도시라 육지와 바다 양쪽에서 공격할 수 있다. 게다가 나일 삼각주의 가장 하류에 위치해 지중해를 마주 보고 있다. 이 다미에타 공략은 우수한 해군력을 자랑하는 그리스도교측에게 늘 용이했으며, 실패로 끝난 제5차 십자군 때도 다미에타 공략에는 성공한 바 있었다.

제7차 십자군의 이 항구도시 공략은 제5차 때보다도 더 쉽게 실현되었다. 이슬람군의 지휘를 맡은 파라딘이 재빨리 군대를 이끌고 도망쳐버렸기 때문이다. 다미에타 근처 운하에 걸려 있는 다리를 파괴하는 것도 잊고서.

태수 파라딘은 이 책임을 추궁받고 한동안 실각하지만, 얼마 지나지 않아 새로운 술탄의 측근 자리로 돌아온다. 프리드리히와 느낌이 통했을 정도로 교양이 깊고 신의가 두터운 그의 성품을 존중하는 사람은 이슬람측에도 많았던 것이다.

그런데 상륙한 다음 날 바로 다미에타 공략에 성공했음에도 그후 십자군의 발길은 한동안 멈추고 만다. 계절도 전투에 유리한 초여름이었지만, 루이가 다미에타의 그리스도교화를 우선시했기 때문이다.

우선 다미에타 시내에 있는 모든 모스크가 그리스도교 교회로 바뀌었다. 앞으로 다미에타에 살게 될 그리스도교도를 관할하는 주교도 서둘러 임명되었다.

이렇게 기존의 모스크를 그리스도교화한 것처럼, 이슬람측이 공략했다면 반대로 그리스도교 교회의 모스크화가 진행되었을 것이다. 경비와 인력이 소모되는 성가신 작업이지만 이슬람교나 그리스도교나 일신교이기 때문에 이런 작업을 빼놓을 수 없었다.

이렇게 그리스도교화가 이루어진 다미에타로 루이는 왕비 마르그리트를 불러들였다. 그때까지 아코에 머물고 있던 왕비는 화려한 시녀 일행을 거느리고 이집트 땅으로 옮겨왔다.

또 한 가지 루이가 다미에타에서 한 일은, 해군력을 제공해 다미에타 공략에 공헌한 이탈리아 해양 도시국가 상인들에게 거류지를 할당하는 것이었다.

당연히 제노바인이 제일 유리한 곳을 차지했고, 키프로스에서 수송에 협력한 피사인이 뒤를 이었다.

또한 제노바인은 수송에도 전투에도 참가하지 않았다는 이유를 들어 베네치아인을 배제할 것을 강력하게 주장했지만, 루이는 이를 물리쳤다. 베네치아의 교역상인들도 그들만의 거류지를 설치할 수 있게 인정한 것이다.

표면적인 이유는 다 같은 그리스도교도이므로 평등한 처우를 받아야 한다는 것이었는데, 실제로는 그렇게 간단하지 않았다. 본국 정부의 명령이라 해도 참가하지 않은 건 사실이므로 베네치아인들은 이를 해명하고 사과했는데, 당시 베네치아 공화국의 정보 수집력은 발군이었다. 그래서 프랑스 왕 루이가 성유물에 사족을 못 쓴다는 것을 알고 진사(陳謝)와 함께 성유물을 바쳤던 것이다. 어쨌거나 베네치아는 앞으로도 제7차 십자군의 이집트 공략에 관여하지 않을 생각이었으니 상대가 기뻐할 만한 물건을 바치는 것 정도는 당연했다.

이때 받은 성유물이 무엇이었는지는 알려져 있지 않다. 하지만 이로부터 3년 후, 베네치아인이 루이에게 예수 그리스도가 십자가에서 처형당할 때 썼다고 전해지는 '성스러운 가시 면류관'을 터무니없이 비싼 가격에 파는 데 성공했다는 이야기도 있다.

정보 수집뿐 아니라 신규 교역상품의 개발에도 열심이었던 베네치아인은, 이후 점점 활발해지는 '성유물 사업'에서도 앞서나갔던 셈이다.

한편 이집트측은 점점 궁지에 몰리고 있었다. 다미에타를 거의 포기하다시피 넘겨준 뒤 나일강을 좀더 거슬러올라간 곳에 있는 만수라에 서둘러 진지를 구축했는데, 선두에 서야 할 술탄의 병세는 악화되기만 했다. 만수라는 다미에타와 카이로 중간에 위치한다. 이 만수라의 운명에 따라 카이로의 운명이 정해질지도 모르는 일이었다.

마음이 급해진 이집트측은 루이에게 휴전을 요청했다. 예루살렘을 다시 반환하겠다는 조건으로.

그러나 루이는 누구와도 의논하지 않고 거부해버린다. '불신앙의 무리'와는 협의하는 것조차 거부하겠다는 것이 그의 대답이었다.

강경한 진군

가을이 깊어지자 거대한 나일강도 수량이 줄어들었다. 공격하기에는 호기였다. 하지만 수뇌부 사이에서 의견이 갈렸다.

중근동 봉건제후와 종교 기사단의 후원을 받고 있던 브르타뉴 백작은 항구도시 알렉산드리아를 공략하자고 주장했다. 다미에타에 이어, 오리엔트에서 싣고 오는 생산물의 일대 집결지인 알렉산드리아 공략에 성공하면 이집트 경제에 큰 타격을 줄 수 있다는 것이다. 이것을 실현하면 이집트의 술탄이 누구든 강화를 요청해오지 않을 수 없으리라는 것이 알렉산드리아 공략을 주장하는 이유였다.

그러나 루이의 동생들을 비롯한 유럽의 제후들은 이 의견에 크게 반대했다. 술탄의 진영은 만수라 바로 근처에 있다, 이 만수라만 수중에 넣으면 카이로를 수중에 넣은 거나 마찬가지라고 그들은 주장했다. 루이는 후자의 의견에 더 끌렸다.

만수라를 공격한다는 생각 자체는 나쁘지 않았다. 그런데 그 방법이 너무나 단순했다.

1249년 11월 20일, 루이가 이끄는 전군이 다미에타를 뒤로했다. 2만 5천 명이나 되는 대군이 거의 다 일제히 나일강 상류를 향해 진군을 시작한 것이다.

여기서 의아스러운 것은, 왜 루이는 사자심왕 리처드나 황제 프리드리히의 전례를 참고하지 않았을까 하는 점이다.

제7차 십자군의 총사령관이었던 프랑스 왕 루이가, 해상 전력을 자기 군대로 구성했던 프리드리히가 나일강을 거슬러올라 카이로까지 갈 수 있도록 특별히 제작해, 실제로 사용하지는 않았어도 교섭 상대인 알 카밀에게 심리적 압박을 가하는 효과를 발휘했던 평저선, 즉 강을 운항하는 데 적합한 배를 준비하지 않은 것까지는 비판하지 않겠다. 해운의 전통이 없는 프랑스인은 해상 군사력이라는 개념 자체가 희박했고, 그래서 이때도 제노바에 일임한 것이기 때문이다.

한편 사자심왕 리처드는 수송용으로는 멀리 영국에서 온 자기 군대의 배를 사용했어도, 전투용으로는 모터 역할을 하는 노가 달린 피사나 제노바의 갤리선에 의존해야 했다.

아코를 탈환한 후 리처드는 이 크고 작은 갤리선들을, 해변을 따라 남하하는 육상군과 나란히 해상으로 남하하게 했다.

이렇게 함으로써 리처드가 이끄는 장병들은 무거운 짐을 들고 행군하는 부담에서 벗어날 수 있었던 것이다. 그사이에도 살라딘이 이끄는 이슬람군이 종종 싸움을 걸어와 행군을 저지하려 했지만, 리처드가 지휘하는 장병들은 가벼운 몸으로 맞서 싸울 수 있었다.

또한 리처드의 군대에서는 병자나 부상자가 행군의 짐이 되는 일도 없었다. 해상으로 남하하는 제노바와 피사의 갤리선은 군량과 무기를 보급하는 것뿐만 아니라 부상자를 아코로 후송하는 임무도 수행했기 때문이다. 이 '왕복수송 작전'이 바로, 남하를 저지할 목적으로 수없이 이들을 습격했던 살라딘의 작전을 실패로 돌아가게 한 요인 중 하나였다. 자신들이 버림받지 않으리라는 믿음을 심어주는 것만큼 병사들의 전투력을 돋우는 건 없기 때문이다.

프랑스 왕 루이도 자기 군대는 아닐지라도 백 척이 넘는 제노바의 소형선을 이용할 수 있었다. 평저선은 아니지만 소형 갤리선은 선저(船底)가 평평해서 유럽의 하천에서도 사용되는 배였다.

나일강에서도 하류에 해당하는 삼각주는 규모부터가 다르다. 카이로를 지나친 뒤에 나타나는 삼각주의 부채꼴 서쪽 끝에는 알렉산드리아가 있고, 동쪽 끝에는 다미에타가 있다. 그 사이로 펼쳐진 델타지대에는 무수한 수로가 나 있는데, 그중 '수로'라는 말로는 실태를 전달할 수 없을 만큼 강폭이 넓은 수로가 두 곳 있다.

하나는 훗날 원정을 온 나폴레옹이 현재 대영박물관에 소장되어 있는 '로제타 스톤'을 발견한 땅으로 유명한 로제타(현 라시드)에서 지중해에 이르는 물줄기이고, 또 하나는 다미에타까지 이어졌다가 지중해로 흘러드는 물줄기이다.

나중에 이집트를 식민지로 삼은 영국인은 전자를 '로제타 나일', 후자를 '다미에타 나일'로 부를 정도였다.

루이가 이끄는 제7차 십자군은 이 '다미에타 나일'을 따라 우선 만수라를, 최종적으로는 카이로를 목표로 행군하기 시작했다. 대형 범선은 힘들지라도 소형 갤리선 정도는 육상을 행군하는 군대와 충분히 나란히 나아갈 수 있었다.

그런데 루이는 그렇게 하지 않았다. 군량 보급에는 사용했던 듯하지만, 리처드처럼 전략적으로 활용하지는 않았다.

이집트측도, 다미에타를 간단히 잃어버린 것에 낙담한 채 만수라 근처의 전선기지에 틀어박혀 숨만 죽이고 있었던 것은 아니었다.

질풍처럼 말을 달려 습격하는 것이 특기인 사막의 백성 베두인족을 이용하여 끊임없이 행군을 방해했다.

루이는 이것에 아랑곳 않고 2만 5천 명이라는 대군을 진중하게 전진시키는 데에만 전념했으므로, 병사들은 매일같이 밤낮으로 습격해오는 베두인이 다시 바람처럼 사라져주기만 기다리는 수밖에 없었다.

습격으로 인한 전사자는 상당한 고위인사가 아닌 한 그대로 방치되

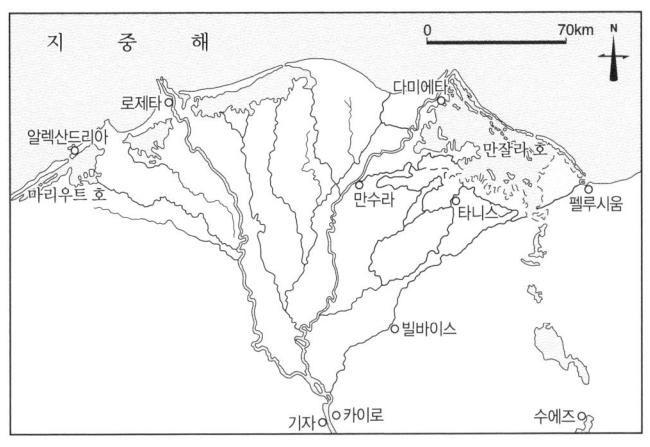

카이로와 그 주변

었다. 하지만 부상자는 루이의 강력한 의지에 따라 병사들이 짊어지거나 말에 태워 데려갔다. 이 때문에 당연히 행군 속도가 떨어졌고, 기병부대와 보병부대 사이의 간격이 점점 벌어지는 등, 전략적으로 최악의 상황이었다.

그런데도 총체적으로는 치명적인 피해를 입지 않고 행군을 속행할 수 있었던 것은, 이집트측이 대혼란에 빠져 있었기 때문이다.

루이가 다미에타를 출발해 행군을 개시한 날로부터 사흘 후, 만수라에서 병상에 있던 술탄이 세상을 떠났다. 하지만 직계 후계자인 아들은 통치를 일임받은 시리아에 있었으므로 바로 달려올 수 없었다. 그래서 죽은 술탄의 아내 중 하나였던 어떤 눈치 빠른 여인의 말에 따라, 아들이 도착할 때까지 술탄의 죽음을 알리지 않기로 했다. 그사이 만수라의 방어 책임자로 뽑힌 이가 프리드리히와의 교섭을 맡았던 파라딘이다.

하지만 술탄의 죽음은 곧 알려지고 만다. 행군중인 루이의 귀에까지 들어갔으니 이미 모든 사람이 아는 것이나 마찬가지였다. 루이는 그것을 좋은 징조로 받아들인다. 여자와 노인이 상대라면 이제 아무 문제가 없으리라 믿었던 것이다.

루이의 이런 낙관에 찬물을 끼얹은 것은 이집트측의 사정이 아니라 나일강이었다. 강물이 모여 만들어진 호수에 길이 막혀버린 것이다.
루이는 병사들에게 호수로 흘러드는 물을 막을 댐을 만들라고 명했다. 그러나 이 작업은 이집트군 병사들이 빗발처럼 쏘아대는 '그리스의 불'이라는 화염탄의 방해로 결국 포기해야 했다.
이렇게 호수를 가운데 둔 채로 십자군과 이슬람군은 6주일 동안 대치하고 있었다. 그러는 사이 해가 바뀌어 1250년이 되었다.

1250년 1월 중순, 호수를 앞에 두고 6주째 꼼짝 못하고 있던 십자군 진영으로 한 이집트인이 찾아왔다. 콥트파 그리스도교도라는 그 남자는 왕에게 직접 할 말이 있다고 청해 루이의 막사로 안내되었다. 그는 루이에게, 온통 물이 차 있는 것처럼 보이지만 이 호수의 한쪽은 얕은 여울이니 그곳으로 가면 손쉽게 건널 수 있다고 말했다.
콥트파는 가톨릭과 그리스정교, 오리엔트에 많은 네스토리우스파와 마찬가지로 그리스도교의 일파이지만, 이슬람 사회에서 신앙을 지키는 방법에는 약간 차이가 있었다.
그리스정교도나 네스토리우스교도가 이교도 이슬람 사회의 소수파로 존재해온 것과 달리, 이집트에 많이 살고 있던 콥트파는 자신들의 공동체를 이루기는 해도 거의 이슬람 사회에 동화된 상태로 신앙을 지켜온 것이다. 따라서 겉모습만 보면 이슬람교도와 구별되지 않았고, 피부색과 머리색도 다른 이집트인과 다르지 않았다.

그래도 그리스도교도는 그리스도교도다. 루이를 찾아와 중요한 정보를 제공한 콥트인은 자기가 살아온 사회인 이집트 대신 자기가 믿는 종교를 택한 것이다. 그 때문인지 이 이집트인은 이런 유의 정보 제공자치고는 이례적으로 소액의 보수밖에 요구하지 않았다.

만수라의 참극

루이는 즉시 정찰대를 보내 진위를 확인하도록 했다. 그리고 사실로 판명나자 수뇌부를 소집해 작전회의를 열었다. 결론은 바로 나왔다. 선발대를 보내 호수 건너편의 이집트측 진영을 급습하고, 그 결과가 좋으면 곧바로 본진도 호수를 건너 만수라 공략에 가담한다는 것이었다.

선발대를 이끄는 임무는 왕의 동생 아르투아 백작이 자원했다. 아르투아 백작이 이끄는 프랑스 기사들에, 영국에서 온 기사를 이끄는 솔즈베리 백작도 가세했다. 이 유럽 세력뿐 아니라 현지 팔레스티나의 상주 전력인 템플 기사단도 동행하기로 결정되었다.

여기서 '기사'라는 표현에 주목해주기 바란다. '기사'는 '기병'과 다르다.

'기사'에는 서임식이 필요하며, 신의 이름으로 서임되어야 비로소

'기사'가 될 수 있다.

하지만 '기병'은, 두 발로 달리며 싸우는 '보병'과 달리 말을 타고 싸운다는 차이밖에 없다.

'기사'의 출신계급이 중요한 것은, 그들은 태어날 때부터 '싸우는 것'이 천직인 사람들이기 때문이다. 반대로 '기병'은 원래 본업은 별도로 있으면서 말을 잘 다루어 전시에 기병으로 싸우는 남자들이다. 템플 기사단 단원이 되려면 입단 의식을 거쳐야 하는데, 이는 템플 기사단의 일원이 됨과 동시에 '기사'가 되는 의식이기도 했다.

다시 말해 1250년 2월에 결성된, 결사대라고도 할 수 있는 이 선발대는 '기사'만으로 구성된 것이다. 규모는 템플 기사단의 단원 수밖에 알려져 있지 않지만 엘리트 전력인 것은 분명했다.

선발대의 출발은 2월 8일로 정해졌다. 그런데 총사령관 루이가 초반부터 중대한 실수를 범한다. 선발대의 결과를 기다리지 않고, 6주라는 시간 동안 어느 정도 방어체제를 갖추게 된 본영의 수비를 부르고뉴 공작 위그에게 맡기고는 단독으로 본대의 절반을 이끌고 얕은 여울을 건너 이동해버린 것이다. 이 때문에 선발대를 보내고 남은 본진까지 양분되고 말았다.

하지만 루이에게는 나중에 결과가 분명해지고 나서도 자기 잘못을 깨닫지 못하는 성향이 있었다.

그러면서도 선발대를 이끌고 떠나는 동생에게는 엄중하게 지시했다고 한다. 너한테 맡긴 것은 이집트측 진영의 공격뿐이니, 만수라 공격은 내가 합류할 때까지 기다려야 한다, 고.

엘리트 집단을 투입한데다가 적이 미처 예상하지 못한 방면에서의 급습인 만큼, 습격작전은 성공한다. 전투라기보다 거의 살육에 가까웠다. 이날의 전투에서 지금까지 방어의 최전선에 섰던 태수 파라딘도 전사했다.

그런데 결사대의 선두에 서서 용감하게 싸운 아르투아 백작은 이 일로 자신들이 무적이라고 믿어버리고 만다. 젊은 솔즈베리 백작도 아르투아 백작에게 동조한다. 이 두 사람 외에 결사대에서 발언권을 갖고 있던 것은 템플 기사단이었는데, 그들은 원래부터 이슬람군을 상대하는 것이 자신들의 존재이유란 것을 잘 알고 있었기 때문에 이슬람교도를 상대로 전투를 벌이면 더없이 용맹하게 일변하는 남자들이었다.
  합의에 이르는 것은 간단했다. 이대로 자기들끼리 만수라를 공격하자고 나선 것이다. 하지만 불행하게도 당시 만수라를 방어하고 있던 것은 맘루크 병사들이었다.

  '맘루크'는 일반적인 의미의 '용병'과 다르다. 노예시장에서 팔려 병사로 육성된 남자들이다. 따라서 출신부족은 다양하지만, '전(前) 노예'라는 뜻의 '맘루크'는 어쨌든 무기를 받아 싸우는 것이 존재의 전부인 이슬람교도였다.
  그들에게 가장 중요한 관심사는, 끊임없는 전투에서 마지막까지 살아남는 것이었다.
  반면 그리스도교도 기사는 신을 위해, 주군을 위해, 그리고 경우에 따라서는 동경하는 여인을 위해 죽음도 마다하지 않았다.

당시 만수라를 지키고 있던 루큰 알딘은 맘루크의 전형으로, 어떤 지저분한 수단을 써서라도 이기는 것을 최우선으로 삼는 남자였다.

아르투아 백작을 선두로 한 엘리트 부대는 만수라의 성문이 열려 있는 것을 보고 놀랐다. 하지만 이것이 계략이라는 걸 알아챈 기사는 한 명도 없었다. 바로 근처에서 이집트군 진영이 괴멸된 것을 안 수비대가 겁에 질려 만수라를 포기하고 도망쳤다고 생각한 것이다. 도시를 에워싸고 있는 성벽 위에도 병사의 모습은 보이지 않았다.

아르투아 백작과 솔즈베리 백작을 선두로 대열을 이룬 엘리트 부대 전원이 당당하게 만수라로 들어갔다.

아랍 도시의 내부는 도로가 복잡하게 뒤얽혀 있다. 전원 말을 탄 채로 만수라로 들어간 기사들은 가늘고 긴 행렬을 이루며 좁은 길을 나아갔다.

그런 그들을 노리고, 양쪽으로 늘어선 집들의 지붕 위에서 화살이 날아오고 돌덩이가 쏟아졌다. 말을 타고 있었던데다가 좁은 길 때문에 행동이 자유롭지 못한 기사들은 꼼짝없이 좋은 표적이 되었다. 엘리트 부대는 창이나 칼 한번 제대로 휘둘러보지 못하고 살육당하고 말았다.

이 참상을 루이에게 알려준 것은, 중상을 입고도 말을 몰아 참극의 현장에서 겨우 도망쳐나온 브르타뉴 백작 피에르였다. 하지만 아르투아 백작과 솔즈베리 백작을 덮친 운명은 아직 알 수 없었다.

루이가 그것을 알게 된 것은, 참상 소식을 들은 병원 기사단의 기사

두 명이 맘루크 병사로 변장해 만수라에 잠입했다 돌아온 뒤였다. 그들은 이슬람 병사들이 십자군 기사들의 주검을 근처의 나일강에 던져 넣는 광경을 보았다고 루이에게 보고했던 것이다.

같은 종교 기사단이라도 아랍어를 배우는 것조차 완강히 거부하는 기사가 대부분이었던 템플 기사단과 달리 병원 기사단의 기사들은 그런 거부반응이 없었다. 또한 정보 수집을 중시했으므로 적병으로 위장해 적진에 침투하는 데도 익숙했다.

그 덕분에 루이는 알게 되었다. 동생 아르투아 백작 로베르와 솔즈베리 백작 윌리엄 모두 살해당해, 화려한 무장과 몸에 걸친 모든 것이 벗겨진 채 나일강에 던져졌다는 것을.

루이는 나중에 신하들에게 쓴 편지에서 '울었다'고 고백한다. 젊은 동생의 죽음은 서른다섯 살의 형에게 큰 타격이었을 것이다. 하지만 병원 기사단의 두 기사가 보고한 내용에는 울고 싶어도 울 수 없는 타격도 들어 있었다.

어쩌면 맘루크 병사로 변장해 침투한 이 두 사람은, 주검을 성벽 밖으로 날라 나일강에 던져넣는 작업을 거들었는지도 모른다. 위장을 들키지 않기 위해서라도 그렇게 해야 했을 것이다.

그리고 그 덕분에 맘루크 병사들은 알아볼 수 없었을, 아르투아 백작이나 솔즈베리 백작의 시신도 분간할 수 있었던 것이다. 또한 290명의 템플 기사단 기사들 중 285명이 이때 전사해 나일강에 던져졌다는 것도 알 수 있었다.

템플 기사단의 제복은 흰색 바탕에 크고 붉은 십자가 새겨져 있으므로 누구나 쉽게 알아볼 수 있었다. 맘루크 병사들은 근사한 강철 갑옷과 투구를 쓴 아르투아 백작과 솔즈베리 백작, 그리고 부하 기사들의 무장은 벗겨냈지만, 붉은 십자가 새겨진 흰색 망토는 그들에게 가치가 없었다. 그래서 그 모습 그대로 강에 던졌고, 따라서 변장한 병원 기사단의 두 기사는 정확한 수를 헤아릴 수 있었을 것이다.

강에 던져지지 않았던 템플 기사단의 기사 다섯 명은 아마 중상을 입었지만 바로 죽음에 이르지는 않았을 것이다. 하지만 이 다섯 명도, 또다른 중상자들도, 나일강에 던져지는 시기가 조금 뒤로 늦춰졌을 뿐이었다.

맘루크는 적을 포로로 삼는 것을 싫어했다. 포로를 잡아도 그들을 석방해주는 대가로 받는 몸값은 그들의 주인인 아랍인이나 투르크인의 호주머니에 들어갈 뿐이었으니까.

전멸이라 해도 좋은 이 만수라의 참극에서 밝혀진 희생자 수는 템플 기사단의 경우뿐이다. 아르투아 백작이 지휘한 프랑스 기사들과 솔즈베리 백작이 이끈 영국 기사들은 어느 정도가 희생되었는지 대강의 숫자도 기록에 남아 있지 않다.

그래도 이 두 사람의 지위와 지금까지 템플 기사단이 참가한 전투의 예를 생각한다면, 총 병력은 기사 1천 명을 약간 웃도는 정도가 아니었을까.

1천이라는 숫자만 본다면 2만 5천은 족히 넘었던 것으로 전해지는 제7차 십자군의 규모를 생각했을 때 절망적인 손실까지는 아니다. 그러나 전원 '기사'로 이루어진 엘리트 부대가 전멸한 것이다. 만수라에서의 손실은 양이 아니라 질의 문제였다. 울고 싶어도 울 수 없을 정도의 타격이란 바로 이것이었다.

만수라의 참극이 남긴 것이 하나 더 있었다. 바로 지금까지 하급전사로만 여겨져온 맘루크에게 하극상의 계기를 던져준 것이다.

철수

만수라의 참극에서 사흘도 지나지 않은 1250년 2월 11일, 맘루크가 루이의 본진을 공격해왔다. 루이는 울고 있을 여유도 없었다.

노예 출신 병사인 맘루크의 공격은 매우 치열했다. 십자군 제후들조차 위험에 처할 만큼 격렬한 전투가 펼쳐졌다. 전략도 전술도 없는 백병전이 전개되는 가운데, 왕의 동생 푸아티에 백작은 그의 요리사가 혼전 속에서 끌고 나와준 덕에 간신히 화를 면했다. 그런 와중에도 루이는 가까스로 적을 내쫓는 데 성공했고, 맘루크들은 만수라로 철수했다.

주위가 수로로 둘러싸여 입지가 좋지 않은 본영에서 루이와 제후들은 맘루크의 다음 습격에 대비하며 밤잠도 설치는 나날을 보냈다. 하지만 그사이 맘루크의 공격은 없었다. 새로운 술탄, 즉 죽은 술탄의 아들이 드디어 이집트에 도착해 만수라로 시찰을 나왔기 때문이다.

새로운 술탄의 등장은 십자군측을 더더욱 빠져나오기 힘든 궁지에 몰아넣는다.

그의 명령으로 다수의 낙타가 모이는 한편 작은 배들이 대량 건조되었다.

이 작은 배는 낙타의 등에 실려 운반되어, 훗날 영국인이 '다미에타 나일'로 부른 강에 띄워졌다. 배에는 사공을 제외하면 모두 무장한 병사들이 승선했다. 다미에타에서 루이의 본영으로 군량을 보급하는 소형선을 저지하고 내쫓기 위한 술탄의 전술이었던 것이다.

루이 진영에서는, 다미에타에서 전선기지로의 보급을 전략상 중요하게 여기지 않았기 때문에, 그리스도교측 보급선에는 전투요원이 거의 타고 있지 않았다. 이집트측의 저지 전술이 성공하자 루이의 본영에는 식량과 물이 끊기고 말았다. 이에 만족하지 않고 새로운 술탄 투란샤는 맘루크와 베두인을 동원한 기습도 계속했다. 식량과 물의 부족은 굶주림뿐만 아니라 병까지 널리 퍼뜨렸다.

1250년 4월 초, 결국 루이는 철수하기로 결정한다. 하지만 그전에 술탄에게 휴전을 요청했다. 전임 술탄이 요청해온 것과 같은 조건, 즉 다미에타와 예루살렘을 교환하자는 것이었다.

전임 술탄은 궁지에 몰린 상태에서 이 조건을 제시했고 루이는 이를 거부했다. 그런데 이번에는 궁지에 빠진 루이 쪽에서 같은 조건을 내걸었으니, 술탄이 딱 잘라 거절한 것도 당연했다.

이 요청을 거절당함으로써, 루이가 이끄는 제7차 십자군의 철수는 한층 참담해지고 만다.

미증유의 패배

덮쳐오는 적의 공격을 막으면서 철수하는 일은 병사들뿐 아니라 루이에게도 견디기 힘든 고통의 연속이었다. 루이는 부상자를 태운 배를 앞세우고 철수하기로 결정하고, 안전을 보장하는 것이 임무인 후위를 직접 지휘했다.

철수하는 군대의 후위만큼 큰 희생을 치르는 부대도 없다. 서른여섯 살의 루이는 적을 물리치며 철수를 강행하던 중에 끝내 정신적인 피로가 쌓여 쓰러지고 만다. 정작 자신이 실려가는 처지가 된 것이다. 들것 위에 누운 프랑스 왕은 비교적 안전한 전위로 옮겨졌다.

이때 루이는 습격을 멈추지 않는 맘루크의 대장에게 휴전을 요청하기로 하고, 몽포르 백작에게 한 부대를 주어 교섭하도록 보냈다.

지금까지 십자군의 전례가 보여준 것처럼 아랍인, 혹은 이후의 투르크인과는 교섭이 가능했다. 즉 서로 어느 정도 말이 통했던 것이다. 하지만 당시의 맘루크와는 교섭 자체가 불가능했다.

이야기를 나누는 것부터 난항을 겪는 것을 본 몽포르 백작의 병사들은, 맘루크에게 죽임을 당하는 것보다는 낫다고 생각했는지 백작에게 의논도 하지 않고 항복해버렸다. 이 시기의 제7차 십자군은 하급병사의 통솔조차 제대로 이루어지지 않았던 것이다.

멋대로 항복한 것은 부상자를 실은 배의 방어를 맡고 있던 병사들도 마찬가지였다. 적의 배들에 둘러싸이자마자 그들은 곧바로 두 손을 들고 배에 타고 있던 부상자들과 함께 포로가 되고 말았다. 이렇게 하급병사들부터 차례로 이집트측의 포로가 되었다.

군대 자체가 무너지기 시작한 것이다. 루이는 이를 저지할 힘이 없었다. 얼마 안 되어 제7차 십자군은 군대 전체가 이슬람측의 포로가 되어버렸다.

이런 사태는 지금까지 150년의 십자군 역사에서, 그리고 여섯 차례에 걸친 십자군 원정에서 한 번도 없었던 일이다. 위로는 왕에서 아래로는 병졸에 이르기까지 거의 전원이 적에게 항복한 것이다. 물론 항복하자마자 모두 무장해제를 당했다.

이 참상의 자리에서 가까스로 도망친 것은 맘루크가 방치한 시종과 마부, 요리사들뿐이었고, 그 외에는 일찌감치 나일강을 타고 다미에타로 내려간 덕에 화를 면한 제노바의 선원 정도였다.

프랑스 왕 루이를 비롯한 고위인사들은 전원 만수라로 연행되어 그 도시의 태수 저택에 수용되었다.

군대 전체가 포로가 되었으므로 그 수만 해도 엄청났다. 1만 명은 확실히 넘지 않았을까 싶다. 이 정도의 인원은 도저히 만수라라는 도시 하나에 다 수용할 수 없었다. 그래서 이들은 카이로까지 연행된다.

포로가 된 십자군 전사의 대규모 행렬을 처음으로 본 카이로의 민중이 크게 기뻐한 것은 말할 것도 없다. 1만 명이 넘는 포로를 수용할 만한 장소는 대도시 카이로에도 없었기 때문에, 제7차 십자군 포로들은 카이로 교외에 있는 이집트 시대 신전 터에 한데 처넣어졌다고 한다. 중상자나 중병자는 연행을 맡은 맘루크 병사들이 이미 그전에 죽이거나 도중에 버린 뒤였다.

1250년 4월 중순의 2주 정도에 걸쳐 승자와 패자 사이의 교섭이 진행되었다.

승자 술탄은 패자 루이를 석방해주는 대가로 중근동 그리스도교도들이 지배하는 모든 도시의 반환을 요구했다.

그러나 루이는 시리아와 팔레스티나의 그리스도교측 영토 전체의 통치권은 예루살렘 왕국의 정통 계승자인 황제 프리드리히의 아들 콘라트에게 있고, 자신은 그것을 결정할 입장이 아니라고 대답했다.

프리드리히가 세상을 떠난 것은 이해 12월이다. 따라서 이때는 아직 살아 있었고, 이 프리드리히와 강화를 성립시킨 알 카밀은 현 술탄의 조부였다. 술탄 투란샤도 조부가 맺은 약속을 파기할 생각까지는 없었는지, 패자에 대한 승자의 요구는 영토에서 몸값으로 바뀌었다.

술탄이 요구한 것은 비잔틴 금화로 1백만에 달하는 거액의 '석방대금'이었다.

이 액수는 왕 이하 일개 병졸에 이르는 전원의 몸값이었다. 제7차 십자군은 군대 전체가 포로가 되었으므로, 1백만 비잔틴 금화는 곧 제7차 십자군 전체를 석방하는 대가였던 것이다.

그리고 그중 반액을 지불하면 우선 왕과 몇몇 고위인사들을 석방하겠다고 했다. 눈앞에 닥친 급선무는 일단 그 반액부터 조달하는 일이었다.

술탄의 두번째 요구는 다미에타를 포기하라는 것이었다. 그 시기는 루이가 석방되는 날로 정해졌다.

왕이 붙잡혔다는 소식에 큰 소동이 벌어진 다미에타에서는 마침 왕비 마르그리트가 아이를 낳은 참이었다. 태어난 아들에게는 장 트리스탕이라는 이름이 붙여졌다.

하지만 왕비에게는 산후조리를 하고 있을 여유가 없었다. 몸값의 조달 여부가 이 여인에게 달려 있었기 때문이다.

왕비는 우선 갖고 있던 것을 모두 팔아치운다. 보석뿐 아니라 옷가지까지 팔아치웠다. 이것으로 손에 들어온 돈과 원정비용으로 갖고 온 자금을 합해 40만 비잔틴 금화까지는 조달할 수 있었다.

왕 이하 고위인사들의 석방조건인 50만에는 아직 10만이 부족했으나, 아이유브 왕조의 마지막 술탄 투란샤가 받아준 덕분에 루이는 자유의 몸이 되었다.

1250년 5월 6일, 프랑스 왕 루이 9세는 석방되었다. 채 한 달이 안 되는 수인생활이었다. 그와 함께 왕의 두 동생을 비롯한 고위인사들도 석방되었다.

이들 모두 우선 다미에타로 돌아갔고, 루이는 왕비와 함께 거의 몸에 걸친 옷만 챙긴 상태로 다미에타를 떠나 아코에 도착했다. 카이로에 수용된 1만 명이 넘는 포로들은 아코로 돌아간 루이가 나머지 몸값을 조달할 때까지 기다릴 수밖에 없었다.

나중에 루이 9세와 제7차 십자군에 대한 기록을 남긴 샹파뉴 지방의

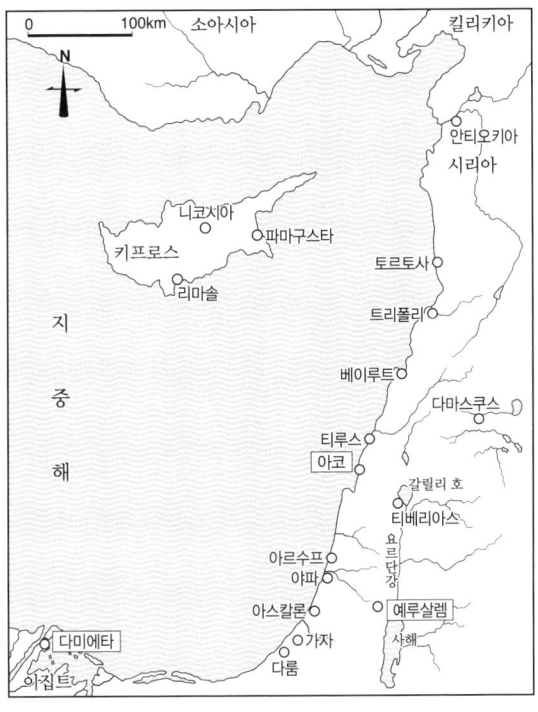

다미에타에서 아코로

기사 주앵빌도, 군대 전체가 포로가 된 이 상황에서 수인생활을 견뎌야 했다. 왕과 함께 석방된 고위인사 명단에도 포함되지 않았기 때문에 자신이 직접 몸값을 조달하지 못한다면 이대로 수인생활을 계속하는 수밖에 없었다.

글을 배운 만큼 다소 머리를 쓸 줄 알았던 이 사람은 자기가 프랑스 왕의 사촌이므로 석방될 자격이 있다고 주장했다. 하지만 이 말은 효과가 없었다. 하는 수 없이 이번에는 황제 프리드리히의 사촌이라고 말했는데, 이것이 예상 밖의 효과를 발휘했다.

프리드리히와 직접 교섭한 태수 파라딘은 만수르 근처의 진영에서 벌어진 전투로 전사하고 이제 없는 상태였지만, 프리드리히가 아이유브 왕조의 궁정 사람들에게 남긴 좋은 인상이 아직 남아 있었는지도 모른다.

장 드 주앵빌은 그 덕분에 몸값을 지불하지 않고도 석방되어 프랑스로 돌아갈 수 있었다.

아코에 도착한 루이는 동생 앙주 백작과 푸아티에 백작 두 사람을 먼저 귀국시킨다. 프랑스를 떠난 지 벌써 2년이 되었고, 나라의 통치를 맡겼던 어머니 비안카가 병약하다는 소식도 들려온 터였다.

하지만 루이 자신은 떠날 수가 없었다. 절반 넘게 남은 몸값을 조달하는 일이 기다리고 있었기 때문이다.

돈을 마련하는 일도 생각처럼 순조롭지 않았지만, 포로들의 석방이 늦어진 데에는 그보다 이집트측의 상황이 혼란스러웠던 탓이 더 컸다.

새롭게 술탄이 된 투란샤는, 이런 상황에서 용납될 수 없는 실수를 저질렀다.

그의 즉위에 힘을 썼던, 죽은 아버지의 아내 중 한 사람을 무시해 분노를 산 것이다. 원래 하렘의 여자였던 샤자르 알두르는 은밀히 맘루크에 접근했다. 술탄의 살해는 맘루크의 장군 바이바르스가 결행했다. 그 직후 그녀는 노령의 맘루크 장군과 결혼해 여자 술탄을 자칭한다.

이리하여 살라딘이 창설한 아이유브 왕조가 멸망하고, 이집트는 맘루크 시대로 접어들었다. 하지만 이 권력 이행기는 루이에게 오히려 다행으로 다가왔다. 상대가 아코로 공격해올 염려가 없었기 때문이다.

이러한 상황에서도 루이는 계속 돈을 마련했다. 그는 '불신앙의 무리'와의 교섭은 거부했어도, 그들과 약속한 바는 지키는 사람이었다. 무엇보다 부하들을 석방시키는 것이 우선이었다.

하지만 중근동의 그리스도교도들 중 거액의 현금을 빌려줄 수 있는 사람은 적었다. 그래서 루이는 템플 기사단에 이를 강요한다.

같은 종교 기사단 중에서도 병원 기사단의 단원은 유럽 각지에서 모인 사람들이며, 튜턴 기사단은 독일인만으로 구성된 기사단이고, 템플 기사단은 단원 대부분이 프랑스 출신이었다. 그 때문에 이들은 프랑스 왕의 강력한 요청을 거절할 수 없었다. 템플 기사단이 마련한 금액이 얼마였는지는 기록에 남아 있지 않다. 어쨌든 돌려받을 기약이 없는 돈인 건 분명했다.

이상하게도 중세시대의 프랑스 왕 중에는 빚을 갚지 않고 떼먹은 이들이 많다. 그래서 도산하는 은행도 적지 않았는데, 어쩌면 이들이 금융업을 고리대금업쯤으로 생각한 때문이었는지도 모른다. 어쨌든 템플 기사단은 제7차 십자군에서만 3백 명 가까운 단원을 잃은 것으로도 모자라, 기사단을 운용할 자금까지 루이에게 빼앗기게 된 것이다.

이렇게까지 해서 모은 몸값은 일시에 지불한 것이 아니라, 어느 정도 모이면 그에 상응하는 수의 포로와 교환하는 식으로 조금씩 남은 액수를 줄여간 것으로 보인다.

왕과 함께 자유를 되찾은 사람이 4백 명, 뒤이어 석방된 이가 1천

4백 명, 2년 후에 다시 3천 명이 석방되는 등, 여러 기록에 남아 있는 숫자를 합하면 전부 4천8백 명이 되는데, 포로가 된 사람의 총수는 1만 명을 넘어 1만 2천에 이르렀다고 주장하는 연구자도 있다. 확실한 숫자가 남아 있지 않은 것은 비참한 패배의 후일담이니만큼 기록의 필치가 무뎌졌기 때문인지도 모른다. 게다가 베네치아 공화국 같은 예외를 제외하면, 중세에는 희생자의 수에 그다지 관심을 두지 않는 것이 보통이었다.

또한 상대가 이슬람교도인 경우에는 다른 사정도 있었다. 감옥 안에서라도 이슬람교로 개종하겠다고 하면 자유를 되찾을 수 있었다. 이슬람 세계에서는 같은 신도의 노예화가 금지되어 있으므로 개종하면 노예로 팔릴 염려가 없다. 무엇보다 마구잡이로 죽임을 당할 염려가 없어진다.

어쨌든 이슬람교로 개종하기만 하면 되는 것이다. 다만 이슬람 세계가 관용을 베푼 것은 이교에서 이슬람교로 개종한 자에게만이고, 이슬람교에서 그리스도교로 개종한 자는 사형에 처했다. 일신교 세계에서의 신앙은 '일방통행'인 것이다.

그래도 농민이었다가 징집된 보병, 봉건영주의 부하에 지나지 않았던 석궁병, 또는 일반 기병 같은 이들 중에서는, 가혹한 수인생활과 노예로 팔릴지 모른다는 공포를 견디는 것보다 개종하기를 선택한 자가 많지 않았을까. 만약 그렇다면 루이가 몸값을 마련해야 할 포로의 수는 점차 줄어들었을 것이다. 포로 중에서도 사회적 지위가 높은, 개종을 절대 거부하는 기사들만 석방하면 되었으니까.

이때 자유를 획득한 이들 중에는 병원 기사단의 단장도 있었다. 그는 예루살렘이 이슬람 세력에 점령된 1244년에 포로가 되었는데, 개종을 거부한 탓에 7년이나 수인생활을 해왔던 것이다.

　이런 사정을 고려하면, 나머지 5천2백이라는 숫자에서 다시 대폭 줄어들었으리라고 상상할 수 있다. 이 상상이 맞다면 루이는 비록 전투에서 변명의 여지가 없는 무능함을 보여 유례없는 패배를 당했지만, 그 희생으로 포로가 된 이들의 석방만은 변명이 가능할 만큼 감당해 냈다고 할 수 있다.

제7차 십자군의 '성과'

　루이가 왕비와 함께 아코를 떠나 유럽으로 향한 것은 1254년 4월 25일이다. 1248년 8월에 프랑스를 떠났으니 오리엔트에 6년이나 체재했던 셈이다. 프랑스에 도착한 것은 같은 해 7월 10일이었다.
　이집트에 머무른 기간만 2년에 이른 이 제7차 십자군의 '성과'를 든다면 다음과 같을 것이다.

　첫번째, 유럽 그리스도교 세계의 강국인 프랑스의 왕이 대군을 이끌고 왔음에도 철저한 패배를 맛보았으니, 유럽의 왕과 제후가 두 번 다시 십자군 원정이라는 군사행동을 하지 않으리라는 생각을 이슬람측에 심어준 것.
　2만 5천에 달했던 병사들 중 귀국한 이는 5천에서 많아야 7천 명이고, 8천 명은 개종하여 이슬람 사회에 흡수되었으며, 아마도 1만 명 이상이 죽임을 당하거나 병사하여 이집트의 흙이 되어버렸다.

'성인(聖人)'이 된 루이 9세

두번째 '성과'는 중근동 그리스도교 세력의 상비전력이었던 종교 기사단의 힘을 결정적으로 감소시켜버린 것이다.

3백여 명의 기사를 한꺼번에 잃은 템플 기사단은 물론이고, 병원 기사단과 튜턴 기사단도 루이를 따라 이집트로 진격한 탓에 인력과 자금면에서 모두 엄청난 타격을 입었다.

세번째는 중근동 그리스도교 세력의 핵심을 이뤄왔던, 오랫동안 중근동에 살아온 봉건제후들의 힘도 약화시키고 만 것이다.

확실히 루이가 이끈 제7차 십자군은 칼을 들고 다른 이를 지키는 일을 존재이유로 삼는 기사의 위상까지 약화시켰다. 기사인 자가 노예 출신인 맘루크 앞에 무릎을 꿇었으니까.

시리아와 팔레스티나 지방에 줄지어 있는 항구도시들은 이제 그곳을 기점으로 이슬람인과의 교역에 종사하는 제노바와 피사, 베네치아 상인들에 의해 유지되는 것이나 마찬가지였다.

제1차에서 제7차까지의 십자군 중 루이가 이끈 제7차 십자군만큼 중근동 그리스도교 세력에 큰 피해를 입힌 십자군은 없었다. 제7차 십자군은 유럽인이 아직 '성지'라 부르던 시리아와 팔레스티나 지방을 군사적으로 공백상태로 만들어놓고 귀국한 것이다.

그러나 루이 자신은 그런 사실을 전혀 깨닫지 못했던 것 같다. 그는 석방된 후 아코에 눌러앉아 있던 1250년 8월, 포로 전원을 석방하기까지는 아직 2년이나 더 남아 있던 이 시기에, 프랑스의 신하들에게 보내는 서한을 발표했다.

"신의 이름과 영광을 걸고 전심전력을 다해 십자군의 지속을 바라는 나는"으로 시작되는 장문의 편지는, "다시 한번 실행할" 테니 "준비해두도록"이라는 말로 끝을 맺는다.

그리고 그로부터 4년 후에 귀국한 루이를 맞이한 프랑스인 수도사는, 참패하고 돌아온 왕을 위로하는 대신 지상에 신의 낙원을 건설하는 것이 당신에게 부여된 사명이라며 그를 부추겼다. 이것이 마흔 살이 된 루이의 마음을 가장 밝게 만들어준 말이었는지도 모른다.

제6장

최후의 반세기
(1258년~1291년)

몽골의 위협

티그리스와 유프라테스라는 거대한 두 강 사이에 낀 중동의 위협은 역사적으로 늘 동방에서 몰려왔다. 한편 메소포타미아 지방에서 지중해에 이르는 중근동에서는 대부분의 위협이 서방에서 시작되었다. 고대에는 로마제국, 중세에는 십자군이 있었으니까.

그런데 이 전통이 몽골인의 대두에 따라 바뀐다. 13세기 들어 급속히 세력권을 팽창한 몽골은 태조 칭기즈칸의 사후에도 기세를 누그러뜨리지 않고, 불과 반세기 만에 역사상 유례가 없는 대제국을 건설했다. 동쪽의 한반도에서 서쪽으로는 흑해를 돌아 헝가리에 이르기까지 그들의 말발굽이 미치지 않은 곳이 없었다.

티그리스강에 면한 바그다드를 중심으로 번영을 구가해온 이슬람 세계의 동쪽 절반은, 해일과도 같은 몽골의 기세 앞에서 어쩔 줄을 몰랐다.

바그다드에는 아바스 왕조의 칼리프가 있었다. 처음에 칼리프는 몽골군에 돈을 건네주고 공략을 피하려고 했다. 하지만 독자적인 기병력 외에도, 몽골군은 한번 노린 상대에게 복종과 죽음 중 하나만 선택하도록 강요하는 강경함을 지니고 있었다. 몽골군이 바그다드 성벽 앞 5킬로미터 지점까지 다가온 상황에서 벌인 교섭은 결실을 맺지 못했고, 1258년 2월 10일 칼리프 알 무스타심은 몽골에 항복했다.

바그다드는 762년에 아랍인이 건설한 이슬람·아랍세계의 수도였다. 발상지인 아라비아 반도에서 세력을 확대해나간 이슬람 세력은 처음에는 시리아의 다마스쿠스를 수도로 삼았지만, 얼마 지나지 않아 티그리스 강가에 토대부터 직접 건설하여 자신들만의 새로운 수도 바그다드를 세웠다.

이슬람교도가 가장 큰 애착을 갖고 있는 이 바그다드가 건설된 지 496년 만에 함락된 것이다. 도시는 철저하게 파괴되었고 칼리프는 무참히 살해당했다. 8만 명의 주민이 모든 재산을 빼앗기고 죽임을 당했다. 그리고 수니파 신앙의 근거지였던 아바스 왕조가 멸망했다.

몽골군이 너무 많은 사람들을 닥치는 대로 죽이는 바람에 시체 처리도 제대로 되지 않았다. 시체 더미가 방치된 채 썩어가자 승자인 몽골 병사들까지 질병의 희생자가 되기 시작했다. 이 때문에 몽골군 사령관은 병사들을 이끌고 이제 막 점령한 바그다드를 버리고 떠나야 했다. 이슬람과 아랍 사람들에게 동경의 도시였던 바그다드는, 만행이란 이런 것인가 싶을 만큼 심하게 파괴되어 아이들의 울음소리가 들리지 않는 폐허가 되었다. 그후 오랜 세월 동안 바그다드는 부흥을 꿈도 꿀 수 없었다.

1258년의 이 바그다드 함락은 이슬람 세계를 뒤흔들었다. 하지만 이것은 중동 땅에서 일어난 대사건이다. 중동과 중근동 사이에는 광대한 시리아 사막이 가로놓여 있었다.

복종이냐 죽음이냐를 따지며 밀어붙이던 몽골군은 복종을 택한 타민족을 모아 점점 팽창해갔다. 또 몽골의 초원을 달리는 데 능숙했던 이들은 사막을 답파하는 데도 능숙한 군대로 변모했다. 다만 사막지대에서도 완전한 모래사막은 피해가야 했지만.

중동을 정복한 후 중근동으로 눈길을 돌린 몽골군은 그대로 서쪽으로 나아가는 대신 일단 북쪽으로 향했다. 바그다드에 이어 메소포타미아 지방의 도시 모술을 공략하기 위해서였는데, 이 일은 간단히 끝났다. 바그다드 함락의 참상 소식을 들은 모술이 스스로 성문을 열었던 것이다.

그후 서쪽으로 방향을 돌린 몽골군은 제1차 십자군 시대에 그리스도교측이 정복하여 '에데사 백작령'으로 불렸던 땅을 횡단하며 나아갔다. 이 길이 다름아닌 중동과 중근동을 잇는, 역사상의 '간선로'였으니까.

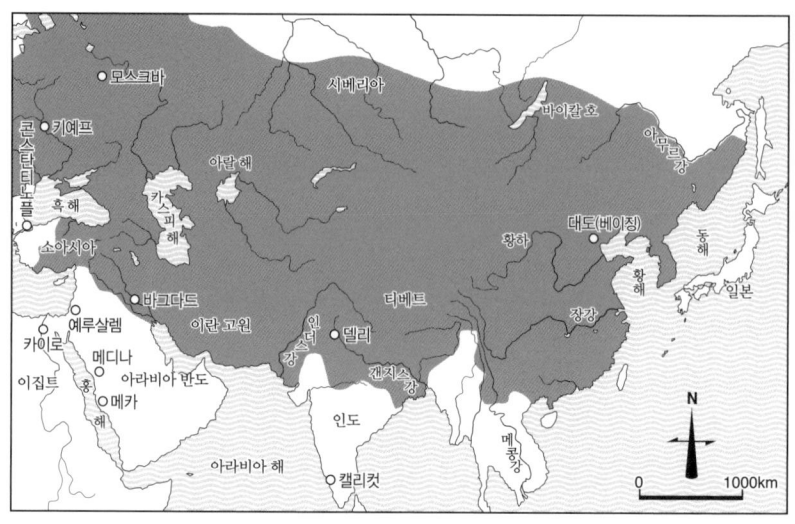

몽골제국의 세력권

 이 '간선로'를 중간에서 가로막은 이슬람 도시는 알레포였다. 알레포 영주는 접근해오는 몽골군과 맞서 싸울 수 있는 상황이 아니었다. 다가오는 몽골 세력을 두려워한 수하 장수들이, 영주에게 협력해 방어에 나서기는커녕 거의 다 이집트로 도망쳐버린 것이다.

 1260년 이른 봄, 시리아 제2의 도시이자 전성기의 십자군조차 공략을 포기했던 알레포는 바그다드가 함락된 지 2년 만에, 불과 사흘간의 전투 끝에 함락되었다. 그후에 자행된 몽골 군대의 잔학행위는 바그다드에서와 전혀 다르지 않았다.

 알레포를 손에 넣은 몽골군이 다음으로 눈길을 돌린 곳은 당연히 시리아의 수도 다마스쿠스였다. 다마스쿠스를 향해 남하하기 시작한 몽골군은 행군 속도를 한층 높였다.

1260년 3월 1일, 다마스쿠스마저 함락된다. 승승장구하는 몽골군은 이제 중근동을 모조리 삼키고 이집트까지 넘볼 기세였다.

몽골은 이슬람 세계의 서쪽에까지 침공해왔다. 바그다드 함락으로 동쪽 절반을 잃은 이슬람 세계는, 나머지 절반까지 잃을지 모르는 미증유의 위기에 직면한 것이다.

몽골 대 맘루크

바이바르스(Baybars al-Bunduqdārī)는 노예시장에서 팔려 병사로 훈련받은 사람이므로 태어난 해를 정확히 알 수 없으나 대략 1223년 전후로 보인다. 노예 출신으로 병사가 되어 이슬람교로 개종한 자는 맘루크라고 불렸는데, 바이바르스도 그런 맘루크 중 한 사람이었다.

맘루크 병사는 프랑스 왕 루이가 이끈 제7차 십자군과의 전투에서 일약 이름을 알렸다. 그 이후 아이유브 왕조의 마지막 술탄을 죽여 아이유브 왕조의 막을 내리고 이집트의 지배권을 가져와 맘루크 왕조를 열게 되는데, 그때의 최대 공로자가 바로 바이바르스였다. 육박해오는 몽골군의 위세를 가로막을 수 있는 건 이 노예 출신 남자밖에 없었다.

바그다드와 모술, 알레포, 다마스쿠스 모두 대도시임에도 간단히 몽골군에 함락된 것은, 이들 도시의 방어 책임자인 칼리프와 태수들이 아랍인 혹은 투르크인, 즉 이슬람 세계의 기득권자였기 때문이다. 기득권자는 실패하면 잃을 것이 많으므로 과감한 행동을 할 수 없다. 실패할 것을 상상만 해도 좀처럼 결단을 내리기 힘들어지는 것이다.

　이들 아랍의 기득권 계급에 비해 바이바르스가 유리했던 점은, 설령 실패한다 해도 잃을 것이 없다는 것과, 밑바닥에서부터 고생해왔다는 것이었다.

　서른일곱 살이 된 노예 출신 남자는 결전에 나서기로 한다. 하지만 준비에 신중을 기할 필요가 있었다.

　아마도 전장에는 동료들만 이끌고 나가기로 결심했던 듯, 보병을 주력으로 한 3만 5천 명 대부분은 그와 같은 맘루크들이었다.

　결전에 이끌고 갈 군대의 준비를 갖춘 바이바르스는 본거지 이집트로 몽골군이 다가올 때까지 기다리지 않았다. 바그다드와 다마스쿠스의 참상을 알고 있던 이집트인이 동요할 것을 우려하고, 휘하 병사들의 사기를 생각했기 때문으로 보인다.

　그는 결전의 장소를 '집'에서 멀리 떨어진 곳, 즉 팔레스티나 북쪽에 위치한 갈릴리 지방으로 정했다. 다마스쿠스를 함락하고 한숨 돌린 몽골군이 근처의 바알베크에서 휴식을 취한 뒤 남하를 재개할 때 덮친다는 전략이었다. 정복한 시리아의 도시에 머물러 있는 몽골의 우군이 쉽게 합류할 수 없는 지역까지 꾀어내어 결전을 치를 생각이었던 것이다.

　카이로를 떠난 맘루크군은 지중해를 따라 가자까지 가서, 그곳에서 다시 북상해 아코로 향했다. 전장으로 예정한 갈릴리 지방이 그리스도교측의 영토이니만큼 미리 그리스도교측의 태도를 확인해둘 필요가 있었던 것이다.

제7차 십자군이 참담한 결과로 끝나고 루이가 프랑스로 돌아간 지 아직 6년밖에 지나지 않았다. 이제 완전히 아코를 수도로 생각하는 듯한 중근동의 그리스도교 세력은 숨을 죽이고 몽골과 이슬람의 대결 양상을 살피고 있었다. 이 상황에서는 바이바르스의 요구를 들어주는 것 말고 다른 수가 없었다. 그리스도교 세력이 별다른 움직임을 보이지 않으리란 것을 확인하자 바이바르스는 배후를 걱정하지 않고 몽골군을 상대할 수 있게 되었다.

노도와 같이 서진하던 몽골군도 지중해에 가까운 이곳 중근동까지 오자 긴장이 완전히 풀렸던 것으로 보인다. 우군과의 합류도 생각하지 않고 간단히 요르단강 서쪽으로 건너간 것이다. 그대로 앞으로 나아간 몽골군은 1260년 9월 23일, 아인잘루트(Ain-Jalut)의 들판에서 맘루크군을 맞닥뜨렸다.

바이바르스가 가장 두려워했던 것은 이제 어린애들까지 다 알고 있는 몽골의 기병이었다. 맘루크군은 기병력이 약했기 때문이다.

서른일곱 살의 노예 출신 남자는, 현대로 비유하자면 축구 경기에서와 같은 전술을 취한다. 강력한 스트라이커를 가진 팀을 상대하는 감독이 주로 사용하는 전술인데, 그 스트라이커를 철저하게 집중 마크하는 것이다. 그렇게 해서 다른 선수들과 떨어뜨려 고립시켜놓으면 아무리 천재적인 스트라이커라도 패스를 받을 수 없게 된다.

바이바르스는 그 전술을 구사했다. 몽골의 용맹한 기마군단을, 말을 달리기가 어려운 숲속으로 몰아넣은 것이다. 그러는 한편 나머지 보병 전원으로 적의 보병과 정면으로 맞부딪쳤다. 보병의 수는 맘루크

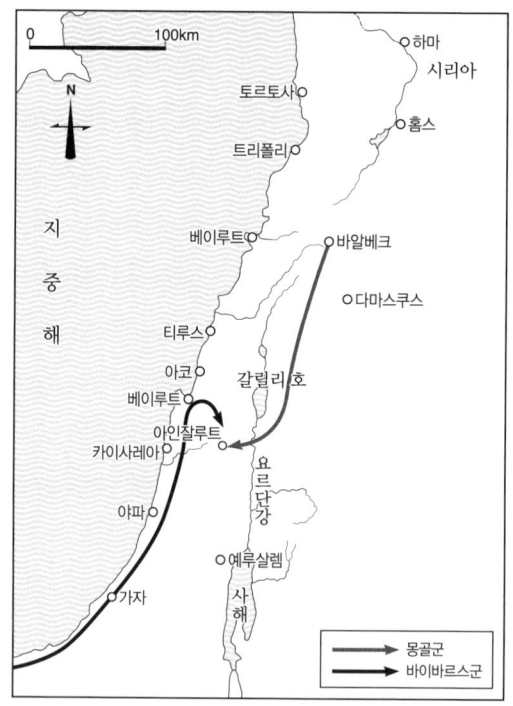

양군이 아인잘루트로 향한 진로

측이 우세했으니까.

아인잘루트 회전은 맘루크측의 승리로 끝났다.

회전의 규모로 보면 그리 큰 전투는 아니었다. 그러나 이 일전에는 이슬람 세계의 서쪽 절반을 몽골의 위협에서 구했다는 중요한 의미가 있었다.

몽골군이 가진 불패의 전통이 깨졌다. 전선이 워낙 흐트러져 있기도 해서, 이 일전에서 패한 몽골군은 유프라테스강 동쪽까지 후퇴해버린다. 별다른 고생도 없이 다마스쿠스와 알레포가 다시 이슬람측으로 돌아온 것이다.

　노예 출신 남자는 이슬람 세계의 영웅이 되었다. 아무리 실력이 뛰어나도 출신이 비천해 다다를 수 없었던 술탄의 지위도, 아인잘루트에서의 일전 후에는 손에 넣을 수 있었다. 이슬람교도에게는 자신들을 지켜주는 사람이 제일이고, 그 사람이 노예 출신이라는 것은 더는 문제가 되지 않았던 것이다.

　여기서 노예 출신 영웅은 실로 교묘한 행동에 나섰다. 바그다드가 함락될 때 살해당한 아바스 왕조 칼리프의 핏줄을 찾아내, 그를 카이로의 칼리프로 불러들인 것이다.

　게다가 그 칼리프에게는 종교상의 권위만을 인정하고 정치와 군사에는 절대 간섭하지 못하도록 하는 이중의 교묘함도 발휘했다. 칼리프가 존재함으로써 노예 출신 술탄의 위치는 공고해진다. 그러면서도 칼리프는 술탄의 권력에 아무런 지장도 주지 못했다.

　일본에서 '노예 왕조'로 번역되는 '맘루크 왕조'는 이러한 기반 위에 수립되었던 것이다.

　살라딘이 창설하고 알 아딜, 알 카밀까지 3대에 걸쳐 전성기를 구가한 아이유브 왕조의 술탄들은, 칼리프를 자기 주변에 두어 종교적 권위를 확보할 필요가 없었다. 그러나 노예 신분에서 출세한 맘루크 왕조의 술탄들에게는 그런 것이 필요했다. 이것은 맘루크 왕조에서 이슬람교의 그림자를 절대 걷어낼 수 없다는 의미이기도 했다.

바이바르스는 이후 17년을 더 살다가 1277년 다마스쿠스에서 숨을 거두었다. 그가 왜 새끼사자 비슷한 문양을 자기 깃발로 삼았는지는 모르겠지만, 킵차크 지방에서 태어난 노예 출신 술탄은 자신에게 바쳐진 카이로의 모스크 내부에 훌륭한 묘를 지닌 신분으로 죽었다.

그리고 이 바이바르스로 시작된 맘루크 왕조의 술탄들은, 시리아와 팔레스티나의 해안 가장자리에 아직 건재하던 '성지'의 그리스도교측 세력의 목을 조금씩 조여오기 시작한다.

성왕 루이와 제8차 십자군

'내정'과 '외정'은 정치인 건 같아도 성격이 다르다.

국내 정치는 성심성의껏 하면 대부분의 경우 좋은 결과가 나온다. 기득권 계급의 반대를 무시하고 어떤 일을 강행하더라도 결과가 좋으면 대부분의 사람들이 납득하기 마련이고, 국익이라는 차원에서 사람들의 이해가 일치하기 때문이다.

그러나 국외 정치의 대상인 다른 나라 사람과는 당연히 이해가 일치하지 않는다. 이 경우 성심성의껏 했다고 무조건 좋은 결과가 나온다는 보장이 없다. 아니, 종종 그 반대의 결과를 낳고 만다.

따라서 외정 담당자에게는 내정을 담당하는 자 이상의 현명함이 요구된다. 교활하거나 악랄하다고 해도 좋을 만큼의 지적 능력이 필요한 것이다.

프랑스 왕 루이 9세는 내정에서는 꽤 괜찮은 실적을 낸 군주였다. 하지만 그가 외정에 나섰을 때는……

그래도 확실한 것은 루이는 자신의 이익을 위해서는 아무것도 하지 않았다는 것이다. 조부 필리프처럼 프랑스 왕령을 확장하려 하지도 않았다. 그의 모든 행동은 신을 위한 것이자, 그가 믿는 그리스도교를 위한 것이었다. 이기주의나 자기중심주의와 무관했던 이 군주는, 그리스도교의 입장에서 보면 나무랄 데 없는 이상적인 지도자였다.

1270년, 쉰여섯 살이 된 루이는 두번째 십자군 원정을 나선다.
이끌고 간 병사의 대부분이 죽임을 당하거나 포로가 되고, 아니면 이슬람교로 개종해 이슬람 사회에 흡수됨으로써 제7차 십자군이 실패로 끝난 지 20년이 지난 때였다.
또한 루이가 포로들을 석방시키고 프랑스로 돌아온 해로부터는 16년의 세월이 흘러 있었다.
몽골군을 격파하고 이슬람 세계의 영웅이 된 바이바르스는 아직 카이로에 살아 있었고, 그의 술탄 지위는 반석처럼 튼튼했다.
게다가 당시 프랑스 왕에게 새로운 십자군 원정을 권유한 이는 아무도 없었다.

로마 교황청은 제7차 십자군이 참담한 결과로 끝난 것에 망연자실했고, 1268년 안티오키아까지 이슬람의 지배하로 들어간 뒤로는 완전히 영향력을 잃어버려, 유럽 각지에 설교사를 보내 선동할 생각조차 할 여유가 없었다.
그리고 바이바르스의 위협에 차례로 영토를 잃어가던 중근동의 그리스도교 세력도, 제7차 십자군 이후 유럽에서 새로운 십자군 원정이 시작되리라고 기대하지 않았다.

1270년 여름에 출발하기로 한 제8차 십자군은 누가 권유한 게 아니라 루이 스스로 나서서 시작한 것이었다. 끈질긴 사람이라는 생각도 들지만, 그의 입장에서는 신과 그리스도교를 위한 일이었다.

의문스러운 것은, 왜 목적지를 다른 곳도 아닌 튀니지아로 정했는가 하는 것이다.

아코를 비롯한 중근동 그리스도교도의 영토에 조금씩 손을 뻗치던 바이바르스를 측면에서 공격하면, 바이바르스가 북쪽에 집중하는 힘을 하는 수 없이 서쪽으로 향하게 될 거라고 생각했는지도 모른다. 실제로 이때는 사자심왕 리처드 이래로 계속 그리스도교도의 도시였던 카이사레아와 야파까지 바이바르스에게 빼앗긴 상태였다.

이집트를 측면에서 공격하겠다는 이 생각은 성공하면 천재적인 전략이라 할 수 있겠지만, 루이는 일단 튀니스 태수를 무너뜨리고 그리스도교로 개종시켜, 그리스도교화한 북아프리카 병사들을 이끌고 함께 이집트를 공격하려는 생각이었던 것 같다. 그리스도교에게 이교도를 그리스도교로 개종시킨다는 것은 전투에서 이기는 것 이상의 승리이기도 했다.

프랑스 왕이 직접 나서서 이끌고 가는 제8차 십자군은 제7차 십자군보다 한층 화려했다.

프랑스 왕과 두 왕자, 영국 왕자, 나바라 왕이 모두 아내를 동반하고 원정에 나선 것이다. 이들 고위인사를 따르는 기사들의 갑옷과 투구와 창이 햇빛을 받아 반짝이고, 왕비를 둘러싼 시녀들은 각양각색의 의상으로 화려함을 더했다. 마치 유한계급의 관광여행 같았지만 바닷바람은 이들에게도 예외가 아니었다.

1270년 7월 1일 에그모르트 항을 출발한 제8차 십자군은, 폭풍을 피해 사르데냐 섬 남단에 잠깐 기항했다가 곧장 튀니지아를 향해 남하했다.

그리고 7월 17일, 이유는 분명하지 않지만 옛 항구 카르타고 근처에 상륙한다.

카르타고 항은 고대에는 내내 북아프리카 물산의 집산지로 번영했지만, 중세에 접어들자 튀니스로 중심이 옮겨갔기 때문에 지금은 옛 영화의 흔적도 찾아볼 수 없는 사막에 둘러싸인 황폐한 도시로 변해 있었다. 이 사막지대에 상륙한 십자군은 야영하면서 시칠리아에서 올 앙주 백작 샤를을 기다렸다. 왕의 동생 샤를과 합류하여 튀니스로 향하기로 한 것이다.

제8차 십자군의 총 전력은 알려져 있지 않다. 제7차 때의 주앵빌 같은 기록자가 없었던 모양이다. 그래도 1만은 넘었던 것으로 추정되는데, 그만한 인원이 사막지대에서 야영을 계속하는 것은 위험했다.

루이도 그 위험을 깨달았는지, 군사력으로 해결하기에 앞서 외교를 시도해본다. 튀니스 영주인 태수에게 친서를 보낸 것이다.

"귀하가 그리스도교로 개종할 의향이 있다면, 우리 중에 자격이 있는 자가 세례를 베풀 수 있소. 그렇지 않으면 1만이 넘는 병사와 함께 우리 쪽에서 귀하를 찾아가게 될 것이오."

튀니스의 태수에게서는 즉시 답신이 왔다.

"세례에 대한 이야기는 당신과 전장에서 하겠소. 당신의 군대가 튀니스를 공격한다면 우리가 '목욕장'에 수용하고 있는 그리스도교도 노예를 모두 죽일 것이오."

'목욕장'이란 이 시대에 많이 볼 수 있었던, 북아프리카의 이슬람교도 해적에게 납치당한 남유럽 그리스도교도들을 값싼 노동력으로 혹사시키기 위해 수용하고 있던 장소의 통칭이다. 이에 관한 자세한 내용은 『로마 멸망 이후의 지중해 세계』에 쓴 바 있다.

온화한 성격의 루이는 상대가 예상 밖으로 강하게 나오자 외교전을 포기한다. 이제 군사력으로 해결할 수밖에 없다고 생각했는지, 시칠리아로 쾌속선을 보내 동생 샤를의 출발을 재촉함과 동시에 물과 식량을 보내줄 것을 요구했다.

그런데 샤를은 4년 전 황제 프리드리히의 아들 만프레디를 전투에서 죽이고 막 시칠리아의 왕이 된 참이었다. 시칠리아인들이 이 프랑스인 왕에게 호감을 보이지 않았기에, 북아프리카로 갈 병사의 징집은커녕 물과 식량 조달조차 뜻대로 되지 않았다.

튀니지아의 한여름 태양이 작열하는 가운데 물과 식량은 점점 떨어져갔다. 게다가 충분한 준비 없이 상륙해 야영을 한 탓에 루이가 이끄는 제8차 십자군의 상황은 나날이 악화되었다. 적의 습격은 없었지만, 대신 역병이 닥쳐왔다.

8월에 들어서도 약속을 지키지 못하는 샤를에게, 루이가 병으로 쓰러졌다는 소식이 날아들었다.

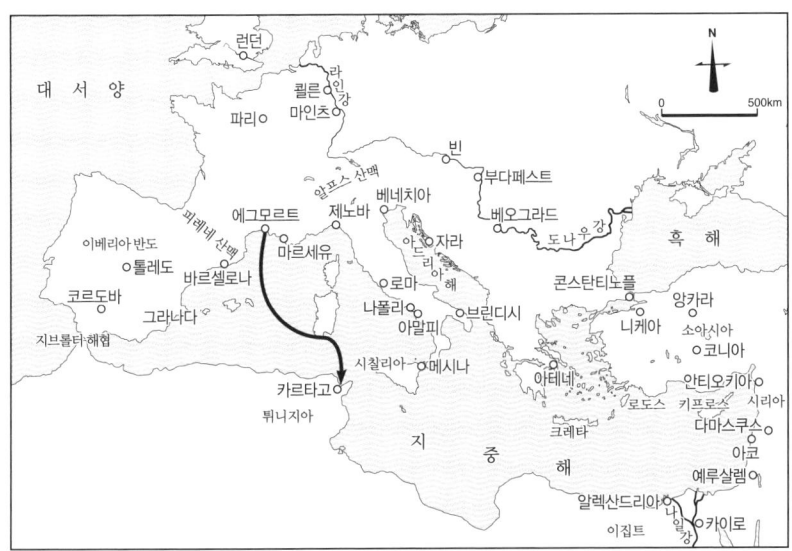

루이 9세가 이끈 제8차 십자군의 진군로

그 소식에 샤를은 서둘러 조달한 얼마간의 병사와 보급물자를 가지고 시칠리아 서안의 트라파니 항을 출발했다. 샤를과 그의 군대가 카르타고에 상륙한 것은 8월 25일이었다.

하지만 상륙한 왕의 동생을 맞이한 사람은 아무도 없었다. 루이의 막사로 향한 샤를이 그곳에서 본 것은 조금 전에 숨을 거두었다는 형의 주검이었다. 루이 9세가 마지막으로 남긴 말은 "예루살렘으로, 예루살렘으로"였다고 한다.

열악한 상황에서 역병으로 쓰러진 것은 왕만이 아니었다. 교황 대리 자격으로 동행한 주교도, 제7차 십자군 때 다미에타에서 태어난 루이의 아들 트리스탕도 주검이 되어 있었다. 또다른 왕자 필리프도 병상에 드러누운 상태였다.

왕과 같은 귀인의 시신은 죽음 직후 해체되는데, 심장은 항아리에 담아 모국으로 가져가더라도 뼈는 따로 분리해 적당한 교회에 매장하는 것이 보통이다. 하지만 튀니지아에는 그리스도교 교회가 없었다. 그래서 심장과 뼈를 제외한 육체는 그 자리에서 화장했다. 그리스도교 사회에서는 원래 시신을 매장하는 것이 규칙이나, 원정중에는 이런 방식도 자주 행해졌다. 동생 샤를은 형의 시신이 해체되어 화장되는 것을 지켜볼 수밖에 없었다.

그때 튀니스 쪽에서 적군이 다가오고 있다는 소식이 날아들었다. 샤를은 서둘러 무기를 들 수 있는 병사들을 모아 맞서 싸울 진을 펼쳤다.
여러 가지 악조건이 겹쳤음에도 튀니스군과의 전투는 십자군측의 승리로 끝났다. 앙주 백작이자 시칠리아 왕 샤를은 열두 살 위의 형 루이와 달리 전투에 재능이 있었던 것이다.
튀니스의 태수는 눈앞에서 벌어진 자기 군대의 패배에 놀라 재빨리 강화를 요청해왔다. 조건은 단 하나, 튀니지아에서 물러나면 배상금을 지불하겠다는 것이었다.
십자군측에도 이 십자군의 미래에 희망을 거는 사람은 아무도 없었던 듯, 샤를과 수뇌들은 간단히 동의했다.
하지만 이들이 튀니지아 땅에서 철수한 것은 11월 20일이었다. 3개월이나 걸린 것은 태수가 '철수의 대가'로 지불하겠다고 약속한 배상금과, 튀니스와 그 근교의 '목욕장'에서 풀어준 그리스도교도들이 도착하기를 기다렸기 때문이다. 대대적인 선전을 하며 원정 온 '십자군'이 이교도의 돈만 받고 귀국한다면 신과 예수 그리스도가 용서하지 않을 테니까.

그러나 겨울에 접어든 후에 출항한 것이 제8차 십자군의 귀로마저 참담하게 만들어버린다. 상선이나 어선도 동절기의 항해는 피하는 것이 상식인데, 유럽의 내로라하는 무장들도 바다에 대해서는 잘 알지 못했던 것이다.

그들의 선단이 시칠리아 서쪽 끝에 위치한 트라파니 항에 거의 도착했을 때였다. 겨울폭풍이 덮쳐왔다. 항구로 마중 나온 사람들의 눈앞에서 열여덟 척의 배가 순식간에 파도에 휩쓸렸다. 배에 타고 있던 4천 명의 병사들은 말이며 무구(武具)와 함께 바닷속으로 사라졌다.

트라파니 주민들은 어선까지 총동원해서 침몰 직전의 배에 올라타 키를 조작하며 침몰을 막고, 침몰하는 배에서 바다로 떨어진 사람들을 건져냈다. 구조작업은 밤이 될 때까지 계속되었다고 한다.

죽은 루이의 뒤를 이어 프랑스 왕이 된 필리프, 시칠리아 왕 샤를, 나바라 왕과 영국 왕자, 그리고 루이의 아내와 필리프의 아내도 구조되었고, 루이의 딸인 나바라 왕비도 목숨을 건졌다.

시칠리아에 도착한 이후에도 튀니지아에서 걸린 역병의 희생자는 계속 이어졌다. 바다에서 구조된 나바라 왕과 왕비도 12월 4일에 병사했다.

시칠리아 왕 샤를과 프랑스의 새로운 왕 필리프는, 튀니지아에서 가져온 루이의 뼈와 왕자 트리스탕의 뼈, 그리고 나바라 왕 부부의 시신을 팔레르모 근처의 몬레알레 대성당에 매장하는 의식에 참석했다. 이때 매장한 뼈와 시신도 일부에 지나지 않았으며, 심장은 항아리에 담겨 고국으로 보내지게 되었다.

그후 고위인사들은 긴 여행을 견딜 정도로 몸 상태가 회복되는 대로 각자의 고국으로 출발하기로 했다. 이제 바닷길은 지긋지긋했으므로 전원이 육로를 택했다. 떠나기 전, 그들은 팔레르모 대성당에 참례해 신 앞에서 엄숙히 서약했다. 성도 예루살렘에 있는 성묘교회를 이슬람측으로부터 반드시 탈환하겠다고, 그러기 위해 4년 후인 1274년 7월 22일을 기해 출발하는 십자군에 참가하겠다는 서약이었다.

하지만 4년 후 그날이 되어도 이 서약을 지킨 왕이나 제후는 한 사람도 없었다.

프랑스 왕 루이의 강렬한 소망으로 실현된 제8차 십자군은, 1270년 7월 1일 프랑스에서 출발해 8월 25일 루이가 죽기까지 채 두 달도 안 되는 기간 만에 끝나고 말았다.

이 십자군에 어느 정도의 장병이 참가했는지, 그중 무사히 귀국한 사람이 얼마나 되는지에 대해서는 전혀 알려져 있지 않다.

무엇보다 제7차 십자군 때는 왕을 비롯한 십자군 전체가 포로가 되었으므로 중근동에서도 톱뉴스가 되었지만, 제8차 십자군은 지역 뉴스에 지나지 않았던 것이다. 이슬람측 기록도 대부분 무시하는 분위기다.

그러나 그리스도교 신도 사이에서는 승리한 사람보다 패했더라도 전사한 사람이 더 존중받는다. 로마 가톨릭교회는 루이가 죽은 지 27

년이 지난 1297년, 그를 모든 그리스도교도가 본보기로 삼아야 할 사람이라는 뜻의 성인으로 추존한다. 2백 년에 이르는 십자군 역사상 속계의 군주이면서 성인의 반열에 오르는 영광을 누린 사람은 이 루이 9세뿐이다. 이는 그리스도교회가 바람직한 신도로 보는 것이 어떤 사람인가를 보여주는 한 예다. 두 번이나 십자군 원정을 실행하고 두 번 다 실패했지만, 프랑스 왕 루이 9세는 역사상 '성왕 루이'라는 이름으로 남게 된 것이다.

로마에 있는 수많은 교회 중에서도 유독 많은 관광객들이 찾는 곳이 있다. 카라바조의 걸작 세 작품을 소장하고 있기 때문인데, 그곳이 루이에게 바쳐진 교회라는 사실을 아는 사람은 얼마나 될까.

입구로 들어가 바로 왼쪽을 보면 십자군 갑옷을 입은 루이의 로맨틱한 전신상이 서 있는데, 그곳이 기도 장소라는 것에는 전혀 관심 없이, 인간의 진실한 모습을 화폭에 담은 카라바조의 그림을 감상하러 온 사람들 중에는 그를 알아보는 사람이 과연 있을까.

'신이 그것을 바라신다'는 굳은 믿음으로 팔레스티나로 원정을 떠난 십자군은 성왕 루이가 이끈 제8차 십자군이 마지막이었다. 이 최후의 십자군이 남긴 것은 '성인의 반열에 오른 프랑스 왕'이 유일했다.

먼 곳에서 이 소식을 들은 팔레스티나의 그리스도교도들은 최후의 순간을 향해 조금씩 다가가고 있었다.

항구도시 아코

지금은 이스라엘 북부의 한 항구도시에 지나지 않지만, 2백 년에 이르는 십자군 역사의 후반 1백 년 동안 아코는 팔레스티나 지방 십자군 세력의 실질적인 수도로서 번영을 구가했다. 1187년 살라딘에게 탈환당했다가 1191년 사자심왕 리처드가 이끌고 온 제3차 십자군이 재탈환에 성공했을 때부터 멸망까지의 기간이다.

그사이 1229년부터 1244년까지 15년간은 예루살렘도 그리스도교측의 도시였지만, 수도 기능은 여전히 아코가 담당했다.

이유는 역대 로마 교황이 황제 프리드리히 2세와 술탄 알 카밀이 맺은 강화를 그리스도교도의 피를 한 방울도 흘리지 않고 '불신앙의 무리'와 협상한 결과로 보고 인정하지 않았기 때문이다. 프리드리히가 이끈 제6차 십자군이 예루살렘을 그리스도교도의 수중으로 되찾아왔는데도 예루살렘 왕과 대주교는 그곳으로 돌아가려 하지 않았다.

팔레스티나에 사는 모든 그리스도교도의 통솔자인 예루살렘 왕도, 종교상의 최고위자인 예루살렘 대주교도 계속 아코에 머물러 있었던 것이다. 그사이에도 줄곧 예루살렘에는 '성도'를 찾아온 유럽의 순례자들이 끊이지 않았지만 왕과 대주교는 발길을 하지 않았다.

당연히 아코는 일대 항구도시로 발전한다. 왕궁과 대주교의 저택뿐만 아니라, 피사와 제노바, 베네치아의 교역상인들이 각자 독립된 거류지를 두고 있었기 때문이다.

이 거류지는 통상센터 역할도 했으므로 유럽에 상품을 팔려는 아랍인들이 빈번히 드나들었다. 또 유럽에서 오는 상품을 선적한 피사와 제노바, 베네치아의 배도 이곳 아코로 모여들었다. 아코는 일대 자유항이 된 것이다.

 수도 기능을 충족하고도 상품의 유통항으로 번영하려면 안전이 보장될 필요가 있다. 그런 점에서도 아코는 팔레스티나의 다른 항구도시보다 우위에 있었다.

 중근동 십자군 세력의 상설 전력인 3대 종교 기사단, 즉 템플 기사단과 병원 기사단, 튜턴 기사단이 모두 아코에 본부를 두고 있었기 때문이다. 그중에서도 템플 기사단은 프리드리히와 알 카밀의 강화를 통해 예루살렘에 있던 자신들의 본부가 이슬람 지구에 포함되자, 아코로 옮긴 본부를 정식 본부로 삼아 만듦새부터 신경을 썼다.

 병원 기사단은 그 이름이 보여주듯이 성지를 방문하는 순례자들의 치료를 목적으로 창설한 기사단이다. 따라서 그들의 본부는 항상 병원이 주체였다. 튜턴 기사단 역시 순례자들에 대한 봉사를 목적으로 창설된 독일 출신 기사 집단이므로, 아코에 있는 이 두 기사단의 '본부'는 장대하기는 해도 성채 같은 형태는 띠지 않았다.

 그러나 아코에 있는 템플 기사단의 본부는 성벽으로 보호되는 아코라는 도시 안에 또다시 성벽을 둘러친 구역이었다. 즉 템플 기사단은 아코에서 유일하게, 적군 이슬람 세력에 둘러싸인 땅에나 세울 법한 완벽한 형태의 중세 서유럽식 성채를 지었던 것이다.

 이는 순례자에게 봉사한다는 점은 다른 종교 기사단과 같지만 그중에서도 특히 군사력에 의한 봉사가 템플 기사단의 존재이유이기 때문

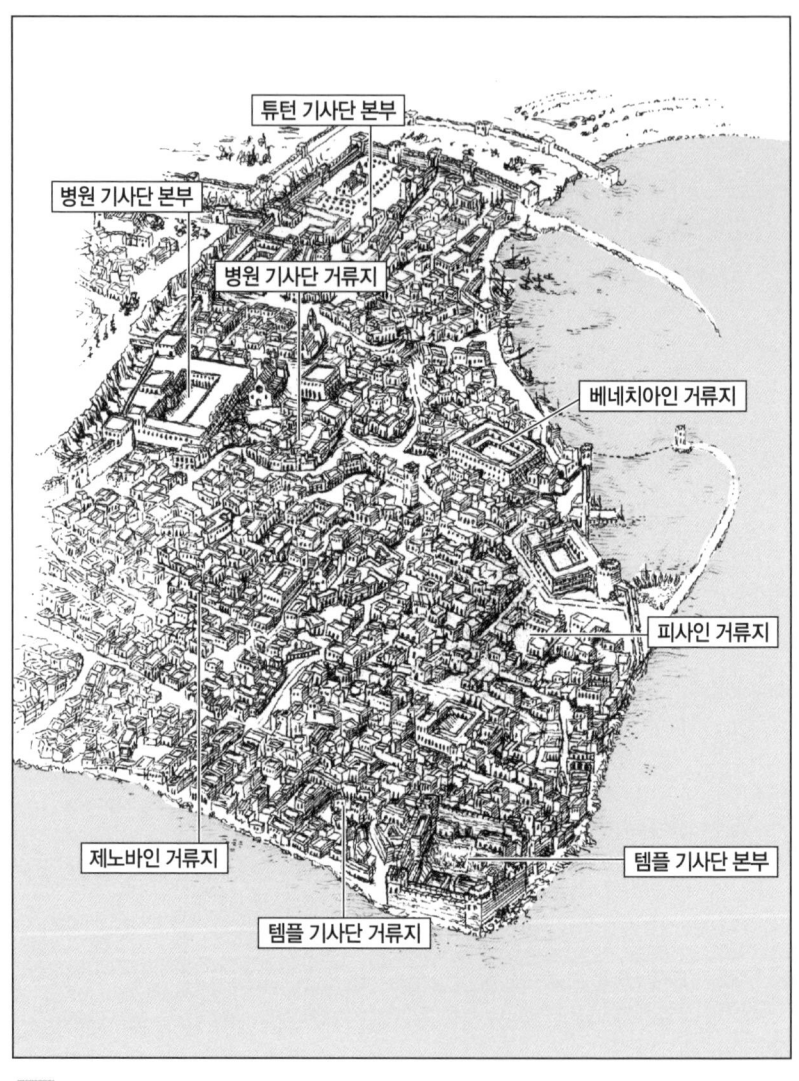

아코 중심가

일 것이다. 두 면이 바다에 면한 높은 벼랑 위에 세워진 템플 기사단의 '본부'는, 그 자체의 위용만으로도 주위를 압도했다.

그러나 이 항구도시 아코에는 중근동에 사는 그리스도교 세력이 밀집해 있긴 해도 지휘계통이 일원화되지는 않았다. 이제 명색만 남은 예루살렘 왕위는 키프로스 섬의 왕이 겸하고 있었고, 그 왕도 키프로스에 있을 때가 더 많았다.

또한 대주교도 임지인 예루살렘 대신 아코에 망명 와 있는 것이나 마찬가지였으니, 실권이 점점 줄어드는 게 당연했다.

경제면을 각기 독자적으로 맡고 있던 이탈리아 해양 도시국가들도 서로 라이벌 의식이 강했기에 일원화는 꿈같은 이야기였다. 그들은 피사 거류지, 제노바 거류지, 베네치아 거류지로 독립된 곳에서 각자 치외법권을 누리고 있었다.

또한, 서로 독자적인 '쿼터'를 유지하며 그 안에서 치외법권을 누렸던 것은 종교 기사단도 마찬가지였다.

튜턴 기사단은 독일 황제에 속해 있지만, 템플 기사단과 병원 기사단은 로마 교황의 관할하에 있었다. 예루살렘 왕과 대주교는 이 기사들에게 명령할 권리가 없었다. 기사단에 유일하게 지시를 내릴 수 있는 것은 로마 교황인데, 멀리 떨어진 로마에 지령을 청하고 그에 대한 답을 받기까지는 반년이나 걸렸다. 자연히 성지에 있는 종교 기사단은 독자적으로 행동했다.

이러한 사정으로, 십자군 역사 후반부의 수도였던 아코에는 여러 세력이 어깨를 견주며 혼재해 있었다. 하지만 오히려 이렇게 규제가 없는 상태였기 때문에 번영을 구가할 수 있었는지도 모른다.

　아코는 육지 쪽이 이중 성벽으로 보호되고, 그 안의 건물은 대부분 석조로 지어진 유럽식 도시였다. 그러나 무더운 중근동이니만큼, 서유럽식으로 지으면서도 아치를 많이 사용해 개방적인 느낌을 주는 건물이 많았다.
　그중에서 아랍 양식의 흔적을 찾아본다면, 집들의 지붕이 삼각형이 아니라 평평한 옥상으로 만들어졌다는 것 정도일 것이다. 비가 적게 내리고 눈은 아예 오지 않는 중근동에서는 지붕을 삼각형으로 만들 필요가 없었던 것이다. 그와 같은 이유로 도시 여기저기에 있는 상설시장에는 천막 형태로라도 꼭 지붕을 만들어놓았는데, 이는 비 때문이 아니라 강렬한 햇빛을 막아 사람과 상품을 보호하기 위해서였다.

　그 상설시장을 피부색이며 복장이 각양각색인 사람들이 오간다.
　흰색 바탕에 붉은색 십자가 새겨진 망토를 휘날리는 템플 기사단의 기사와, 흰색 터번에 알록달록한 바지를 입은 아랍인이 스쳐 지나간다.
　가슴에 흰색 십자를 새긴 병원 기사단의 기사가, 융단을 파는 페르시아 상인과 아랍어로 뭔가 이야기를 나누고 있다.
　흰색 바탕에 검은색 십자를 새긴 튜턴 기사단의 기사들도 시장에서는 독일 억양이 섞인 프랑스어로, 역시 억양이 강한 프랑스어를 쓰는 유대인 상인과 가격 흥정을 한다.
　그 뒤로는 십자군 국가의 봉건제후 부인이 하인을 데리고 지나간다. 제1차 십자군 이래 오랫동안 이 지역에서 살아온 제후들 중에는 오리엔트의 그리스도교도인 아르메니아 여인을 아내로 맞이한 사람이 많았으므로, 그 하인에 이슬람교도 여자가 적지 않았다.

한편 이탈리아인 거류지로 한 발짝 들여놓으면, 긴 옷과 베레모로 한눈에 이탈리아 상인임을 알 수 있는 남자들이, 터번을 두른 이슬람교도 상인들과 진지한 얼굴로 이야기를 나누고 있다. 이슬람 영토인 내륙부에 일종의 지점인 상관을 개설하는 일을 상의하는 것일까.

이제 막 항구에 도착한 배에서 내린 순례자들이, 성도 예루살렘을 보기도 전부터 한껏 고양된 표정으로 그 옆을 줄지어 지나간다. 그들과 대조적으로 무표정한 투르크인 항만 인부들은 배에서 부린 짐을 거류지의 창고로 운반하기 위해 그 옆을 지나간다.

이것이 13세기가 끝나가던 무렵 아코의 일상 풍경이었다.

피부색이며 머리색, 종교, 몸에 두른 옷, 쓰는 말 등, 하나부터 열까지 전부 다른 사람들이 뒤섞여 공존했던 것이 이 시기의 아코였다.

당시 아코에서는 모든 이들이 각자의 방식으로 이익을 얻고 있었다. 손해를 보는 자는 없었다. 적어도 아코를 파괴하려는 마음을 먹을 만큼 손해를 보는 자는 없었던 것이다.

그러나 마키아벨리였는지 귀차르디니였는지 확실치 않지만, 2백 년 후 르네상스 시대를 살았던 한 이탈리아인은 이렇게 말했다.

"현실주의자의 잘못은, 상대도 자신과 마찬가지로 현실적으로 생각해 어리석은 행동을 하지 않으리라고 믿는 것이다."

이 시기 아코의 운명을 쥐고 있었던 것은, 아이유브 왕조의 술탄이 아니라 맘루크 왕조의 술탄이었다.

'그리스도교도는 마지막 한 사람까지 지중해에 처넣어주겠다'

아이유브 왕조의 창시자인 살라딘은 '지하드'를 선언함으로써 그리스도교군에 대한 본격적인 반격에 나설 수 있었다. 십자군이라는 성전 사상으로 침공해온 그리스도교군에 이슬람측도 '성전'으로 상대한 것뿐이다. 하지만 덕분에 그때까지 오랫동안 분열되어 있던 이슬람 세계를 통합하고, 그들의 성도 예루살렘을 탈환하는 데 성공했다.

그러면서도 항상 종교와 거리를 둬온 이 이슬람의 영웅은, '지하드'의 목표는 예루살렘 탈환으로 달성되었다고 보고, 시리아와 팔레스티나 지방 해안에 늘어서 있는 십자군측 항구도시는 성전의 대상으로 생각하지 않았다.

살라딘은 사자심왕 리처드와의 강화를 통해 이 항구도시들을 그리스도교측이 계속 지배하는 것을 명쾌하게 인정했다. 또한 유럽에서 찾아오는 순례자와 교역상인에게 자유로운 행동과 안전을 보장해주었다.

그리고 살라딘의 조카 알 카밀이 황제 프리드리히와 맺은 강화에서도, 순례자와 상인의 자유로운 활동과 안전을 재차 언급했다.

이것이 살라딘, 살라딘의 동생 알 아딜, 그리고 알 아딜의 아들 알 카밀로 이어진 아이유브 왕조의 역대 술탄들이 그리스도교도에게 보여온 태도였다. 아코는 이 아이유브 왕조 술탄들의 공생노선으로 이익을 누린 항구도시 중에서도 최대의 혜택을 누린 도시였다.

그러나 똑같이 '지하드'를 선언했어도 맘루크 왕조의 술탄이 생각하는 '성전'은 달랐다. 그들이 말하는 '지하드'는 '중근동 전역에서 그리스도교 세력을 일소하는 것'이었다. 순례자든 상인이든 가리지 않았다. 순례와 통상을 인정해 이익을 얻은 것은 이슬람측도 마찬가지인데도.

그 이유는 무엇일까.

아이유브 왕조의 역대 술탄, 살라딘과 알 아딜, 알 카밀은 모두 뛰어난 정치가였을 뿐만 아니라 고도의 교육을 받은 일급 교양인이었다. 교양이란 균형감각을 갖추게 해준다.

반대로 맘루크 왕조의 초대 술탄 바이바르스와 2대 술탄 칼라운은 노예 출신으로 군사훈련을 받은 군인이다. 전장에서 보여준 뛰어난 전투력 덕에 노예에서 술탄으로까지 출세했지만, 교육과 교양은 충분하지 않았다. 이슬람 세계의 공용어인 아랍어조차 자유롭게 구사하지 못했다고 한다. '맘루크'라는 말 자체가 아랍어로 '노예 출신 병사'를 뜻했다.

노예 출신 술탄에게 자신을 뒷받침해줄 기존 권위가 필요했던 것도 무리는 아니다. 바이바르스는 몽골이 괴멸시킨 바그다드에서 참살당한 아바스 왕조 칼리프의 핏줄을 카이로로 불러들여 새로이 칼리프 제도를 부활시켰다. 파티마 왕조의 칼리프가 자연사한 이후로 정교분리로 일관한 아이유브 왕조의 술탄과는 이런 면에서도 달랐다.

그러나 십자군 시대의 이슬람교도가 로마 교황을 그리스도교도의 칼리프라는 뜻으로 이해했던 것에서도 알 수 있듯이, 칼리프 제도란 칼리프의 주변을 지키는 수많은 '이맘', 즉 이슬람교 학자와 성직자들이 있어야 비로소 완전해진다. 그러므로 카이로에 칼리프가 정주하게 되었다는 것은, 카이로라는 도시가 교황과 성직자가 상주하는 로마와 비슷해진다는 뜻이기도 하다.

마키아벨리는 그의 저작에서 교황청 따위는 스위스로 가버리면 좋겠다고 썼고, 귀차르디니도 죽기 전에 보고 싶은 세 가지 중 하나로 교황과 성직자의 철저한 정치참여 배제를 들었을 정도다.

맘루크 왕조의 창시자 바이바르스는 자기 영지의 수도인 카이로에 칼리프 제도를 부활시키는 조건으로, 술탄이 행하는 정치와 군사에 칼리프가 일절 관여하지 않는다는 조항을 넣었다. 그러나 종교의 본산으로서의 영향이 완전히 사라질 리는 없었다. 맘루크 왕조의 성전 사상이 과격해진 것은, 아이유브 왕조의 술탄 이상으로 이슬람적인 무언가를 어필할 필요를 느낀 노예 출신 남자들의 초조함에 기인한 것인지도 모른다. 하지만 그에 더해 술탄 가까이에 살게 된 칼리프와 이맘, 학자들이 끼치는 영향도 조금씩 드러나기 시작했다. 어쨌든 이런 유의 사람들은 말주변만은 능숙했으니까.

종교에 일생을 바친 이들 중에는 세속의 이익을 무시해야 종교의 순수함을 유지할 수 있다고 믿는 사람이 많다. 이들에게는 그리스도교도 순례자들이 쓰고 가는 돈도, 그리스도교도 상인과의 교역에서 얻는 수익도 이슬람교의 순수함을 유지하는 데 방해가 되는 것이다.

맘루크 왕조의 술탄이 나타났을 때 이미 '중근동 전역에서 그리스도교도 세력을 일소하겠다'는 이슬람측의 뜻이 밝혀진 것이나 마찬가지였다. 이것이 이슬람교도의 두번째 '지하드'의 목표였다. 그런데 그리스도교도측은 이를 저지하려 노력하기는커녕 길을 터주는 것이나 다름없는 행동만 계속했다.

1250년, 이집트로 침공해온 프랑스 왕 루이 9세가 이끄는 제7차 십자군은 군대 전체가 죽임을 당하거나 포로가 되는 철저한 패배로 끝났다. 왕까지 포로가 된 형국이었고, 루이는 몸값을 지불해야 하는 휘하 병사 대부분을 인질로 남겨놓고 석방되었다. 그후 2년 남짓한 기간 동안 몸값을 지불해 결국 부하들은 자유의 몸이 되었지만, 이 제7차 십자군은 그리스도교측과 이슬람측 양쪽 모두에, 과거 여섯 차례에 걸친 십자군과는 비교할 수 없는 큰 영향을 미쳤다.

제7차 십자군은 유럽 제일의 강국 프랑스의 왕이 직접 이끌고 원정한 것이었다. 그런데도 그토록 참담한 결과로 끝나자, 이슬람 세계는 당연히 집안싸움을 잠시 잊고 다함께 개가를 올렸다. 한편 그리스도교측은 당연히 낙담했지만, 양자가 도달한 결론은 같았다.
이제 유럽에서 대규모의 본격적인 군대가 원정을 오는 일은 없으리라는 것이었다.

루이가 이끈 제7차 십자군은 중근동의 이슬람 세계에 또 하나의 선물을 남겼다. 점점 약화되어가던 아이유브 왕조에서 노예 출신이지만 강력한 실력을 갖춘 맘루크 왕조로의 배턴 터치를 결과적으로 도와준 것이다. 제7차 십자군을 실제로 패배시킨 것은 맘루크 병사들이었고, 이것이 노예 출신 병사에게 술탄의 자리로 가는 길을 열어준 것이다.

그러나 맘루크 왕조를 일으키고 술탄 자리에 앉은 바이바르스는 이 시기, 즉 1250년대에 곧바로 중근동의 그리스도교 세력을 일소하러 나설 수가 없었다. 멀리 동방의 아시아에서 몽골의 기마군단이 일으키는 흙먼지가 다가오고 있었기 때문이다.

1258년, 이슬람 세계 동쪽 절반의 수도로 번영해온 바그다드가 함락되었다.

1260년, 알레포와 다마스쿠스 등 시리아의 주요도시가 차례로 몽골에 항복했다. 몽골군은 파죽지세로 이슬람 세계의 절반을 점령하고 남은 절반을 향해 침공해오고 있었다.

이에 맞선 바이바르스가 이끄는 맘루크군이 아인잘루트 회전에서 승리한 것이 바이바르스의 위세를 결정짓는다. 몽골의 서진을 막음으로써, 이슬람 세계 서쪽 지역에 사는 이슬람교도들에게 노예 출신이 술탄에 오르는 것의 당위성을 인식시킨 것이다.

승부를 걸었던 바이바르스는 물론이고 그를 따라 싸운 이슬람교도들도 이때는 안도의 한숨을 내쉬었을 것이다. 아인잘루트 평원을 향해 나아가던 그들에게는 이제 이집트밖에 남아 있지 않았으니까.

그러나 단 한 번의 전투에 패해 유프라테스강 동쪽으로 철수했다고 해서 몽골의 위협이 완전히 사라진 것은 아니었다. 그후 20년 남짓한 세월 동안 맘루크 왕조의 술탄은 항상 동방을 주시하며 중근동의 방어를 확립하는 데 힘썼다.

살라딘은 1187년에 예루살렘을 탈환한 직후 팔레스티나 지방에 있는 십자군측 성채를 공략하고는 파괴한 상태 그대로 방치했다. 십자군의 기지로 사용되는 것만 막으면 충분했고 자신들이 사용할 생각은 없었던 것이다.

그런데 바이바르스는 공략한 후 공격중에 파괴된 부분을 굳이 수리하게 했다. 성채 중의 성채로 유명한 '크락 데 슈발리에(기사들의 성)'에도 유독 다르게 보이는 부분이 있는데, 이 역시 맘루크가 공략 후 복구한 부분이다.

십자군 성채는 모두 동방을 바라보고 세워져 있다. 아이유브 왕조 시대에는 몽골의 위협이 없었지만, 맘루크 시대에는 동방에서 몽골이 습격해올 것을 항상 의식해야 했다. 그래서 성채에 틀어박혀 싸우는 관습이 없던 이슬람군도 성채를 필요로 하게 된 것이다.

원하는 건 성채뿐이니, 병력의 손실 없이 이것만 손에 넣을 수 있다면 그보다 좋은 방법은 없었다. 맘루크들은 성채에 틀어박혀 철저한 항전 자세를 취하는 종교 기사단의 기사들에게 '명예로운 철수', 즉 무장해제 없이 가진 것 전부를 갖고 퇴거해도 좋다는 관대한 조건을 제시했다. 이제 어디에서도 원군이 오지 않을 상황이었으므로 성채를 지키던 기사 중에는 '명예로운 철수'를 선택하는 자가 많았다.

이런 일이 반복되며 중근동 그리스도교 세력의 '외곽 해자'는 조금씩, 그러나 착실히 사라져갔다.

팔레스티나에서 이런 상황이 전개되던 무렵, 또다시 프랑스 왕 루이가 굳이 하지 않아도 될 일에 나섰다. 1270년에 결행한 제8차 십자군이다.

이 십자군은 튀니지아에 상륙한 후 곧바로 루이가 세상을 떠나는 바람에 어이없이 끝나고 말았는데, 그 결말은 곧 중근동 땅의 그리스도교도와 이슬람교도에게 결정적으로 작용했다. 이제 유럽에서 십자군이 원정 올 일은 결코 없으리라고 누구나 확신하게 된 것이다.

바이바르스는 1277년에 세상을 떠났다. 아들이 그 뒤를 이었지만 너무 무능력했던 나머지 2년도 버티지 못하고 칼라운으로 교체된다. 맘루크 왕조의 2대 술탄이 된 칼라운은 바이바르스의 부하로 공적을 쌓아온 무장이었는데, 그 역시 '노예 출신 병사'로 바이바르스의 노선을 계승한 자였다.

1270년에서 1290년까지 20년 동안 바이바르스와 칼라운 등 맘루크 술탄이 속속 등장하면서, 중근동의 주도권은 완전히 맘루크측으로 넘어갔다. 이 두 사람은 노예 출신이라는 게 믿기지 않을 만큼 교묘한 방식으로 그리스도교측을 궁지에 몰아넣었다.

중근동의 그리스도교 세력은 사실상 아코를 수도로 둔 옛 예루살렘 왕령 외에도 안티오키아 공작령과 트리폴리 백작령으로 나뉘어 있었는데, 맘루크 왕조의 두 술탄은 이 셋과 개별적으로 '휴전'을 맺었다.

아이유브 왕조와는 영 다른 맘루크 왕조 술탄의 태도에 전전긍긍하던 그리스도교도들은 그의 휴전 요청을 곧바로 받아들인다.

지중해 동쪽 해안의 가장자리만 겨우 유지하고 있는 상황에서 일시적이라도 평화를 갖길 바랐기 때문일 것이다. 하지만 휴전할 때마다 영지와 성채를 빼앗기는 것은 늘 그리스도교측이었다.

　게다가 이 '휴전'은 협정으로 정한 기간, 즉 기한이 만료될 때까지 지켜진 적이 없었다. 예외라면 맘루크측이 이집트 남쪽에 있는 누비아 지방을 제압하느라 시간이 걸렸을 때뿐이었다.

　이렇게 해서 안티오키아 공작령이 사라지고 트리폴리 백작령도 곧 그 뒤를 이었다. 맘루크와 '휴전'을 할 때마다 영토를 잃은, 제1차 십자군 원정 이래 이 지역에 정착한 '프랑크인'들은 대부분 '성지'를 버리고 키프로스로 이주했다.

　해상에 떠 있는 섬인 키프로스에서는, 맘루크 왕조가 권력을 잡은 후에도 여전히 해상에서 취약한 이슬람 세력의 위협을 피할 수 있었기 때문이다.

　인간을 인간답게 만드는 것 중 하나는 신의다. 다시 말해 약속한 것을 지키는 자세다. 아무렇지도 않게 그것을 깨는 상대와는 협정을 맺어봐야 소용없지만, 달리 방책이 없으면 그것에라도 매달리게 마련이다.

　2백 년 동안이나 이 땅에서 살아와 이제 유럽에는 돌아갈 집도 없는 사람들이 맘루크와의 협정에 매달린 심정을 이해 못 하는 건 아니다. 그러나 일국의 왕까지 똑같은 행동을 한다면 절망적이다.

　에드워드가 영국 왕이 되기 전에 십자군을 시도했던 적이 있다. 역사 연구자 중에는 이것을 제9차 십자군으로 부르는 이도 있으나 도저히 그럴 만한 것은 못 되었다. 맘루크에게서 10년간의 휴전을 얻어냈다며 의기양양하게 귀국했지만, 영국보다 강국인 프랑스의 왕까지 굴복시킨 맘루크가 그를 존중했을 리 없었다.

　휴전협정에 조인하고도 이를 밥 먹듯이 어기는 맘루크 왕조의 술탄에게, 키프로스 왕이자 명목상 예루살렘 왕이던 사람까지 속아넘어간다. 그 역시 맘루크가 10년간 평화를 약속했으니 이제 안심하라며 키프로스로 돌아가버린 것이다.

　이리하여 아코 공격까지 남은 시간은 조금씩, 그러나 확실하게 줄어들고 있었다.

　1290년, 그리스도교 세력과 휴전중인 것도 개의치 않고 술탄 칼라운은 '지하드'를 수행하기 위한 준비를 착착 진행하고 있었다. 남은 일은 협정을 깰 명분을 찾는 것뿐이었다.

표적은 좁혀졌다

　그해 11월 칼라운이 세상을 떠났다. 이제 안심할 수 있겠다는 그리스도교측의 기대는 곧바로 배반당한다.

　술탄은 부하 맘루크들이 임종을 지켜보는 가운데 아들 카릴에게 '지하드'의 수행을 서약하게 하고 숨을 거두었다. 죽은 자신의 뒤를 이은 아들이 술탄의 지위를 확고히 하려면 그리스도교도 일소를 목표로 내건 '성전'을 실행하지 않을 수 없게 해두고 죽은 것이다.

　'지하드'의 명분은 그해 8월에 이미 마련되어 있었다.

　이제 그리스도교도가 안전하게 상륙할 수 있는 땅은 아코뿐이었으므로 유럽에서 오는 순례자들은 아코로 집중되었다. 순례이니만큼 무장은 하지 않았지만 마음속까지 무조건 평화적인 것은 아니었다.

이 사람들이 국제도시 아코 시내의 광경을 보고 분개한다. 태어날 때부터 '불신앙의 무리'라고 교육받아온 아랍인과 투르크인, 유대인들과 태연히 교유하는 그리스도교도들을 보고, 배반이고 타락이라며 분노한 것이다.

그리고 이들 중 혈기왕성한 몇 명이 시장에 있는 이슬람교도를 덮쳤다. 아랍인이나 투르크인은 복장만으로 금방 알아볼 수 있었다.

이 폭거는 순식간에 순례자 무리 전체를 끌어들이는 규모로 확대되었다. 아코에 사는 그리스도교도에 대한 분노에 더해, 한동안 예루살렘 순례가 중지되는 바람에 아코에 상륙한 뒤로 계속 발목이 잡혀 있는 것에 불만이 쌓인 것도 원인이었다. 폭동은 일시적으로 아코에 사는 그리스도교도들도 손댈 수 없을 만큼 크게 번졌다.

결과적으로 상당수의 아랍 상인과, 아코에 농산물을 팔러 온 투르크인 농민이 죽거나 부상을 당했다.

그리고 그달 말쯤, 사상자 가족과 현장에 있다 목숨을 구한 사람들이 카이로의 술탄을 찾아가 피범벅이 된 옷을 보여주며 그리스도교도에 대한 복수를 요구했다.

이것은 '사고'였다. 하지만 단순한 '사고'일지라도 이를 이용할 마음을 먹은 사람의 손에 넘어가면, 행동으로 이어질 이유가 되고 계기가 된다.

아코측에서 이 위험을 깨달은 이는 템플 기사단의 단장 기욤 드 보죄였다. 그는 이슬람교도의 괴멸을 모토로 삼고 이슬람측과의 공생을 완강하게 거부하며 아랍어조차 절대 익히려 하지 않는 다른 템플 기사단 기사와는 조금 달랐다.

프랑스의 고명한 귀족 출신에 루이 9세와 친족관계인 그는 그 때문인지 1270년 루이가 튀니지아로 이끌고 간 제8차 십자군에도 참가한 바 있었다.

어이없이 비참한 결과로 끝난 십자군이 스무 살 젊은이에게 무슨 생각을 하게 했는지는 알 수 없다. 그는 이듬해 템플 기사단에 입단한다. 화려하고 안정된 프랑스에서의 귀족생활을 버린 것이다.

템플 기사단 단장으로 선출된 것은 1273년, 스물세 살도 되지 않은 때였다. 프랑스 왕실과의 관계 때문에 당시 로마 교황의 총애를 받았던 덕분인지도 모른다.

그후 2년간 로마 교황이 소집하는 공의회를 거드는 등의 일을 하고, '성지'로 불리는 팔레스티나에 들어간 것은 1275년이었다. 그때도 아직 스물다섯 살이었지만 템플 기사단의 단장이라는 위치상 '성지'의 그리스도교 사회 수뇌부의 일원이 된다.

그리고 이 수뇌는 템플 기사단의 전통에 반하는 일도 과감하게 실행했다. 시리아의 이슬람 영주들과 교유할 뿐 아니라 이집트 술탄의 측근 한 사람과도 양호한 관계를 맺었다. 아랍어도 일찌감치 습득했는데, 기사단 내부에서는 이 단장에게 반발하는 단원이 적지 않았다.

이 젊은 단장은 1288년에 이미 술탄 칼라운이 '지하드'에 보이는 열의를 아코에 있는 다른 수뇌부에 전하고, 그에 대비할 필요성을 제언한 바 있었다. 하지만 다른 수뇌들은 맘루크와 휴전협정을 맺었으니 걱정할 것 없다며 그의 말을 들으려고도 하지 않았다.

1290년 8월에 일어난 사고의 수습에 나설 것을 처음으로 주장한 사람도 템플 기사단 단장 기욤이었다. 그래서 그를 포함한 사절단이 해명을 위해 술탄을 찾았는데, 술탄 칼라운의 태도는 강경했다. 상인과 농민을 죽이고 부상을 입힌 범인들을 찾아내 막대한 배상금을 지불하게 하라는 것이었다.

그러나 폭도로 일변해 이슬람교도를 덮친 이들이 순례자들이라는 것은 알고 있었지만, 그중 누가 범인인지 가려내는 것은 쉽지 않았다. 자기가 했노라고 나서는 이도 없었고, 고발하는 자도 없었다. 또한 배상금도 상식을 벗어난 액수였다. 예루살렘 대주교를 비롯한 아코의 유력자들은 술탄의 요구를 거절했다.

이에 대해 기욤은, 배상금 지불은 차치하고라도 범인을 인도할 필요는 있다고 주장했다. 아코의 감옥에 수용되어 있는 범죄자, 즉 살인이나 상해죄로 감옥에 갇혀 있는 자들을 술탄에게 넘겨주면 어떻겠느냐고 말한 것이다.

하지만 이것도 아코 수뇌들의 동의를 얻지 못했다. 설왕설래하는 사이 사태를 수습할 기회를 놓치고 말았다. 1290년 말에야 겨우 세 명의 사절을 보냈지만, 그들은 이제 막 술탄이 된 카릴을 만나보지도 못하고 그대로 감옥에 갇히고 말았다. 아이유브 왕조의 술탄들은 외교사절의 안전을 보장했지만, 맘루크 왕조의 술탄은 협정을 어길 뿐만 아니라 외교사절의 안전도 보장해줄 생각이 없었던 것이다.

그러나 스물여덟 살에 술탄 자리에 오른 카릴은 면식이 있는 템플

제6장 최후의 반세기 501

기사단 단장에게 개인적인 친분의 정을 느꼈는지, 기욤에게 다음과 같은 서신을 보내왔다. 서신은 지극히 이슬람 세계의 권력자다운 수사로 시작된다.

"술탄 중의 술탄이며 군주 중의 군주인 알 말리크 알 아슈라프는, 엄격함을 신조로 삼으며, 따라서 반대하는 자를 타도하는 채찍이며, 프랑크인과 타타르인과 아르메니아인을 궁지에 몰아넣는 자이며, 불신앙의 무리가 소유하는 성채의 강탈자이며, 두 바다(지중해와 홍해를 말하는 듯하다)의 지배자이며, 두 순례 성지(메카와 예루살렘을 말하는 듯하다)의 수호자로, 카릴 알 살리히라 칭하는 자다.

그런 내가 템플 기사단의 고결한 단장인 당신에게 고한다. 항상 우리를 진정한 남자로 대해준 당신에게, 나도 응당 우리의 진의를 밝히기로 했다.

조만간 우리는 당신도 지키는 자의 일원으로 있는 땅으로, 잘못된 것을 바로잡으러 갈 것이다.

이미 확정한 이상 이제 아코에서 사절을 파견하거나 서한이나 선물을 보내는 것은 소용없는 짓이며, 어떤 사람이 보낸 것이든 모두 물리치라는 것을 알려둔다."

표적은 아코로 좁혀졌다. 그 이유, 카릴이 말한 '잘못된 것'이 이슬람교도 상인과 농민 몇 명을 살해한 일을 말하는 것인지, 아니면 제1차 십자군 이래 2백 년에 걸친 십자군 원정을 뜻하는 것인지는, 표적을 정한 지금은 이제 상관없는 일이었다.

1290년부터 1291년에 걸친 겨울, 시리아의 숲에서 대량의 목재를 구해 1백 대의 투석기를 만들라는 술탄 카릴의 명령이 하마 태수에게 내려졌다. 완성된 투석기는 일단 바알베크로 모은 후, 베카 고원을 내려가 다마스쿠스로 옮겨져, 최종 목적지인 아코의 성벽 아래로 운반된다. 이 모든 과정을 하마 태수가 책임지고 수행해야 했다. 맘루크의 술탄은 아이유브 왕조의 몇 안 되는 생존자인 하마 태수에게 이런 중책을 맡긴 것이다.

베카 고원에서 다마스쿠스로, 다마스쿠스에서 다시 아코까지, 사막을 지나고 강을 건너고 산악지대를 넘어 1백 대나 되는 투석기를 운반하는 일이다. 엄청난 인력을 동원해야 실행할 수 있는 대사업이었지만, 이 일에 목숨이 달려 있는 만큼 하마 태수의 태도는 진지했고, 언제나 그렇듯 이슬람측에는 인력이 부족하지 않았다.

이와 때를 같이하여 '지하드'를 내걸고 대규모 병사를 징집하라는 명령이 각지의 태수와 영주에게 내려졌다. 그리스도교도에 대한 '성전'을 기치로 내걸었으니 모든 이슬람교도가 참가하는 것이 당연했다. '지하드'에서는 전사한다 해도 순교자가 되는 것이다.

십자군측에게 최후의 해가 된 1291년 3월 3일, 가장 먼저 아코 성벽 앞에 도착한 이슬람측 군대는 누비아 제패를 지휘하던 중 급히 불려온 알 아흐람이 이끄는 맘루크의 선발대였다.

그리고 20일 후 완성된 투석기 1백 대와 함께 하마 태수가 다마스쿠스에 도착한다. 이후 이 투석기를 아코까지 운반하는 데 19일이 더 소요된다. 그리스도교 일소를 기치로 내건 군대가 움직이기 시작한 것이다.

하마 태수는 술탄의 엄명을 지키기 위해 휘하의 군대를 이끌고 먼저 출발했으므로, 이 시리아 북부의 군대가 아코에 도착한 것은 3월 26일이었다.

그 이튿날 다마스쿠스 총독인 맘루크 무장이 이끄는 시리아 남부의 군대도 아코에 도착한다. 그리고 시나이 반도를 행군할 예정이라 시일이 많이 걸리는 술탄의 이집트 본대는 3월 6일 카이로를 출발했다.

카이로에서는 술탄이 출발하기 일주일 전부터 칼리프를 비롯한 이슬람 성직자들이 전 술탄 칼라운에게 바쳐진 새로 지은 모스크에 모여 코란을 낭송하며 성전의 승리를 기원했다. 술탄 카릴도 그에 화답해 카이로의 빈민들에게 돈을 나눠주었다. 어쩐 일인지 이슬람 세계에서는 성전과 빈민구제가 늘 같이 이루어진다.

술탄이 아코에 도착한 것은 카이로를 떠난 지 한 달 만인 4월 5일이었다. '지하드'에 참가할 전군이 이미 도착해 있었기 때문에 포진은 순조롭게 진행되었다. 술탄은 먼저 도착한 알 아흐람의 진언을 받아들여 아코를 둘러싼 육지 쪽 성벽의 동쪽에 본진을 두었다. 이 일대를 아코 공략의 주체로 삼고, 다마스쿠스와 하마에서 온 군대가 옆에서 보조하는 포진이었다. 공격 개시는 이튿날인 6일 아침으로 정해졌다.

아코 공방전

'지하드'의 깃발 아래 결집한 이슬람군의 총전력은 보병 16만 명과 기병 6만 명이었다고 한다. 만약 이것이 사실이라고 해도, 보병의 대부분은 갑자기 징집되어 전선으로 끌려온 농민들이라 무기를 제대로 다룰 줄도 몰랐다. 그래도 육지 쪽 성벽의 바깥을 둘러싸고 있는 참호를 메우는 작업에는 동원할 수 있었다. 또한 대군을 징집한 의도 중 하나는 아코를 육지 쪽으로는 개미 한 마리 기어나올 틈 없이 에워싸려는 데 있었다. 머릿수가 많으면 많을수록 아코 안에 틀어박혀 방어하는 측의 심리적 압박감도 높아질 터였다.

기병의 경우 역시 제대로 된 병사를 6만 명이나 모았을 것 같지는 않다. 바그다드를 중심으로 한 동쪽 이슬람 세계가 몽골을 상대하느라 긴장상태인 이 시기에, 말을 달리면서 화살을 적중시키기로 유명했던 페르시아의 경기병이 지중해 근처에까지 모습을 드러냈으리라고는 생각하기 어렵기 때문이다.

따라서 보병과 기병을 합쳐 22만 명이라는 건 상당히 미심쩍은 숫자이지만, 어쨌거나 대군을 이끌고 왔다는 것만은 분명했다. 이 대군이 아코라는 한 도시의 공격에 투입된 것이다.

이만한 대군을 거느리고 왔음에도 술탄 카릴은 바다 쪽에는 배나 사람을 전혀 투입하지 않았다. 그리스도교측의 이탈리아 해양 도시국가 세력이 제해권을 완전히 장악하고 있으니 배를 투입해봤자 쓸모없다는 것을 맘루크측도 알고 있었던 것이다.

한편 아코의 방어력은 4만 명이었지만, 이는 민간인을 포함한 숫자이므로 순수 전력이라 할 수 없다. 전력만 따지면 보병 1만 4천 명, 기병 7백 명, 기사를 따라 싸우는 것이 임무인 종병이 1천3백 명. 모두 합쳐도 1만 6천 명에 지나지 않았다.

게다가 총사령관 한 사람의 명령 아래 싸우는 형태가 아니었기에 내부사정도 복잡했다.

1만 4천 명의 보병 중에는 그리스도교도인 투르크 병사도 있고, 무기를 들고 싸우기로 결의한 순례자도 있었다. 또한 이 숫자에는 이탈리아인도 포함되어 있었다.

여기서 말하는 이탈리아인은 아코에 거류지를 두고 있던 이탈리아 해양 도시국가, 그중에서도 피사와 베네치아의 남자들이다. 그들은 아코 방어에 적극적으로 참전했다. 교역상인이든 선원이든 갤리선의 조수든, 전투가 벌어지면 모두 '해병'으로 일변하는 남자들이었다.

이탈리아 해양국가 중 제노바는 얼마 전에 맘루크와 강화를 맺었기 때문에 이 아코 공방전에 참가하지 않았다. 그러나 개인적으로 아코에 머무는 것을 택하고 공방전에 참전해 열심히 싸운 제노바인도 몇 명 있었다.

하지만, 중세의 전투에서 주된 전력은 언제나 기사들이다.

이 7백 명의 기병에는, 제7차 십자군에서 완패한 프랑스 왕 루이 9세가 속죄의 뜻으로 매년 성지에 보냈던 1백 명의 기병도 포함되어, 함께 아코 공방전에 참전했다.

그러나 이 1백 명은 '기병'이지 '기사'가 아니었다. '싸우는 사람'을 의미하는 '기사'는 말을 탈 수 없는 상황에서도 보통사람 이상으로 싸울 수 있지만, 기병은 말을 타야 비로소 전력을 발휘한다. 당시 현장 증인의 기록에도 프랑스에서 온 1백 명은 성벽을 방패로 삼은 방어전에 적합하지 않았다는 내용이 나와 있다.

이렇게 되면 이 1백 명을 제외한 기사 6백 명이 아코 공방전의 주된 전력인 셈이다. 그리고 그 책무는 종교 기사단의 몫이었다. 성지에서 탄생해 그 성지를 지금껏 지켜온 종교 기사단은, 결국 최후까지 성지와 운명을 같이하게 된 것이다. 그중에서도 3대 기사단으로 불린 템플 기사단, 성 요한 병원 기사단, 그리고 튜턴 기사단이 그들이었다.

템플 기사단은 마흔한 살이 된 단장 기욤 드 보죄가 이끌었다. 이 사람에게 무슨 일이 생기면 곧바로 지휘를 대신할 부단장은 피에르 드 스브레. 둘 다 프랑스 태생이며, 젊은 나이에 성지에 와서 남자로서 생애 최고의 시기를 중근동에서 보냈다는 공통점이 있었다.

아코 방어를 위해 일어선 템플 기사단의 기사가 몇 명이었는지는 알려져 있지 않다. 각지의 성채에서 기사들을 끌어내 최대한 아코 방어에 투입했다고 하지만, 현대 연구자가 현대군의 특수부대에 해당한다고 표현하는 종교 기사단이니 3백 명이 넘지는 않았을 것이다.

마찬가지로 십자군의 '특수부대'인 병원 기사단을 이끈 것은 템플 기사단의 단장 기욤과 동년배로 추정되는 단장 장 드 빌리에. 이쪽도 정확한 수는 알려져 있지 않다. 하지만 이들은 항상 템플 기사단보다 수가 적었으니 3백 명 이하였다는 것은 확실하다. 두 종교 기사단은 평소 거의 독자적으로 행동했지만, 아코 공방전에서는 내내 끝까지 힘을 합쳐 싸웠다.

 독일 기사만으로 구성된 튜턴 기사단도 아코 공방전에서 분투했는데, 하필 이때 단장이 유럽에 가 있었기 때문에 템플 기사단이나 병원 기사단의 단장 휘하에서 싸우게 되었다. 그래도 아코 성내에 황제 프리드리히가 마련해준 본부가 있었기에 그곳을 기점으로 각자 독일인의 혼을 충분히 발휘하며 건투했다. 후발주자인 만큼 단원 수는 템플 기사단과 병원 기사단에 비해 크게 적었다.

 이 세 기사단 외에도, 아코에는 연구자들이 작은 기사단이라고 부르는 두 기사단이 있었다. 이들 역시 아코 공방전에서 3대 종교 기사단 못지않은 활약을 했다.
 그중 하나는 성 토마스 기사단으로, 여기에는 영국 출신의 단원이 많았다.
 또 하나는 성 라자로 기사단이라는 이름의, 나병 환자만으로 구성된 기사단이었다. 유럽에서는 나병을 신이 내린 징벌로 여겨 환자들이 도시 바깥에 따로 모여 살아야 했지만, 오리엔트에서는 달랐다. 난치병이긴 해도 신에게 버림받은 존재로 생각하지는 않았다. 때문에 행동도 상당히 자유로웠다. 예루살렘 왕이었던 보두앵 4세의 예만 봐도 알 수 있다.
 기사단에 입단했을 정도이니 성 라자로 기사단의 남자들은 한때 나병을 앓았더라도 완치된 상태였을 것이다. 그들의 수가 어느 정도였는지는 알려져 있지 않다. 알려진 것은 아코에서 전멸했다는 것뿐이다.

이 '특수부대'를 더해도 1만 4천 명밖에 되지 않는 전력으로 어떻게 22만 명의 적을 상대할 마음을 먹었을까. 이것은 누구나 품을 수 있는 의문이다.

그러나 아코는 포위된 상태가 아니었다. 바다 쪽은 완전히 그리스도교측이 쥐고 있었으므로 키프로스에서 군량을 보급받을 수 있었고, 이로써 장기전을 치를 첫번째 조건은 갖춘 셈이었다.

또한 공격하는 측은 야영을 하며 생활해야 한다. 대군일수록 물과 식량 부족, 위생상태 악화로 역병이 발생할 위험성은 더욱 크게 상존하는 법이다. 주위 사람들이 픽픽 쓰러지기 시작하면 병사들은 하나둘 도망치게 된다. 이런 움직임이 퍼져나간 뒤에는 '지하드'도 별 도움이 되지 않는다.

공격하는 술탄측도 그 위험을 알고 있었다. 예의 살라딘조차 시도하지 않았던 대량의 투석기를 만들어 가져온 것은 단기간에 결판을 내려 했기 때문이었다. 투석기는 방어병을 죽이기 위한 것이 아니다. 성벽을 무너뜨리는 게 목적이다. 이중으로 둘러쳐진 아코의 성벽만 무너뜨리면, 성내로 난입하는 것은 농민 병사들로도 충분하다.

요컨대, 아코측은 장기전으로 끌고 갈 수 있느냐 없느냐에 모든 것이 달려 있었다.

그러나 설사 버텨낸다 해도 '한동안'만이라면 의미가 없다. 중근동에 살고 있지만 이슬람교도가 '유럽에서 온 그리스도교도'라는 뜻으로 '프랑크인'이라 불렀던 이들의 모국, 즉 유럽에서 본격적인 원군을 보내주리라는 기대를 전혀 할 수 없었기 때문이다.

1년 이상 버텨낸다면 유럽인들도 감격하여 의용군 형태로나마 원군을 보내줄지도 모른다. 그러나 그러기 위해선 1년 이상의 지구전을 벌여야 했다.

그러므로 왜 이런 상황에서 방어에 나설 생각을 했을까 하는 의문은 여전히 남는다.

아코를 잃으면 과거 2백 년간 십자군이 이뤄온 모든 것이 사라진다는 위기감과 절망감 때문이었을까. 아니면 방어를 위해 일어선 남자들 한 사람 한 사람의 마음에 타오르던 자긍심 때문이었을까.

아코 방어전에 나선 1만 4천 명을 이끄는 최고사령관은 없었다고 앞에서 말했지만, 명목상으로는 존재했다. 키프로스 왕이자 예루살렘 왕인 앙리 2세였다. 아코를 방어할 의무가 있었던 그는 자신은 나중에 가겠다고 말하고 대신 동생 아모리를 보내왔다. 앙리는 스무 살, 아모리는 열아홉 살이었다.

의욕 하나는 충분했던 아모리는 자청해서 자신의 담당구역을 술탄 카릴이 직접 이끄는 맘루크군과 맞서는 남쪽으로 정한다. 그러나 열아홉 살인 그가 할 수 있었던 것은 거기까지였고, 방어전의 실질적인 지휘는 자연스럽게 사십대에 접어든 템플 기사단의 단장과 병원 기사단의 단장이 맡게 되었다.

따라서 이 두 종교 기사단은 담당구역의 방어에만 전념할 수가 없었다. 종종 아모리의 구역으로 달려가야 했던 것이다. 아코 성벽을 사이에 두고 대치하는 양군의 포진은 그리스도교측에서 가장 강력한 템플

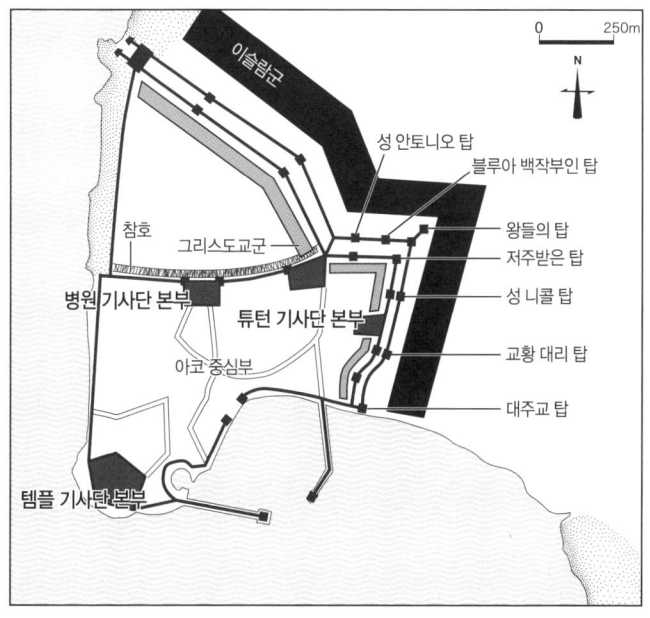

아코 중심부 양군의 포진 양상

기사단과 병원 기사단이 이슬람측에서 비교적 약체인 하마와 다마스쿠스의 군대를 담당하고, 이슬람측에서 가장 강력한 맘루크군은 아모리가 지휘하는, 병사 수는 많지만 실제 전력은 약체인 현지 세력 혼성군이 담당하는 형태가 되어버렸기 때문이다.

1291년 4월 6일 아코 공방전의 막이 올랐다. 하지만 처음 닷새는 이슬람측의 함성과 북소리, 나팔 소리만 시끄럽게 울리는 가운데 흘러갔다. 그러나 이슬람측에 투석기가 도착한 4월 11일부터 전황은 일변한다.

1백 대의 투석기 중 실제 사용이 가능했던 것은 67대였다. 그중 15대는 대형 투석기이고, 나머지 52대는 소형이어서 병사 몇 명만으로도 조종할 수 있었다. 그 외에 다섯 대의 대형 석궁기(石弓器)가 있었는데, 이것은 불을 붙인 큰 화살을 적진으로 쏘는 용도였다.

공격하는 측이 이렇게 기계화되어 있었다면, 방어하는 측도 지지 않았다. 제해권을 장악한 이점을 이용해, 해상으로 나가 배의 갑판 위에 투석기를 설치하고 적진을 향해 돌포탄을 쏘아댄 것이다. 이 전법은 피사 '해병'들의 특기였는데, 그들은 이 방식을 맘루크군 진영뿐 아니라 하마 진영에도 거듭 사용했다.

그러나 이 전법에는 결함이 있었다. 해상에 설치한 만큼 아무래도 안정성이 떨어졌고, 특히 바람과 파도에 취약했다. 최악의 사태는 4월 13일에 일어난다. 강풍을 맞고 많은 배들이 전복된 것이다. 이후 피사 부대는 아모리의 부대에 합류해, 육상에서 투석기를 쏘는 전법으로 전환해야 했다.

총 67대의 투석기에서 밤낮을 가리지 않고 돌포탄이 날아들었다. 이슬람측은 이들 '포병'을 4교대로 운영했기 때문에, 돌덩이가 성벽에 부딪히는 소리가 하루 종일 끊이지 않았다.

이 '포격'이 시작되고 나흘 후인 4월 15일에서 16일로 넘어가는 밤중에, 방어측은 적의 투석기를 파괴하기 위해 성벽 밖으로 결사대를 내보내기로 했다.

목표구역은 하마 태수가 담당하는 전선. 지휘는 템플 기사단 단장 기욤 드 보쥐가 맡았다. 3백 명의 기사와 50명 전후의 보병으로 구성된 이 결사대에는, 영국 왕 에드워드의 신하이기도 한 오손 드 그랜드슨이 성 토마스 기사단을 이끌고 참가했다. 또한 성 라자로의 나병부대도 가세했다.

템플 기사단 단장의 계획은, 적의 투석기를 직접 때려부수는 것이 아니라 투석기의 각 부분을 연결하는 밧줄을 불에 태워 투석기를 해체시키는 것이었다. 말을 타고 나가는 기사를 따르는 보병들은 '그리스의 불'이라 불린 수류탄을 던져 밧줄을 태우는 역할을 맡고, 기사들은 이를 눈치채고 달려드는 적병의 접근을 막는다는 것이었다.

템플 기사단 단장 기욤은 가장 중요한 임무인 첫번째 수류탄 투척을 오랫동안 아코를 방어해온 프랑스 남부 출신의 한 남자에게 맡겼다.

그런데 이 남자는 성벽 위를 지킨 경험은 충분했지만 적진에 침입해 혼전을 벌인 경험은 많지 않았던 듯하다. 공포를 견디지 못한 그가 던진 '그리스의 불'은, 투석기에 미처 다다르지 못하고 그 앞의 풀밭에 떨어지고 말았다.

기름을 넣은 항아리에 불을 붙여 던진 것이었으니, 바닥에 떨어지자마자 불길이 타올라 주위가 온통 환해졌다.

어두웠던 무대에 갑자기 조명이 들어온 것 같았다. 단장 기욤은 곧바로 철수하라고 외쳤지만, 사방에 빽빽한 적의 천막을 지탱하는 로프에 말의 다리가 걸려 많은 기사들이 낙마하고 말았다. 그 기사들을 노리고 이슬람 병사들이 달려들었다.

이날 밤의 출격으로 십자군측은 18명의 기사를 잃었다. 이튿날 아침 하마 태수는 죽은 기사들의 머리를 안장에 매단 말 몇 필을 술탄에게 헌상했다. 그 말들 역시 기사들이 타고 있던 것이었다.

그리고 이틀 후 18일과 19일 사이의 밤, 두번째 결사대의 출격이 정해졌다. 이번에는 병원 기사단 단장 장 드 빌리에가 이끄는, 병원 기사단과 템플 기사단의 혼성부대였다. 목적은 첫번째 출격과 마찬가지로 투석기의 파괴. 단 이번 목표구역은 적의 본진인 맘루크 진영이었다.

야습인 만큼 출격은 극비리에 진행되어, 출격하는 기사들도 말을 타기 전까지는 목적지가 어디인지 알지 못했다.

그러나 정보가 어디에서 샜는지 기습은 실패한다. 결사대가 성 안토니오 문을 소리없이 열었을 때, 눈앞에 맘루크 군대가 기다리고 있었던 것이다.

다급하게 문을 닫았지만 적들이 일제히 쏘아댄 화살에 말 몇 필이 부상을 입었다. 인력 손실은 겨우 면했다.

세번째 출격은 성 토마스 기사단의 단장 그랜드슨이 이끈 결사대에 템플 기사단과 병원 기사단이 가세하여 4월 20일 밤에 결행되었다.

하지만 이때도 성과를 내지 못하고 돌아올 수밖에 없었다. 아코에 있는 이들 중 누군가가 화살에 편지를 묶어 성벽 밖으로 쏘아 맘루크 측에 출격 사실을 알린 것이었다.

이와 같이 4월 15일부터 20일까지 닷새 동안 결사대의 출격이 세 차례 있었지만 이는 3백 명 전후의 기병으로 결행한 본격적인 출격만 따진 것이고, 1백 명 전후의 기병으로 이루어진 출격은 그사이에도 여러 차례 결행되었다. 주체는 모두 종교 기사단의 기사들이었다. 방어측도 성벽 안쪽에 웅크리고만 있었던 건 아니었다.

4월 6일 공격이 시작된 이후 4월 말까지 3주간, 아코를 지키는 성벽은 견고히 유지되었다.

바깥 성벽은 종종 무너질 뻔했지만, 그때마다 기사들이 달려가 무너진 곳으로 침입하려는 적병을 최전선에서 격퇴했다.

이제는 키프로스 왕의 동생이나 튜턴 기사단, 병원 기사단, 템플 기사단도 서로의 담당구역 같은 것을 구별하지 않았다. 위험에 처한 곳이라면 갈 수 있는 자 누구나 달려갔다.

기사의 애마도 올라타서 싸우기 위한 용도가 아니라 위태로운 곳으로 달려가기 위한 용도로만 쓰이게 되었다. 말을 탄 기사 뒤를 따르는 시종의 역할은, 말에서 내려 칼이며 창을 들고 적을 향해 달려가는 주인의 뒷모습을 지켜보며 말고삐를 쥐고 기다리는 것뿐이었다. 그리고 갈수록 그들의 주인이 돌아오지 못하는 경우가 많아졌다. 그런 때에도 시종은 말고삐를 쥐고 주인을 찾으러 갔다. 지금까지 일심동체로 싸워온 사이다. 인간사회에서의 신분은 달라도 가슴속 생각은 같았던 것이다. 아코를 버티게 해준 것은 기사에서 종병까지 종교 기사단의 모든 남자들이었다.

공방전이 시작된 지 한 달이 되어가는 5월 4일, 드디어 키프로스 왕 앙리 2세가 40척의 배에 1백 명의 기병과 2천 명의 보병을 태우고 아코에 도착했다. 방어측은 이제 전선에 한층 힘이 보태지겠다는 생각으로 그를 맞이했지만, 스무 살의 앙리는 아코의 상황을 보자마자 술탄에게 휴전을 요청하는 사절을 보내기로 결심한다.

아코에 도착하고 사흘 후인 5월 7일, 왕은 술탄에게 두 명의 사절을 보냈다. 사절을 접견한 술탄은 대뜸 아코 성문의 열쇠를 가져왔느냐고 물었다. 사절이 아니라고 답하자 술탄 카릴은, 측근이 말리지 않았다면 두 명의 사절을 그 자리에서 베고도 남을 만한 기세로 화를 냈다. 그리고 분노에 떨면서 사절에게 내뱉었다. "불신앙의 놈들을 하나도 남기지 않고 지중해에 처넣어주겠다."

돌아온 두 사절이 전한 말에 아코 전역은 절망에 빠졌다.

그때까지 아코에 남아 있던 사람들 중 3천 명이 아코를 버리기로 마음을 정했다. 키프로스군을 싣고 온 배는 곧 이 난민을 키프로스로 수송하는 배가 되었다.

이미 아코에 살고 있던 많은 그리스도교도가 키프로스로 도망간 상태였다. 키프로스 섬에 거처가 있던 상류계급은 지난해 가을부터 처자식들을 피난시켰다. 이슬람군의 포진이 시작되었을 당시 아코에 여자들의 모습이 보이지 않았던 것은 그 때문이다. 따라서 공방전이 시작된 지 한 달이 지난 지금 아코를 떠나기로 결정한 3천 명은 대부분 남자들이었다.

아코 말고 달리 갈 곳이 없는 서민들은 계속 남아 있었다. 공방전이 시작된 당초에는 여자와 아이들도 물을 나르며 도왔지만, 전황이 격렬해지자 밖으로 나오지 말라는 지시를 받고 집 안에서 숨을 죽이고 있었다. 이리하여 거의 전투원의 도시가 된 아코에는 자산도 없고 도망갈 곳도 없으며, 설령 포로로 잡힌다 해도 몸값을 지불할 능력이 없는 서민들만 남게 되었다. 왕 앙리는 이곳 아코에 남기로 결정한다. 단 11일 동안만이었지만.

술탄의 최후통첩을 받은 다음 날 방어측의 수뇌부가 모여 협의한 결과, 적진 쪽으로 가장 돌출되어 있는, 바깥 성벽을 수비하는 '왕들의 탑'이라는 탑 두 개를 포기하기로 결정했다. 더이상 이쪽을 지킬 수 없었던 것이다. 점점 줄어드는 병력을, 아직 버티고 있는 다른 부분으로 돌릴 필요가 있었다.

하지만 이는 조금씩 후퇴하는 행보의 첫걸음이나 마찬가지였다. 또한 적이 더욱 기세를 몰아 그 부분에 공격을 집중하게 되는 결과도 낳았다.

그후 5월 9일부터 16일까지 일주일 동안, 아코를 둘러싼 바깥 성벽을 지켜온, 즉 방어의 요소였던 탑들이 차례로 적의 수중에 들어갔다.

북쪽에서 남쪽으로 '블루아 백작부인 탑' '왕들의 탑' '성 니콜 탑' '교황 대리 탑' '대주교 탑'까지, 아코에 사는 사람들뿐 아니라 이곳에 상륙해 성지를 순례한 후 다시 아코를 통해 유럽으로 떠나간 순례자들에게도 매우 친숙한 이 탑들이 하나둘 함락된 것이다. 적의 집중 공격을 받은 바깥 성벽의 절반 정도가, 투석기로 공격하거나 지하도에 화약을 설치하여 폭파시키는 등의 방법으로 붕괴되었다.

그 바로 안쪽에 펼쳐진 '성 안토니오 탑'에서 '성 니콜 탑'까지가 다름아닌 아코 방어의 '열쇠'였다. 종교 기사단 기사들의 방어가 이 일대에 집중된 것도 당연했다. 이곳이 적의 수중에 들어가면 아코의 운명도 끝장나는 것이었다.

이 일대 방어의 '핵심'은 '저주받은 탑(Torre Maledetta)'이라는 특이한 이름으로 불려온 탑이었다. 병원 기사단의 부단장 마티외 드 클레르몽이 이끄는 기사들이 이 탑을 사수하기 위해 투입되었다. 소속에 상관없이 함께 싸운 그들의 분투 덕에 일단 적의 기세를 멈추게 하는 데에는 성공했다.

그러나 이슬람측은 머릿수에서 단연 우세하다. 또한 단기간에 결판을 내려는 술탄의 의지도 여전했다. '지하드'는 효과적이지만 극약이므로 장기간에 걸쳐 사용할 수는 없다. 예전에 살라딘이 그랬듯이 술탄 카릴도 이 극약의 사용법을 알고 있었다. 그래서 한번 반격을 당해 물러선 곳에 계속 매달려 시간을 허비하지 않았다. 공격에 나선 지도 벌써 42일이었다.

5월 17일 밤, 술탄 카릴은 각자 군대를 이끌고 있는 태수와 총독 전원을 자신의 막사로 불러모아, 이튿날인 18일을 기해 총공격을 감행하도록 명했다. 성벽을 무너뜨리는 데 성공하건 못 하건 무조건 전군이 공격하라는 것이었다. 무너진 곳으로 돌입하라. 이것이 술탄이 내린 명령이었다. 게다가 5월 18일은 금요일이다. 이슬람교도에게 금요일은 중대사를 결행하기에 걸맞은 날이었다.

최후의 날

1291년 5월 18일, 이날이 사실상 '아코 최후의 날'이 되었다. 이때의 상황에 대한 상세한 설명은 '티루스의 템플 기사단 기사'로만 알려져 있는 무명 기사가 남긴 기록을 따라가는 형태를 취하려 한다. 아직 젊었던 이 기사는 후세 연구자 중 한 사람이 '십자군 국가의 피로 물든

황혼(Bloody sunset of the Crusader states)'이라 명명한 장면에 대한 글을 이렇게 시작했다.

"동트기 전 한층 크고 강한 북소리가 울려퍼지는 것을 신호로 사라센인이 대거 공격해왔다.

맨 앞에서 대형 방패를 든 병사들이 나란히 진군해왔다. '그리스의 불'을 던지는 병사들이 뒤를 잇고, 또 그 뒤로 화살을 쏘고 창을 던지는 무리가 이어졌다. '저주받은 탑'을 지키고 있던 우리는 노도와 같은 적들의 돌진에 물러설 수밖에 없었고, 적군은 탑 옆으로 뚫린 문을 통해 아코 성내로 침입하려 했다."

안쪽 성벽 수비의 핵심인 이 탑을 잃으면 아코 전체를 잃게 된다. 이 탑을 방어하기 위해 곳곳에서 기사들이 달려왔다.

먼저 병원 기사단의 부단장인 마티외 드 클레르몽이 애용하던 큰 창을 들고 달려왔다. 뒤이어 병원 기사단의 단장 장 드 빌리에도 칼을 빼들고 달려왔다. 위기상황에 모습을 드러내지 않은 적이 없는 템플 기사단의 단장 기욤 드 보죄는 이날도 최전선에서 지휘했다. 그때의 상황을 '티루스의 템플 기사단 기사'는 이렇게 묘사했다.

"적병들이 '그리스의 불'을 쉴새없이 던졌기 때문에 주변 일대가 온통 연기로 뒤덮여 바로 옆에서 싸우는 아군의 모습도 간신히 보이는 상황이었다. 또 적의 궁병들이 쏘아대는 화살이 격렬하게 쏟아져내려 우리측 병사와 말이 차례로 쓰러졌다.

영국에서 온 한 젊은 시종은 불쌍하게도 '그리스의 불'을 정통으로 맞아 입고 있던 옷에 불이 붙어 순식간에 화염에 휩싸였다. 적의 공격이 맹렬히 진행되던 중이라 아무도 이 젊은이를 구할 수 없었다. 젊은이는 비명을 지르며, 마치 송진으로 만든 인형처럼 산 채로 불타 버렸다.

이 광경에는 사라센 병사마저 숨을 삼키며 움직임을 멈추었다. 하지만 그것은 순간이었다. 큰 소리를 지르며 침입을 재개한 적군은, 결국 '저주받은 탑'을 돌파해 성내로 난입하기 시작했다."

'저주받은 탑'을 둘러싸고 전개된 이 격렬한 전투에서 병원 기사단 단장 장 드 빌리에가 중상을 입었다. 기사와 시종도 대부분 전사하거나 중상을 입어 움직이지 못했다.

그나마 아직 움직일 수 있었던 병원 기사단의 기사 몇 명이 중상을 입은 단장을 옮겼다. 내버려두라는 단장의 목소리를 아랑곳하지 않고, 피란하는 사람들을 싣고 있던 베네치아 배에 태웠다. 항구는 도망가려는 사람들과 그들을 최대한 많이 태우려는 배로 혼잡하기 이를 데 없었다.

예상대로 이슬람군은 아코를 둘러싼 성벽 중 가장 수비가 탄탄했던 템플 기사단과 병원 기사단의 담당구역을 피하고, 비교적 수비가 약한 '성 안토니오 탑'에서 '저주받은 탑'을 거쳐 '대주교 탑'에 이르는 동쪽 성벽으로 대거 침입했다.

이 적군의 침입로에 해당한 튜턴 기사단 본부는 순식간에 적의 물결에 휩쓸리고 말았다. 그러나 튜턴 기사단 기사들이 필사적으로 버틴 덕에, 황제 프리드리히에게서 하사받은 광대한 본부 건물만은 지킬 수 있었다.

하지만 이 일대의 방어 책임자였던 키프로스 왕과 그의 동생은, 항구에 정박해 있던 키프로스 배를 타고 그전에 일찌감치 도망쳐버렸다. 그래도 자신의 직속 무장들과 도중에 만난 주요인물들은 모두 태우고 퇴각했다.

안쪽 성벽이 무너진다는 소식을 듣자마자 재빨리 도망친 것은, 명색일 뿐이라 해도 예루살렘 대주교인 사람도 마찬가지였다. 대주교는 전용 배를 갖고 있어 안전하게 키프로스로 도피할 수 있었지만, 항구까지 도망쳐온 서민 여자와 아이들을 자기 배에 최대한 많이 태우려고 했던 게 화근이었다. 피란민을 가득 실은 대주교의 배는 겨우 항구를 나서기는 했지만, 너무 무거운 나머지 그대로 침몰하고 말았다. 대주교도 그들과 함께 바닷속으로 사라졌다.

템플 기사단의 단장 기욤 드 보죄도 중상을 입어 꼼짝 못하게 된 이들 중 하나였다. '티루스의 템플 기사단 기사'는 그에 대해 이렇게 썼다.

"적이 던진 창 하나가 우리 단장을 관통했다. 왼팔을 들어올리는 참에 그 틈을 비집고 들어온 창에 찔린 것이다. 단장은 그날 방패를 들고 있지 않았다. 칼은 너무 많은 적병을 베어 무뎌지고 부러져 더는 쓸 수가 없어 내버리고 말았다. 그래서 그에게는 오른손에 든 지휘봉이 전부였다. 적병이 던진 창은 겨드랑이 아래 흉갑과 팔을 보호하는 무구의 틈새를 직격해서, 반대쪽으로 손바닥 길이가 넘게 꿰뚫고 나왔다.

그가 평소에 창이나 화살이 간단히 관통할 만한 무구를 착용했던 건 아니었다. '저주받은 탑'이 위태롭다는 말을 듣고 서두르는 바람에 주변에 있던 가벼운 갑옷과 투구만 걸치고 달려나왔던 것이다."

심각한 부상이라는 건 누가 봐도 분명했다. 중상을 입은 템플 기사단 단장 기욤 드 보죄는 피가 철철 흐르는 와중에도 정신은 또렷했으나 목소리를 낼 수는 없었다.

그런 그를, 옆에서 함께 싸워온 병원 기사단의 부단장 마티외 드 클레르몽이 주위에 있던 템플 기사단 기사들의 도움을 받아 아코 성내에 있는 건물로 옮겼다.

그러나 그의 상태는 절망적이었다. 기욤 드 보죄는 마티외 드 클레르몽에게 안긴 채 숨을 거두었다. 마흔한 살에 맞이한 죽음이었다.

전우의 시신을 조용히 땅에 눕힌 마티외 드 클레르몽은, 그의 동료인 병원 기사단 기사들이 도피해 있는 기사단 본부로 향하지 않았다. 대신 이미 항구 근처까지 밀어닥친 적진으로 뛰어들어갔다.

템플 기사단과 병원 기사단이 이슬람을 상대하는 전투집단으로 활동하기 시작한 1118년부터 이 아코 공방전까지 173년 동안, 두 기사단은 함께 협력해 싸운 적이 한 번도 없었다.

두 기사단 모두 성지 수호를 기치로 내세운 십자군의 상설 군사력이었다. 단원 수는 적어도 개개인의 전투능력이 뛰어난 특수부대라는 공통점이 있었지만, 그만큼 라이벌 의식도 강했다.

또한 당시 유럽에 많았던 '떠돌이' 기사, 즉 주군이 없는 자도 가입할 수 있었던 템플 기사단과, 왕이나 봉건영주의 가계와 연관이 있는 이른바 귀족 출신만 단원으로 받아들였던 병원 기사단은, 단원의 일상생활부터 조직의 구조, 그리고 가장 중요한 전투방식에 이르기까지 모든 것이 달랐다.

게다가 템플 기사단의 단원이 대부분 프랑스 태생인 데 비해, 병원 기사단의 단원은 유럽 각지에서 모였다는 차이점도 있었다.

십자군의 역사를 통틀어 주역을 맡아온 이 두 종교 기사단의 기사들이 소속의 경계를 넘어 함께 싸운 것은 이 아코 공방전이 처음이자 마지막이었다.

템플 기사단 단장과 병원 기사단 부단장이 마치 등을 맞대고 싸우듯 함께 분투한다.

중상을 입고 쓰러진 템플 기사단 단장을 병원 기사단 부단장이, 아직 적이 침입하지 않은 건물로 옮긴다.

그리고 병원 기사단 부단장의 품에 안긴 채, 템플 기사단의 단장이 숨을 거둔다.

전우의 죽음에서 무엇을 느꼈는지, 병원 기사단 부단장은 자신의 위치를 내버리는 행동을 한다. 그가 속한 기사단의 단장이 중상을 입고 키프로스로 탈출했으므로, 이제 아코에 남은 단원들을 이끄는 임무는 그에게 있었다. 그런데도 동료들이 피해 있는 본부로 향하지 않고, 밀려드는 적들 속으로 뛰어들어가 장렬한 죽음을 맞는 쪽을 택한 것이다.

그런 그의 뒷모습이, 지금까지 현장을 증언한 템플 기사단의 젊은 기사에 의해 후세에 전해진다.

이러한 일은 173년 동안 단 한 번도 일어난 적이 없었다. 이때 아코에서가 처음이었다.

술탄 카릴이 명한 총공격의 성과는 5월 18일 해가 지기도 전에 분명해졌다.

석양이 지는 아코에서 볼 수 있었던 것은, 주민들의 집에서 끄집어낸 약탈품을 서로 차지하려고 다투는 맘루크 병사들과, 그들 사이로 말을 달리며 질서를 잡으려 애쓰는 이슬람 기병대의 모습이었다.

승리한 이슬람군에게 짓밟히지 않은 곳은 템플 기사단, 병원 기사단, 그리고 튜턴 기사단의 본부 세 군데뿐이었다. 전투에서 살아남은 기사들이 도피해 있던 이 본부 건물은 승리에 의기양양해진 맘루크 병사들도 쉽게 침범하지 못했다.

그러나 두 면이 바다인 벼랑 위에 지어진 성채와도 같은 템플 기사단의 본부와 달리 병원 기사단의 본부는 광대하긴 해도 병원이 중심인 석조건물에 지나지 않았으며, 튜턴 기사단의 본부 역시 아코에 흔히 있던 큰 건물 중 하나일 뿐이었다. 도저히 장기간에 걸친 농성전을 버텨낼 수 없는 곳이었다.

그래도 이 두 곳으로, 마지막까지 아코 방어를 위해 분전했던 남자들이 도피해왔다.

아코 공방전

성 토마스 기사단의 영국인. 튜턴 기사단의 독일인. 그리고 병원 기사단에 소속된, 프랑스를 비롯한 유럽 각지에서 온 기사들.

또한 아코 공방전에서 전사로 싸운 피사와 베네치아의 남자들과, 자신들의 본부로 미처 도피하지 못한 템플 기사단의 기사들도 몇 명 있었다. 유일하게 한 명도 찾아볼 수 없었던 것은 성 라자로 기사단이었다. 그들 중에는 살아남은 사람이 아무도 없었던 것이다.

이슬람 병사들이 가득한 아코 전역에서, 이 남자들은 스스로 자신들의 운명을 결정해야 했다.

그날 밤 어둠 속에서 은밀히 한 이슬람교도가 병원 기사단의 본부를 찾아왔다.

그는 하마 태수가 담당한 지역에서 싸운 무장 중 한 사람으로, 예전에 술탄 바이바르스의 지휘로 병원 기사단의 성채 '크락 데 슈발리에'를 공격했을 때 중상을 입고 포로가 된 적이 있었다. 그리고 자신을 포획한 병원 기사단 기사들로부터 극진한 치료를 받고 완쾌해, 그후 포로교환 때 귀국할 수 있었다. 아이유브 왕조와 관련이 있었던 듯한 이 이슬람교도는, 자신이 할 수 있는 일이 있다면 하고 싶다며 찾아온 것이었다.

예상치 못한 방문자와 그의 입에서 나온 요청에, 병원 기사단은 다른 사람들까지 불러 협의했다. 그 결과 이 무장의 권유대로 술탄 카릴에게 '은사(恩赦)'를 요청하기로 한다.

번역하자면 '은사' 내지 '특사'가 되지만, 무장을 해제하지 않고 자주적으로 퇴거하는 것이니 '명예로운 퇴거'라는 의미에 더 가까웠다.

가까이에 있는 튜턴 기사단의 본부에도 술탄에게 이런 요청을 하겠다는 결정을 전달했고, 그들도 이에 동의했다. 그러나 아코 성내를 가로질러가야 하는 템플 기사단의 성채에는 이런 뜻을 전달할 수단이 없었다.

술탄 카릴은 이슬람 무장이 중개한 이 '명예로운 퇴거'를, 몸에 걸친 옷만 입고 나간다는 조건하에 수락했다. 젊은 술탄은 다음 일을 서둘러야 했다. 아코를 함락한 기세를 몰아 아직 그리스도교측에 남아 있는 도시 티루스와 시돈도 함락하고 싶었다. 그것을 완수하기 전에는 '그리스도교도를 하나도 남김없이 지중해에 처넣겠다'는 목표로 시작한 지하드가 끝나지 않기 때문이다.

아코가 함락된 지 이틀 후인 5월 20일, 도피해 있던 생존자 전원이 '명예로운 퇴거'라는 형태로 술탄에게 항복했다. 그리고 술탄의 마음이 바뀌기 전에 재빨리 본부를 버리고 항구로 향해, 함락 직후의 혼란 속에서도 여전히 항구에서 기다려준 피사와 베네치아의 배를 타고 아코를 떠났다. 행선지는 다른 아코 주민들이 피란처로 선택한 키프로스였다. 제해권을 장악했다는 장점은 역시 강력했다. 바다로 나가기만 하면 이슬람 병사가 쫓아오지 못했으니까.

이리하여 이슬람 병사들로 가득한 아코에서 템플 기사단의 본부가 유일하게 그리스도교측 세력으로 남게 되었다. 견고한 성채로 지어진 그곳에는 살아남은 템플 기사단의 기사들만 1백 명 남짓 도피해 있었

아코와 그 주변

고, 그 외에 미처 도망치지 못한 서민들도 피란 와 있었다.

그들은 이후로도 8일이나 더 버텼다. 그렇지만 필사적으로 방어전을 펼친 것이 아니라, 그저 '명예로운 퇴거'를 얻을 기회를 놓친 것뿐이었다. 술탄은 원한다면 그들에게도 은사를 베풀겠다고 전했다.

그러나 템플 기사단은 이슬람군을 상대하는 용맹함으로는 타의 추종을 불허했지만 외교에는 능숙하지 못했다. 맘루크의 술탄과도 양호한 관계를 구축했던 단장 기욤 드 보죄는 이 기사단에서 예외 중의 예외였다.

전사한 단장을 대신해 기사들의 운명을 결정하는 입장에 선 부단장은, '명예로운 퇴거'를 하는 대신 성채의 탑에 자신의 깃발을 내걸라는 술탄의 요구를 단호히 거절했다. 이에 격노한 술탄은 다시 한번 '명예로운 퇴거'를 인정한다고 말했지만 이것은 함정이었다. 이에 응해 성채에서 나온 부단장 이하 모든 기사들을, 포로로 잡지도 말고 그 자리에서 살육하라고 명령한 것이다.

그래도 그리스도교도의 신은 템플 기사단에 우호적이었던 것 같다. 성채 내부로 난입한 맘루크 병사들과, 이에 최후의 응전을 벌인 템플 기사단 기사 모두, 성채의 천장이 무너져 한꺼번에 죽고 말았으니까.

이로써 템플 기사단은, 마지막 남은 한 사람까지 성지 수호를 위해 싸우다 죽었다는 영예를 후세에 남겼다.

정복한 아코, 이슬람측에서 보면 탈환한 아코를, 술탄 카릴은 철저하게 파괴하라고 명했다. 그리스도교도 대신 이슬람교도가 사는 도시로 만드는 것이 아니라, 토대부터 완전히 부수고 항구마저 사용할 수 없게 파괴한 것이다. 그의 말을 빌리면 "두 번 다시 그리스도교도가 상륙할 수 없도록" 하기 위해서였다.

아코를 파괴하는 임무를 맡은 병사 외에는 모두 티루스와 시돈 공략에 투입됐다. 이 두 항구도시의 공략은 간단히 끝났다. 그리스도교도 주민들이 이미 키프로스로 도망쳤기 때문이다.

이리하여 제1차 십자군의 예루살렘 '해방'으로 시작된 십자군 전쟁은 아코 공방전을 마지막으로 종말을 맞았다.

성도 예루살렘을 '해방'한 1099년부터 아코가 함락된 1291년까지 정확히 192년의 세월이 흐른 뒤, 가톨릭·그리스도교도는 시리아와 팔레스티나 전역에서 일소되었다.

예루살렘의 '해방'이 이슬람교도와 그리스도교도 양쪽 모두 피를 흘린 뒤에야 실현되었듯이, 아코가 함락될 때도 양쪽의 희생이 불가피했다.

그러는 한편 이 2백 년 동안 몇 차례나 양쪽의 공생을 모색하는 시도가 있어왔다. 하지만 그때마다 파탄 나고 말았다.

장기간에 걸쳐 전개된 전쟁의 역사는 전투로만 점철되지는 않는다. 여러 차례의 공생 시도와 그에 이은 파탄, 그럼에도 여전히 그곳에서 살아가려 한 사람들의 이야기이기도 한 것이다.

제7장

십자군 후유증

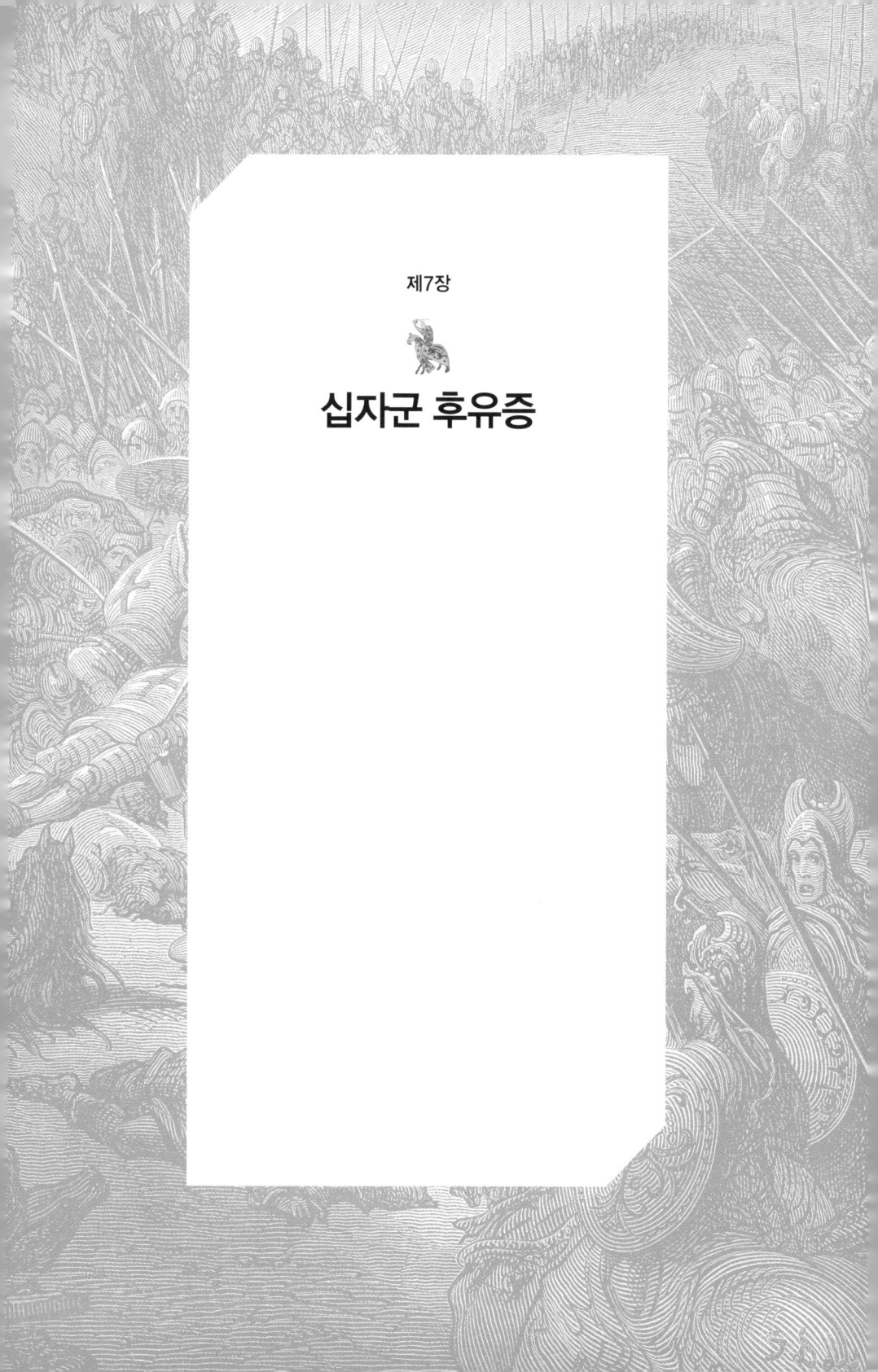

'로도스 기사단'에서 '몰타 기사단'으로

아코에서 싸우다 살아남은 사람 대부분이 피신해온 키프로스는 해상에 떠 있는 섬이었으므로 해군력이 취약한 이슬람 세력으로부터 안전했고, 게다가 항구도시인 아코와 비교할 수 없을 만큼 넓었다. 난민이 된 그리스도교도와의 공존이 가능할 듯 보였다.

그러나 아코와 달리 키프로스에는 왕이라는 명확한 통치자가 있었다. 일국의 왕에게 소속된 적이 없는 종교 기사단과 공존하기는 어려웠다. 또 난민은 동정을 받을지언정 환영받지는 못하는 존재다.

성 토마스 기사단은 영국으로 돌아갔다.

튜턴 기사단도 북해에 가까운 북유럽 땅에서 아직 그리스도교화되지 않은 지방을 정복하라는 새로운 임무를 맡아 독일로 돌아갔다.

이 두 종교 기사단은 역사가 짧고 소규모였기 때문에, 시리아와 팔레스티나에서 그리스도교 세력이 일소되었다는 일대 충격 속에서도 비교적 쉽게 새로운 존재이유를 찾을 수 있었다. 문제는 '성지' 없이는 존재이유도 사라지는 템플 기사단과 병원 기사단이었다.

병원 기사단은 이때도 현실을 보는 냉철한 통찰력과, 그로 인한 새로운 환경에 대한 적응력을 보여준다. 성지로의 복귀를 고집하지 않고, 그리스도교도 왕이 통치하는 키프로스 섬과 그리스도교도 국가인 베네치아 공화국이 영유하는 크레타 섬 사이에 있는 로도스 섬을 주목한 것이다.

이들은 비잔틴제국 영토였던 로도스 섬에 진료소를 건설한다는, 비잔틴제국 황제도 반대할 수 없는 이유를 내세워 침공의 손길을 뻗쳤다. 아닌 게 아니라 병원 기사단의 기사들은 의료 종사자이기도 하다. 기사들이 눈에 띄지 않게 조금씩 거처를 옮겨가서 1310년에 최종적으로 로도스 섬의 완전한 영유가 이루어졌다. '로도스 기사단'의 시대에 접어든 것이다.

아코에서 쫓겨난 지 20년 만에 자신들만의 거처를 확보한 셈이었다. 그에 필요한 자금은 경제거점인 성지를 잃은 베네치아 공화국이 원조했다.

거처를 확보하더라도 타당한 존재이유 없이는 조직을 유지할 수 없다. 의료라는 표면적인 간판은 여전했지만, 성지순례가 두절되어버린 이 시기에는 그것만으로 존재이유를 삼기엔 부족했다.

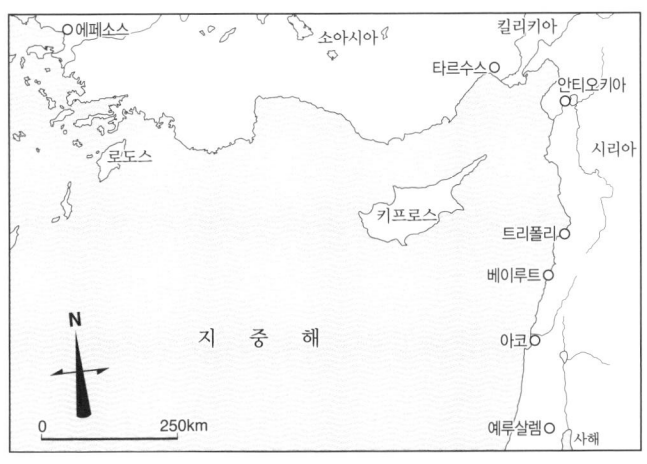

키프로스 섬과 로도스 섬

이에 '로도스 기사단'의 기사들은 이슬람 배만 보이면 습격하는 해적으로 일변한다. 이슬람교도의 입장에서는 '목에 걸린 가시' 같은 존재가 된 것이다. 정식 명칭이 '성 요한 병원 기사단'인 이 종교 기사단은 맘루크 왕조 이후 이슬람 세계의 맹주가 된 투르크제국 대군의 공격을 몇 번이고 격퇴했다. 결국에는 격렬한 공방전 끝에 로도스 섬에서 퇴거했지만, 그후에 몰타 섬으로 옮겨가서 슐레이만 대제가 보낸 투르크제국 전성기의 대군에 맞서 장렬한 공방전 끝에 승리한다. 그러나 그것은 이때로부터 2백 년 후의 이야기다.

이렇듯 십자군 시대의 산물인 '병원 기사단'은, '로도스 기사단' '몰타 기사단'으로 이름을 바꾸면서도 늘 이슬람 세계와의 최전선에서 기사단의 존재이유를 유지해나갔다.

또한 그들은 중근동에 있던 시절부터 '크락 데 슈발리에'를 비롯한 성채 건설에서는 타의 추종을 불허했다.

로도스 섬은 그들의 또다른 '크락 데 슈발리에'가 되었고, 근처의 코스 섬을 '마르카브'로, 이윽고 소아시아 최서단에 있는 보드룸까지 영유해 새로운 '벨부아'로 만들었다. 육상에서 요소요소에 성채를 세워 그 주변 일대를 지배했듯이, 해상에서는 요새화된 섬이 그 역할을 대신한 것이다.

이렇듯 병원 기사단은 삶의 터전이 육상에서 해상으로 바뀐 뒤에도 제해권 확보가 가장 중요하다는 사실을 재빨리 깨닫고 행동했던 것이다.

반면 의료 같은 간판 없이 순수한 전투집단으로 시작해 2백 년 동안 이어져온 템플 기사단은, 시대 변화에 대응하는 데 다른 어느 기사단보다도 큰 어려움을 겪었다.

템플 기사단의 최후

아코에서 쫓겨났을 때, 팔레스티나로 다시 돌아가는 것에 가장 집착한 이들이 템플 기사단이었다. 현재 레바논에 속하는 토르토사 앞바다의 작은 섬이 아직 템플 기사단 소유로 남아 있었으므로, 키프로스에서 보낸 기사들이 그곳을 기지 삼아 성지 복귀를 시도했던 것이다. 하지만 그 시도는 기사 전원이 맘루크 세력에 몰살당하는 참담한 결과로 끝났다.

이 일은 원래부터 템플 기사단과 양호한 관계가 못 되었던 키프로스 왕의 태도를 한층 강경하게 만들었다. 키프로스 왕은 맘루크 군이 이곳까지 공격해오는 것을 가장 두려워했는데, 템플 기사단의 이런 시도가 술탄에게 침략의 빌미를 줄 수 있다고 생각했던 것이다.

키프로스에 계속 남아 있기도 힘들어지고, 존재이유를 재건할 길도 끊겨버린 템플 기사단은, 아코 함락으로부터 15년이 지난 1306년 결국 프랑스로 돌아가기

자크 드 몰레

로 결정한다. 단원 대부분이 프랑스 출신이었으므로 유럽으로 돌아간다면 당연히 목적지는 프랑스가 될 터였다.

다만 젊은 기사들은 이미 전투에서 전사해버렸기 때문에, 이때 프랑스로 돌아간 것은 예순세 살의 단장 자크 드 몰레를 비롯한 노령 세대들이었다.

그런데 마치 이를 기다리고 있었다는 듯이, 템플 기사단을 표적으로 삼은 프랑스 왕의 모략이 작동하기 시작한다. 여러 증거에 기초해 죄를 입증하는 것이 아니라, 처음부터 유죄라고 못박아놓고 그에 맞춰 증거를 모아가는 방식이었다.

이 모략은 한 범죄자의 고발로 표면화되었다.

그 남자는 자신이 감옥에 있을 때 그 안에서 템플 기사단에서 추방당한 전직 기사를 만나 다음과 같은 이야기를 들었다고 주장했다.

템플 기사단의 입단식은 보통 비밀리에 이루어졌는데, 입단을 희망하는 자는 단장을 비롯한 기사단 주요인사들 앞에서 신을 모독하고, 십자가에 침을 뱉으며, 윗사람에게 절대 복종한다는 의미로 남색행위까지 허용한다는 맹세를 해야 비로소 입단이 허락되었다는 것이다.

자기가 직접 본 것도 아니고 다른 사람에게 들은 것을 전한 증언에 불과했지만, 이후 증언대에 선, 역시 템플 기사단에서 추방당한 또다른 기사 세 명에게서도 동일한 증언이 나오자 확실한 것으로 간주되었다. 그리고 그후에도 증언 수집과 그에 기초한 죄상 조작이 은밀히 이어졌다.

1307년, 프랑스 각 지방에 흩어져 있던 템플 기사단의 기사, 시종, 기사단 소속 사제, 그리고 하인에 이르기까지 1만 명 이상의 관계자 전원이 일제히 체포된다. 그중 대부분은 곧 석방되었지만, 기사들은 제외되었다.

기사단장 자크 드 몰레가 체포된 것은 그해 10월 13일이었다. 파리에 있던 138명의 기사들도 단장과 함께 체포되었다.

지방에서의 대규모 체포 행렬이 파리에 미치기까지는 3주일이 걸렸다. 왜 그들은 그사이에 도망치지 않았을까. 어쩌면 도저히 이런 상황을 믿을 수 없었기 때문이었는지도 모르고, 혹은 템플 기사단 특유의 강경함으로 사태를 가볍게 판단했는지도 모른다.

하지만 이날부터 기사들 전원에 대한 무시무시한 고문이 시작되었다.

프랑스 왕 필리프는 교활하게도, 체포 이후 고문을 포함한 심문과 재판을 모두 이단재판소에 일임했다. 속계의 군주가 재판하는 것이 아니라, 기사이자 수도사인 그들이 속한 성직계가 재판하는 형태를 취한 것이다.

앞서 1231년에 창설된 '이단재판소'는 이교도를 재판하는 것이 아니라 이단자, 즉 그리스도교에 대한 신앙방식이 그릇된 사람이나 그가 속한 조직을 재판하는 것이 목적이었다. 훗날 불을 뿜은 마녀재판이나 그리스도교로 개종한 유대교도를 표적으로 삼은 재판도 이 '이단재판소'의 관할이었다.

다만 이곳도 가톨릭교회의 한 기관에 불과하므로, 고문을 포함한 심문과 재판, 판결이 끝나면 형의 집행은 다시 속계의 권력에게 돌아간다. 화형을 선고하는 것까지가 '이단재판소'의 일이고, 형을 집행하는 것은 왕과 제후의 병사들이었다.

성지에 세운 십자군 국가를 2백 년 동안 지탱해온 기둥 중 하나로, 그동안 2만 명이 넘는 단원을 희생해온 템플 기사단은, 그릇된 신앙방식을 고발하는 '이단재판'의 심판을 받게 될 것이다. 이 사실 하나만으로도 감옥에 갇힌 기사들을 절망의 구렁텅이로 몰아넣기에 충분했다.

프랑스 카페 왕조에는 루이와 필리프라는 이름이 반복해서 등장하기 때문에 왕들을 별명과 함께 부르는 것이 보통이다. '미남왕(le Bel)'으로 불렸던 프랑스 왕 필리프 4세는 당시 서른아홉 살이었다. 이 왕이 뒤에서 모든 일을 조종했던 것이다.

그런데 왜 미남왕 필리프는 템플 기사단을 그토록 적대시했을까.

첫째로, 아코 함락으로 충격을 받은 유럽에서 새로운 십자군 원정을 요구하는 목소리가 높아져갔고, 그것을 이끌 이는 프랑스 왕밖에 없다는 분위기가 팽배했다는 점을 들 수 있다.

카페 왕조의 권력을 확립하는 데 여념이 없던 미남왕은 십자군 원정을 떠날 생각이 전혀 없었다. 한편 템플 기사단은 새로운 십자군의 실현밖에 살아남을 길이 없었고, 프랑스로 돌아간 것도 이를 위해 적극적으로 움직이기 위해서였다. 미남왕에게 이 템플 기사단은 눈엣가시 같은 존재였던 것이다.

둘째는, 당시 프랑스 왕가가 극도의 재정난에 시달리고 있었다는 점이다. 이때보다 조금 앞서 프랑스의 통화가치는 대폭 하락했다. 그리고 템플 기사단이 막대한 자산을 소유하고 있다는 사실은 이전부터 유명했다.

게다가 프랑스 왕가는 템플 기사단에 진 거액의 빚을 아직 갚지 못하고 있었다. 반세기도 더 전에 템플 기사단이 대신 치른 루이 9세와 군대의 몸값을 아직 돌려주지 못한 상태였다.

셋째, 결과적으로 장대한 실패로 끝난 십자군 원정의 책임을 누군가에게 전가하지 않으면, 프랑스 왕가가 이를 뒤집어쓸 위험이 있었다는 점이다.

프랑스 왕은 제2차, 제7차, 제8차에 걸쳐 세 번이나 십자군을 이끌고 원정을 떠났으나, 매번 처참한 실패로 끝났다.

또한 그 외에도 프랑스는 황제 프리드리히가 이끈 제6차를 제외한 모든 십자군에 주력으로 참가했다. 라틴어 외에도 프랑스어가 십자군의 공용어로 쓰였을 정도였으니까.

프랑스 왕가가 십자군 운동 실패의 책임을 피하기 위해서는, 즉 깨끗이 발을 빼기 위해서는 대신 책임을 질 만한 구체적

프랑스 왕 필리프 4세

인 대상을 만들어낼 필요가 있었다. 당연히 로마 교황에게도 책임이 있었지만, 지상에서 신을 대리하는 이에게 책임을 지울 수는 없는 노릇이었다.

127가지로 늘어난 템플 기사단의 고발 이유 중에 템플 기사단이 이교도 이슬람과 내통하여 중근동에 세운 십자군 국가를 팔아넘겼다는 항목이 있었다. 2백 년 동안 2만 명의 주검을 성지에 바친 템플 기사단의 기사들이 들으면 무덤에서 뛰쳐나올 법한 소리지만, 프랑스 왕의 입장에서는 십자군 운동 실패의 책임을 템플 기사단에게 돌릴 수 있는 기회였다.

미남왕의 조부 루이 9세는 10년 전인 1297년 성인의 반열에 올랐다.

제7차와 제8차 십자군 실패의 책임은 누가 봐도 그에게 있었다. 하지만 프랑스 왕가의 일원인 그는 원정에는 실패했지만 순교자의 자격으로 '성 루이'가 되었다. 집안에서 순교한 성인을 배출했으니 프랑스 왕가의 책임이 상쇄되었다는 것이 미남왕의 생각이었다. 그리고 이 주장을 더 완전하게 만드는 방법으로는 책임을 전가할 대상을 따로 마련하는 것이 가장 효과적이었다. 템플 기사단은 말하자면 희생양이 된 것이다.

프랑스에서 체포된 기사들은 대부분 이미 노령에 접어든 사람들이었다. 템플 기사단에서는 젊은이들은 성지의 전투에 내보내고, 나이가 들면 귀국해 프랑스 각지에 있는 기사단 소유의 농지를 운영하게 했다. 성지에 보내진 자들은 대부분 전사했으므로, 체포된 사람들 중 노령자가 많았다는 것도 당시 템플 기사단의 실태를 말해주는 것이었다.

이들은 가혹하기 그지없는 고문을 받았다. 뼈가 드러날 만큼 모진 채찍질을 당하는 것은 그나마 나은 편이고, 피부를 벗겨낸 뒤 불로 지지는 것부터 입을 강제로 벌리고 대량의 물을 먹이는 고문을 일주일 넘도록 계속하는 것까지, 암흑의 중세라고밖에 표현할 수 없는 고문이 반복되었다.

고문이 시작되고 1308년 1월까지 3개월 사이, 파리에서 체포된 기사 138명 중 134명이 온갖 날조로 점철된 죄상을 모두 인정하고 서명했다.

단장 자크 드 몰레는 체포 당시 예순네 살이었다. 그는 스물두 살에 입단해 스물일곱 살이 되던 해에 성지로 보내진 뒤로 20년간 용맹함으로 널리 알려진 템플 기사단의 기사로서, 마찬가지로 용맹함으로는 뒤지지 않는 맘루크 병사를 상대로 쉴새없이 싸워왔다. 아코 공방전 때는 키프로스 섬에 있어서 참전하지 못했지만, 그가 전투에서 죽음과 마주한 순간은 헤아릴 수 없이 많았다.

이 단장과 함께 체포당해 고문을 받은 기사들도, 젊은 시절 전장에서 입은 큰 부상을 견뎌내고, 혹은 포로가 되어 이슬람측 감옥에서 개종의 유혹을 완강히 거부하며 언제 올지 모르는 아군의 구원을 기다리는 나날을 보냈다는 점은 마찬가지였다.

그런데도 이러한 왕년의 역전의 용사들은 간단히 무너지고 말았다. 당시의 재판기록을 읽으면서도 왜 그렇게 간단히 죄상을 인정해버렸는지 좀처럼 이해할 수 없었다. 고문이 가혹했던 건 분명하다. 하지만 이 남자들은 더욱 가혹한 상황에서도 살아남았던 이들이다.

그러나 모든 재판기록을 살펴보고 난 지금은 알 것도 같다.
자신들의 존재이유를 모두 빼앗겨버린 뒤, 그들은 어찌해볼 도리 없는 상실감에 휩싸였던 것은 아닐까 하고.

그렇지 않다면 악마를 숭배하고, 십자가에 침을 뱉고, 그리스도교도의 중죄, 즉 성지를 이슬람측에 팔아넘긴 반역죄를 저질렀다는 등의 127가지 죄상이 열거된 자백서에 서명할 수 없었을 것이다. 왜냐하면 그들 대부분은 끝내 감옥 안에서 죽었으니까.

남색에 대해서는, 남자들만의 집단이었던 만큼 아주 없었다고는 할 수 없다. 그리고 템플 기사단 기사들이 본부 밖에서 아랍인이나 투르크인 여자를 첩으로 두었다는 것도 성지에 사는 그리스도교도들 사이에서는 주지의 사실이었다.

그러나 민중 사이에서 템플 기사단의 인기는 매우 높았다. 사자심왕 리처드도 프랑스 왕 몰래 귀국하기 위해 유럽에 상륙했을 때 템플 기사단의 기사로 변장했었다. 미남왕 필리프도 이러한 민중의 마음을 완전히 무시할 수는 없었다.

맹렬한 선전이 시작되었다. 글자를 못 읽는 민중을 위해, 오싹할 정도로 모욕적인 템플 기사단 기사들의 그림이 대량 제작되어 프랑스 전역에 배포되었다.

동시에 왕은 어떻게 하면 합법적으로 템플 기사단의 괴멸을 정당화할 수 있는가에 대한 답신을 파리 대학의 교수들에게 요청했다. 물론 교수들도 왕이 원하는 것의 법적 타당성을 찾아내는 정도의 일밖에 할 수 없었다.

미남왕의 뜻을 따라야 했던 것은, 프랑스 태생이었던 로마 교황 클레멘스도 마찬가지였다.

종교 기사단은 여타 수많은 수도회나 수도원과 마찬가지로 로마 교황의 직접적인 관할하에 있었다. 템플 기사단도 왕이나 제후, 혹은 대주교(파트리아르카)나 주교(베스코보)에 속하지 않았다. 요컨대 그들은 오직 로마 교황의 명령에만 복종했던 것이다.

프랑스 왕의 표적이 되어버린 템플 기사단을 구할 수 있는 것은 로마 교황밖에 없었다. 하지만 교황은 이미 프랑스 왕에게 구속된 상태였다.

역사상 '아비뇽 유수'로 알려져 있는 로마 교황의 프랑스 '이주'가 시작된 것은 1306년이며, 템플 기사단의 기사들이 체포된 것은 1307년이었다.

로마 교황 클레멘스 5세

체포된 지 5년이 지난 1312년, '템플 기사단의 괴멸과 전면적인 해산'을 선고한 로마 교황 클레멘스 5세의 교서가 공표되었다.

그 어떤 그리스도교도든 템플 기사단 입단을 원하거나, 흰색 옷에 붉은색 십자가 새겨진 기사단의 제복을 가지고 있기만 해도 죄가 되었다. 템플 기사단이라는 이름을 입에 담는 것도 그리스도교도가 해서는 안 되는 일로 간주되었다.

템플 기사단이 프랑스에서 소유하고 있던 자산은 죄다 몰수되어 프랑스 왕의 금고로 들어갔고, 그중 8분의 1에 해당하는 금액은 재판비용이라는 명목으로 이단재판소에 지급되었다.

템플 기사단이 소유하고 있던 부동산은 병원 기사단에 양도하는 것으로 판결이 내려졌다. 하지만 로도스 섬을 한창 새로운 본거지로 만들

제7장 십자군 후유증 545

고 있던 병원 기사단은 이 일에 연관되는 것을 피했으므로, 프랑스 왕은 프랑스 내에 있는 부동산은 모두 돈으로 바꿔 챙겼고, 프랑스 밖에 있는 부동산 일부도 병원 기사단에 강매해 그 돈까지 수중에 넣었다.

미남왕은 그후에도 틀림없이 템플 기사단의 숨겨진 자산이 더 있을 거라고 믿고 여기저기 찾아보게 했지만 이는 헛수고로 끝났다. 이것이 후세에 '템플 기사단의 보물' 전설을 낳게 되었다.

이 모든 일이 끝나고 2년이 지난 1314년 3월 18일, 죄인의 형이 집행되었다.

파리 시테 섬에 있는 노트르담 사원 뒤의 형장에서, 템플 기사단의 마지막 단장 자크 드 몰레와 한 노기사가 산 채로 화형을 당했다. 두 사람은 체포되어 고문을 받고 죄상을 인정했으나 나중에 그것을 철회하고, 그후로 계속 억울함을 호소해왔다.

이 두 사람 외에도 프랑스 각지에서 기사들이 화형을 당했다. 하지만 체포된 기사들은 대부분 이미 감옥에서 죽은 뒤였다.

1118년에 창설된 템플 기사단은 로마 교황이 해산을 선고한 1312년에 이미 절멸했다. 그러고 나서 2년 후에 집행된 노기사 두 명의 화형은, 민중에게 그 사실을 구체적인 형태로 보여줄 목적으로 시행된 잔인한 구경거리에 지나지 않았다.

그로부터 불과 한 달이 지난 4월 20일, 쉰 살도 되지 않은 교황 클레멘스가 세상을 떠난다. 그리고 같은 해 11월 29일, 마흔일곱 살인 미남

화형에 처해지는 자크 드 몰레

왕 필리프도 사냥을 하다 심장마비를 일으켜 죽었다. 역시 신은 존재하나보다, 는 생각이 들 정도다.

템플 기사단에 대한 재판은, 가톨릭교회와 왕이 꾸민 '날조된 재판'이라는 점에서 한 세기 후 일어난 잔 다르크의 재판과 쌍벽을 이루는 것으로 평가된다.

잔 다르크는 근년 들어 로마 교황청이 명예를 회복시켰을 뿐만 아니라 성녀로도 인정했지만, 템플 기사단에 관해서는 아직까지 시치미를 떼고 있다. 그러나 인터넷상에서는 일명 '템플 기사단 팬클럽'들을 지겨울 정도로 많이 찾아볼 수 있다.

'아비뇽 유수'

희생양이 되지는 않았지만, 로마 교황과 가톨릭·그리스도교회 역시 완전히 위세가 실추되었다. 아코 함락에서 9년이 지난 1300년을 '성년(聖年)'으로 정하고, 로마로 순례를 와도 예루살렘을 순례하는 것과 마찬가지로 면죄를 얻을 수 있다고 발표했지만, 그 정도로는 성지를 잃은 절망감을 메울 수 없었다.

고등학교 세계사 교과서에서도, 중세 중기에 해당하는 이 시기의 그리스도교 세계를 서술할 때 빼놓지 않는 세 가지 사건이 있다.

'카노사의 굴욕'
'십자군 원정'
'아비뇽 유수'

'카노사의 굴욕'이란 1077년 로마 교황에게 파문을 선고받은 속계의 최고권력자 신성로마제국의 황제 하인리히가, 용서를 구하기 위해 교황이 머무르고 있던 카노사 성으로 찾아가 눈이 퍼붓는 성 밖에 허름한 옷차림으로 사흘 밤낮을 서 있었던 사건이다. 로마 교황의 위세가 황제를 능가함을 그리스도교 세계 전체에 과시한 사건으로 유명하다.

'십자군 원정'은 로마 교황 우르바누스 2세가 프랑스 중부의 클레르몽에서 선언한 1095년에 시작되어, 1291년 아코가 함락될 때까지 8차에 걸쳐 진행된 역사상의 일대 운동이다.

그리고 '아비뇽 유수'는 미남왕 필리프 이래로 70년 동안 프랑스 왕들이 역대 로마 교황을 아비뇽으로 '납치'한 일이다.

'유수(幽囚)'라지만 감옥에 들어갔던 것은 아니다. 그러나 이 시기 프랑스 남부에 있는 아비뇽은 시가지 전체가 프랑스 왕의 감시를 받았고, 그 도시에서 살던 교황이 죽은 뒤 다음 교황을 정하는 교황 선출 콘클라베도 아비뇽에서 열렸으며, 프랑스 왕의 뜻대로 프랑스 태생 성직자가 교황으로 뽑히는 일이 7대째 이어졌다. 그사이 로마의 교황궁 라테르노 궁은 주인을 잃었으며, 산피에트로 대성당에서 열리는 미사도 주최자가 없는 상황이 이어졌다.

'카노사의 굴욕'과 비교하면 격세지감이라고밖에 할 수 없는, 교황의 극단적인 권위 실추였다. 그리고 '카노사의 굴욕'과 '아비뇽 유수' 사이에 '십자군 원정'이 끼어 있는 것이다.

그러나 교황의 권위가 이렇게까지 실추된 것은, 십자군 원정이 실패로 끝난 책임을 추궁당했기 때문이 아니었다.

로마 교황은 지상에서 신을 대리하는 이로 여겨졌다. 신의 뜻을 신도들에게 전하는 사람으로 생각되었던 것이다. 신은 잘못을 범하지 않으므로, 그 뜻을 전하는 이도 잘못을 범하지 않는다. 적어도 16세기 들어 루터가 이에 의문을 표하기 전까지는 그렇게 생각되어왔다.

끝내 실패로 끝난 십자군 원정도 그것을 바라고 선동한 신과 교황에게는 책임이 없고, 어디까지나 신에 대한 믿음이 부족해 실행방식에서 잘못을 저지른 인간의 책임으로 간주되었다. 템플 기사단 고발도 이런 생각에 기초한 것이다.

따라서 로마 교황은 결코 책임을 추궁당하지 않았다. 그렇다면 왜 교황의 권위가 실추된 것일까.

결론부터 말하자면, 한쪽에만 너무 힘을 실어주었기 때문이다.

로마 교황에게는 직접 운용할 수 있는 군사력이 없다. 그래서 십자군도 왕과 제후를 통해 실현해야 했는데, 이런 입장에 있는 사람이나 조직은 항상 복수의 선택지를 손에 쥐고서 어느 한쪽이 강력해지지 않도록 주의를 기울여야 한다.

중세 유럽의 대국으로는 신성로마제국과 프랑스 왕국을 들 수 있었는데, 교황은 황제 프리드리히에 대한 적개심에 불탄 나머지 신성로마제국을 약화시키는 데 열중하고 말았다. 전투에 능숙한 프리드리히가 살아 있는 동안에는 무너뜨릴 수 없었지만, 그의 아들 대에 이르자 교황 주도로 호엔슈타우펜 왕조를 괴멸시키는 데 성공한다. 하지만 이 일은 라이벌이 사라진 프랑스 왕의 힘을 강화시키는 데만 도움을 주었다.

영국은 아직 약체였다. 스페인은 이슬람교도를 상대로 한 '레콘키스타(재정복)'에 여념이 없었다. 이탈리아는 많은 도시국가로 분립되어 있어 이탈리아라는 국가조차 없는 상태였다. 그런 와중에 십자군 원정을 떠났다가 목숨을 잃은 국내 유력 제후들의 영지를 차례차례 직할령으로 삼아가던 프랑스 왕의 권력이 강해진 건 당연했다. 사실 프랑스의 중앙집권화는 십자군 시대의 종언과 함께 시작된 것이나 마찬가지였다.

1303년, 일시적이지만 로마 교황이 프랑스 왕의 병사들에게 붙잡히는 사건이 일어났다. 그뒤로 로마 교황이 프랑스에 발이 묶이기까지는 채 3년도 걸리지 않았다. 로마 교황의 권위 실추를 상징하는 '아비뇽 유수'가 시작된 것이다.

이탈리아의 경제인들

아코가 함락된 후 한동안 시리아와 팔레스티나에서는 그리스도교도의 모습을 찾아볼 수 없었다. 하지만 이런 상황은 오래지 않아 개선된다. 패배하고 떠난 그리스도교측이 원했기 때문만은 아니다. 승리한 이슬람측도 바라는 바였다.

아코가 함락되어 중근동에서 그리스도교도가 일소된 해로부터 10년이 지난 1302년, 베네치아 공화국은 맘루크 왕조의 술탄과 통상협정을 맺었다.

'지하드'를 내세워 '불신앙의 무리'를 일소했지만, '불신앙의 무리'

들과의 사업은 계속하고 싶다는 자국 경제인들의 의향을 술탄도 무시할 수 없었던 것이다.

아랍인을 중심으로 한 이슬람 세계의 경제인들은 2백 년의 십자군 시대 동안 서유럽과 사업하는 묘미를 알아버리고 말았다.

오리엔트의 물산은 어느 것이나 훌륭한 품질의 고급품이었다. 따라서 고가였고, 이슬람 세계에서 이를 구입하는 계층도 제한되어 있었다. 반면 서유럽에서는 우후죽순처럼 도시국가가 생겨나고, 자신의 두뇌와 기술로 직접 생산활동을 하는 중산계급이 대두했다. 오리엔트에서는 태수가 아니면 몸에 걸칠 수 없는 호화로운 다마스쿠스산 옷감으로, 이탈리아에서는 한 도시국가의 유력자가 옷을 지어 입기도 했다.

뛰어난 사업감각을 지닌 아랍 상인들이 이 거대한 시장을 놓칠 리 없었다. 또한 양쪽을 중개하며 이익을 얻고 있던 이탈리아의 교역상인들도, 아코가 함락된 정도로 모든 것을 포기할 남자들이 아니었다.

십자군 시대처럼 독자적인 거류지를 갖고 치외법권을 인정받는 것은 이제 불가능했다. 그러나 건물 하나에 상관을 설립하고 그곳을 거점으로 자유롭게 교역활동을 하는 정도는 그 지방의 태수만 허락해주면 실현할 수 있었다. 그리하여 이탈리아의 상인들은 일소당했던 중근동 각지로 돌아온 것이다.

그러나 베네치아인과 제노바인, 특히 경제활동에서도 전략적인 기질을 발휘하는 베네치아인은, 십자군의 종언 이후 오리엔트 사람들과의 관계를 바꾸어나간다.

어느 한 명의 유력자, 어느 한 국가에 집중하는 것이 아니라, 철저하게 위험을 분산하는 방식을 취한 것이다.

맘루크 왕조의 술탄과 통상협정을 맺었다 해도 베네치아의 상선은 이집트의 카이로나 알렉산드리아로만 향하지 않았다. 콘스탄티노플, 시리아, 팔레스티나 등으로 분산시켰다. 신용할 수 없는 상대와의 관계를 지속하려면 철저하게 위험을 분산하는 방법밖에 없었기 때문이다.

다만 이런 방식이 계속 기능하기 위해서는, 즉 꾸준히 높은 이윤을 얻기 위해서는 분산한 분야에 투자하는 자본이 많을수록 유리하다.

그래서 베네치아는 이전부터 있던 '콜레간차'라는 제도를 한층 강화했다. 직역하면 '연대(連帶)'라는 뜻인데, 교역업이나 운송업과 상관없는 일에 종사하는 시민까지 개인투자가로 바꾸어놓았다는 점에서 현대 주식제도의 선구라고 할 수 있다.

이로써 베네치아 경제인들이 모은 자본은 자본금 조달처가 혈연관계에 머물러 있던 아랍이나 유대 경제인의 자본을 훨씬 뛰어넘는 수준으로 증강되었다. 같은 제도를 제노바에서는 '콤멘다(commenda)'라고 했는데, 이 이탈리아의 경제인들은 신용하는 사람의 범위를 '친족'에서 '타인'으로 확대하는 것의 유리함을 다른 유럽인에게도 일깨우는 첫걸음을 내디딘 셈이다. 일해서 모은 사유재산을 맡길 수 있을 정도의 신뢰관계는 전에 없던 것이니까.

베네치아는 이렇게 모인 자본을 보다 이윤이 높은 고급품 수출에 쏟는 동시에 '납기'를 지키는 데에도 투자한다. 여러 명의 조수가 필요하기 때문에 돛으로만 나아가는 배보다 많은 인건비가 드는 갤리선을 상선단의 주력으로 삼았다. 조수가 일종의 '모터' 역할을 하는 갤리선을 사용하면 바람에 좌우되는 비율이 낮아져 그만큼 항해 일정을 세우기가 쉬워진다. 성공적인 사업에는 상대와의 지속적인 관계를 쌓아가는 것도 중요한 요소였던 것이다.

나아가 위험 분산과 납기 엄수가 모두 제대로 이루어지려면 정확한 정보 수집을 빼놓을 수 없다. 베네치아 공화국은 이미 이 시기부터, 훗날 대영제국의 첩보관계자가 감탄할 만한 정보입국(情報立國)의 모습을 갖춰갔다.

이러한 정보에 기초해 신속한 결단을 내리는 데 필요한 정책 결정과정의 효율화를, 베네치아는 아코 함락 이후 불과 6년 만에 이뤄낸다. 이는 불확실한 시대를 예측하고 대처한 것에 따른 통치능력의 향상이라고밖에 표현할 수 없다.

게다가 이 모든 노력을 뒷받침하는 강력한 해군력을 유지하고 한층 강화하는 것도 잊지 않았다. 십자군 시대의 종언이라는 일대 위기를, 베네치아는 매우 훌륭하게 극복해나간 것이다.

베네치아 공화국은 이제야 비로소 진정한 의미의 경제대국이 되었

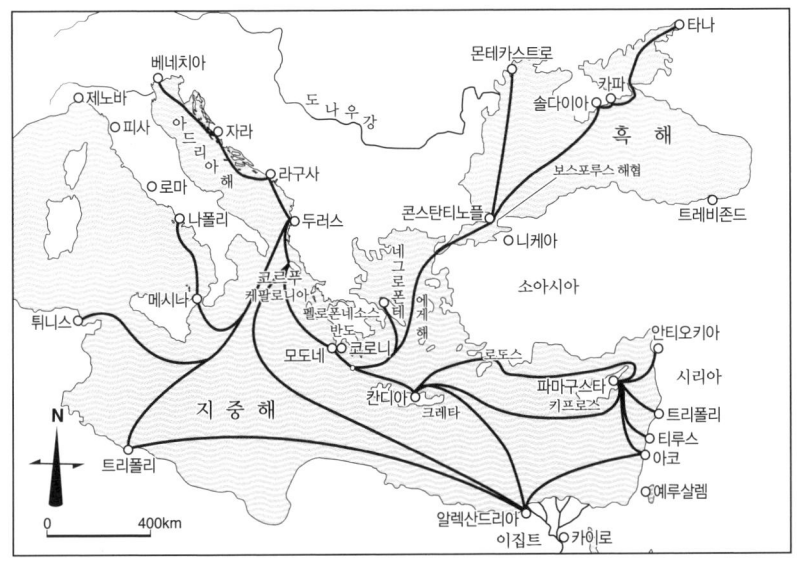

십자군 이후에 구축된 베네치아의 지중해 동쪽 네트워크

다. 베네치아의 통화인 '두카트 금화'는 이전의 비잔틴 통화나 이슬람 세계의 디나르를 대체하는 지중해 세계와 유럽의 국제통화가 되었다. 모든 금액을 두카트 단위로 표시하게 된 것이다. 카이로와 콘스탄티노플, 파리, 런던에서도.

나아가 이 도시국가의 시민들은 르네상스로 가는 길을 닦게 되었다. 스스로 생산활동을 하는 중산계급이 창조해낸 문화와 문명인 르네상스를.

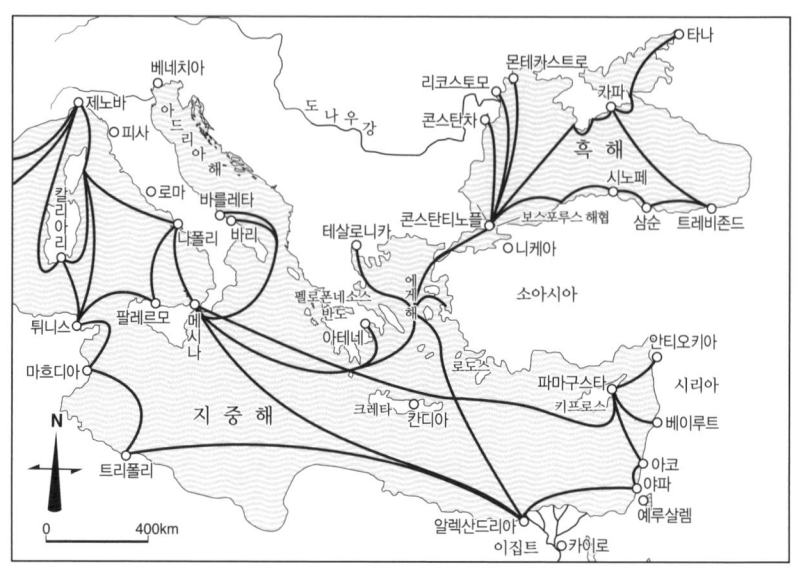

십자군 이후에 구축된 제노바의 지중해 동쪽 네트워크

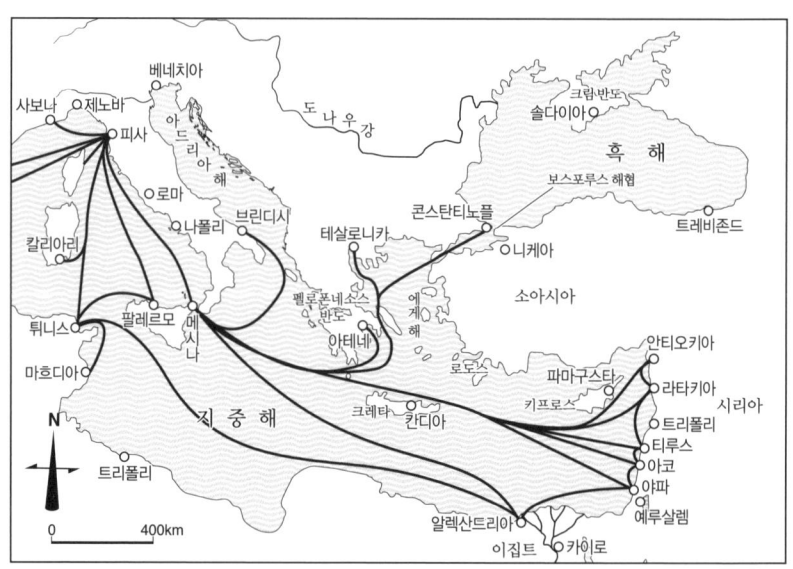

십자군 이후에 구축된 피사의 지중해 동쪽 네트워크

성지순례

교역상인 외에 중근동에 다시 모습을 보인 것은 순례자들이었다.

순례의 재개도 그리스도교측과 이슬람측의 이해가 맞아떨어졌기 때문에 가능했다. 예루살렘의 산업은 성도라는 것 말고는 없었고, 이슬람교도보다 압도적으로 많은 그리스도교도가 이 땅을 순례하길 원했다. 이슬람교도의 첫번째 성지는 메카였기 때문인데, 방문한 자들이 돈을 쓰고 간다는 점에서는 순례나 관광이나 마찬가지였다.

베네치아인은 이 성지순례까지도 영리사업으로 성공시켰다. 자세한 내용은 『바다의 도시 이야기』의 '성지순례 패키지 투어' 부분에 나와 있다. 그것을 읽으면 중세 베네치아인의 철저한 이코노믹 애니멀 정신에 감탄의 웃음을 터뜨릴 것이다. 이들은 그리스도교도 순례자들이 저항감을 보이는, 이슬람측에 지불하는 '성지 참배료'도 전체 여행비에 포함해 신경 쓰이지 않게 했을 정도였다.

베네치아는 이렇게 패키지 형태의 단체여행 방식을 개발해 부지런히 순례자들을 내보내고 맞이함으로써, 불신앙의 무리와 사업을 한다는 유럽의 원리주의적 그리스도교도의 비난을 피할 수 있었다.

맺음말

십자군 시대가 막을 내린 후에도 그리스도교측과 이슬람측은 여러 차례 전투를 벌였다. 역사상 특별히 기록될 만한 전투만 꼽아도 다음과 같다.

1453년—콘스탄티노플 함락.
비잔틴제국이 멸망하고, 수도였던 콘스탄티노플은 이스탄불로 이름이 바뀌어 투르크제국의 수도가 되었다.
1492년—그라나다 함락.
이슬람교도가 스페인에서 일소되었고, 그리스도교측의 '레콘키스타(재정복)'가 완료되었다.
1522년—로도스 섬 공방전.
'이슬람의 목에 걸린 가시'를 빼내고자 투르크제국이 보낸 대군에 맞선 병원 기사단 기사들은, 이번에는 전과 달리 패하고 말았다. '명예로운 퇴거'는 이루었지만 더이상 '로도스 기사단'이라 칭할 수 없게 되었다.
1529년—빈 공방전.
빈까지 진군한 투르크제국은 결국 철수하고 서진을 중단했다.
1565년—몰타 섬 공방전.
몰타 섬으로 옮겨간 병원 기사단은 투르크제국의 대군을 맞아 장렬한 공방전을 벌인 끝에 격퇴하는 데 성공했다. 이후로도 '몰타 기사단'이라는 이름으로 이슬람 세력에 맞서며 그리스도교도의 보루로 남았다.

1571년―레판토 해전.

베네치아, 교황청, 스페인 연합함대와 투르크 함대가 그리스의 레판토 앞바다에서 격돌해 그리스도교측의 대승으로 끝났다. 이로써 해상에서의 투르크제국 서진이 저지당했다.

1645년―크레타 섬 공방전.

25년간 이어진 공방전 끝에, 베네치아 공화국은 결국 이 '지중해의 항공모함'을 내놓게 되었다.

1683년―두번째 빈 공방전.

이때의 패배를 마지막으로 투르크제국은 육상에서도 서진을 포기했다.

만약 그리스도교측이 레판토와 빈에서 패했다면, 유럽은 그때부터 이슬람화되었을지도 모르는 일이다.

그러나 이 전쟁들은 더이상 종교전쟁이라고 할 수 없었다. 영토와 이권을 둘러싼 전쟁에 종교를 덧입혔을 뿐, 실상은 일반적인 전쟁과 마찬가지였다. 그리스도교측이 가슴에 큰 십자를 새기고 싸운 것도 로도스와 몰타 공방전 때뿐이었는데, 이는 그 전쟁의 당사자가 십자군 시대의 유물인 성 요한 병원 기사단이었기 때문이다.

종교를 전면에 내세우고, 또한 대부분의 사람들이 그 사실을 믿고서 싸운 것을 꼽는다면, 역시 1291년의 아코 공방전이 마지막일 것이다. 그리스도교측에도, 이슬람측에도.

그러나 인간은 영토와 이권을 둘러싼 전쟁만으로는 아무래도 마음의 평안을 얻지 못하는 듯하다.

십자군에 관해 많은 저작을 남긴 런던 대학의 교수 조너선 라일리 스미스(Jonathan Riley-Smith)는, 자신의 저서 『The Crusades — A Short History』를 다음과 같은 말로 끝맺는다.

"유럽인의 십자군에 대한 열정은 조금씩 식어갔다. 아마 14세기 말에는 그 매력만으로는 민중을 움직일 수 없게 되었을 것이다. (중략) 그리고 '성전'이라는 말은 조금씩 '정전(正戰)'으로 대체되어갔다."

옳은 것만 말하는 신이 바란 일이니 옳은 전쟁임에 틀림없을 것이다. 따라서 신의 존재가 후퇴한 뒤에도 '옳은 전쟁'만은 남았다. 아니, 적어도 이 정도는 남기고 싶다고 인간이 생각했기에 남은 것인지도 모른다.

그리고 그것은 20세기에 맹위를 떨치고 21세기인 지금까지 계속 남아, 전쟁을 이끌어내는 측이나 이끌려나간 측 모두, 옳은가 옳지 않은가 하는 문제를 두고 고민하게 만드는 것이다.

끝

부록

연표
참고문헌

서기	중근동 · 소아시아 · 이집트	유럽	그 밖의 세계
1077		신성로마제국 황제 하인리히 4세, 카노사에 있는 로마 교황 그레고리우스 7세를 찾아가 파문을 풀어줄 것을 간청('카노사의 굴욕')	
1095		교황 우르바누스 2세, 클레르몽 공의회에서 십자군 결성을 호소함.	
1096		은자 피에르, '민중 십자군'을 조직해 중근동으로 출발. 헝가리에서 수탈을 거듭하며 콘스탄티노플에 도착. 툴루즈 백작 레몽, 로렌 공작 고드프루아와 그의 동생 보두앵, 풀리아 공작 보에몬드, 보에몬드의 조카 탄크레디 등이 중근동으로 출발. 가을에서 겨울 사이 콘스탄티노플에 도착.	
1097		비잔틴제국 황제 알렉시우스, 제후들에게 신하의 예를 강요. 제후는 형식적으로 이를 받아들이고, 셀주크투르크 지배하의 소아시아로 출발.	
	제후들의 십자군, 소아시아에 들어가 니케아, 도릴라이움을 차례로 제압. 보두앵, 본대에서 이탈해 에데사에 도착. 현지 영주의 양자로 들어가 에데사 백작이 됨. 최초의 십자군 국가 성립.		
1098	7개월간의 전투 끝에 시리아 제일의 대도시 안티오키아를 제압. 돌파의 계기를 만든 보에몬		

563

	드가 영주가 되어 안티오키아 공작을 자칭함.		
1099	십자군, 팔레스티나로 행군 개시. 7월, 오랫동안 이슬람측의 지배하에 있던 예루살렘이 함락. 로렌 공작 고드프루아가 '성묘의 수호자'를 자처하며 실질적인 왕이 됨.		
1100	팔레스티나 연안의 아르수프, 카이사레아, 아코 등이 고드프루아에게 강화를 신청하며 십자군의 패권하에 들어옴. 7월, 고드프루아 사망. 동생 보두앵이 에데사에서 소환되어 예루살렘 왕으로 즉위. 이들의 사촌 보두앵이 에데사 영주로 파견됨.		
1105		보에몬드, 유럽으로 귀국. 각국의 수뇌에게 꾸준히 십자군 파견을 요청.	(한국) 고려 윤관 장군 여진 정벌 (1107)
1118	보두앵, 이집트를 견제 공격하러 가던 중 사망. 에데사 백작이던 사촌형제가 보두앵 2세로 예루살렘 왕으로 즉위. 전승에 따르면, 이 무렵 템플 기사단이 결성되어 보두앵 2세 치하의 예루살렘을 방어하는 임무를 맡음. 같은 무렵, 당초 의료에 종사하는 수도사 집단으로 결성되었던 성 요한 의료 수도회가 '성 요한 병원 기사단'으로 변모해, 템플 기사단과 나란히 유력한 전력이 됨.		(한국) 이자겸의 난(1126) (중국) 금, 북송을 멸망시킴(1127)

1131	13년의 치세 끝에 보두앵 2세 사망. 사위 앙주 백작 풀크가 예루살렘 왕으로 즉위. 십자군 국가 방어의 요인인 성채 건설에 힘을 쏟음.		(한국) 묘청의 난 (1135)
1143	풀크 사망. 열세 살의 아들 보두앵 3세와 그의 어머니 멜리장드가 공동으로 왕위에 오름.		
1144	모술과 다마스쿠스를 지배하고 있던 이슬람의 태수 장기가 에데사를 제압하고 파괴. 최초의 십자군 국가 상실.		(한국) 김부식, 『삼국사기』 편찬 (1145)
1146		시토파 수도사 베르나르두스, 프랑스의 소도시 베즐레의 광장에서 십자군 결성을 촉구. 루이 7세가 이에 응함. 이어서 신성로마제국 황제 콘라트 3세를 설득하는 데도 성공해, 제2차 십자군의 파견이 결정됨.	
1147		콘라트와 루이가 중근동으로 출발.	
1148	콘라트와 루이, 예루살렘에 도착. 예루살렘 왕과 함께 다마스쿠스를 공격하기로 결정. 알레포를 물려받은 장기의 차남 누레딘이 다마스쿠스 영주의 지원 요청을 받고 다마스쿠스로 접근. 십자군은 그다음 날 철수를 결정. 콘라트, 일찌감치 팔레스티나를 떠나 콘스탄티노플을 경유해 귀국.		
1149	루이, 시칠리아를 경유해 귀국.		

565

	누레딘, 형의 죽음으로 모술을 지배하게 됨.		
1150		루이와 그의 아내이자 아키텐의 상속인 엘레오노르의 결혼이 무효가 됨.	
1152		엘레오노르, 노르망디 공작이자 훗날 잉글랜드 왕이 되는 앙리와 결혼.	
1154	누레딘, 다마스쿠스를 제압하고 이슬람 전역의 지배자가 됨.		
1156	시리아에서 대지진이 일어남. 누레딘, 지배지역의 부흥에 힘씀.		(일본) 호겐의 난
1158	보두앵 3세, 비잔틴제국 공주와 결혼. 안티오키아의 영유권을 비잔틴제국에 양도.		(일본) 헤이지의 난(1159)
1162	보두앵 3세 사망. 동생 아모리가 예루살렘 왕으로 즉위.		
1169	누레딘 수하의 장수 시르쿠, 조카 살라딘과 함께 파티마 왕조의 이집트를 침공해 제압. 시르쿠의 사망으로 조카 살라딘이 이집트 재상으로 취임.		
1170	이집트의 파티마 왕조 멸망. 살라딘, 새롭게 아이유브 왕조 창시.		(한국) 정중부 등이 무신정변을 일으킴.
1174	아모리 사망. 나병 환자인 아들 보두앵 4세가 예루살렘 왕으로 즉위. 누레딘 사망. 젊은 아들이 뒤를		

	잇자 살라딘은 표면상 충성을 서약하지만, 다마스쿠스를 실질적으로 영유하는 데 성공함.		
1182	살라딘, 알레포를 지배하에 둠.		
1185	보두앵 4세 사망. 전년도부터 공동 통치자가 된 여덟 살 조카 보두앵 5세가 왕위에 오름.		(일본) 단노우라 전투 (일본) 이 무렵 미나모토노 요리토모가 각 지방에 슈고, 지토 설치 (가마쿠라 시대 개막)
1186	살라딘, 이라크의 주요도시 모술을 손에 넣어 이슬람 세계의 실질적인 통합에 성공. 보두앵 5세 사망. 부모 시빌라와 기 드 뤼지냥이 예루살렘의 지배자가 됨.		
1187	살라딘, 대군을 이끌고 그리스도교 세력권 침입. 뤼지냥이 이끄는 그리스도교군이 하틴 평원에서 살라딘군과 격돌해 완패. 예루살렘 왕 뤼지냥은 이슬람측의 포로가 됨. 살라딘, 티베리아스를 비롯해 아코를 중심으로 한 항구도시를 지배하에 둠. 살라딘, 예루살렘 함락. 예루살렘이 88년 만에 이슬람 지배하로 돌아감.		
1188	살라딘, 티루스 공략 실패.	신성로마제국 황제 프리드리히, 군대를 이끌고 중근동으로 출발.	

567

1189	살라딘, 뤼지냥을 풀어줌. 뤼지냥, 이벨린과 함께 아코 공격을 개시.	리처드 1세, 잉글랜드 왕으로 즉위.	(일본) 미나모토 노 요리토모, 오슈정벌
1190	프리드리히, 소아시아에 도착하나 코니아 부근의 괴크스강에서 익사. 독일군은 행군을 계속하기로 한 일부만 남고 귀국함.	리처드와 프랑스 왕 필리프 2세가 베즐레에서 합류, 제3차 십자군이 중근동으로 출발.	
1191	필리프, 아코에 도착해 공방전에 참가. 리처드, 당시 비잔틴제국의 지배하에 있던 키프로스에 도착해 불과 닷새 만에 정복. 이후 키프로스는 십자군 세력의 보급지가 됨. 리처드, 아코에 도착해 공방전에 참가. 아코측이 전면강화를 요청. 필리프 귀국. 이어서 독일군을 이끌던 오스트리아 공작도 전선을 이탈하고, 튜턴 기사단만 남게 됨. 리처드가 이끄는 십자군, 아르수프로 행군 시작. 행군중 살라딘군과 전투를 벌여 승리. 아르수프도 지배하에 두게 됨. 십자군, 야파와 아스칼론을 수복. 예루살렘을 침공할 준비에 착수.		(일본) 에이사이, 송나라에서 일본으로 건너와 임제종을 보급
1192	뤼지냥을 대신해 몬페라토 후작 코라도가 예루살렘 왕으로 즉위하지만 이슬람측에 암살당하고, 샹파뉴 백작 앙리가 그 뒤를 이음. 리처드와 살라딘의 강화 성립. 이슬람측이 예루살렘을 계속 영유하지만 그리스도교의 안전한	필리프, 리처드의 지배지역에 침입.	(일본) 미나모토 노 요리토모, 세이이타이쇼군이 됨

	순례를 보장하기로 하고, 팔레스티나 항구도시의 영유권은 그리스도교측에 양도됨. 리처드, 자국으로 출발.		
1193	살라딘 사망. 광범위한 지배영역이 세 아들과 동생 알 아딜에게 분할되나, 아들들 사이에서 세력 다툼이 일어나 알 아딜이 이슬람 세계 전역의 술탄이 됨.		
1194		리처드, 잉글랜드로 귀국. 필리프와의 세력 다툼이 본격화됨.	(한국) 최충헌이 정권 장악, 최씨 무신정권 수립 (1196)
1198		인노켄티우스 3세가 로마 교황으로 즉위.	
1199		리처드 사망. 샹파뉴 백작, 블루아 백작, 플랑드르 백작 등의 프랑스 제후가 제4차 십자군 결성을 서약.	
1201		제4차 십자군의 사절이 베네치아를 방문해 협력을 요청. 도제 단돌로는 이집트를 침공하지 않겠다는 밀약을 알 아딜과 맺은 뒤 제4차 십자군 요청을 수락.	
1202		제4차 십자군과 베네치아 해군이 출발하나, 해상 수송 비용을 지불하지 못한 십자군측은 주도권을 쥐지 못하고, 베네치아의 계획에 따라 아드리아 해 연안의 도시 자라를 침공해 제압. 자라에 체재중인 제4차 십자군에 비잔틴제국 황자가 찾아와, 아버지를 살해하고 황위에 앉은 숙부를 타도할 것을 의뢰. 십자	

		군측은 이 요청을 받아들이고 행선지를 콘스탄티노플로 변경함.	
1203		십자군과 베네치아 해군, 콘스탄티노플에 도착.	
1204		10개월의 공방 끝에 콘스탄티노플 함락. 비잔틴제국 황제 자리가 공석이 되어 새롭게 '라틴제국'이 수립됨.	(몽골) 칭기즈칸, 화베이 침입을 개시(1211)
1212		소년들이 중심이 된 '소년 십자군'이 일어남.	(일본) 가모노 조메이, 『호조키』 완성
1218	예루살렘 왕 장 드 브리엔이 로마 교황청의 촉구로 제5차 십자군을 조직. 이집트 다미에타를 침공. 알 아딜 사망. 이집트 통치를 맡고 있던 장남 알 카밀이 후계자가 됨.		(몽골) 칭기즈칸, 서역 정벌 시작(1219) (한국) 몽골과 통교(1219) (일본) 겐지 멸망, 호조 집권 개시(1219)
1220	제5차 십자군, 다미에타 제압.	프리드리히 2세가 신성로마제국 황제에 즉위.	
1221	제5차 십자군, 나일강 범람으로 철수.		(일본) 조큐의 난
1225		프리드리히, 장 드 브리엔의 딸과 결혼해 예루살렘 왕으로 즉위.	
1227		교황 그레고리우스, 여러 차례 십자군 원정을 요청했음에도 계속 미루기만 하는 프리드리히를 파문.	(일본) 도겐, 송나라에서 일본으로 건너와 조동종을 보급

1228		교황, 재차 프리드리히를 파문. 프리드리히, 제6차 십자군을 조직해 중근동으로 출발.	
1229	프리드리히와 알 카밀이 석 달에 걸친 교섭 끝에 강화를 체결. 전투 없이 예루살렘 탈환에 성공하고 자국으로 돌아감.		(한국) 몽골의 고려 침공(1231) (한국) 강화 천도 (1232) (몽골·중국) 오고타이 한국, 금을 멸망시킴(1234)
1244	시리아의 한 부족이 예루살렘을 점거. 15년간 지켜온 강화가 깨짐.		
1248		프랑스 왕 루이 9세, 교황 인노켄티우스 4세의 요청을 받아 제7차 십자군을 조직.	
1249	제7차 십자군, 다미에타에 상륙해 만수라로 진군.		
1250	제7차 십자군, 노예 출신 병사 맘루크 군대와의 전투에서 패해, 중심적인 존재인 기사들이 전멸. 왕 루이를 포함한 제7차 십자군 전체가 포로가 됨. 루이는 막대한 보석금을 지불하고 석방됨.		
1254	루이, 프랑스로 돌아가기 위해 아코를 떠남.		
1258	몽골제국이 서진해 바그다드 함락. 이어서 알레포와 다마스쿠스를 침공.		

1260	사실상 이집트의 지배자가 된 맘루크 출신의 바이바르스, 몽골군 격파.	
1270		루이, 두번째 십자군 원정을 결의. 제8차 십자군이 튀니지아로 출발.	(한국) 개경 환도, 삼별초의 대몽 항쟁 (몽골·중국) 쿠빌라이칸이 원 왕조 세움(1271) (일본) 원의 침략 (분에이노에키, 1274) (일본) 원의 침략 (고안노에키, 1281)
	제8차 십자군, 튀니지아에 상륙하나 역병이 만연해 한 달 만에 철수. 루이도 현지에서 사망.	
1291	맘루크 왕조의 술탄 카릴이 마지막 남은 그리스도교측의 도시 아코를 총공격함. 5월 18일 아코 함락. 그리스도교측은 중근동의 모든 영지를 상실. 주된 잔존 세력은 키프로스로 피난.	
1306		템플 기사단, 프랑스로 본거지를 옮김. 프랑스 왕 필리프 4세가 교황 클레멘스 5세와 교황청을 아비뇽으로 옮김. 아비뇽 유수 시작.
1307		템플 기사단에 대한 탄압이 시작됨.
1309	병원 기사단, 로도스 섬으로 본거지를 옮기고 이후 로도스 기사단을 자칭.	
1312		교황, 템플 기사단의 해산을 선고.

| 참고문헌 |

Abel F.M., *Lettre d'un Templier trouvée récemment à Jérusalem*, 《Revue biblique》 35 (1926), pp.288-295.

Abu'l-Fida (tr. P.M. Holt), *The Memoires of a Syrian Prince; Abu'l-Fida, Sultan of Hamah (672-737/1273-1331)*, Wiesbaden 1983.

Abulafia D.S.H. (edit.), *Commerce and Conquest in the Mediterranean, 1100-1500*, London 1933.

Addison C.G., *The Knights Templar History*, AMS Press, New York 1912 and 1978.

Airaldi G. - Kedar B.Z. (a cura di), *I Comuni Italiani nel Regno Crociato di Gerusalemme*, Genova 1986.

Alphandery P., *Les Croisades d'Enfants*, in 《Revue de l'Histoire des Religions》, vol.LXXIII, Paris 1916.

Alphandéry P., Dupront A., *La cristianità e l'idea di Crociata*, il Mulino, Bologna 1983.

Ambroise, *Estoire de la Guerre Sainte*, ed. G. Paris, Imprimerie Nationale, Paris 1897.

Ambroise, *The Crusade of Richard Lionheart*, trans, Hubert M.J. and La Monte J., New York 1941.

Andressohn J.C., *The Ancestry and Life of Godefroy of Bouillon*, 1947.

Angold M., *The Byzantine Empire 1025-1204. A political History*, London 1984.

Anna Comnene, Alessiade, in B. Leib (ed.), *Collection Byzantine de l'Association Guillaume Budé*, 3 vol., Paris 1937-45.

Annales de Terre Sainte, edited by Röhricth, in *Archives de l'Orient Latin*, vol.II, Paris 1884.

Anon. (ed, R.C, Johnston), *The Crusade and the Death of Richard I: Anglo-Norman Tests XVII*, Oxford 1961.

Anon. (ed.), *Acri 1291- la fine della presenza degli ordini militari in Terra Santa... a cura di Francesco Tommasi*, Biblioteca di Militia Sacra 1, Perugia 1996.

Anon. (ed. H.J. Nicholson), *The Chronicle of the Third Crusade: The Itinerarium Peregrinorum et Gesta Regis Ricardi*, Aldershot 2001.

Archer T.A., *The Crusade of Richard I*, G.P. Putnam's Sons; AMS Prints, New York 1897, 1978.

Ardouin E., *Essai sur l'Armée Royale au Temps de Philippe Auguste*, Paris 1913.
Auvray L. (ed.), *Les Registres du Grégoire IXe*, Paris 1896-1955, 4 vol.
Avissar M. - Stern E., 'Akko, the Citadel', *Excavations and Surveys in Israel*, XIV, 1994, pp.22-25.
Ayalon D., *The Mamluk Military Society*, London 1979.
Bahā al-Dīn ibn Shaddād, *The Life of Saladin*, trans. C.W. Wilson and C.R. Conder, Palestinian Pilgrims Text Society, London 1897.
Baldwin M., *Raymond III of Tripolis and the Fall of Jerusalem*, Princeton, 1936.
Baldwin W., *The Government of Philip Augustus. Foundations of French Royal Power in the Middle Ages*, Berkeley-London 1986.
Baluze S., *Vitae Paparum Avenionensium*, 2 vol., Paris 1643.
Barber M., *The Trial of the Templars*, Cambridge University Press, Cambridge 1978.
Barber M., *The New Knighthood: A History of the Order of the Temple*, Cambridge University Press, Cambridge 1993.
Bartolf de Nangis, *Gesta Francorum Iherusalemn Expugnantium*, in Recueil des Historiens des Croisades: Historiens Occidentaux, vol.III.
Beck A., *Der Untergang der Templer*, Verlag Herder, Freiburg 1992.
Becker A., *Papst Urban II (1088-1099)*, I, 1964.
Ben-Ami A., *Social Change in a Hostile Environment: The Crusaders' Kingdom of Jerusalem*, Princeton 1969.
Bennet M., 'La Règle du Temple as a military manual, or how to deliver a cavalry charge', in C. Harper-Bill, et al., edits (edits.), *Studies in Medieval History Presented to R. Allen Brown*, Woodbridge 1989, pp.7-19.
Bernard St., 'Liber and milites Templi de laude novae militiae', in *Sancti Bernardi Opera*, a cura di J. Leclerq, III, Roma 1963.
Billings M., *The Cross and the Crescent*, London 1987.
Blake E.O - Morris C., 'A Hermit goes to War: Peter and the Origins of the First Crusade', in *Studies in Church History*, 21, 1984.
Boase T.S.R., *Boniface VIII*, London 1933.
Boase T.S.R., 'Military Architecture in the Crusader States in Palestine and Syria', in K.M. Setton (ed), *A History of the Crusades*, vol.IV, Madison 1977.
Boaz A., 'Bet Shean, Crusader Fortress - Area Z', *Excavations and Surveys in Israel*, IX, 1989-90, 129.
Bohn H. (ed.), *Chronicles of the Crusades: contemporary narratives of the Crusade of Richard Coeur de Lion by Richard of Devizes and Geoffrey de Vinsauf and of*

the crusade of Saint Louis by the Lord John de Joinville, H.G. Bohn, George Bell and Sons, London 1848, 1900.

Boissonade P., *Cluny, la Papauté et la première grande Croisade internationale contre les Sarrasins d'Espagne*, in «Revue des Question Historiques», vol.CXVII, Paris 1932.

Bombaci A., 'The Army of the Saljuqs of Rum', *Istituto Orientale di Napoli, Annali*, 38, 1978, pp.343-69.

Bordonove G., *Les Templiers: histoire et tragédie*, Fayard, Paris 1977.

Bordonove G., *La vie quotidienne des Templiers au 13° siècle*, Éditions Famot, Genf 1978.

Bradbury J., *Philip Augustus: King of France, 1180-1223*, London 1997.

Bradford E., *The Shield and the Sword*, London 1972.

Brand C. M., *Byzantium Confronts the West, 1180-1204*, Harvard University Press, Cambridge, Mass. 1968.

Bredero A.H., *Bernard de Clairvaux: Between Cult and History*, Edinburgh 1996.

Breysig T., *Gottfried, von Bouillon vor dem Kreuzzüge*, in «Westdeutche Zeitschrift für Geschichte», XVII, Trier 1898.

Brice M., *Forts and Fortresses*, Oxford 1990.

Brosset M.F., *Collection d'Historiens Arméniens*, 2 vol., Sankt-Peterburg 1874-76.

Browne E.J., *La médecine arabe*, Paris 1933.

Brundage J., *The Crusades: a documentary survey*, Marquette University Press, Milwaukee, Wisconsin 1962.

Bruno S.-J., *The Letters of Saint Bernard of Clairvaux*, London 1953.

Bull M., 'The Capetian Monarchy and the Early Crusader Movement: Hugh of Vermandois and Louis VII', *Nottingham Medieval Studies*, 40, 1996, pp.25-46.

Bull M.G. - Leglu C. (eds.), *The World of Eleanor of Aquitaine: Literature and Society in Southern France between the Eleventh and Thirteenth Centuries*, Woodbridge 2005.

Burwan E., *The Templars: Knights of God*, Destiny Books, Rochester 1986.

Cahen C., *Indigènes et Croisés*, in «Syria», vol.XV, Paris 1934.

Cahen C., *La Syrie du Nord à l'époque des croisades et la principauté franque d'Antioche*, Geuthner, Paris 1940.

Cambridge Medieval History, directed by J.B. Bury, 6 vols., Cambridge 1911-36.

Cappelletti L., *Storia degli ordini cavallereschi*, Livorno 1904, pp.358-361.

Cardini F., *Il Movimento Crociato*, Sansoni, Firenze 1972.

Chaffanjon A., *Les Grands Ordres de Chevalerie*, Paris 1970.
Chalandon F., *Histoire de la Domination normande en Italie et en Sicilie*, 2 vol., Paris 1907.
Champdor A., *Saladin, le plus pur Héros de l'islam*, Éditions Albin Michel, 1953.
Charpentier J., *L'Ordre des Templiers*, La Colombe 1962.
Charpentier L., *I misteri dei Templari*, Roma 1981.
Chaumeil J., *Lue du premier au dernier Templier*, Paris 1985.
Chaytor H.J., *The Troubadours*, Cambridge 1912.
Chehab M.H., 'Tyr à l'epoque des Croisades', *Bullettin du Musée de Beyrouth*, XXXI, 1979.
Cheney O.R., 'The Downfall of the Templars and a letter in their defence', in *Medieval Miscellany presented to Eugéne Vinaver*, Manchester 1965.
Chevedden P.E., The Hybrid Trebuchet: the Halfway Step to the Counterweight Trebuchet', in D.J. Kagay - T.M. Vann (eds.), *On the Social Origins of Medieval Institutions: Essays in Honor of Joseph F. O'Callaghan*, Leiden 1998, pp.179-222.
Chevedden P.E., 'Fortification and the Development of Defensive Planning in the Latin East', in D. Kagay and L.J.A. Villalon (eds.), *The Circle of War in the Middle Ages*, Woodbridge 1999, pp.33-43.
Clifford E.R., *A Knight of Great Renown, The Life and Times of Othon de Grandson*, Chicago 1961.
Constable G., 'The Financing of the Crusades in the Twelfth century', in B.Z. Kedar (ed.), *Outremer: Studies in the History of the Crusading Kingdom of Jerusalem*, Jerusalem 1982, pp.64-88.
Crawford P. (tr.), *The Templar of Tyre: Part III of the Deeds of the Cypriots*, Aldershot 2003.
Crozet R., *Le Voyage d'Urbain II et ses arrangements avec le Clergé de France*, in 《Revue Historique》, vol.CLXXIX, Paris 1937.
Curtis Van Cleve T., *The Emperor Frederick II of Hohenstaufen, Immutator Mundi*, Oxford 1972.
Da Mosto A., *I Dogi du Venezia*, Aldo Martello-Giunti Editore, 1977.
Dailliez L., *Histoire de l'Ordre du Temple*, Alpes-Mediterranées Éditions/Impres du Sud, Nice 1980.
Daimberto, arcivescovo di Pisa e patriarca di Gerusalemme, lettera XVIII e XXI, in Hagermeyer, *Die Kreuzzugsbriefe*.
Dajani - Shakeel H., 'Diplomatic Relations between Muslim and Frankish Rulers

1097-1153 AD', in M. Shatzmiller (ed.), *Crusaders and Muslims in Twelfth-Century Syria*, Leiden 1993, pp.190-215.

Dal Borgo F., *Diplomata Pisana*, Pisa 1765.

R. Davico, *Cultura araba ed ebraica nella scuola medica salernitana del Medioevo, in Salerno e la sua scuola medica*, a cura di I. Gallo, Salerno 1994, pp.53-87.

De Expugnatione Terrae Sanctae per Saladinum Libellus, excerpts tuans. Brundage J.A. in the *Crusades: A Documentary Survey*, Milwaukee 1962, pp.153-63.

Dean B., 'A Crusader Fortress in Palestine (Montfort)', *Bulletin of the Metropolitan Museum of Art*, 22/2, 1927, pp.91-97

Delacroix P., *Vrai Visage de Saint Bernard, Abbé de Clairvaux*, Angers 1991.

Delaville-Leroulx E., *De Prima Origine Hospitaliorum Hierosolymitanorum*, Cartolaire général des Hospitaliers de Saint-Jean, 4 vol., Paris 1894

Delaville-Leroulx E. (ed.), *Cartulaire Général de l'ordre de S. Jean de Jérusalem, 1100-1310*, 4 vol., E. Leroux, Paris 1894-1906.

Delaville-Leroulx E., *Les Hospitaliers en Palestine et à Cypre, 1100-1310*, Paris 1904.

Delaville-Leroulx E., *Les Hospitaliers à Rhodes*, Paris 1913.

Delisle L., *Mémoire sur les opérations financiéres des Templiers*, in 《Mémoires de l' Institut de France. Académie des Inscriptions et Belles-Lettres》, XXXIII, 1888, part II.

Demurger A., *Vita e morte dell'ordine dei Templari* Garzanti, Milano 1987.

Der Nersessian S., *Armenia and the Byzantine Empire*, Cambridge, Mass. 1945.

Deschamps P., 'Deux Positions Stratégiques des croisés à l'Est du Jourdain: Ahamant et el Habis', *Revues Historiques*, CLXXII, 1933, 42-57.

Deschamps P., *Les Châteaux des Croisés en Terre Sainte : le Crac des Chevaliers*, Paris 1934.

Deschamps P., *La Défense du Royaume de Jérusalem*, 2 vol., Paris 1939.

Deschamps P., *La Toponomastique en Terre sainte au temps des Croisades, in Recueil de travauz...*, Geuthner, Paris 1955.

Deschamps P., *Les Châteaux des Croisés en Terre Sainte, III, La Defence du comte de Tripoli et de la principaute d'Antioche*, 2 vol., Paris 1973.

Desmond S., *The Monks of War*, London 1972.

Desquesnes R. - Faille R. - Faucherre N. - Prost P., *Les Fortifications du Littoral: La Charente-Maritime*, Chauray 1993.

Donovan J.P., *Pelagius and the Fifth Crusade*, Philadelphia 1950.

Du Chesne A., *Historiae Francorum Scriptores*, 5 vol., Paris 1636-49.
Ducange C. du F., *Les Familles d'Outremer*, edited by E.G. Rey, Paris 1869.
Duez J., *Rituels secrets des Templiers: initations, écuyer-novice, écuyer du Temple, chevalier-novice, rituels de reception*, J. Bersez, Villeneuve-sur-Bellot 1985.
Duffy E., *Saints and Sinners: A History of the Popes*, New Haven, CONN, 1997.
Duncalf F., *The Pope's Plan for the First Crusade*, in *The Crusades and other Historical Essays presented to D.C. Munro*, New York 1928.
Edde A.M., 'Kurdes et Turcs dans l'Armée ayyoubide de Syrie du Nord' in Y. Lev (ed.), *War and Society in the Eastern Mediterranean, 7th-15th Centuries*, Leiden 1996, pp.225-236.
Edbury P.W. - Gordon Rowe J., *William of Tyre*, Cambridge 1988.
Edbury P.W., 'Castles, towns and rural settlements in the Crusader kingdom', *Medieval Archaeology*, XLII, 1988, pp.191-193.
Edbury P.W., *The Kingdom of Cyprus and the Crusades, 1191-1374*, Cambridge 1991.
Edbury P.W, *Propaganda and Faction in the Kingdom of Jerusalem: the Background to Hattin*, in Shatzmiller M. (ed), *Crusaders and Muslims in Twelfth Century Syria*, Leiden 1993, pp.173-89.
Edbury P.W., 'The Templars in Cyprus', in M. Barber (ed.), *The Military Orders: Fighting for the Faith and Caring for the Sick*, Variorum, Aldershot 1994.
Edbury P. W., *The Conquest of Jerusalem and the Third Crusade* (Sources in Translation), Ashgate, Hampshire 1998.
Edwards R. W., *The Fortifications of Armenian Cilicia*, Washington 1987.
E. Egidi, *La colonia saracena di Lucera e la sua distruzione*, in 《Archivio storico per le province napoletane》.
Ehrenkreutz A.S., 'The Place of Saladin in the Naval History of the Mediterranean Sea in the Middle Ages', in *Journal of American Oriental Studies*, LXXV, 1995, pp. 100-116.
Eidelberg S. (ed. and tr.), *Jews and Crusaders: the Hebrew Chronicles of the First and Second Crusades*, Madison 1977.
Elbeheiry S., *Les Institutions de l'Egypte au Temps des Ayyubides*, Lille 1972.
Elisseeff N., *La description de Damas d'Ibn 'Asakir*, Damas 1959.
Elisseeff N., *Nur-ad-Din, un grand prince musulman de Syrie au temps des croisades*, Institut français de Damas, 1967.
Ellenblum R., 'Frankish and Muslim Siege Warfare and the construction of the

Frankish concentric castles', in M. Balard (ed.), *Die Gesta per Francos*, Aldershot 2001, pp.187-198.

Ellenblum R., 'Three generations of Frankish castle-building in the Latin Kingdom of Jerusalem', in M. Balard (ed.), *Autour de la Première Croisade*, Paris 1996, pp.517-551.

Epistola de Morte Friderici Imperatoris, in Chroust A. (1928).

Eydoux H-P., 'L'architecture militaire des Francs en Orient', in J. P. Babelon (edit.), *Le Château en France*, Paris 1986, pp.61-77.

Favier J., *Philippe le Bel*, Paris 1978.

Favreau - Lilie M. -L., 'The Military Orders and the Escape of the Christian Population from the Holy Land in 1291', *Journal of Medieval History* XIX, 1933, pp.201-227.

Favreau - Lilie M.-L., 'The Teutonic Knights in Acre after the fall of Montfort(1271): Some Reflections', in B.Z. Kedar (ed.), *Outremer: Studies in the History of the Crusading Kingdom of Jerusalem*, Jerusalem 1982, pp.272-84.

Fedden R. - Thomson J., *Crusader Castles*, London 1977.

Fiene E., *St. Hilarion, Buffavento, Kantara: Bergburgen in Nordzypern*, Hannover 1992.

Filippo da Novara, *Mémoires, in Gestes des Chiprois*, trans. of La Monte and Hubert (ed.), *The Wars of Frederick II against the Ibelins in Syria and Cyprus*, New York 1936.

Filippo da Novara, *Guerra di Federico II in Oriente (1233-1242)*, intr., testo critico, trad. e note a cura di S. Melani, Napoli 1994.

Flori J., *Richard cœur de Lion, le roi-chevalier*, Collection 'Biographie', Paris 1999.

Forey A.J., 'The Failure of the siege of Damascus in 1148', *Journal of Medieval History*, 10, 1984, pp.13-23.

Forey A.J., *Novitiate and instruction in the military orders during the 12th and 13th centuries*, 《Speculum: a journal of medieval studies》, vol.61, n.1 (1986), pp.1-17.

Forey A., *The Military Orders: From the Twelfth to the Early Fourteenth Centuries*, Macmillan, London 1992.

France J., 'Crusading warfare and its adaption to Eastern conditions in the twelfth century' in *Mediterranean Historical Review*, 15, 2000, pp.49-66.

Frolow A., *Reserches sur la déviation de la quatrième crusade vers Constantinople*, 1955.

Gabrieli F., *Storici arabi delle Crociate*, Einaudi, Torino 1957.

Gabrieli F., *Friedrich II. und die Kultur des Islam, in Stupor mundi. Zur Geschichte Friedrichs II. von Hohenstaufen*, G. Wolf (ed.), Darmstadt 1982, pp.76-94.

Galterius Cancellarius (franç. Gautier), Bella Antiochena, in *Recueil des Historiens des Croisades: Historiens Occidentaux*, vol.V.

Gerish D., 'The True Cross and the Kings of Jerusalem', *Journal of the Haskins Society*, 8, 1996, pp.137-55.

Gertwagen R., 'The Crusader Port of Acre: Layout and Problems of Maintenance', in M. Balard (ed.), *Autour de la Première Croisade*, Paris 1996, pp.553-582.

Gertwagen R., 'Venetian Modon and its Port (1358-1500)', in Cowan A. (ed.), *Mediterranean Urban Culture 1400-1700*, Exeter 2000, 128-48.

Gertwagen R., 'The Venetian Colonies in the Ionian Sea and the Aegean in Venetian Defence Policy in the Fifteenth Century', *Journal of Mediterranean Studies*, 12, 2002, pp.351-84.

Gesta Innocenti III, in MIGNE, *Patrologia Latina*, vol.CCXIV.

Gesta Obsidionis Damiete, in Röhricht, *Quinti Belli Sacri Scriptores Minores*.

Giardina A., Sabbatucci G., Vidotto V., *Manuale di Storia: il Medioevo vol.1*, Editori Laterza, Bari 1989.

Gibb H.A.R., 'The Arabic sources for the life of Saladin', *Speculum*, 25, 1950.

Gibb H.A.R., *The Aiyūbids*, in *A History of the Crusades*, K.M. Setton (ed.), Madison-London 1969, II, pp.693-714.

Gibb H.A.R., *The Life of Saladin*, Oxford 1973.

Gilles R., *Les Templiers sont-is coupables? Leur histoire, Leur règle, leur procès*, Guichaoua 1957.

Gillingham J., 'Roger of Howden on Crusade', in Morgan D.O. (ed.), *Medieval Historical Writing in the Christian and Islamic Words*, School of Oriental and African Studies, London 1982.

Gillingham J., 'Richard I and the Science of War in the Middle Ages', in Gillingham J. and Holt J.C. (eds.), *War and Government in the Middle Ages: Essays in honour of J-O. Prestwich*, D.S. Brewer, Cambridge 1984.

Gillingham J., *Richard the Lionheart*, II edn., London 1989.

Gindler P., *Graf Balduin von Edessa*, Halle 1901.

Giovanni dal Pian del Carpine, *Historia Mongolorum*, in Pulle (ed.), Firenze 1913.

Glubb J., *Soldiers of Fortune: The Story of the Mamluks*, Dorchester 1988.

Gore T.L., *The Campaigns of Saladin: Hattin and Arsuf 1187 and 1193 AD*, New York 1991.

Gottschalk H.L., *al-Malik al-Kamil von Egypten und seine Zeit*, 1958.

Gravett C. - Hook R., *Medieval Siege Warfare*, London 1991.

Gregoire H., *The Question of the Diversion of the Fourth Crusade*, in ⟨⟨Byzantion⟩⟩, vol. XV, Boston 1941.

Grifone E., *La vita dei Templari*, ⟨⟨Osservatore Romano⟩⟩ n. 93 (1952), p.3.

Grousset R., *Histoire des croisades e du royaume franc de Jérusalem*, 3 vol., Paris 1936.

Guardini A., *Origine e fondatione di tutte le religioni e militie di cavallieri, con le croci e segni usati da quelle, erette da principi diversi in varii tempi...Ristampati per opera del Sig. Giacomo Cataneo*, Appresso Valentino Mortali, Venezia 1666, pp.22sgg..

Guillaume le Breton (ed. F. Delaborde), 'Gesta Philippi Augusti', in *Œuvres de Rigord et de Guillaume le Breton*, tome 1, Paris 1882.

Guillelmus Tyrensis (engl. William of Tyre), 'Guillelmus Tyrensis archiepiscopus, Historia rerum in transmarinis partibus gestarum', in *Recueil des historiens des croisades: Historiens occidentaux*, 5 vol., Paris 1844-95.

Guillemus Tyrensis (franç. Guillaume de Tyr), *Die lateinische Fortsetzung*, Salloch (ed.), Leipzig 1934.

Guillelmus Tyrensis (franç. Guillaume de Tyr), *Tractatus de Statu Saracenorum*, in Prutz, Kulturgeshichte der Kreuzzüge, p.118.

Hallam E. (edit.), *Chronicles of the Crusades - Eyewitness Accounts of the War between Christianity and Islam*, Weidenfeld and Nicolson, London 1989.

Hamilton B., 'The Elephant of Christ: Reynald of Chatillon', in Baker D. (ed.), *Religious Motivation: Biographical and Sociological Problems for the Church Historian, Studies in Church History*, 15, 1978.

Hamma Z., *Syria: The Castles and Archaeological Sites in Tartous (Governorate)*, Damascus 1994.

Hammer J. Von, *Histoire de l'Ordre des Assassins*, Paris 1833.

Harper R.P. 'Belmont Castle (Suba) - 1987', *Excavations and Surveys in Israel*, CII-VIII, 1988-89, pp.13-14.

Harris J., *Byzantium and the Crusades*, London 2003.

Hefele C.J., *Histoire des Conciles*, trans. H. Leclerq, Paris 1907.

Henry of Huntingdon, *De Captione Antiochiae, in Recueil des Historiens des Croisades* : Historiens Occidentaux, vol.V, part II.

Heyd W., *Histoire du Commerce du Levant*, trans. Furcy Raynaud, 2 vol., Leipzig

1936.

Hillenbrand C., *A Muslim Principality in Crusader Times: Tarikh Mayyafariqin* (partial trans. of Ibn al-Azraq), Leiden 1990.

Historia et Gesta Ducis Gotfridi, in *Recueil des Historiens des Croisades: Historiens Occidentaux*, vol.V, part II.

Historia Diplomatica Friderici Secundi, J.L.A. Huillard- in Bréholles, (ed.), 6 vol., Paris 1852-61.

L'Histoire de Guillaume le Maréchal, ed. P. Meyer, 3 vol., Librarie Renouard, SHF, Paris 1891-1901.

Historia Peregrinorum, in Chroust A. (1928).

Hitti P.H. (trans.), *Memoirs of an Arab-Syrian Gentleman(Usam ibn Munqidh)*, Beirut 1064 (reprint).

Hodgson M., *The order Assassins*, Mouton, l'Aia, 1955.

Hoch M., 'The Choice of Damascus as the Objective of the Second Crusade; a Re-evaluation', in M. Balard (ed.), *Autour de la Première Croisade*, Paris 1996, pp.359-69.

Holt P.M., *The Age of the Crusades: The Near East from the Eleventh Century to 1517*, London 1986.

Holt P.M., *Early Mamluk Diplomacy(1260-1290): Treaties of Baybars and Qalaun and the Crusaders*, Leiden 1995.

Holtzamann R., *Wilhelm von Nogaret*, Freiburg im Breisgau 1898.

Holtmann W., *Die Unionsverhandlungen zwischen Kaiser Alexios I und Papst Urban II im Jahre 1089*, in 《Byzantion》, vol.XXVIII, Leipizig 1928.

Housley N.J., *The Italian Crusades*, 3 vols., 1970-86.

Housley N., *The Later Crusades, 1274-1580; From Lyons to Alcazar*, Oxford 1992.

Howarth S., *The Knights Templar*, Collins 1982.

Hume E.E., *Medical Work of the Knights Hospitallers of Saint John of Jerusalem*, Baltimore 1940.

Huygens R.B.C., *De constructione castri Saphet*, 1981.

Ibn al-Athīr, *El-Kamel Altevarykh, in Recueil des Historiens des Croisades: Historiens Orientaux* 1-2, 1872.

Ibn al-Qalanisi (tr. R. Le Tourneau), *Damas de 1075 á 1154: traduction annotée d'un fragment de l'histoire de Damas d'Ibn al-Qalanisi*, Damas 1952.

Ibn Bibi, *Histoire des Seldjouqides*, in Houstman (ed.), *Textes relatifs à l'histoire des Seldjouqides*, vol.III-IV, Paris 1902.

Ibn Wasil, *Histoire des Ayyubides*, in Reynaud, *Extraits*, in *Bibliothèque* de Michaud.

'Imād al-Dīn al-Isfahānī, *Conquête de la Syrie et de la Palestine par Saladin* (tr. Henri Massé), Paris 1972.

Iorga N., *Les Narrateurs de la Première Croisade*, Paris 1928.

Irwin R., 'The Mamluk Conquest of the County of Tripoli', in P.W. Edbury (ed.), *Crusade and Settlement*, Cardiff 1985, pp.246-50

Itinerarium Peregrinorum et Gesta Regis Ricardi, in Stubbs (ed.), 《Rolls Series》, London 1864.

Jacoby D., *Recherches sur la Mediterranée Orientale du XIIe au XVe Siècle*, London 1979.

Jacoby D., 'Crusader Acre in the Thirteenth Century: urban layout and topography', *Studi Medievali*, 3 ser. XX, 1979, pp.1-45.

Jacoby D., 'Mortmussard, Suburb of Crusader Acre: The First Stages of its Development', in *Outremer: Studies in the History of the Crusading Kingdom of Jerusalem presented to Joshua Prawer*, Jerusalem 1982. 205-217

Jacoby D., 'Les communes italiennes et les ordres militaires à Acre', in M. Balard (ed.), *Etat et colonisations au Moyen Age et à la Renaissance*, Rheims 1988, pp.193-214.

Jacoby D., *Conrad, Marquis of Montferrat, and the Kingdom of Jerusalem (1187-1192)*, in Balletto L. (ed.), *Dai feudi monferrini e dal Piemonte ai nuovi mondi oltre gli Oceani*, Biblioteca della Società di Arte e Archeologia per le Province di Alessandria e Asti, 27, Alessandria 1993, pp.187-238.

Jacoby D., *Trade, Commodities and Shipping in the Medieval Meditterranean*, London 1997.

Jardin P. - Guyard P., *Les Chevaliers de Malte*, Perrin, 1974.

Al-Jazari, *Chronique de Damas*, trans. de Sauvaget, Paris 1949.

Jean de Ibelin, Le Livre de Jean d'Ibelin, in *Recueil des Historiens des Croisades Lois*, vol.I.

John of Salisbury, *Historiae Pontificalis quae Supersunt*, in Lane-Poole (ed.), Oxford 1927.

Johns C.N., 'Excavations of Pilgrim's Castle, 'Atlit (1932-3) : Stables at the south west of the suburbs', *Quarterly of the Department of Antiquities of Palestine*, V, 1935, pp.31-60.

Joinville J. sieur de, *Histoire de Saint Louis*, Wailly (ed.), Paris 1874

Jones Ph., *The Italian City-State. From "Comune" to "Signoria"*, Oxford 1997.
Jordan E., *Les Origines de la Domination Angevine en Italie*, Paris 1909.
Jordan W.C., *Louis IX and the Challenge of the Crusade*, 1979.
Kantorowicz E., *Frederick the Second*, London 1931.
Kedar B.Z., 'A Western Survey of Saladin's Forces in the Siege of Acre', in B.Z. Kedar (et al eds.), *Montjoie: Studies in the Crusade History in Honour of Hans Eberhard Mayer*, Aldershot 1977, pp.113-122.
Kedar B.Z. et al.(edits.), *Outremer: Studies in the Crusading Kingdom of Jerusalem Presented to Joshua Prawer*, Jerusalem 1982.
Kedar B.Z., *Crusade and Mission*, 1984.
Kedar B.Z., (ed.), *The Horns of Hattin: Proceedings of the Second Conference of the Society for the Study of the Crusades and the Latin East*, Jerusalem - London 1992.
Kedar B.Z., *The Franks in the Levant, 11th to 14th Centuries*, London 1993.
Kedar B.Z., 'The Outer Walls of Frankish Acre', '*Atiqot*, XXXI, 1997, 157-180.
Kennedy H., *Crusader Castles*, Cambridge 1994.
King E.J., *The Rule, Statutes and Customs of the Hospitallers (1099-1310)*, London 1924.
Kloner A. - Chen D., 'Bet Govrin: Crusader Church and Fortifications', *Excavations and Surveys in Israel*, II, 12-3, 1983.
Kluger H., *Hochmeister Hermann von Salza Kaiser Friedrick II. Ein Beitrag zur Frühgeschichte des deutschen Ordens*, Marburg 1987.
Knappen M.M., *Robert II of Flanders in the First Crusade*, in *The Crusades and other Historical Essays presented to D.C. Munro*, New York 1928.
Knowles D., *Christian Monasticism*, London 1969.
Kügler B., *Bohemund und Tankred*, Tübingen 1862.
La continuation de Guillaume de Tyr (1184-97), ed. M.R. Morgan, Paul Geuthner, Paris 1982.
La Monte J.L., 'Taki ed Din, Prince of Hama', in *The Moslem World*, XXXI, 1941, pp.149-160.
La Monte J.L., *The Lords of Sidon*, in 《Byzantion》, vol.XVII, New York 1944.
La Monte J.L., *The Lords of Caesarea in the period of the Crusades*, in 《Speculum》, vol. XXII, Cambridge, Mass. 1947.
Lamy M., *Les Templiers. Ces Grand Seigneurs aux Blancs Manteaux*, Bordeaux 1997.

Lane C. Frederic, *Venice. A Maritime Republic*, The Johns Hopkins University Press, 1973.

Lane-Poole S., *Saladin and the fall of Jerusalem*, Greenhill Books, London 2002.

Lawrence T.E., *Crusader Castles*, edited by D. Pringle, Oxford 1988.

Leclerq J., 'L'attitude spirituelle de S. Bernard devant la guerre', *Collectanea Cisterciensis*, 36, 1974, pp.195-225.

Le Goff J., *Marchands et banquiers du Moyen Age*, P.U.F., Paris 1956 (tr. it. *Mercanti e banchieri nel Medioevo*, D'Anna, Firenze-Messina 1976).

Le Goff J., *La civilisation de l'Occident médiéval*, Arthaud, Paris 1964 (tr. it. *La civiltà dell'Occidente medievale*, Einaudi, Torino 1981).

Le Goff J., *Pour un autre Moyen Age. Temps, travail et culture en Occident*, Gallimard, Paris 1977 (tr. it. *Tempo della chiesa e tempo del mercante: e altri saggi sul lavoro e la cultura nel Medioevo*, Einaudi, Torino 1977).

Le Goff J., *Saint Louis*, Éditions Gallimard, Paris 1996.

Le Goff J., *Saint François d'Assise*, Éditions Gallimard, Paris 1999.

Lehmann J., *I Crociati*, Garzanti, Milano 1978.

Levis - Mirepoix Duc De, *Philippe le Bel*, Paris 1936.

Lewis B., 'Saladin and the Assassins' in *Bulletin of the School of Oriental and African Studies*, 15, 1952, pp.239-245.

Lewis B., *The Assassins: A Radical Sect in Islam*, London 1967.

Ligato G., 'Saladino e i prigionieri di guerra', in G. Cipollone (ed.), *La liberazione dei 'captivi' tra Cristianità ed Islam*, Vaticano 2000, pp.649-654.

Lillie R -J. (tr. J.C. Morris - J.E. Riding), *Byzantium and the Crusader States 1096-1204*, Oxford 1993.

Little D.P., 'The Fall of 'Akka in 690/1291' (Muslim accounts including eye-witnesses and participants), in *Studies in Islamic History and Civilization in Honour of Professor David Ayalon*, edited by M. Sharon, Jerusalem - Leiden 1986.

Lizerand G., *Les dépositions du grand-maître Jacques de Molay au procès des Templiers (1307-1314)*, Champion, Paris 1913.

Loewe H.M.J., *The Seljuks*, in *Cambridge Medieval History*, vol.IV, cap.X,B, Cambridge 1923.

Longnon J., *L'Empire Latin de Constantinople*, Paris 1949.

Lotharii Cardinalis (Innocentii III), *De miseria humanae conditionis*, a cura di M. Maccarone, Lucca 1955.

Louis IX, Lettre, in Baluzius, *Collectio*, vol. IV.
Lundgreen F., *Wilhelm von Tyrus und der Templerorden*, Berlin 1911.
Lyons U. - Lyons C. (tr.), *Ayyubids, Mamluks and Crusaders: Selections from the Tarikh al-Duwal wa'l-Muluk of Ibn al-Furat*, Cambridge 1971.
Lyons M.C., Jackson D.E.P., *Saladin: The Politics of the Holy War*, CUP, Cambridge 1982.
Maalouf A., *Les Croisades vues par les Arabes*, Jean Claude Lattès (ed.), 1983.
Maissoneuve H., *Études sur les origines de l'inquisition*, Paris 1960.
Manselli R., *Normanni d'Italia alla Prima Crociata: Boemondo d'Altavilla*, in ⟨Iapigia⟩, vol.IX, Napoli 1940.
Markowski M., 'Richard Lionheart: bad king, bad crusader?', *in Journal of Medieval History*, 23, 1997, pp.351-365.
Marshall C.J., 'The Use of Charge in Battles in the East, 1192-1291', *Historical Research*, LXIII, 1900, pp.221-6.
Martin E.J., *The trial of the Templars*, AMS Press, New York 1978.
Marulli da Barletta G., *I natali delle religiose milizie dei Cavalieri Spedalieri e Templari e della religione del tempio l'ultima roina*, Malta 1643.
Mayer H.E., 'The Wheel of Fortune: Seigneurial Vicissitudes under King Fulk and Baldwin III of Jerusalem', *Speculum*, 65, 1990, pp.157-67.
Mayer H.E., *Kings and Lords in the Latin Kingdom of Jerusalem*, London 1994.
Melville M., *La Vie des Templiers*, Paris 1978.
Menache S., *Clement V*, Cambridge 1998.
Ménard P., 'Les combattants en Terre Sainte au temps de Saladin et de Richard Cœur de Lion', in J. Paviot-J. Verger (eds.), *Guerre, pouvoir et noblesse au Moyen Age: Mélanges en l'honneur de Philippe Contamine*, Paris 2000, pp.503-511.
Mesqui J., *Châteaux d'Orient, Lyban, Syrie*, Paris 2001.
Michaud J., *L'Histoire des croisades*, 1817-1822.
Michel A., *Amalfi und Jerusalem im griechischen Kirchenstreit*, Orientalia Christiana Analecta, n.121, Roma 1939.
Moeller C., *Godefroy de Bouillon et l'Avouerie du Saint-Sépulchre*, in *Mélanges Godfried Kurth*, vol.I, Liège 1908.
Mollat G., *The Popes at Avignon, 1305-1378*, London 1963 (tr.).
Morgan D.O., 'The Mongols in Syria, 1260-1300', in P.W. Edbury (ed.), *Crusade and Settlement*, Cardiff 1985.

Muhi ad-Din Ibn Abdazzahir, *Vies des Baybars et Qalawun*, in Reynaud, Extracti, in *Bibliothèque* de Michaud.

Muldoon J., *Popes, Lawyers and Infidels*, 1979.

Munro D.C., *The Speech of Pope Urban II at Clermont*, in 《American Historical Review》, vol.XI, New York 1906.

Munro D.C., *The Children's Crusade*, in 《Amarican Historical Review》, vol.XIX, New York 1914.

Narratio Itineris Navalis ad Terram Sanctam, in Chroust A. (ed.), 1928.

Nerses Shnorhali, catholicus, Elegia sulla caduta di Edessa, *in Recueil des Historiens des Croisades: Documents Arméniens*, vol.I.

Nicolau - Konnari A., 'The Conquest of Cyprus by Richard the Lionheart and its aftermath', in *Epitirida tou Kentrou Epistimonikon Evrenon*, 26, Nicosia 2000, pp.25-123.

Nicholson R.H., *Tancred*, Chicago 1940.

Nicholson R.L., *Joscelyn III and the Fall of the Crusader States*, 1134-99, Leiden 1973.

Nicholson H., *Templars, Hospitallers and Teutonic Knights: Images of the Military Orders 1128-1291*, Leicester 1993.

Nicholson H., 'Women on the Third Crusade', *Journal of Medieval History*, 1997.

Nicholson J.H., *The Chronicle of the Third Crusade: The Itinerarium Peregrinorum et Gesta Regis Ricardi*, Ashgate, Hampshire 1997.

Nicholson H. - Nicolle D., *God's Warriors: Knights Templar, Saracens and the Battle for Jerusalem*, Osprey Publishing Ltd., Oxford 2005.

Nicolle D., *Saladin and the Saracens*, Osprey Publishing Ltd., Oxford 1986.

Nicolle D., 'Ain al Habis. The Cave de Sueth', *Archéologie Médiévale*, XVIII, 1988, pp.113-128.

Nicolle D., *Hattin 1187: Saladin's greatest victory*, Osprey Publishing Ltd., Oxford 1993.

Nicolle D., *The Mamluks 1250-1517*, Osprey Publishing Ltd., London 1993.

Nicolle D., *Knight of Outremer 1187-1344 AD: weapons, armour, tactics,* Osprey Publishing Ltd., Oxford 1996.

Nicolle D., *Arms and Armour of the Crusading Era, 1050-1350* (*Islam, Eastern Europe and Asia*), Greenhills Books, London 1999.

Nicolle D., *Knight Hospitaller (1): 1100-1306*, Osprey Publishing Ltd., Oxford 2001.

Nicolle D., *Knight Hospitaller (2): 1306-1565*, Osprey Publishing Ltd., Oxford 2001.

Nicolle D., *The First Crusade 1096-99*, Osprey Publishing Ltd., Oxford 2003.

Nicolle D., *Crusader Castles in the Holy Land 1097-1192*, Osprey Publishing Ltd., Oxford 2004.

Nicolle D., *Crusader Castles in the Holy Land 1192-1302*, Osprey Publishing Ltd., Oxford 2005.

Nicolle D., *Acre 1291: Bloody sunset of the Crusader states*, Osprey Publishing Ltd., Oxford 2005.

Nicolle D., *The Third Crusade 1191: Richard the Lionheart, Saladin and the struggle for Jerusalem*, Osprey Publishing Ltd., Oxford 2005.

Nicolle D., *Crusader Castles in Cyprus, Greece and the Aegean 1191-1571*, Osprey Publishing Ltd., Oxford 2007.

Nicolle D., *Teutonic Knight 1190-1561*, Osprey Publishing Ltd., Oxford 2007.

Nicolle D., *The Second Crusade 1148: Disaster outside Damascus*, Osprey Publishing Ltd., Oxford 2009.

Norwich J.J., *Byzantium: The Apogee*, London 1991.

Norwich J.J., *Byzantium: The Decline and Fall*, London 1995.

Oldenbourg Z., *Les Croisades*, Gallimard, Paris 1965.

Ollivier A., Les Templiers, Éditions du Seuil, Paris 1958.

Otto of Friesing (tr. C.C. Mierow), *The Deeds of Frederick Barbarossa*, New York 1953.

Papa Gregorius VIII's bolla, *Audita tremendi* (October-November 1187), trans. in Riley-Smith J., *The Crusades: Idea and Reality*, 1095-1274, London 1981.

Papa Gregorius IX, Epistolae, in *Monumenta Germaniae Historica, Epistolae Saeculi XIII*, vol.I.

Papa Innocentius III, Epistolae, in *MIGNE, Patrologia Latina*, voll.CCXIV-CCXVII.

Papa Paschalis II, Epistolae XIX and XXII, in Hagenmeyer, *Die Kreuzzugsbriefe*.

Papa Paschalis II, Epistolae, in *MIGNE Patrologia Latina*, vol.CLXIII.

Papa Urbanus II, Epistolae II e III, in Hagenmeyer, *Die Kreuzzugsbriefe*.

Parodi E., *Storia dei Cavalieri di San Giovanni di Gerusalemme*, Bari 1907.

Parry V.J. & Yapp M.E. (edits), *War, Technology and Society in the Middle East*, London 1975.

Partner P., *The Murdered Magicians: The Templars and their Myth*, Oxford University Press, Oxford 1982.

Patto dei Genovesi con Boemondo, XIV, in Hagenmeyer, *Die Kreuzzugsbriefe*.
Pelliot P., *Les Mongols et la Papauté*, in 《Revue de l'Orient Chrétien》, vol.XXIII-XXIV et XXVIII, Paris 1922-32.
Pernoud R., *Les Templiers*, Presses Universitaires de France, Paris 1974.
Phillips J.P. - Hoch M. (eds.), *The Second Crusade: Scope and Consequences*, Manchester 2001.
Piers Paul Read, *The Templars*, Weidenfeld & Nicolson, Great Britain 1999.
Piquet J., *Les Banquiers du Moyen Age: Les Templiers*, Paris 1939.
Potthast A., *Regesta Pontificum Romanorum*, 2 Bde., Berlin 1874-75.
Powell J.M., 'Frederick II, the Hohenstaufen, and the Teutonic Order in the Kingdom of Sicily', in M. Barber (ed.), *The Military Orders: Fighting for the Faith and Caring for the Sick*, Aldershot 1994, pp.236-44.
Prawer J., 'The Battle of Hattin', in *Crusader Institutions*, Oxford 1980 (previously published as 'La Bataille de Hattin', in *Israel Exploration Journal*, XIV, 1964).
Prawer J., *Histoire du royaume franc de Jérusalem*, C.N.R.S., Paris 1975.
Prawer J., 'Crusader Cities', in H.A. Miskimin et al. (edits.), *The Medieval City*, New Haven 1977, pp.179-99.
Prestwich J.O., 'Richard Cœur de Lion: Rex Bellicosus', in J.L. Nelson (ed.), *Richard Cœur de Lion in History and Myth*, London 1992.
Pringle D., 'King Richard I and the Walls of Ascalon', *Palestinian Exploration Quarterly*, 116, 1984.
Pringle D., 'Reconstructing the Castle of Safad', *Palestine Exploration Quarterly*, CXVII, 1985, pp.139-149.
Pringle D., 'A Thirteenth Century Hall at Montfort Castle in Western Galilee', *The Antiquaries Journal*, LXVI, 1986, pp.52-81.
Pringle D., 'Towers in Crusader Palestine', *Château Gaillard 1992*, XVI, Caen 1992, pp.335-370.
Pringle D., 'Town Defences in the Crusader Kingdom of Jerusalem', in Corfis, I.A. and Wolfe M. (ed.), *The Medieval City under Siege*, Woodbridge 1995, pp.69-121.
Pringle D., 'The Castle and Lordship of Mirabel', in Kedar B.Z. (ed.), *Montjoie-Studies in Crusader history in Honour of Hans Eberhard Mayer*, Aldershot 1997, pp.91-112.
Pringle D., 'Templar castles between Jaffa and Jerusalem', in Nicholson H. (ed.), *The Military Orders: Welfare and Warfare*, Ashgate, Aldershot 1998.

Pringle D., *Fortification and Settlement in Crusader Palestine*, Aldershot 2000 (reprint).
Pringle D., - De Meulemeester J., *The Castle, of al-Karak, Jordan*, Namur 2000.
Pringle D., - Harper R., *Belmont Castle, the Excavation of a Crusader Stronghold in the Kingdom of Jerusalem*, British Academy monographs in Archaeology 10, Oxford 2000.
Pryor J.H., 'Transportation of horses by sea during the era of the Crusades: Eighth century to 1285 A.D.', *The Mariner's Mirror*, vol. LXVIII, 1982, pp.9-27 and 103-125.
Pryor J.H., 'The Naval Architecture of Crusader Transport Ships', in *The Mariner's Mirror*, 70, 1984.
Pryor J.H., *Geography, Technology and War: Studies in the Maritime History of the Mediterranean 649-1571*, CUP, Cambridge 1988.
Pryor J.H., *The Crusade of Emperor Frederick II; 1220-29: The Implications of the Maritime Evidence*, in 《The American Neptune》, 52, 1992, pp.113-32.
Pulle L., *Dalle Crociate ad oggi. Rassegna deli ordini militari ospitalieri religiosi e di cavalleria di tutto il mondo 1048-1904*, Menotti Bassani & Co., Milano 1905.
Purcell M., *Papal Crusading Policy* 1244-91, 1975.
Recueil des Historiens des Croisades, L'Academie des Inscriptions de Belles-Lettres, 16 vol., Imprimerie Nationale, Paris 1841-1906:
    Documents Arméniens, 2 vol., 1869-1906.
    Historiens Grecs, 2 vol., 1875-81.
    Historiens Occidentaux, 5 vol., 1844-95.
    Historiens Orientaux, 5 vol., 1872-1906.
Regan G., *Saladin and the Fall of Jerusalem*, London 1987.
Regan G., *Lionhearts, Saladin and Richard* I, London 1998.
Rey E.G., *Les Seigneurs de Barut et Les Seigneurs de Montréal et de la Terre d' Oultrejourdain*, in 《Revue de l'Orient Latin》, vol. IV, Paris 1896.
Riant P., *Expéditions et Pèlerinages des Scandinaves en Terre Sainte*, Paris 1863.
Richard of Devizes, *The Chronicle of Richard of Devizes of the Time of King Richard the First*, ed. and trans. J. Appleby, Nelson, London and Edinburgh 1963.
Richards D., "Imād al-Dīn al-Isfahānī: Administrator, Littérateur and Historian', in Shatzmiller M. (ed.), *Crusaders and Muslims in twelfth century Syria*, E. Brill, Leiden 1993.

Richards D.S., *The Rare and Excellent History of Saladin* (or *al-Nawādir al-Sultāniyya, wa'l-Mahāsin al-Yūsufiyya* by Bahā' al-Dīn Ibn Shaddānd), Ashgate, Hampshire 2002.

Richard J., *Chypre sous les Lusignans: Documents chypriotes es archives du Vatican (XIVe et Xve siècles)*, 1962.

Richard J., *Philippe Auguste, la croisade et le royaume*, in Bautier H. (ed), *La France de Philippe Auguste: Le temps des mutations*, Paris 1982, pp.411-424.

Richard J., *Croisés, missionaires et voyageurs*, London 1983.

Richard J., *Saint Louis*, 1983.

Rihaoui A., *The Krak of the Knights*, Damascus 1996.

Riley-Smith J., *The Knights of St. John in Latin Syria*, Cambridge 1964.

Riley-Smith J., *The Knights of Saint John in Jerusalem and Cyprus c.1050-1310*, London 1967.

Riley-Smith J., 'The Templars and the castle of Tortosa in Syria; an unknown document concerning the acquisition of the fortress', *English Historical Review*, LXXXIV, 1969, pp.278-288.

Riley-Smith J., 'A Note on the Confraternities in the Latin Kingdom of Jerusalem', *Bulletin of the Institute of Historical Research* 44, 1971, pp.301-08.

Riley-Smith J.S.C., 'Government in Latin Syria and the Commercial Privileges of Foreign Merchants', in D. Baker (ed.), *Relations between East and West in the Middle Ages*, 1973.

Riley-Smith J., *The Feudal Nobility of the Kingdom of Jerusalem*, Macmillan, London 1973.

Riley-Smith J.S.C., 'The Council of Clermont and the First Crusade', in *Studia gratiana*, 20, 1976.

Riley-Smith J.S.C., *What were the Crusades?*, 1977.

Riley-Smith J., 'The Survival in Latin Palestine of Muslim Administration', in *The Eastern Mediterranean Lands in the Period of the Crusades*, P.M. Holt (ed.), 9-23, Warminster, England 1977.

Riley-Smith J.S.C., 'The Templars and the Teutonic Knights in Cilician Armenia', in T.S.R. Boase (ed.), *The Cilician Kingdom of Armenia*, London 1978, pp.92-117.

Riley-Smith, Louise and Jonathan Riley-Smith, *Crusades: Idea and Reality 1095-1274. Documents of Medieval History*, 4, Edward Arnold, London 1981.

Riley-Smith J.S.C., *The First Crusade and the idea of crusading*, 1986.

Riley-Smith J.S.C., *The Crusades - A Short History*, Yale University Press, 1987.

Riley-Smith J.S.C., 'The Venetian Crusade of 1122-24', in *I comuni italiani nel regno latino di Gerusalemme*, edited by B.Z. Kedar and G. Airaldi, 1987.

Riley-Smith J., 'Family Tradition and Participation in the Second Crusade', in M. Gervers (ed.), *The Second Crusade and the Cistercians*, St. Martin's Press, New York 1991.

Riley-Smith J., *The Atlas of the Crusades*, New York 1991.

Riley-Smith J., 'History, the Crusades and the Latin East, 1095-1204: A Personal View', in M. Shatzmiller (ed.), *Crusaders and Muslims*, Brill, Leiden 1993.

Riley-Smith J. (ed.), *The Oxford Illustrated History of the Crusades*, Oxford University Press, New York 1995.

Riley-Smith J., 'The Crusading Movement and Historians', in J. Riley-Smith (ed.), *The Oxford Illustrated History of the Crusades*, 2-12, Oxford University Press, New York 1995.

Riley-Smith J., 'The Minds of Crusaders to the East, 1095-1300', in J. Riley-Smith (ed.), *The Oxford Illustrated History of the Crusades*, 2-12, Oxford University Press, New York 1995.

Riley-Smith J., 'Revival and Survival', in J. Riley-Smith (ed.), *The Oxford Illustrated History of the Crusades*, 2-12, Oxford University Press, New York 1995.

Riley-Smith J., *The First Crusaders, 1095-1131*, Cambridge University Press, Cambridge 1997.

Riley-Smith J., *Hospitallers: The History of the Order of St. John*, Hambledon Press, 1999.

Roche J.T., 'Conrad III and the Second Crusade; Retreat from Dorylaion', *Crusades*, 5, 2006, pp.85-98.

Roger of Howden, *Gesta Regis Henrici Secundi*, ed. W. Stubbs, 2 vols., RS 49, Longman, London 1867.

Roger of Howden, *Chronica*, ed. W. Stubbs, 4 vols., RS 51, Longman, London 1868-71 (translated by H.T. Riley (1853), as *The Annals of Roger of Hoveden*).

Rogers R., *Latin Siege Warface in the Twelfth Century*, Oxford 1992, pp.212-236.

Röhricht R. (ed.), *Regesta Regni Hierosolymitani*, 2 vols., Libraria Academica Wagneriana, Innsbruck 1893, 1904.

Röhricht R., *Etudes sur les Derniers Temps du Royaume de Jérusalem, in Archives de l'Orient Latin*, vol.II, Paris 1884.

Röhricth R., Lettres de Ricoldo de Monte-Croce sur la prise d'Acre (1291)', in *Archives de l'Orient Latin II*, Paris 1981 (reprint 1964), pp.258-296.

Roll I., 'Medieval Apollonia-Arsuf; A Fortified Coastal Town in the Levant of the Early Muslim and Crusader Periods', in M. Balard (ed.), *Autour de la Première Croisade*, Paris 1996, pp.595-606.

Roscher H., *Papst Innocenz III und die Kreuzzüge*, 1969.

Round J.H., 'Some English Crusaders of Richard I', in *English Historical Review*, XVIII, 1903.

Runciman S., *The Holy Lance found at Antioch*, in 《Analecta Bollandiana》, vol. LXVIII, Bruxelles 1950.

Runciman S., *A History of the Crusades*, Cambridge University Press, 3 vols., London 1951-54.

Russell F.H., *The Just war in the Middle Ages*, 1975.

Sadeque S.F., *Baybars I of Egypt*, Oxford 1956.

Salvemini G., *L' abolizione dell' Ordine dei Templari (a proposito di una recente pubblicazione)*, 《Archivio storico italiano》,Quinta Serie, Tomo XV (1895), pp.225-264.

Sanudo Marino, *Chronique de Romanie*, in Mas Latrie (ed.), *Nouvelles Preuves*.

Sauvaget J., *Historiens arabes*, Adien-Maisonneuve, Paris 1946.

Schlumberger G., *Campagnes du roi Amaury Ier de Jérusalem en Egypte*, Plon, Paris 1906.

Selcer R., The Captive King: Richard the Lionheart', in *Medieval History*, 12, 2004, pp.28-39.

Setton K.M., *A History of the Crusades*, 6 vols., Philadelphia/Madison 1955-89.

Smail R.C., 'Crusaders' Castles in the Twelfth Century', *Cambridge Historical Journal*, X, 1950-52, pp.133-149.

Smail R.C., 'The Predicaments of Guy of Lusignan, 1183-87', in *Outremer*, ed. by B.Z. Prawer, Jerusalem 1982.

Smail R.C., Crusading Warface (1097-1193), II ed., Cambridge 1956, 1995.

Smith J.M., 'Ayn Jalut: Mamluk Success or Mongol Failure?', *Harvard Journal of Asiatic Studies*, XLIV/2 (1984).

Soci C., *Origine, processo e condanna dei Templari*, Cellini, Firenze 1870.

Sorio B., Due Lettere: Missiva di Federico II (1857), Kessinger Publishing, 2010.

Southern R.W., *Western Views of Islam in the Middle Ages*, Cambridge, MA, 1962.

Spencer R., *The Politically Incorrect Guide to Islam and the Crusades*, Regnery Publishing Inc., Washington 2005.

Spiteri S. C., *Fortresses of the Knights*, Books Distributors Limited, Malta 2001.

Spufford P. - Williamson W. - Toley S., Handbook of Medieval Exchange, Royal Historical Society, London 1986.

Strayer J.R., *The Reign of Philip the Fair*, Princeton 1962.

Stubbs W., *Chronicles and Memorials of the Reign of Richard I*, 1: *Itinerarium Peregrinorum et gesta regis Ricardi, auctore, ut veidetur, Ricardo canonico Sanctae Trinitatis Londoniensis*, RS 38, Longman, London 1864.

Stürner W., *Friedrich II*, 1194-1250, WBG (Wissenschaftliche Buchgesellschaft), Darmstadt 2009.

Talmon - Heller D., 'Muslim martyrdom and the quest for martyrdom in the Crusading period', *Al-Masaq*, 14, 2002, pp.131-39.

Thibaudet A., *Cluny*, Paris 1928.

Thiriet F., *La Romanie Vénitienne au Moyen Age*, Paris 1955.

Thorau P., 'The Battle of 'Ayn Jālāt: a Re-examination', in P.W. Edbury (ed.), *Crusade and Settlement*, Cardiff 1985, pp.94-104.

Tolan J., 'Mirror of Chivalry: Salah al-Din in the Medieval European imagination', in *Images of the Other. Europe and the Muslim World before 1700, Cairo Papers on Social Science*, 19, 1997, pp.7-38.

Torraca T. e al. (ed.), *Le origini. L'eta sveva*, in Storia della Università di Napoli, Napoli 1924.

Trimingham J.S., *The Sufi Orders in Islam*, Oxford 1971.

Tritton A.S. - Gibb H.A.R., 'The First and Second Crusades from an Anonymous Syriac Chronicle (Part Two)', *Journal of the Royal Asiatic Society*, 1993, pp.273-305.

Tronci P. (ed.), Annales Pisani, 4 voll., Pisa 1828-29.

Turner R.V. - Heiser R.R., *The Reign of Richard Lionheart: Ruler of the Angevin Empire 1189-1199*. London 2000.

Vacandard E., *Vie de Saint Bernard, Abbé de Clairvaux*, 2 vol., Paris 1895.

Van Cleve T.C., 'The Fifth Crusade', in K.M. Setton (ed.), *A History of the Crusades*, Madison-London 1969, II, pp.429-62.

Van Cleve Th.C., *The Emperor Frederich II of Hohenstaufen. Immutator Mundi*, Oxford 1972.

Van Otroy F., *Saint François et son Voyage en Orient*, in 《Analecta Bollandiana》, vol. XXXI, Bruxelles 1912.

Villehardouin G. de, *La Conquête de Constantinople*, Faral (ed.), 2 vol., Paris 1938-39. *Vita Urbani II, in Liber Pontificalis*, vol. II.

Walker A., *The Knights Templar*, Aberdeen 1887.

Ward J.M.U., *The Rule of the Templars: The French Text of the Rule of the Order of the Knights Templar*, Woodbridge 1992.

Winkelmann E., *Kaiser Friedrich II.*, Leipzig 1889-97, 2 Bde..

Wise T., *The Knights of Christ*, London 1984.

Wolf G. (ed.), *Friedrich Barbarossa*, Darmastadt 1975.

Wolff R.L., *The Latin Empire of Constantinople 1204-1261*, in K.M. Setton (ed.), *A History of the Crusades*, Madison-London 1969, II, pp.187-233.

Yewdale R.B., *Bohemund the First*, New York 1917.

Yunini, Qutb al-Din al- (ed. and tr. A. Melokonian), *Die Jahre 1287-1291 in der Chronik al-Yuninis* (Dhayl mir'at al-Zaman), Frieburg 1975.

Zacharuadou E., *Trade and Crusade: Venetian Crete & the Emirates of Menteshe and Aydin, 1330-1415*, Venezia 1983.

Ziadeh N.A., *Urban Life in Syria under the Early Mamluks*, Westport 1953.

Ziegler G., *Les Templiers. Culture, art, loisirs*, Paris 1973.

Zinsmaier P., *Zur Diplomatik der Reichsgesetze Friedrich II. (1216, 1220, 1231/32, 1235)*, in 《ZRG. Germ. Abt.》, 80, 1963, pp.82-117.

| 도판 출처 |

표지, 속표지 그림 : Gustave Doré

25쪽, 96쪽, 97쪽, 137쪽, 248쪽(플랑드르 백작), 273쪽, 486쪽 그림 : 畠山モグ

221쪽 사진 : ⓒ Paul Bonugli

227쪽 그림 : 작자 불명, 이탈리아 몬테카시노 성 베네딕트 수도원 소장

ⓒ Bridgeman Art Library

259쪽 그림 : 개인 소장(François Michaud, *History of the Crusades*, vol. I & II, Barrie Philadelphia, 1880에서)

324쪽 그림 : 치마부에(Cimabue), 이탈리아 아시시 프란체스코 성당 소장

ⓒ Alinari Archives

357쪽, 386쪽, 388쪽 그림 : 畠山モグ(Giovanni Villani, *Nuevo Cronica*의 삽화 모사, 바티칸 도서관 소장)

417쪽 사진 : ⓒ Antonio Scimone

423쪽 그림 : 엘 그레코(El Greco), 프랑스 파리 루브르 박물관 소장

ⓒ Alinari Archives

460쪽 사진 : 青木登(신초샤 사진부)

525쪽 그림 : 도미니크 파프티의 유채화를 기초로 한 판화, 스페인 바르셀로나 카탈로니아 국립도서관 소장

ⓒ Alinari Archives

537쪽 그림 : 작자 불명, 프랑스 파리 프랑스 국립도서관 소장

ⓒ Bridgeman Art Library

541쪽 그림 : 작자 불명 ⓒ Bridgeman Art Library

545쪽 그림 : 작자 불명 ⓒ Alinari Archives

547쪽 그림 : 작자 불명 ⓒ AKG-images/PPS

지도 제작 : 종합정도연구소(綜合精圖研究所, JAPAN)

옮긴이 **송태욱**
연세대학교 국문과를 졸업하고 같은 대학 대학원에서 문학박사 학위를 받았다. 도쿄외국어대학원 연구원을 지냈다. 지은 책으로 『르네상스인 김승옥』(공저)이 있고, 옮긴 책으로 『사랑의 갈증』 『세설』 『만년』 『환상의 빛』 『형태의 탄생』 『천천히 읽기를 권함』 『번역과 번역가들』 등이 있다.

감수자 **차용구**
고려대학교 사학과를 졸업하고, 독일 파사우대학교에서 서양 중세사 연구로 석사와 박사 학위를 받았다. 현재 중앙대학교 인문대학 역사학과 교수로 재임하고 있다. 지은 책으로 『로마제국 사라지고 마르탱 게르 귀향하다』 『중세 유럽 여성의 발견』이, 옮긴 책으로 『중세의 빛과 그림자』가 있다.

십자군 이야기 3

1판 1쇄 2012년 5월 16일
1판 19쇄 2025년 2월 18일

지은이 시오노 나나미
옮긴이 송태욱
감수자 차용구

기획 강명효 | 책임편집 양수현 | 편집 강명효 염현숙
독자 모니터 김경범 | 디자인 윤종윤 유현아 | 저작권 박지영 형소진 오서영
마케팅 정민호 서지화 한민아 이민경 왕지경 정유진 정경주 김수인 김혜원 김예진
브랜딩 함유지 박민재 김희숙 이송이 김하연 박다솔 조다현 배진성
제작 강신은 김동욱 이순호 | 제작처 영신사

펴낸곳 (주)문학동네 | 펴낸이 김소영
출판등록 1993년 10월 22일 제2003-000045호
주소 10881 경기도 파주시 회동길 210
전자우편 editor@munhak.com | 대표전화 031)955-8888 | 팩스 031)955-8855
문의전화 031) 955-1927(마케팅) 031) 955-1917(편집)
문학동네카페 http://cafe.naver.com/mhdn
인스타그램 @munhakdongne | 트위터 @munhakdongne
북클럽문학동네 http://bookclubmunhak.com

ISBN 978-89-546-1522-8 04920
      978-89-546-1523-5 (세트)

잘못된 책은 구입하신 서점에서 교환해드립니다.
기타 교환 문의: 031) 955-2661, 3580

www.munhak.com